ALTDEUTSCHE TEXTBIBLIOTHEK

Begründet von Hermann Paul
Fortgeführt von Georg Baesecke und Hugo Kuhn
Herausgegeben von Burghart Wachinger

Nr. 105

Hans Rosenplüt

Reimpaarsprüche und Lieder

Herausgegeben von

Jörn Reichel

MAX NIEMEYER VERLAG TÜBINGEN

1990

CIP-Titelaufnahme der Deutschen Bibliothek

Rosenplüt, Hans:
Reimpaarsprüche und Lieder / Hans Rosenplüt. Hrsg. von Jörn Reichel. –
Tübingen : Niemeyer, 1990
(Altdeutsche Textbibliothek ; Nr. 105)
NE: Reichel, Jörn [Hrsg.]; GT

ISBN 3-484-20205-x kart.
ISBN 3-484-21205-5 Gewebe
ISSN 0342-6661

Satz: pagina GmbH, Tübingen
Druck: Allgäuer Zeitungsverlag GmbH, Kempten
Einband: Heinr. Koch, Tübingen

Inhaltsverzeichnis

Anhang

Vorwort

Mit diesem Band liegen die größeren Reimpaarsprüche und strophischen Lieder Rosenplüts zum ersten Mal in einer kritischen Edition vor. Die Geschichte der Versuche, eine Edition zustandezubringen, reicht mehr als 150 Jahre zurück: über Heinz von Schüching (1952) und Victor Michels (1896) bis zu Hermann Schletter (1838), doch sind alle diese Unternehmungen nicht über Vorarbeiten hinausgekommen. Es blieb bei unkritischen, verstreuten und unzuverlässigen Abdrucken einzelner Texte, die oft an entlegenen Stellen erschienen, und so gilt eine Rosenplüt-Ausgabe seit Jahrzehnten als dringendes Desiderat der Spätmittelalterforschung. Daß diese Ausgabe der umfangreicheren Reimpaardichtungen (bis auf die Mären, die Hanns Fischer 1966 ediert hat) nun fertiggestellt werden konnte, ist verschiedenen günstigen Umständen zu verdanken: jahrelangen eigenen Vorarbeiten, technischen und elektronischen Hilfsmitteln unserer Zeit sowie der Förderung und vielfachen Ermunterung von außen.

Gedacht war dieser Band als erster Teil einer Gesamtedition des Rosenplütschen Œuvres. Die Bearbeitung der Kleinstformen (Priamel, Weingrüße etc.) hatte Hansjürgen Kiepe übernommen, die Edition der Fastnachtspiele Gerd Simon. Ob diese Teilbereiche in absehbarer Zeit publiziert werden, ist zur Zeit ungewiß. So habe ich den Weg der unabhängigen Einzelveröffentlichung gewählt. Meine Hoffnung ist, daß dieser Band dazu beiträgt, das Bild Rosenplüts in der Literaturgeschichte facettenreicher erscheinen zu lassen und ihn als einen der großen Neuerer in der Literatur des Spätmittelalters zu erkennen.

Die Zuweisung der hier abgedruckten Texte zu Rosenplüt scheint mir aufgrund der Verfassersignatur sowie sprachlicher und inhaltlicher Kriterien in allen Fällen unproblematisch. Zur Frage der Autorschaft und der Doppelnamigkeit des Autors Rosenplüt / Schnepper verweise ich auf die Diskussion in der einschlägigen Forschungsliteratur der letzten Jahre (vgl. Literaturhinweise am Ende der Einleitung). Die Anordnung der Texte erfolgt nach Gattungsgesichtspunkten. So folgen aufeinander: geistliche Erzählungen (Nr.1-3), geistliche Reden (Nr.4-6), didaktische Reden geistlichen und weltlichen Inhalts (Nr.7-16), politisch-historische Reden, Ereignisberichte und Lieder (Nr.17-23) sowie komisch-volkstümliche Lieder (Nr.24-25).

Mein Dank gilt allen, die am Zustandekommen der Ausgabe beteiligt waren. Stellvertretend für alle Bibliotheken und Archive nenne ich den Leiter der Handschriftenabteilung der Sächsischen Landesbibliothek Dresden, Herrn W. Stein, der mir bei meinen Aufenthalten in Dresden stets bereitwillig weiterhalf. Grundsatzfragen und Detailprobleme konnte ich mit Oskar Reichmann und Richard Wetzel erörtern. Bei der Konstituierung und Kommentierung des niederdeutschen Textes haben mich Thomas Klein, Robert Peters und Dietrich Schmidtke beraten. Nach manueller Vorarbeit wurde die Ausgabe ausschließlich auf dem Computer erstellt. Die Firma IBM stellte für dieses Projekt dankenswerterweise einen PC zur Verfügung. Die Deutsche Forschungsgemeinschaft hat das Editionsvorhaben mit einer Sachbeihilfe gefördert; ohne diese großzügige Unterstützung wäre der Plan dieser Ausgabe wohl vorzeitig gescheitert - wie so viele Editionspläne meiner Vorgänger. Jens Pfeiffer hat die Arbeit in der Planungsphase an der RWTH Aachen begleitet. Carsten Seebass war dann in Heidelberg als wissenschaftlicher Mitarbeiter an der Entstehung des Werks von der Handschriftentranskription über die Konstituierung des kritischen Textes bis zur Erstellung der Register beteiligt. Er war in dieser Zeit nicht nur ein zuverlässiger Helfer, sondern auch ein wichtiger Gesprächspartner und kritischer Ratgeber. Burghart Wachinger danke ich für die verständnisvolle Betreuung der Ausgabe, dem Niemeyer-Verlag für die Aufnahme des Bandes in die alteingeführte Reihe.

Diese Ausgabe ist dem Andenken an Frau Elfriede Stutz gewidmet.

Heidelberg, im August 1990 Jörn Reichel

Einleitung

I. Die Überlieferung

Rosenplüts Reimpaarsprüche und strophische Lieder sind vor allem in den drei Sammelhandschriften D, F und L überliefert. Daneben gibt es eine breite Streuüberlieferung in Handschriften und Frühdrucken. In dieser Ausgabe bleiben die Siglen A und G ausgespart, da sie sich in der Rosenplüt-Literatur für andere Textzeugen eingebürgert haben; I bleibt vorläufig unbesetzt. Bei Handschriften, deren Teile zu unterschiedlichen Zeiten entstanden, wird jeweils nur die Beschriftungszeit jener Lage bzw. Lagen angegeben, in denen die hier in Frage kommenden Texte aufgezeichnet sind.

1. Handschriften

B München, Bayerische Staatsbibliothek, Cgm 713; 249 Bll.; Papier; 1462–1482; nordbairisch-ostfränkisch; vermutlich aus Nürnberg. – Sammelhandschrift von kleineren und kleinsten Reimpaardichtungen.

Enthält:
40^{r}–43^{r}: Der König im Bad
130^{v}–137^{r}: Die Woche
223^{v}–242^{r}: Der Einsiedel

Beschreibung: K. Schneider, Die deutschen Hss. der Bayerischen Staatsbibliothek München. Cgm 691 – 867. Wiesbaden 1984, S. 57–78.

C Cambridge/Mass., Houghton Library, Harvard University, MS Ger 74; 71 Bll.; Papier; 1444–1446; nordbairisch-ostfränkisch (im Rosenplüt-Teil); vermutlich aus Nürnberg. – Deutsch-lateinische Mischhandschrift mit Hausbuchcharakter.

Enthält:
62^{r}–64^{r}: Das Lob der fruchtbaren Frau
64^{r}–64^{v}: Das Lob der fruchtbaren Frau, 2.Vorrede

65^{r}-68^{v}: Unser Frauen Schöne
69^{r}-71^{r}: Der Priester und die Frau

Beschreibung: E. Simon, Eine neuaufgefundene Sammelhs. mit Rosenplüt-Dichtungen aus dem 15. Jh., in: ZfdA 102, 1973, S. 115-133.

D Dresden, Sächsische Landesbibliothek, Mscr. M 50; 221 Bll.; Papier; 1460-1462; nordbairisch-ostfränkisch; aus Nürnberg. - Überwiegend Dichtungen Rosenplüts in allen seinen Gattungen, daneben Rosenplüt-Umkreis, einzelne Texte nachweisbar von anderen Autoren.

Enthält:
1^{r}-3^{v}: Der König im Bad
3^{v}-6^{v}: Der kluge Narr
7^{r}-10^{r}: Die Beichte
10^{r}-13^{v}: Der Müßiggänger
13^{v}-18^{r}: Die Woche
18^{v}-22^{r}: Der Priester und die Frau
22^{v}-26^{v}: Das Lob der fruchtbaren Frau
26^{v}-35^{r}: Die Kaiserin zu Rom A
35^{r}-43^{v}: Der Einsiedel
43^{v}-47^{v}: Die sechs Ärzte
48^{r}-55^{r}: Der Lobspruch auf Nürnberg
58^{v}-67^{v}: Der Markgrafenkrieg
67^{v}-72^{v}: Die Turteltaube
79^{v}-85^{v}: Unser Frauen Schöne
85^{v}-91^{r}: Die Flucht vor den Hussiten
91^{r}-95^{v}: Der Spruch von Böhmen
122^{r}-126^{r}: Auf Herzog Ludwig von Bayern
132^{r}-135^{r}: Der Bauernkalender
135^{r}-135^{v}: Lerche und Nachtigall
136^{r}-140^{r}: Die fünfzehn Klagen A
182^{v}-186^{r}: Das Lied von den Türken
186^{v}-189^{r}: Die meisterliche Predigt
207^{v}-210^{r}: Die drei Ehefrauen
213^{r}-216^{r}: Die Welt

Beschreibung: T. Brandis, Der Harder. Texte und Studien I. Berlin 1964, S. 47-58.

E Wien, Österreichische Nationalbibliothek, Cod. 3214; 310 Bll.; Papier; um 1460; nordbairisch-ostfränkisch; aus Nürnberg. - Verschiedene ursprünglich unabhängige Faszikel mit lateinischen und deutschen Texten.

Enthält:

185^{r}-189^{v}: Der kluge Narr

Beschreibung: H. Menhardt, Verzeichnis der altdt. liter. Hss. der Österreichischen Nationalbibliothek. Bd. 1-3. Berlin 1960/61, hier Bd.2, S. 882-885; H. Heger, Antegameratus. Masch. Diss. Wien 1958, S. 1-51.

F Nürnberg, Germanisches Nationalmuseum, Cod. 5339a; 416 Bll.; Papier; 1471-1473; nordbairisch-schwäbisch; aus Nürnberg. - Sammelhandschrift von kleineren und kleinsten Reimpaardichtungen, zusammengesetzt aus Teilsammlungen unterschiedlicher Provenienz mit Rosenplüt als dem am häfigsten vertretenen Autor.

Enthält:

17^{r}-18^{r}: Die drei Ehefrauen
38^{r}-48^{r}: Der Einsiedel
49^{r}-58^{r}: Der Lobspruch auf Nürnberg
59^{r}-64^{r}: Der Spruch von Böhmen
64^{v}-71^{v}: Die Flucht vor den Hussiten
146^{r}-150^{v}: Die Beichte
176^{v}-182^{r}: Die sechs Ärzte
182^{r}-193^{v}: Die Kaiserin zu Rom A
193^{v}-199^{v}: Das Lob der fruchtbaren Frau
266^{v}-272^{r}: Der Priester und die Frau
300^{r}-306^{r}: Die fünfzehn Klagen A
326^{v}-330^{r}: Der König im Bad
358^{r}-363^{v}: Die Woche
371^{r}-376^{v}: Die Turteltaube
413^{v}-416^{v}: Der Bauernkalender

Beschreibung: T. Brandis (s. D), S. 76-85; L. Kurras, Die Hss. des Germanischen Nationalmuseums Nürnberg. Bd. 1, Tl. 1. Wiesbaden 1974, S. 47.

H Heidelberg, Universitätsbibliothek, Cod. pal. germ. 525; 326 Bll.; Papier; 1452/53; bairisch. - Sammelhandschrift mit der Sächsischen Weltchronik und Berichten über historische Ereignisse.

Enthält:

147^v^-152^r^: Die Flucht vor den Hussiten

Beschreibung: K. Bartsch, Die altdt. Hss. der Universitätsbibliothek in Heidelberg. Heidelberg 1887, S. 147; Deutsche Chroniken und andere Geschichtsbücher des Mittelalters (MGH). Bd. 2. Hannover 1877, S. 5, 352-355.

I Nürnberg, Staatsarchiv, Rep. 52a, Hs. Nr. 12 (= alte Nr. 89); 356 Bll.; Papier; um 1470; nordbairisch-ostfränkisch; aus Nürnberg. - Handschrift der Deichslerischen Chronik.

Enthält:

319^r^-325^v^: Der Markgrafenkrieg

Beschreibung: Th. v. Kern, in: Die Chroniken der dt. Städte. Bd. 10. (Nürnberg Bd. 4). Leipzig 1872 (Nachdruck Göttingen 1961), S. 77-91.

J Wien, Österreichische Nationalbibliothek, Cod. 4119; 225 Bll.; Papier; 1467-1475; bairisch-österreichisch. - Deutsch-lateinische Sammelhandschrift mit geistlichen Texten und naturwissenschaftlich-medizinischen Traktaten.

Enthält:

2^r^-7^v^: Die sechs Ärzte

Bescheibung: H. Menhardt (s. E), Bd. 2, S. 995-1002.

K Wolfenbüttel, Herzog August Bibliothek, Cod. Guelf. 76.3. Aug. 2°; 199 Bll.; Papier; um 1480; nordbairisch-ostfränkisch; aus Nürnberg. - Sammelhandschrift, neben Boners 'Edelstein' überwiegend Priamel und Fastnachtspiele.

Enthält:

152^r^-155^v^: Die fünfzehn Klagen A

Beschreibung: G. Simon, Die erste deutsche Fastnachtsspieltradition. Lübeck und Hamburg 1970, S. 91-107.

L Leipzig, Universitätsbibliothek, Cod. 1590; 164 Bll.; Papier; 1460-1465; nordbairisch-ostfränkisch; aus Nürnberg. - Systematisch angelegte Sammelhandschrift mit einer geschlossenen Rosenplütsammlung.

Enthält:

1ʳ-6ʳ: Der Priester und die Frau
6ʳ-12ʳ: Das Lob der fruchtbaren Frau
12ʳ-18ʳ: Die Turteltaube
18ʳ-24ʳ: Unser Frauen Schöne
24ʳ-34ʳ: Die Kaiserin zu Rom A
34ʳ-36ʳ: Der König im Bad
57ᵛ-60ʳ: Das Lied von den Türken
60ʳ-64ʳ: Der kluge Narr
77ᵛ-89ʳ: Der Einsiedel

Beschreibung: K. Euling, in: Germania 33, 1888, S. 159-173.

M München, Bayerische Staatsbibliothek, Cgm 714; 495 Bll.; Papier; 1455-1458; nordbairisch-ostfränkisch; vermutlich aus Nürnberg. - Im 1. Teil epische Kleindichtung verschiedenster Autoren und Gattungen, im 2. und 3. Teil ausschließlich Fastnachtspiele.

Enthält:

258ᵛ-262ᵛ: Die Beichte
279ʳ-284ʳ: Die sechs Ärzte

Beschreibung: K. Schneider (s. B), S. 79-89.

N Nürnberg, Germanisches Nationalmuseum, Cod. 5339; 11 Bll.; Papier; 1451-1452; nordbairisch-ostfränkisch; aus Nürnberg. - Einzelhandschrift.

Enthält:

1ʳ-9ᵛ: Der Lobspruch auf Nürnberg

Beschreibung: L. Kurras (s. F), S. 46f.

O Wien, Österreichische Nationalbibliothek, Cod. 13377; 18 Bll.; Papier; 1470-1475; nordbairisch-ostfränkisch; aus Nürnberg. - Zwei Reimpaardichtungen und historische Notizen.

Enthält:
1^{r}-9^{v}: Der Lobspruch auf Nürnberg
Beschreibung: H. Menhardt (s. E), Bd. 3, S. 1313f.

P Hamburg, Staats- und Universitätsbibliothek, Cod. ms. germ. 13; 95 Bll.; Papier; um 1490; nordbairisch; vermutlich aus Nürnberg. - Sammelband, zusammengebunden aus ursprünglich unabhängigen Faszikeln mit Reimpaardichtungen, Priameln und Fastnachtspielen.
Enthält:
S. 31 - 55: Die Kaiserin zu Rom A
S. 155 - 163: Die meisterliche Predigt
Beschreibung: G. Simon (s. K), S. 15-17.

Q Augsburg, Universitätsbibliothek, Cod. I.3.2°18; 181 Bll.; Papier; 1475-1480; ostschwäbisch. - Sammelhandschrift mit historischen Nachrichten und Urkunden sowie Gedichten und Liedern zu historischen Ereignissen.
Enthält:
125^{v}-127^{v}: Der Lobspruch auf Nürnberg
Beschreibung: K. Schneider, Deutsche mittelalterliche Hss. der UB Augsburg. Die Signaturengruppe Cod.I.3 und Cod.III.1. Wiesbaden 1988, S. 60-81.

R Wolfenbüttel, Herzog August Bibliothek, Cod. Guelf. 29.6. Aug. 4°; 74 Bll.; Papier; um 1480; nordbairisch; aus Nürnberg. - Geistlich-profane Sammelhandschrift mit größeren Reimpaardichtungen und literarischen Kleinformen.
Enthält:
1^{r}-10^{r}: Die Kaiserin zu Rom A
39^{r}-44^{v}: Der Einsiedel
45^{r}-48^{r}: Der Priester und die Frau
48^{r}-50^{v}, 25^{r} - 25^{v} (Die Hs. ist verbunden): Der König im Bad
Beschreibung: A. v. Keller, Fastnachtspiele aus dem 15. Jh. Bd. 3. Stuttgart 1853 (Nachdruck Darmstadt 1965), S. 1433-1440; O. Heinemann, Katalog der Herzog August Bibliothek Wolfenbüttel. Die Augusteischen Hss. Bd. 4. Frankfurt a.M. 1966, S. 346.

S Wien, Österreichische Nationalbibliothek, Cod. 13711; 35 Bll.; Papier; 1486–1493; nordbairisch; vermutlich aus Nürnberg. - Kleine Sammelhandschrift aus nachträglich zusammengebundenen Faszikeln mit kleineren und kleinsten Reimpaardichtungen.

Enthält:
16^{r}-20^{r}: Die meisterliche Predigt
Beschreibung: H. Menhardt (s. E), Bd. 3, S. 1337f.

T Weimar, Zentralbibliothek der deutschen Klassik, Cod. Fol. 86; 282 Bll.; Papier; 1500–1501; nordbairisch-ostfränkisch; aus Nürnberg. - Chronikartige Sammlung mit historischen Nachrichten, Nürnberg betreffend.

Enthält:
64^{v}-70^{v}: Der Lobspruch auf Nürnberg
Beschreibung: Th. v. Kern (s. I), S. 11, 92–94.

U Dessau, Sondersammlungen der Stadtbibliothek, Hs. Georg 150; 222 Bll.; Papier; um 1525; ostmitteldeutsch. - Geistlich-profane Sammelhandschrift mit Reden, Mären und kleineren Reimpaardichtungen.

Enthält:
19^{r}-24^{v}: Die sechs Ärzte
25^{r}-31^{r}: Die Welt
44^{v}-48^{v}: Die drei Ehefrauen
Beschreibung: F. Pensel, Verzeichnis der altdt. Hss. in der Stadtbibliothek Dessau (DTM Bd. 70). Berlin 1977, S. 137–146.

V Nürnberg, Germanisches Nationalmuseum, Cod. 35137; 14 Bll.; Papier; Ende 17.Jh.; nordbairisch-ostfränkisch; vermutlich aus Nürnberg. - Loseblattsammlung mit späten Abschriften historischer Lieder.

Enthält:
6ra- 8rb: Der Lobspruch auf Nürnberg
8vb- 10vb: Der Markgrafenkrieg
Beschreibung: L. Kurras (s. F), Bd. 3, 1983, S. 66, Nr. 85

W Berlin, Staatsbibliothek Preußischer Kulturbesitz, Mgf 503; 7 Bll.; Papier; 1530–1540; nordbairisch; vermutlich aus Nürnberg. - Einzelhandschrift.

Enthält:
1^{r}-7^{r}: Der Lobspruch auf Nürnberg

X Wien, Österreichische Nationalbibliothek, Cod. 12569; 376 Bll.; Papier; um 1580; nordbairisch-ostfränkisch; aus Nürnberg. - Historische Sammelhandschrift, u.a. eine Nürnberger Chronik enthaltend.
Enthält:
145^{r}-152^{v}: Der Lobspruch auf Nürnberg
Beschreibung: H. Menhardt (s. E), Bd. 3, S. 1255f.

Y Weimar, Zentralbibliothek der deutschen Klassik, Cod. Q 565; 133 Bll.; Papier; um 1470; nordbairisch-ostfränkisch; vermutlich aus Nürnberg. - Sammelhandschrift mit Hausbuchcharakter.
Enthält:
9^{r}-13^{v}: Die fünfzehn Klagen A
Beschreibung: E. Kully, Codex Weimar Q 565. Bern, München 1982.

Z München, Bayerische Staatsbibliothek, Cgm 5984; 10 Bll.; Papier; 1700-1750. - Einzelhandschrift.
Enthält:
1^{r}-10^{r}: Der Markgrafenkrieg

a Nürnberg, Stadtbibliothek, Bibl. Williana VII, 157; 10 Bll.; Papier; um 1580; nordbairisch-ostfränkisch; aus Nürnberg. - Einzelhandschrift.
Enthält:
2^{r}-9^{v}: Der Lobspruch auf Nürnberg

b München, Bayerische Staatsbibliothek, Cgm 1800; 554 Bll.; Papier; 1580; nordbairisch-ostfränkisch; aus Nürnberg. - Nürnberger Chronik.
Enthält:
2^{v}-9^{v}: Der Lobspruch auf Nürnberg

c Nürnberg, Stadtarchiv, Chronik Nr. 20; 299 Bll.; Papier; 1584–1588; nordbairisch-ostfränkisch; aus Nürnberg. - Historische Sammelhandschrift mit einer Nürnberger Chronik.

Enthält:
5^r–12^v: Der Lobspruch aus Nürnberg

d Wien, Österreichische Nationalbibliothek, Cod. 13042; 10 Bll.; Papier; 1580–1590; nordbairisch-ostfränkisch; aus Nürnberg. - Einzelhandschrift.

Enthält:
1^r–10^r: Der Lobspruch auf Nürnberg
Beschreibung: H. Menhardt (s. E), Bd. 3, S. 1293.

e Berlin, Staatsbibliothek Preußischer Kulturbesitz, Mgf 461; 293 Bll.; Papier; um 1590; nordbairisch-ostfränkisch; aus Nürnberg. - Nürnberger Chronik.

Enthält:
1^r–6^r: Der Lobspruch auf Nürnberg

f Nürnberg, Staatsarchiv, Rep. 52a, Hs. Nr. 55; 359 Bll.; Papier; um 1590; nordbairisch-ostfränkisch; aus Nürnberg. - Nürnberger Chronik.

Enthält:
10^r–17^r: Der Lobspruch auf Nürnberg

g Halle/Saale, Universitäts- und Landesbibliothek Sachsen-Anhalt, Hs. Zh 77, 2°; 478 Bll.; Papier; 1586–1594; nordbairisch-ostfränkisch; aus Nürnberg. - Nürnberger Chronik.

Enthält:
1^r–8^v: Der Lobspruch auf Nürnberg
Beschreibung: H. Herricht, Die ehem. Stolberg-Wernigerödische Handschriften-Abteilung. Halle/S. 1970, S. 52.

h Nürnberg, Stadtbibliothek, Hs. Amb. 138.2° Rara; 8 Bll.; Papier; 1588–1596; nordbairisch-ostfränkisch; aus Nürnberg. - Einzelhandschrift.

Enthält:
2^r-7^v: Der Lobspruch auf Nürnberg

i Würzburg, Universitätsbibliothek, M. ch. f. 330; 716 Bll.; Papier; 1604-1611; nordbairisch-ostfränkisch; aus Nürnberg. - Nürnberger Chronik.
Enthält:
183^r-188^v: Der Lobspruch auf Nürnberg

j Dresden, Sächsische Landesbibliothek, Mscr. M 50d; 181 Bll.; Papier; um 1630; nordbairisch-ostfränkisch; aus Nürnberg. - Historische Sammelhandschrift.
Enthält:
74^r-82^v: Der Lobspruch auf Nürnberg
Beschreibung: Fr. Schnorr von Carolsfeld, Katalog der Hss. der königl. öfftl. Bibliothek zu Dresden. Bd. 2. Leipzig 1883, S. 448-450 und ders., Zwei Dresdner Hss., in: Archiv für Litteraturgeschichte 9, 1879, S. 441-443.

k Nürnberg, Stadtbibliothek, Hs. Nor. H. 1387; 7 Bll.; Papier; um 1730; nordbairisch; aus Nürnberg. - Angebundene Einzelhandschrift.
Enthält:
1^r-7^v: Der Lobspruch auf Nürnberg

2. Frühdrucke

m Ein maisterlicher spruch von der | erlichen fürsichtigen ordnung vnd | regirung in der löblichen Statt | Nürrmberg
Marcus Ayrer, o. O. [Nürnberg] u. J. [ca. 1488]
(Der Lobspruch auf Nürnberg)
Exemplar: Berlin, Staatsbibliothek Preußischer Kulturbesitz, 8° Inc. 1901 a.

n Hi in disem puchlein findet ir gar e|in loblichen spruch von der erentre|ichen stat nurmberg gar von manc|herlei irer fursehung der stat vnd | irer gemein
Hans Hoffmann, Nürnberg 1490 (9.8.)

(Der Lobspruch auf Nürnberg)
Exemplar: München, Bayerische Staatsbibliothek, 4° Inc. c.a. 788.

o Ein löblicher spruch vō der erentreich|en Stat Bambergk. Vnd von yrer großē | freyheit Die der heilig kayser Heinrich be|stetigt hat Vnd auch von den kleinetñ die | daryñ sein Uñ auch vil heiliger leichnam.
o. Dr. [Hans Sporer], Bamberg 1491 (21.5.)
(Der Lobspruch auf Bamberg)
Exemplar: München, Bayerische Staatsbibliothek, 4° Inc. s.a. 1692^{m}

p Ein liepleich history. von großer schone. | gedult vnd kuscheit einer edeln keyseryn
o. Dr. [Georg Reyser], O. [Würzburg] u. J. [vor 1495]
(Die Kaiserin zu Rom A)
Exemplar: Tübingen, Universitätsbibliothek, Dk XI, 159 R, angebunden.

q Ein lieplich history von großer schone | gedult vnd keůscheyt einer edleln [!] keyseryn
o. Dr. [Peter Wagner], O. [Nürnberg] u. J. [ca.1495]
(Die Kaiserin zu Rom A)
Exemplar: Berlin, Staatsbibliothek Preußischer Kulturbesitz, Inc. 1892, 15.

r Uon Einer Meisterlichen Predig
o. Dr. [Konrad Kachelofen], O. [Leipzig] u. J. [ca.1500]
(Die meisterliche Predigt)
Exemplar: Hamburg, Staats- und Universitätsbibliothek, Cod. in scrinio 229d, Nr.1.

s Der clůg Nar also ist mein nam | Des ich mich gantz mit nichten scham [...]
o. Dr., O. u. J. [ca.1500]
(Der kluge Narr)
Exemplar: Wien, Graphische Sammlung Albertina, z.Z. nicht auffindbar.

t Eyne schone hystorie van eynē | keyszer to rome vnde siner erli|ken Keyserinne wo de myt gro|ter valscheit belagen wart
Simon Koch, gen. Mentzer, Magdeburg 1500 (23.3.)
(Die Kaiserin zu Rom B)
Exemplar: Wolfenbüttel, Herzog August Bibliothek, Ts 2.

u UOn den Mussig|gengern vnd | Arbeitern.
o. Dr. [Jakob Köbel], O. [Oppenheim] u. J. [ca.1510]
(Der Müßiggänger)
Exemplar: Berlin, Staatsbibliothek Preußischer Kulturbesitz, Yg 5130 Rara.

v Clag etlicher | ständ gantz kurtz | weylig zůlesen.
o. Dr. [Erhard Öglin], O. [Augsburg] u. J. [1520]
(Die fünfzehn Klagen B)
Exemplar: Krakau, Uniwersytet Jagielloński, Biblioteka Jagiellońska, Yg 7176.

w Von dem könig im bad.
Hektor Schöffler, Nürnberg o. J. [ca.1530]
(Der König im Bad)
Exemplar: Berlin, Staatsbibliothek Preußischer Kulturbesitz, Yg 5136 Rara.

II. Grundsätze der Texteinrichtung

Die Ausgabe folgt dem bewährten und diesem Texttypus angemessenen Leithandschriftenprinzip. Ein Wechsel der Leiths. von Text zu Text wäre dabei durchaus denkbar. Bei der Rezension der Überlieferungsträger stellte es sich jedoch heraus, daß der Dresdner Codex M 50 (Sigle D), eine der großen Rosenplüt-Sammelhandschriften, im Vergleich zu den jeweils anderen Textzeugen in allen Fällen ein zumindest gleichwertiger, wenn nicht besserer Textzeuge ist, d.h. einen gleichmäßig guten, von gravierenden Störungen weitgehend freien, wenn auch nicht völlig fehlerlosen Text bietet. Wo ein konkurrierender Textzeuge einen glatteren Text hat, handelt es sich entweder um eine spätere Bearbeitung oder um eine unwesentlich abweichende Textfassung. Zudem enthält diese große Sammlung, die seit Gottscheds Zeiten eine überragende Rolle bei der Publikation von Werken Rosenplüts spielt, alle Texte dieser Ausgabe bis auf den Lobspruch auf Bamberg, der nur in einem Frühdruck überliefert ist. Die Hs. ist ein relativ früher Textzeuge und wurde vielleicht noch zu Rosenplüts Lebzeiten begonnen. Aus diesen Gründen fiel die Entscheidung für D als Grundlage aller Texte dieser Ausgabe mit der erwähnten Ausnahme. Der dadurch entstehende Nachteil, daß die weitere Überlieferung nur im Apparat und nicht auch im Leittext zur Geltung gebracht werden kann, wodurch ein Eindruck von der Vielfalt der Überlieferung vermittelt werden könnte, wird für den Benutzer entschieden dadurch aufgewogen, daß er sich nicht von Text zu Text auf eine andere Graphie einstellen muß.

Dabei sind einige Eigenarten des Schreibers von D zu beachten:

1) Umlautbezeichnungen fehlen fast vollständig. Doppelpunkt über a kommt beim Hauptschreiber überhaupt nicht, über o und u nur sporadisch und völlig regellos vor. So erscheint der Autor in der Signaturzeile mit wenigen Ausnahmen als *Rosenplut*.
2) Das Genetiv-s fehlt häufig nach Konsonant (*des priester*), in einem Fall fehlt es regelmäßig (*des pabst*).
3) Epithese kommt oft vor (*were, sagene*). In einigen wenigen Fällen, wo Mißverständnisse möglich sind, wird die Epithese durch Ersetzung des Wortes aus einem anderen Text beseitigt.
4) Sowohl beim Verb als auch beim Nomen fehlen häufig Endungen: beim Verb die Endung der 1.3.Pl. (*wir sing*), beim Substantiv die Pluralendung -en (*die fraw clagen*); beim Adjektiv erscheint öfter die unflektierte Form im Nom.Sg. (*ein durftig man*).
5) Statt des Genetivs *Cristi* erscheint die Nominativform *Cristus*.

Eingriffe in den Text werden dort vorgenommen, wo eine empfindliche Störung der Überlieferung eingetreten ist, d.h. bei gravierenden Schreib- und Verständnisfehlern. Im einzelnen gelten folgende Regelungen:

Offensichtliche Fehler werden mit Hilfe anderer Textzeugen und mit Nachweis im Apparat emendiert.

Ergänzungen und Ersetzungen ohne handschriftliche Stütze sind *kursiv* gedruckt. Die Orthographie der Textergänzungen wird der Leiths. angepaßt.

Auf weggelassene Wörter und Zeilen ist durch zwei leere ekkige Klammern [ ] hingewiesen.

Buchstaben und Wörter, die in D aufgrund von Wasserschäden nicht mehr lesbar und ohne handschriftliche Stütze, aber aufgrund früherer Transkriptionen ergänzt sind, stehen in spitzen Klammern ⟨ ⟩.

Wo die Leiths. einen sinnvollen Text bietet, wird dieser nicht zugunsten einer als besser erachteten oder objektiv besseren Lesart eines anderen Textzeugen verändert. Auch aus metrischen und Reimgründen wird nicht in den Leittext eingegriffen. Wo das am Versende stehende Wort aus Reimzwang - oft bis zur Unkenntlichkeit - entstellt ist, findet sich eine Erläuterung im Kommentar.

Ziel der Ausgabe ist es, bei der Textwiedergabe möglichst nahe an der Handschrift zu bleiben und einen verläßlichen Text zu bieten, zugleich aber dem Benutzer den Text in einer gut lesbaren und verständlichen Form an die Hand zu geben. Daraus resultieren leichtere Textveränderungen, die die Orthographie und die äußere Einrichtung des Textes betreffen. Intendiert ist dabei nicht eine Normalisierung im Sinne einer völligen Gleichförmigkeit, sondern lediglich eine Vereinfachung des graphischen Bildes und eine Verbesserung der Lesbarkeit. Dabei bleibt alles erhalten, was lautlich, etymologisch, morphologisch oder mundartlich von Bedeutung ist oder sein könnte. Im einzelnen werden folgende Veränderungen ohne Apparatnachweis vorgenommen:

1) Abkürzungen werden aufgelöst.
2) Die Verwendung von Groß- und Kleinschreibung wird geregelt: Groß geschrieben werden nur die Anfangsbuchstaben der Verse, wie dies die Hs. auch tut, und die Eigennamen.
3) Eine Absatzgliederung und eine an den nhd. Usus angelehnte Interpunktion werden eingeführt.
4) Worttrennung und Wortverbindung werden geregelt: Zusammengeschrieben werden Nominalkomposita und adverbiale Partikeln (außer mehrgliedrigen) mit Verben; *hin* und *her* werden vom Verb getrennt geschrieben, wenn sie als Präposition oder Adverb gebraucht werden (*do er uber das mer hin kam*). Die Zusammen- und Auseinanderschreibung von Zahlen folgt der Leithandschrift.
5) i-j und u-v werden ausgeglichen, dazu die sehr seltenen Fälle von b-w (*bucher, wibel*) und g-j (*geten, jackack*).
6) y wird durch i ersetzt (außer in *hymnus, Sybille, synagog, tyrannen*).
7) w wird durch u ersetzt, wo es sich um einen silbentragenden Vokal handelt (*rw, schwl*), nicht aber als zweiter Bestandteil von Diphthongen.
8) Übergeschriebene Vokale werden nur in Drucken gebraucht. In der Ausgabe wird oͤ durch ö wiedergegeben, uͤ durch ü und uͦ durch uo.
9) Geminaten (dazu ck, cz, tz, tzs, nicht aber ss und zz) werden, soweit sie nicht durch Synkope zustandegekommen (*er wartt*) oder etymologisch bzw. morphologisch bedingt sind (*bettler, achtzig, sitzt, schickt*), vereinfacht:

a) nach Konsonant (*wortt, mercken, hertz*),
b) nach Diphthong und langem Vokal (*auff, meuller, tratten*),
c) in unbetonter Silbe (*bischoff, offenn*),
d) zwischen kurzem Vokal und nachfolgendem Konsonant (*lanng, -schafft, allter, letztste 〉 letzte*),
e) im Anlaut (*tzeit, betzalen*),
f) bei doppelter Verhärtung (*anslack 〉 anslak*).

Auf weiteren synchronen Ausgleich in der Orthographie wird verzichtet. Es bleibt demnach die unterschiedliche Schreibung der s-Laute (s, ss, ß, zz) erhalten, allerdings ohne Unterscheidung von Schaft-s und Rund-s, dazu aw und ew sowie gk und dt, die in den meisten Fällen die Auslautverhärtung kennzeichnen (*mundt*), aber auch inlautend auftreten (*margkt*).

In zwei Fällen werden Doppelredaktionen synoptisch abgedruckt, und zwar dort, wo die Abweichungen über den gesamten Text so gravierend sind, daß sie den Apparat überfordern ('Die fünfzehn Klagen'), und dort, wo der singuläre Fall einer Übertragung in niederdeutschen Sprach- und Denkstil vorliegt ('Die Kaiserin zu Rom'). Dieser niederdeutsche Text erfordert eigene Editionsgrundsätze. Da es sich um eine editio princeps handelt, die übergeschriebenen Vokale des Drucks mehrdeutig sind und die Ausgabe möglichst nahe am Druckbild bleiben soll, werden außer der nachgewiesenen Emendation von Druck- und Verständnisfehlern nur folgende Veränderungen als Lesehilfen ohne Apparatnachweis vorgenommen:

1) Die Verwendung von Groß- und Kleinschreibung wird in der üblichen Weise geregelt.
2) Eine Absatzgliederung und eine an den nhd. Usus angelehnte Interpunktion werden eingeführt, wobei die Virgeln des Drucks berücksichtigt sind.
3) Die Zusammenschreibung wird in Anlehnung an die heute im Deutschen geltende Praxis geregelt. Wo durch Zusammenschreibung anlautendes v in den Inlaut rückt, wird dieses v, entsprechend der Praxis des Drucks, als u geschrieben (*dar vmme* 〉 *darumme*, aber auch *her vor* 〉 *heruor*).

III. Zum Apparat

Im Apparat werden alle textkritisch relevanten Varianten der Parallelüberlieferung (dazu s.u.) nachgewiesen, außerdem bei Eingriffen in den Text der überlieferte Wortlaut der Leithandschrift. Bei der Nennung der Textzeugen am Beginn eines jeden Apparats wird die Sigle der Leithandschrift als erste genannt. Siglen werden im Apparat nur bei mehrfacher Überlieferung verwendet.

Der Apparat ist teillemmatisiert; in eindeutigen Fällen steht keine Lemmaklammer. Vorzugsweise werden Scharnierwörter zur besseren Lokalisierung mit angegeben. Der Versanfang ist durch Großschreibung hervorgehoben. Lesarten zu einer größeren Texteinheit gehen den Lesarten zu einer kleineren Einheit voraus. Mehrere Lesarten zu demselben Lemma sind durch Kommata getrennt, hinter jede abgeschlossene Lesartenmitteilung tritt ein Semikolon. Gemeinsame Lesarten mehrerer Textzeugen erscheinen in der Schreibung des jeweils zuerst genannten Zeugen, dessen Abkürzungen aufgelöst sind.

Zur Entlastung des Apparats werden Varianten ohne Relevanz für Lexik, Syntax und Semantik nicht aufgenommen. Unberücksichtigt bleiben

1) graphische Varianten (außer in Eigennamen und Fremdwörtern);
2) Flexionsvarianten ohne Änderung des Sinnes (Wechsel starke / schwache Flexion, flektierte / unflektierte Form des Adjektivs);
3) sprachlich unbedeutende (in vielen Textzeugen iterierende) Varianten wie *do / da, wann / wenn, hatten / hetten* (ohne Moduswechsel); Präfixbildungen: *zu- / zer-/ zuer-, ent- / em-, für/ vor-*; erweiterter grammatischer Wechsel: *fluhen / flugen* und Palatalisierung: *slahen / schlagen*; Assimilation: *minder / minner*; Endsilbenabschwächung: *kostpar / kosper, kupferein / kupfern*;
4) Apokope und Synkope, z.B. *ich kome / kom, gelaub /glaub*;
5) Proklise und Enklise, z.B. *legen sie / legens*;
6) Kontraktionen jeder Art, z.B. *seinem / seim, reichlich / reilich, kunstenlich / kunstlich, grimiglich / grimlich, gegen / gein, lassen / lan*;
7) Suffixkürzungen, z.B. *wollen wir / woll wir, dorinnen / darin, allen seinen / all sein, freuntlichen / freuntlich.*

Im Apparat habe ich mich jeglicher Herausgeberbemerkungen enthalten und auch das Ausrufungszeichen als Hinweis nicht eingesetzt, obwohl es bei merkwürdigen Schreibungen und grotesken Verständnisfehlern manchen Anlaß dazu gäbe. Auf besonders bemerkenswerte Lesarten ist im Kommentar hingewiesen.

IV. Zum Kommentar

Die Erläuterungen des Kommentars sind in erster Linie für Benutzer gedacht, denen frnhd. Texte und die hier repräsentierten Gattungen nicht ohne weiteres geläufig sind, sollen aber auch dem Fachmann das Œuvre Rosenplüts erschließen helfen. Zu Beginn eines jeden Textkommentars finden sich Hinweise auf die Überlieferungslage, die Stemmatik und die Textqualität der Überlieferungsträger, sodann allgemeine Erläuterungen zur jeweiligen Gattung, zu Sachen, Begriffen oder historischen Ereignissen, soweit sie für das Verständnis erforderlich sind. Der Zeilenkommentar enthält zum einen Sacherläuterungen, die Identifikation der im Text vorkommenden Personen und geographischen Namen sowie weiterführende Hinweise, zum anderen Erklärungen syntaktischer Schwierigkeiten, Übersetzungshilfen sowie lexikalische Erläuterungen zu einzelnen Wörtern, um ein unmittelbares Verständnis der einzelnen Textstellen zu erleichtern. Flektierte Wortformen des Textes sind, wo dies möglich ist, auf ihre Grundform zurückgeführt. Bei Wörtern, die aus Reimzwang stark entstellt sind, findet sich hinter dem Gleichheitszeichen die geläufige Schreibung. Diejenigen Wörter, die lexikalisch erläutert sind, sind in einem Register am Ende des Bandes zusammengefaßt.

Die bewußt weit gehenden Übersetzungshilfen sollen den Benutzer von der Mühe entlasten, ständig mehrere Lexika und Dialektwörterbücher heranziehen zu müssen, zumal die im Kommentar angegebenen autorspezifischen Bedeutungen dort meist nicht verzeichnet sind. Für die Ermittlung der geläufigen Übersetzungen sind neben Lexers Mittelhochdeutschem Handwörterbuch und Götzes Frühneuhochdeutschem Glossar vor allem das Deutsche Wörterbuch, Schmellers Bayerisches Wörterbuch, das Willsche Idiotikon (in: MVGN 49, 1959, S.361-438) und der bisher erschienene 1.Band des Frühneuhochdeutschen Wörterbuchs von Anderson / Goebel / Reichmann benutzt worden. Außerdem konnte die Belegsammlung in der »Arbeitsstelle Frühneuhochdeutsches Wörterbuch« am Germanistischen Seminar der Universität Heidelberg eingesehen werden.

V. Literaturhinweise

Lochner, Georg Wolfgang Karl: Von Nürmberger Rayß. Erzählendes Gedicht des Hans Rosenplüt genannt Schnepperer. Nürnberg 1849

Keller, Adelbert von (Hrsg.): Fastnachtspiele aus dem fünfzehnten Jahrhundert. Bd. 1-4. Stuttgart 1853-1858 (StLV 28-30.46). Nachdruck Darmstadt 1965/66

Lochner, Georg Wolfgang Karl: Der Spruch von Nürnberg, beschreibendes Gedicht des Hans Rosenplüt genannt Schnepperer. Nürnberg 1854

Liliencron, Rochus von (Hrsg.): Die historischen Volkslieder der Deutschen vom 13. bis 16. Jahrhundert. Bd. 1. Leipzig 1865

Lambel, H[ans]: Der kluge Narr. Von Hans Rosenblüt, in: Archiv f. d. Gesch. deutscher Sprache und Dichtung, hrsg. v. J.M.Wagner 1, 1874, S. 212-221

Wendeler, Camillus: Studien über Hans Rosenplüt, in: Archiv f. d. Gesch. deutscher Sprache und Dichtung, hrsg. v. J.M.Wagner 1, 1874, S. 97-133. 385-436

Euling, Karl (Hrsg.): Zwei ungedruckte Rosenplütsche Sprüche, in: ZfdA 32, 1888, S. 436-445

Roethe, Gustav: Artikel »Hans Rosenplüt«, in: ADB Bd. 29, Leipzig 1889, S. 222-232

Michels, Victor: Studien über die ältesten deutschen Fastnachtspiele. Straßburg 1896 (Quellen und Forschungen zur Sprach- und Culturgeschichte der germanischen Völker 77)

Euling, Karl: Das Priamel bis Hans Rosenplüt. Studien zur Volkspoesie. Breslau 1905 (Germanistische Abhandlungen 25)

Demme, Johannes: Studien über Hans Rosenplüt. Diss. Münster 1906

Hartig, Otto: Hans Rosenplüts Lobspruch auf die Stadt Bamberg mit dem Bamberger Stadtwappen, gedruckt von Hans Sporer in Bamberg 1491, in: 86. Bericht d. hist. Vereins f. d. Pflege d. Gesch. d. ehem. Fürstbistums Bamberg 1938, S. 5-24

Niewöhner, Heinrich: Artikel »Hans Rosenplüt«, in: VL Bd. 3, 1943, Sp. 1092-1110

Filip, Helmut: Untersuchungen zu Hans Rosenplüt. Masch. Diss. München 1952

Schüching, Heinz von: Vorstudien zu einer kritischen Ausgabe der Dichtungen von Hans Rosenplüt. Masch. Diss. Harvard 1952

Fischer, Hanns (Hrsg.): Die deutsche Märendichtung des 15. Jahrhunderts. München 1966 (MTU 12)

Simon, Gerd: Die erste deutsche Fastnachtsspieltradition. Lübeck und Hamburg 1970 (Germanische Studien 240)

Simon, Eckehard: Eine neuaufgefundene Sammelhandschrift mit Rosenplüt-Dichtungen aus dem 15. Jahrhundert, in: ZfdA 102, 1973, S. 115-133

Reichel, Jörn: Handwerkerleben und Handwerkerdichtung im spätmittelalterlichen Nürnberg: Hans Rosenplüt genannt Schnepper, in: Horst Brunner (Hrsg.): Literatur in der Stadt. Bedingungen und Beispiele städtischer Literatur des 15. bis 17. Jahrhunderts. Göppingen 1982, S. 115-142

Fischer, Hanns: Studien zur deutschen Märendichtung. 2.Aufl. Tübingen 1983

Reichel, Jörn: Handwerk und Arbeit im literarischen Werk des Nürnbergers Hans Rosenplüt, in: Rainer S. Elkar (Hrsg.): Deutsches Handwerk in Spätmittelalter und Früher Neuzeit. Göttingen 1983, S. 245-263

Kiepe, Hansjürgen: Die Nürnberger Priameldichtung. Untersuchungen zu Hans Rosenplüt und zum Schreib- und Druckwesen im 15. Jahrhundert. München 1984 (MTU 74)

Reichel, Jörn: Der Spruchdichter Hans Rosenplüt. Literatur und Leben im spätmittelalterlichen Nürnberg. Stuttgart 1985

Glier, Ingeborg: Hans Rosenplüt als Märendichter, in: Klaus Grubmüller et al. (Hrsg.): Kleinere Erzählformen im Mittelalter. Paderborner Colloquium 1987. Paderborn, Wien, Zürich 1988, S. 137-149

1 Der König im Bad

Der an im selber nicht nimet war, [1r]
Wie er sein leben furet uber jar
In hochfart und in ubermut,
Damit man hie wider got tut,
Das richet got an im dort oder hie.
Nu horet was und merket, wie
Es einem kunig eins mals ergieng,
Den große hoffart umbefing,
Dorumb das er reich was und gewaltig
Mit landen und lewten manigvaltig.
Alle deutsche zungen und welische landt,
Die stunden gewaltig in seiner hant.
Desselben er sich ubernam,
Das große hochfart in sein herz kam,
Dorumb das er mechtig was und reich.
Do meint er, im were niemant gleich
In himeln noch in aller der werlt;
Dasselb er oft mit worten melt.
Eines tags er bei einer vesper was.
Da horet er, das man sang und las,
Wie das man got solte allzeit eren,

Überlieferung: D 1r–3v, B 40r–43r, F 326v–330r, L 34r–36r, R 48r–50v, 25r–25v [Die Hs. ist verbunden], Druck w
Überschriften: Mähr von eym hoffärtig kunig *[von späterer Hand] B*, Der kunig jm Bad *D*, Vom künig jm pad *F*, Vom kunig jm bade *L*, Hie hernach volgt das lesenn / Vom konig ym pad *R*, Von dem könig im bad *w*

1 Wer *FRw*; selbs *B*. **2** für *R*. **3** in² *fehlt L*. **4** man] er swerlich *R*; w. got hie *FLw*; hie *fehlt B*. **5** Vnd r. das got *B*; an im *fehlt BF*; oder] vnd *w*. **6** horet] mercket *w*; baß *BFL*; merket] höret *w*. **7** Wie es *L*; einsmals] eins *Bw*, einest *FL*, einsten *R*. **8** h. starck vmbf. *w*. **9** Wann er was reich *w*; das *fehlt R*. **10** lant *FLRw*; vnd mit l. *L*; und *fehlt R*. **12** stunden] warn *w*; st. jm gancz in *R*. **15** ward *L*. **16** niemands *w*. **17** Jm himel *BR*, Jn himel *L*, Weder jm himel *F*, Jm hymel hell *w*; aller *fehlt w*; der *fehlt BLR*. **18** Als er das offt *B*. **19** *fehlt F*; einer] der *B*. **20** Vnd hort daz *R*; erhört *F*; laß on widerstreit *F*. **21** das *fehlt B*; solt loben vnd eren alle zeit *F*; solt Got *w*; alzeit sol *L*; allzeit *fehlt B*.

Wann er ein herr were ob allen herren,
Was ir auf erden lebendig weren.
Dasselbe das horte der kunig nicht geren.
Auch horet er an derselben stat
Da singen das magnificat.
Dorinnen do stet ein sollichs wort,
Das got wil alle die hohen dort,
Die sich hie demutigen und nidern
Und sich clein schatzen an iren glidern,
Und die hochfertigen dort swerlich letzen [1v]
Und die gewaltigen von iren stulen setzen.
Do das der kunig singen hort,
Die vesper er palde do zustort,
Das man must aufhoren mit dem singen,
Und warde die priesterschaft bezwingen,
Das sie des nimmermer solten lesen,
Wolten sie vor dem tode genesen.
Ein alter priester sich fur in neigt,
Und in seinem bettpuch er im zeigt
Und exponiret im offenbar
Und saget im, das es alles wer war,
Was man da singe und lese von got.
Noch treib der kunig darawß seinen spot
Und wurde seinen zorn da offenbaren

22 Der wer ein *F*, Er wer ein *w*; were *fehlt Fw*; ob] uber *R*. **23** *fehlt F*; Vnd waz *R*. **24** das *fehlt BFw*. **25** Er horet auch an *F*. **26** Gar löblich s. *F*; singen] lesen *R*. **27** do *fehlt w*; stet] geht *BFLR*. **28** alle die wil *Bw*; hohen] erhören *F*. **29** hie *fehlt w*. **30** Auch sich demütigen an *B*. **31** Die h. wirdt er l. *w*; Vnd wöll die *F*; Und *fehlt R*; die *fehlt L*; dort *fehlt BF*. **32** gewaltigen] mechtigen *BFLRw*; jrem stul *B*; iren *fehlt w*. **33** Als der k. das singen erhort *F*, Do nu der k. das do hört *R*; singet *D*. **34** do palde *BFLRw*. **35** man nymer dorfft s. *B*; man do must *R*; man auff höret *w*. **36** Er würd *F*; priester do b. *R*; zcwingen *BL*. **37** Sie solten das n. singen noch l. *F*; des] das *BR*; mer *fehlt Bw*. **38** sie anders vor *FL*, sie halt vor *R*. **39** vor jm *w*. **40** jm sein *BL*; er im] do *B*, *fehlt L*. **41** exponiret] deutschet *R*; ym gar o. *B*, ym es o. *F*, ym das o. *R*, jm lauter vnd klar *w*. **42** jm es wer das alls war *w*; alles *fehlt BLR*. **43** W. do geschriben stet von g. *R*; sunge *BFLw*; und] oder *L*. **44** Aber der k. tr. *F*; trib *L*; darauß der k. *B*; gespotte *BL*. *Statt 45–48 hat R:* Vnd sprach er wolt sie swerlich pfenden / An augen an füssen vnd an henden. **45** was *B*, ward *FLw*; da o. sein zorn *w*.

Und sprach zu allen den, die do waren:
Wer nicht den vers furbas wolt meiden,
Der muste ein unrechten tot dorumb leiden.
Da vorchten sie den kunig serer dann got
Und wurden halten sein gebot
Und lasen den verß lang nicht mere;
Damit sie verswigen gottes ere.
Eins tags do ging der kunig in ein pad;
Da saße ein engel hin an sein stat
Mit sollicher form und mit gebere,
Recht gleich sam er der kunig were.
Den engel man fur den kunig ersach:
Wes er begert, dasselb geschach.
Der kunig saß neben den engel auf die pank; [2r]
Der pader palde hin zu im drangk
Und sprach zu dem kunig: »bist du bei witzen,
Das du so nahen zu dem kunig tarst sitzen?
Stee auf und setze dich hinter die thur,
Da ander puben sehen herfur,
Wilt du haben gut gemach.«
Der kunig wider uppiglich zum bader sprach:
»Du magst wol selbs nicht haben weisen sin:
Sichst du nicht, das ich der kunig bin?«

46 Gen all den die entgegen worn *w*; allen *fehlt B*. **47** W. f. den verß nit wil m. *B*; wöllt fürbas *F*; furbas] hinfür *w*. **48** müß den todt *B*; unrechten] bösen *w*. **49** Sie forchten den *R*; serer] mer *F*, für *w*; dann *fehlt w*. **50** Vnd w. thuon nach seim g. *w*, Vnd hielten aldo s. g. *R*; wurden do h. *B*. **51** Das sie den vers lasen nymmermer *R*. **52** verswigen sie *B*; sie lang v. *R*. **53** do *fehlt BR*; in ein] zcum *B*, ins *w*. **54** hin *fehlt Bw*; sein] seiner *B*, *fehlt D*. **55** Jn s. *FLR*; sulchem *B*; form] er *R*; mit *fehlt Bw*. **56** Gleich sams der k. selbs wer *w*; gleich *fehlt BL*; er] es *L*, ers *R*. **57** fur den k. man *Lw*; sach *BLw*. **58** dasselb do g. *R*. **59** neben – pank] zum Engel dar *w*; dem *R*; die *fehlt R*. **60** D. p. sich pald dar zu jm schwanck *F*, Des nam der Bader eben war *w*; palde *fehlt R*. **61** dem kunig] ym *R*; pist nit pei *F*. **62** Wes thuost als nahen zum Köng sitzen *w*; so nahen *fehlt B*; so] als *LR*; tarst] darfst *B*, thust *FL*. **63** auff du vnd *B*; hinter] hin *w*. **64** sehen] gucken *F*. **65** Biltu do h. *L*; du *fehlt w*; annders h. *BFw*, icht h. *R*; gut *fehlt B*. **66** wider *fehlt Bw*; uppiglich *fehlt w*; bader] künig *F*. **67** Du hast selber nit w. s. *Bw*; macht *R*; wol *fehlt FLR*; selber *R*. **68** du *fehlt Rw*; ichs *R*.

Der bader warde ein gelten nemen
Und warde dem kunig zum kopf do remen;
Da viel der kunig mit im zu haufen.
Do kam das padgesinde gelaufen
Und slugen in zu seinem kopf
Und hingen im voren in seinem schopf.
Sie zogen in hin, sie zogen in here;
Noch schrei er, das er der kunig were.
Erst rauften sie in also hart
Das hare wol halbs awß seiner swart,
Wann sie im alle dorinnen hingen.
Die schefflein im umb sein oren gingen,
Und das die reife davon sprungen.
Gar oft warde er ernider gerungen
Und wider die erden do gestaucht,
Biß das den engel des schimpfs genug daucht.
Der engel trat zu dem gesinde und wert,
Damit er den armen kunig ernert,
Das sie aufhorten und von im ließen [2v]
Und in do zu der tur hinawß stießen,
Und legten im ein altes rocklein an
Und hießen in palde laufen darvon,
Ee das der kunig auch werde verheit.

69 ein] die *B*; gelten] scheflein *R*. **70** den *w*; zum kopf] des kopffs *B*, seins kopfs *F*; do *fehlt BFRw*; kopff mit r. *w*; rennen *R*. **71** Das sie pede vielen zu hawffen *R*; Also *F*; im] dem pader *L*. **72** kam auch das *F*; pad *fehlt B*; gesin zusamen g. *L*, gesinde zug. *BF*, gesind als g. *R*. **73** Sie *R*; schlug *L*. **74** *fehlt L*; im *fehlt w*; seinem] dem *B*. **75** Vnd zugen hin vnd tensten her *w*; Vnd z. *BFL*; in[1] *fehlt L*; sie[2]] vnd *BLR*, vnd auch *F*; zogen[2]] *fehlt BF*, duschten *L*; in[2] *fehlt BFLR*. **79** Dann *F*; im alle] jn aller *L*, allsampt *w*. **80** Die kübel vmb sein örn jm g. *w*; schefflein] scheflach *L*; im *fehlt R*; sein] die *F*. **81** Recht das *R*; Und *fehlt B*; reife] rauf *F*. **82** Vnd w. gar o. ern. drungen *w*; Gar *fehlt B*; ernider] nyder *B*, der nyder *FLR*; gedrungen *BR*. **83** do] also *B*, *fehlt L*; gedaucht *L*. **84** Des dann den E. g. gedaucht *w*; das *fehlt B*. **85** Vnd er doch dem g. w. *B*, Vnd trat hin zuo gar bald vnd w. *w*; trat] lieff *R*. **86** Vnd da den *w*. **87-130** *fehlt L*. **88** in do] sie yn *R*; hinawß] auß *FRw*. **89** legten] wurffen *R*; ein alten rock jm *w*; altes] groes *R*. **91** Ee auch d. k. würd gen jm v. *R*; das] *fehlt B*, dann *F*; wurde *BFw*.

Da der engel nu gepadt, das es was zeit,
Da ginge er awß, die diener mit,
Als unter den fursten dann ist sit,
Und legt do an des kunigs gewant.
Dem bader er do reilich lant
Und kam zu der kunigin hin in den sal;
Do was bereitet das nachtmal.
Der engel da wasser zu den henden nam
Und saß zu der kunigin an die tafel ram
Und konde so adelich gebaren,
Das alle die meinten, die da waren,
Das er der recht kunig wer.
Darnach do komen andere mer:
Der arm kunig klopfet an der pforten
Und sagt dem torwarten da mit worten,
Wie er sein herre der kunig were.
Hinein fur den tisch bracht er die mere.
Da hieß in der engel pald lassen ein;
Das daucht die kunigin gar seltsam sein.
Der torwarte tet, was man in hieß:
Den armen kunig er do einließ.
Do in der engel ansach,
Da furt er in pald in sein gemach,
In sein slafgaden zu seinem pett.
Gar scherpflich er do zu im redt:

92 Vnd als er nu *F*; nu *fehlt BRw*; gepadt] gepot *R*, bad *w*; wart *F*. **93** auß vnd die *BF*; die] sein *w*. **94** vnter f. ist der sit *w*; unter den] andern *FR*; dann] das *B*, *fehlt F*. **96** do] so *Fw*, gar *R*; reilich] erlichen *F*. *Nach 96 zwei Zusatzverse in R:* Do auf des konigs pferd er schreit / Hin zu der vesten er ein reit. **97** Heym kam der König auff den sal *w*; Er *FR*; hin *fehlt BR*. **98** b. in das mal *R*. **99** da *fehlt Rw*. **100** Vnd satzt sich zuo der k. schon *w*; die *fehlt R*. **101** Er *R*. **102** die[1] *fehlt BF*. **103** er fürwar der k. *w*; ers *R*. **104** do *fehlt BF*. **105** der] die *BF*. **107** Das ers der recht k. w. *R*. **108** Der pracht h. fur den t. die mer *F*; Hinein] fehlt *B*, Hin *w*; tisch] König *w*. **109** Der Engel schuoff das man ließ ein *w*, Der e. h. in l. ein *R*; in p. der e. l. *F*. **110** gedaucht *F*; gar *fehlt Rw*. **111.112** *fehlt R*. **111** was] als *B*. **112** do *fehlt w*. **113** Der e. den konig a. *R*; Vnd als in *F*. **114** Er f. in heimlich in *R*; jn hin p. *F*; sein] ein *w*. **115** Do in *R*; slafhauß *B*; seinem] dem *R*. **116** do *fehlt R*; zu] mit *Fw*.

»Wiß, das got alle die nidern wil, [3r]
Die sich aufwerfen dick und vil
Und got sein ere nicht wollen laßen.
Die werden von irem reich gestoßen
Und von irem hohen gewalt entsetzt
Und also swerlich dorumb geletzt,
Das in vil weger were der tot.
Dorumb wiße, was geschriben stet,
Das du dasselb lest fur sich gan;
Wann got lest dich hie verstan,
Das er ein herre aller herren ist.
Wo man das furbas singt oder list,
So gedenke, das du nicht hinderst mere.
Vollige priester mundt, laße got sein ere!
Ee must zugene helle, himel und erden,
Ee got sein ere solt geminnert werden.«
Mit dem der engel do verswant.
Da legt der kunig an sein gewant
Und kome wider zu seinen kuniglichen eren
Und ließ furbaß got loben und eren
Und kam zu einem seligen ende und drum.
Got mach uns auch am letzten frum,
Das wir sein gotlich hulde gewinnen,
Wenn wir uns sullen scheiden von hinnen
Awß diesem wusten wilden grunt,
Wenn unser sele scheidet von dem munt,

117 Sprach wiß *w*. **118** sich] sie *R*; aufwerfen] erhohen *F*. **119** Die *R*; seiner *R*; wil *B*. **121** gesetzt *BFR*. **124** D. hie g. *B*; D. so wiß *R*. **125** dasselb] das *B*; für s. last *w*. **126** hiemit *w*. **127** aller] ob allen *R*. **128** oder] vnd *BFw*. **129** So *fehlt w*; du sein nit *F*, du es nit *Rw*. **130** Volg priesters *BFRw*; mund gib got die ere *R*; mundt vnd l. *F*. **131** muß *L*; helle *fehlt Bw*; hel vnd himel *L*. **132** Wann das gots er *F*; got ließ sein ere g. *R*; eer verritzt ließ w. *w*; geminnert] genydert *BL*. **133** do *fehlt L*. **134** k. widerumb an *B*, k. da an *F*, k. wider an *R*. **135** Und *fehlt w*; seinen *fehlt Rw*; kuniglichen *fehlt B*; Königklichem standt *w*. **136** *fehlt w*; gote furbas *BFLR*. **137** seligen] guten *R*, seligklichen *w*; und drum *fehlt w*. **138** Got vns allen sein gnad her send *w*; am l. auch *B*; auch gerecht vnd fr. *F*. **140** scheiden sullen *FL*, scheiden müssen *R*. **141** An disen wilden wüsten gr. *F*; wilden *fehlt B*. **142** So *FR*; scheiden *B*.

Das sie mit gnaden werde begoßen,
Das ir das reich werde aufgesloßen,
Dorinn der kunig der eren wonet,
Da man den frumen so reichlich lonet;
Des helf uns got hie mit seiner gut. [3v]
Das hat geticht der Rosenplüt.

143 werden *BL*. **144** Vnd yn *B*, Vnd jr *F*, Vnd vns *R*; das ewige reich *B*. **146** reichlich] redlichen *B*. **147** Do *FLR*; hie] hin *FLR*, von hynnen *B*. **148** So *FLw*, Also *B*; der] hanns *Fw*. *Nach dem Text:* Gedruckt zuo Nürnberg / durch Hector Schöffler. *w*.

2a Die Kaiserin zu Rom A

Zu Rom do saß ein keiser mechtig; [26v]
Der was gein got so gar andechtig,
Das er im liebt fur alles das,
Das awg ie gesahe und munt ie geaß
Und oren ie gehorten und hende ie gegriffen.
In allen responsen und antiffen
Ward got nie gelobt so lobleich
Als von dem edeln keiser reich.
Der keiser hieß Octavianus
Und hett die weißheit Salomonis
Und was auch edel als Davidt
Und was gedultig und gesidt
Recht sam der Job, der got lieb was.

Überlieferung: D 26v–35r, F 182v–193v, L 24r–34r, P S.29–55 [S.30 unbeschrieben], R 1r–10r, Druck p, Druck q
Überschriften: Von der keyserin zu Rom *D*, Ein spruch von der / keiserin vom Rom *[Bl.182r] F*, Der keyser von Rom / Die keyserin von Rom *P*, Die keyserin von Rom Octauianus / weib *R*, Ein liepleich history von großer schone / gedult vnd kuscheit einer edeln keyseryn *p*, Ein lieplich history von großer schone / gedult vnd keüscheyt einer edleln keyseryn *q*

2 so *fehlt R*. **3** er im] im got *pq*; in *FLP*. **4** Was *P*; und] noch *L*, oder *R*; ie] nie *F*; geaß] gesprach *L*. **5** Vnd er nye hort *R*; ie] nie *FR*; griffen *FLPRp*. **7** nie] hart *FP*, ye *L*; so gar l. *FLPR*. **9** k. der hieß *LRpq*; hies der fridliche octavion *P*; octavias *L*. **10** Vnd was weis als salomon *P*; Und] Er *pq*; salamonis *F*. **11** Und] Er *pq*. **12** gesip *L*, gesigt *R*. **13** sam] als *Rpq*; der[1] *fehlt Ppq*; Job] gob *D*, opt *L*, joseph *R*.

2b Die Kaiserin zu Rom B

To Rome dar sath ein keiser mechtich; [2r]
De was tho gode so gar andechtich,
Dat o̊me god beleuede vor allēt, dat
Vp erden ye ges*ch*ach edder munt gesprack
Ock oren ye ho̊rden edder hande begrepen.
Jn allen responsorien vnd antiffen
Wart god ny gelauet so lofflick
Alße van deme eddelen keyser ryck.
De keyser heeth Octauianus.
He hadde de wyßheit Salomonis.
He was ock eddel alße Dauid
Vnd wan ock mennigen groten stryd.
He bedwangk de werlde ouerall.
Dat quam eerst vth deme vall,
Dat Julius, de keyßer scho̊n,
Wart vermordet vnd berouet der kro̊n.
Darumme můste staruen mennich man.
Ock Marcus Anthonius sick suluen nam
Jn vortwiuelinge sin leuēt, do he vernam,
Dat Octauianus ßo mechtich wart.
Do wart de werlde dorch o̊n bekarth,
Vnd makede vrede in alle lande.
   God in ewicheyt do hernedder sande
Dat erste geboren wort gades verkunde
Gabriel Marien in der stunde.
Dat entfyngk se dorch den hilgen geist, [2v]

Überlieferung: Druck t
Überschrift: Eyne schone hystorie van eynē / keyszer to rome vnde siner erli / ken Keyserinne wo de myt gro / ter valscheit belagen wart *(1v)* // Eyne schone lefllike hystoriē van gro / ter Gedult kusscheit vnd ouermetlyke / bestendicheit einer do̊gētsamen eddelen / keyserinnē tho Rome *(2r)*

1 *Raum für nicht ausgeführte Initiale* T *ausgespart.* 4 gesach.

Sybilla an dem gestirn las
Und zeiget daran ein jungkfraw zart, [27r]
Davon got zu einem menschen wart;
Die sahe sie glenzen in luftes gibel,
Als man geschriben vindt in der bibel.
Der keiser was reich als Allexander,
Sein herz, das brannt als der salamander
Zu aller zeit in gotlichem fride.

Welcher furste auf sollichem acker snide,

Der dresch wol awß der eren korn
Und were von rechtem adel geborn.
Derselbe keiser hett ein weib,
Die hett gewenet iren leib,
Das er was keusch und darzu messig,
Und was von allen sunden ablessig
Und mit vier angeltugent durichhitzt,
Das sie an eren nie ward verritzt.
Dasselb kam sie so swerlich an,
Als ir hernach wol wert verstan.
Der keiser nam im fur ein wallen,
Got zu lob und wolgefallen
Da heimzusuchen die heiligen stet,
Da uns die jungkfraw geporn hett
Cristum, den waren messias,

14 S. im an dem stern laß *pq*; an dem] jm am *R*. **15** daran] ym *R*. **17** sie glenzen] er sweben *R*. **18** Das *R*. **19** Auch was er r. *R*; was auch r. *pq*; allaxander *F*. **20** das *fehlt FLPRpq*; pran *FPpq*; als *in R versehentlich wiederholt*; dem *pq*. **21.22** = *22.21 R*. **21** Der z. *R*; allezeit mit in *F*; allen zeiten *Lpq*. *Nach 21 drei Zusatzverse in pq:* Dar zu er alle vntreu vermid / Welch furst dan noch bei vnsern tagen / Welt solich samen zu acker tragen. **22** *fehlt pq*; Welche f. auf so frid *L*; Welcher mensch noch auf *FP*; solche a. smid *R*. **23** wol] noch *F*; der erden daz k. *L*. **24** vom *L*. **27** er] sy *L*. **29** mit den v. *FP*; engeln *L*; hiczig *L*. **30** an jren e. *FP*; wart nie *FL*. **31** swerlich] sewberlich *LR*. **32** wert] sult *R*. **33** im] einst *R*. **34** vnd zu einem w. *R*; wol zugefallen *L*. **35** heiliget *D*; stat *L*.

Godes sone mit aller wolleyst,
Alße dat ock Sibilla Tiburtina sede
Dem keiser, *dat he* sick nicht mer lete anbeden.
Se wysede Octauianus im sunnenschyn
Am hemmel Marien, de iuncfrouwe fyn,
Myt Jhesu orem leuen sone,
De komen was vth dem ewigen trone.
De keyser was rycke alß Allexander,
Syn herte bernede alße dem salamander (20)
To allen tyden in gotlykem vrede,
Darto he alle vntrouwe vormyde.
Welck forste dennoch by vnßen dagen
Wolde solck saeth tho acker dragen,
De durschede wol vth der eren k*or*n
Vnde were van rechtem adel geborn.
  De suluyge keyßer hadde eyn wyff,
De hadde gethemet oͤren lyff,
Dat se was kuͦsch vnde darto metych,
Vnde was van allen sunden affletych
Vnde mit ver angeldogeden dorchhyttet,
Dat se an eeren ny wart besmyttet. (30)
Dat sulue quam oͤr so swarlyck an,
Alß gy hyrna werden wol vorstan.
  De keyßer nam oͤm vor ein bedeuart,
Godde to laue vnde Marien zart,
To besoken dat land vnde *de* hylgen stede,
Dar vns de iuncfrouwe geboren hedde
Cristum, den waren messias,

40 kron.

Der lange den juden verheißen was.
Einen bruder hette derselbe keiser;
Den setzt er zu einem reiser,
Das er an seiner stat regirt,
Und dieweile an seinem hofe wer wirt,
Das niemand dieweil trib sein schand, [27v]
Biß im got wider hulf zu land.
  Der keiser zog awß uber mer
Mit einem messiglichen her.
Do er nu uber mer hin kam,
Sein bruder daheimen fur sich nam,
Das er so sere warde pulen und freien
In valscher lieb umb sein gesweien,
Alle umb die edeln keiserin,
Das sie solt tune den willen sein.
Die keiserin sprach: »da sei got vor,
Das ich aufsließ meiner eren tor,
Dorinn alle mein ere versloßen leit.
Keinen bessern schatz got frawen nicht geit
Dann weiplich ere. welche den verlewset
Und iren elichen man verkewset,
Die wirt sigloß gein got dem herren,
Das er mit gnaden wirt von ir keren
Und nimmermer wirt umb sie beger.
Du valscher ungetrewer pfleger,
Hat dir dein bruder das bevolhen,
Tregst du ein sollichs in dir verholen?«
Do sie im solliche antwurt gab,
Da wolt er noch nicht laßen ab

40 er dieweil zu *FPpq*, er dem land zu *R*. **41** regnirt *FPpq*, reigirt *L*. **42** Vnd an seinem (seinen *pq*) hof diew. wer (wer *fehlt R*) wirt *FLPRpq*. **43** Das sich ich hub ein newe schandt *R*; trib diew. kein *FLPpq*. **44** Piß das jm *F*; hilff *p*. **46** messiglichem *D*, zimlichen *FP*. **47** Do nun der keiser vber *pq*; Vnd als er *FP*; mer *fehlt L*. **50** lib da vmb *FLPR*; gesneyen *R*. **51** Alle] Wol *pq*; edel *LR*. **55** Da *DL*. **56** schatzt *D*; nicht *fehlt pq*. **57** welche] wer *R*; den] die *FPRpq*, dan *L*. **58** jren fromen e. *R*; verdeüst *L*. **59** wurd *L*; den *P*. **60** mit gnaden] sein gnad *pq*; ir] in *F*. **61** Vnd wurd auch numer vmb *pq*; wegern *L*. **63** das dein pruder *Lpq*. **64** Tregstu in dir e. s. verstolen *R*. **65** im nun s. *pq*. **66** Dennoch *FPpq*; noch *fehlt FPpq*.

De lange den ioden vorheten was.
Eynen broder hadde de suluige keyser; [3r]
Den satte he tho einem vorweßer,
Dat he scholde regeren dat landt
Ock syn konninckrick allesampt,
Dat nemant dreue de wyle neyn schande,
Went dat δm got hulpe wedder to lande.
De keyßer thδch vth ouer mere
Myt eynem schonen here.
Alße nw de keyßer ouer mere quam,
Syn broder tho huß do vor sick nam
To bolen vmme synes broder wyff.
Jn valscher leue bath *he* vmme ore lyff,
Wol vmme de eddelen keyseryn,
Dat se scholde dδn den wyllen syn.
De keyserinne sede: »dar sy got vor,
Dat ick vpslute myner eren dhδr,
Darinne all myn ere vorslδten lycht.
Neyn betheren schatte got frouwen gyfft
Den wyfflike ere. welck de verlδst
Vnde oren echten ghaden verkoust,
De wert segelδß gegen got dem heren,
Dat he syne gnade wert van δ*r* keren.
O, welcke trouwe beuynt nw de keyßer
An dy, du falsche vntrouwe vorweßer?
Hefft dy dat dyn broder so beuolen,
Drechstu solcke boßheit in dy verholen?«
Do se δm nw solck antwert gaff,
Dennoch wolde he nycht laten aff.

77 δn.

Und lag ir also angel an:
Wo sie wolt auf oder nider gan,
So redt er ir heimlich zu,
Das sie nindert vor im kond haben ru.
Die keiserin was so frum und stet [28r]
Und warde gedenken, wie sie im tet,
Das sie vor im gewunne ein frid,
Das er ir icht ir ere versnid.
Zu Rome in der stat do stund ein turn,
Dorinnen bose lewt ir leben verlurn.
Wenn man einen bußen wolt vom rat,
Der es hette verschuldet mit boser tat,
Den leit man auf den turn hoch.
Die keiserin san darnach,
Wie sie im auf den turn mocht zielen,
Ob sie ein sollichs konde mit im spilen,
Das er sein valschs werben lie.
Da er warde wider pulen umb sie,
Da gab sie im auf den turn zil
Und sprach: »der aufseher ist vil.
Wir mugen sein nindert paß vollenden.«
Da warde er sich hin zum turn wenden
Und ließ sich heimlich darauf ziehen.
Die keiserin lag auf iren knien
Und warde da got sere danken und loben,

67 Er l. ir alß ein ang. an *pq*; Do l. er jr *L*; also angel] so vast *FP*. **69** So sprach er ir do h. *R*; Do *L*. **70** D. s. vor ym n. het kein rw *R*, D. s. nit vor im (vor im nit *q*) mocht h. r. *pq*; kund vor jm *L*. **71.72** *fehlt pq*. **71** Die fraw die w. *R*. **73** Sie gedacht wie mochstu schaffen frid *pq*; vor] von *L*; gewund *L*, gewinn *P*; ein *fehlt L*. **74** er icht ir jr ere *R*, er dir nit din ere *pq*; ir[1] *fehlt P*; abschnid *q*. **76** Dar auff *pq*. **77** wolt pussen *pq*. **78** Das er schuldet *F*; Das er h. *R*; hette *fehlt P*; verschuldet] verdient *Rpq*; mit] an *L*. **79** So legt man in auf *FLPR*. **80** k. die besan *FP*, k. wesund *L*, k. die san *R*, k. die besan sich *pq*. **81** jn *L*; mocht] wolt *DR*. **82** mit im kunt *pq*; konde] mocht *LP*. **83** lies *L*. **84** Vnd als er wart pulen wider *FP*, Vnd do er nun aber wart puln *pq*; wider ward *L*; pulen] werben *R*. **85** jn *L*. **86** Sie *pq*; a. der ist *FPRpq*; ist] sein *L*. **87** m. es nymer *R*; mugent *p*; sein] vns *L*; vollenden] verpergen *L*. **88** Pald w. er s. zu dem t. hin w. *R*; hin *fehlt Lpq*; wenden] senden *L*. **89** Vnd tet s. selber darauf *R*. **90** Do lag sie hienyden auf *R*; k. dy lag *L*. **91** da *fehlt FPRpq*; got so s. *L*.

He lach ohr alß eyn angel an:
Wůr se wolde vp edder nedder gan,
So sprack he o̊r io heimlick tho, [3v]
Dat se vor o̊m hadde neyne row.

Se sprack: »wo machstu schicken dyt,

Dat he dy nycht dyn ere affsnydt?«
  To Rome in der stad stund ein thorn,
Darup boße lude or leuent verlorn.
Wen me*n* einen wolde straffen mit rad
Vnde dat vordenet hadde mit boser daet,
Den lede men vp den thorne ho̊ch.
De keyserinne besan syck ok darnach,
Wo se o̊n vp den thorne brochte.
Myt grotem flijte se dat besochte,
Vppe dat he syn valschen syn vorlete
Vnde orer kusscheyt dede neyn vordrete.
Do gaff se o̊m vp den thorn eyn theel.
Se sprack: »der vpseer, der iß vel.
Wy mogen des nergen beth volenden.«
Do wart he syck tom torn hen wenden
Vnde leth sick heymlick darup then.
De keyserynne lach vp oren knyen.
Se was godde flijtich dancken vnd louen,

92 mem.

Das er was auf dem turn daoben
Und nimmer mocht umb sie gepulen.
Da ließ sie in als lange daoben erkulen,
Biß sie ware bottschaft hett,
Ir liebster herr kem auf der stett;
Dasselb ließ sie bald besehen.
Da nu der keiser der stat ward nehen,
Da wurden sich alle Romer aufwegen [28v]
Und zugen dem edeln keiser entgegen.
Do man ir die wortzeichen gab,
Da ließ sie iren swager herwider ab.
Da zog er auch dem keiser hingein
Und empfinge in awß fremden landen heim.
Der keiser fragt, wie es im ging.
Ein valsches clagen er anfing
Und sprach: »es stund noch allessampt wol
Dann eins, das ich dir clagen sol
Von deiner bosen velletin:
Hette ich nicht gehabt vil weiser sin,
So hette sie mich trewlose gemacht.
Sie bate mich zu ir auf ein nacht
Bei ir zu ligen, sie wer mir holt.
Da ich sie nicht geweren wolt,
Da ließ sie mich auf den turn legen,
Das sie sich vor mir möcht geregen.«
Der keiser vor leid sein hend ward winden
Und hieß die keiserin pald vahen und pinden

92 Do ward er auf den *L*. **93** Vnd das er n. *R*; vmb sie mocht *FLPpq*; pulen *LRpq*. **94** in so l. dar auf e. *pq*. **95** Bis das sy *LR*; sie da w. *FPpq*. **96** her der k. *L*; kam *DR*. **97** D. das lies *R*; sie gar pald *pq*. **98** nu] schir *L*; k. zu d. st. gand n. *R*; der stat] hin zu *pq*. **101** warzaichen *L*, selbigen warzaichen *R*. **102** Erst lies sie in wider herab *R*; Allererst l. *FP*; wider herab *P*. **103** auch entgegen dem pruder sein *R*; hingein] entgegen verr *FP*, entgegen *Lpq*. **104** fremde land *L*; heim] hinheym *DL*, her *FP*, herheim *pq*. **105** fr. in wie *FLPRpq*; im *fehlt FLPRpq*. **106** falsche clag *R*; clagen] claffen *FP*; er do a. *L*. **107** Er *R*; sampt *fehlt pq*. **108** Wen *Rpq*. **109** valentin *FPpq*. **110** g. so weysen *pq*. **113** ir] mir *Lpq*. **114** Vnd da *FPpq*. **115** den] ein *L*. **116** möcht] törst *D*; beregen *FLP*. **117** sein hent vor lait *R*; ward] was *FP*. **118** hieß] ließ *Lpq*; keiserin] frawen *Rpq*.

Dat he sath vp dem thorn darbouen
Vnde nummer vmme er mochte bolen.
Se let oͤn do so lange darup verkolen,
Went dat se ware bodeschop hadde,
Dat ore leueste here quam vp der stede;
Dat sulue leth se gar balde besen.
Do nw de keiser na Rome was theen,
De Romere hoͤuen sick vp vnuorwegen
Vnde thogen dem eddelen keyser entyegen.
Do men oͤr de warteken gaff, [4r]
Do let se den geuangen wedder aff.
He toch dem keyser ock entiegen
Vnde entuyngk oͤn na synen plegen.
De keyser vragede, wo yd gynge.
Eyn valsche clagen he anuenge.
He sprack: »id stunde noch allēt wol
Men eins, dat ick iw clagen schal
Van yuwer bosen valentin:
Hadde ick nycht gehat so wysen syn,
So hedde se my trowelоͤß gemacht.
Se bath my to oͤr vp ein nacht
By *oͤr* to leghen, se were my holt,
Vnde do yck se nycht geweren wolt,
Do leth se my vp den thorn besluten,
Dat se ores wyllen mochte bruken.«
De keyßer vor lede syn hande wranck,
Leth de frouwe vangen ane oren danck.

128 oͤr] my.

Und hieß ir anlegen ein fremdes gewant,
Das sie niemande dorinnen kant,
Und gab sie in der schergen hent
Und hieß sie furen an ein endt
Und sie one alle urteil toten.
Da ließen sie sich nicht lang noten
Und furten die keiserin awß fur die stat.
Da vile sie auf ire knie und pat [29r]
Und sprach: »o vetterlicher trost,
Dein tot hat menschlichs geslecht erlost,
Dein barmung hat manchen sunder erhort,
Dein tot hat ewiges sterben zustort,
Dein liebe hat die himel zutrant,
Das uns das wort warde hergesant,
Das awß deim vetterlichen herzen floß,
Davon dein barmung sich awßgoß.
Besprenge mich mit deiner gnaden brunn,
Wenn, vater, deiner erparmung sunn,
Die druckent sunde ab, das sie swindt,
Das man die sele one mackel vindt.«

So sie da kniet in todes panden,
Da zog ein herre awß fremden landen
Fur sie here mit einem großen haufen.
Da sahe er die puben umb sie laufen
Und reit hinzu und wolt besehen,
Was seltsams dings da were geschehen.
Do er die keiserin plicket an,
Do bedaucht in und konde nicht anders verstan,

119 hieß] ließ *Rpq*; anlegen] sneiden *R*. **120** Dar in sie n. nit erkant *pq*; erkant *FLPR*. **123** Vnd hieß sy *Lpq*; alles *FP*. **125** Die k. furten sie fur *pq*. **128** tot] sterben *P*; menschlich *DR*. **129.130** = *130.129 R*. **129** erparmung *FP*. **130** D. gnad hat ewig *R*. **131** l. die hat *R*; zudrant *FLPpq*. **132** Do *L*; herab g. *FPpq*, her gesent *R*. **133** dein *L*. **134** D. sich dein *FPR*; barmung] barmub *D*, erparmung *FP*; sich] *fehlt FP*, weyt *R*. **136** parmung *pq*. **138** selen *pq*; on all m. *FPpq*. **139** Do *Fpq*; da] so *R*, also *pq*. **140** So zog her ein h. *R*, So kumt ein her *pq*; zogt *F*; ein groß h. *L*. **141** here *fehlt pq*. **142** Der s. den pofel *R*, Vnd s. die schergen *pq*. **143** Do reit er h. *L*, Der ritt h. *P*; Der *FR*, Er *pq*. **144** selczamen *F*, seltzsamer *P*; wer do *L*; da *fehlt F*. **145** Vnd als er *FP*. **146** Das *R*; gedaucht *FPR*, gedeucht *L*, daucht *pq*; jm *L*.

He leth ůr anleggen ein fromde gewant,
Darinne se nemant nycht bekant,
Vnde gaff se in der bůdel hande
Vnde leth se voren vth dem lande.
He heet se ane alle ordel doden.
Do leten se sick nicht lenger noden.
Se vůrden de keyserynne vor de stad.
Do vel se vp ore knyge vnde bath
Vnde sprack: »o vederlike trůst,
Dyn důt hefft mynschlyck slecht verlůst,
Din vorbarmīge het mēnigē sunder vorhort,
Dyn důt hefft ewiges staruen vorstůrt,
Dyne leue hefft de hemmel tobraken, [4v]
Do vns dat wort wart heraff gelaten,
Dat vth dynem vaderlyken herten vlůt,
Daruan dyne verbarminge sick vthghůt.
Besprenge my mit diner gnaden born,
Wente du vns dynē sone hest vtherkorn
To verlosen der mynschen kůnde,
Dat men de selen ane alle makel vůnde.«
Do se so knyede in dodes banden,
So kumpt ein here vth fremden landen
Vor se myt eynem groten hopen.
Do he vornam dat růchte vnde ropen,
He reet hento vnd wolde beseen,
Wat selczames dinges dar were geschen.
Do he de keiserinne blyckede an,
Do důchte ůn, kunde ok nicht anders verstā,

Dann das er nie schoner weip gesahe.
Zu allen seinen dienern er do jahe:
»Nempt palde die frawen mit gewalt.
Mir ist mein herz so gar erkalt,
Das ich iren tot mit nicht mag gesehn,
Solt mir halt groß dorumb geschehen.«
Von allen seinen dienern ward er gewert; [29v]
Sie swungen die frawen auf ein pfert.
Der herre lost ir selbs auf ir pant
Und bracht sie heim in sein lant
Und erbot ir ere und wirdigkeit
Und hieß ir ansneiden ein edels kleit,
Wann er wol an irem wandel spurt,
Das sie was edel von gepurt,
Wann sie so adelich konde gebaren.
Der herre ein kint hett bei zweien jaren;
Das bevalhe er der edeln keiserin,
Das sie sein zuchtmeisterin solt sein.

Derselbe herr hett auch ein bruder,
Der was ein verg mit schalkes ruder,
Der ward auch heimlich pulen umb sie
Und sprach: »fraw, wolt ir selig sein hie
Und also großlich werden gereicht,

147 nie ein schoners *L*, nie kein schoner *pq*; geschach *F*, gesach *LPRpq*. **148** do *fehlt pq*; sprach FLPRpq. **150** derkallt *F*. **151** dot nit mag an gesehen (sehen *q*) *pq*; mit *fehlt R*. **152** Vnd s. *pq*; holt *D, fehlt pq*. **153** allen *fehlt R*. **155** herre *fehlt F*; l. selbs ir auf *pq*; ir[1] *fehlt R*; ir[2]] jre *FP*, die *pq*. **156** prachts mit jm h. *FP*; bracht] furt *R*. **158** hieß] ließ *R*. **159** w. sach vnd sp. *L*. **160** edel was *F*; von der g. *R*. **161** W. sie in adel k. wol g. *R*; Dann *FP*; paren *L*. **162** herre] hett *P*, fürst *R*; het ein k. *pq*; kint] sun *R*. **163** Den *R*. **164** z. meinsterin *p*. *Nach 164 vier Zusatzverse in Rpq:* Des fürsten weib des ir (weib irs auch *pq*) wol gund / Wann sy vil hübscher hofzucht kunt / Das yederman het wunder darab / Darumb man ir das kint zu zihen gab. **166** was] ward *L*; mit] in *FPpq*. **167** auch heimlich *fehlt L*. **168** Er *FP*.

Den dat he ny nein schoner *wyff* gesach.
To synen denren he do sprack:
»Nemet drade de vrouwe mit gewalt.
My iß myn herte so gar vorkalt,
Dat ick oren doͦt nicht mach anseen,
Vnde scholde my grot darumme scheen.«
Van synen denren wart he drade gewert;
Se swungen de frouwen vp eyn pert.
De here lozede oͦr vp de bande
Vnde brochte se heimlick in syn lande.
He entboͦth oͦr grot ere vnde werdicheyt
Vnde leeth oͦre maken eyn durbar cleet,
Wente he wol an orem wandel spoͦrde,
Dat se was eddel van geborte,
Wente se konde gantz adenlick geberen. [5r]
De here hadde ein kind van twen iaren;
Dat beuoͦl he der eddelen keyserin,
Dat se syn tůchtmeisterinne scholde syn.
Sine forstinne oͦr dat ock wol gunde,
Wente se vel hoͦuescher hofftucht kunde,
Dat alle man hadde wunder daraff.
Darumme men oͦr dat kind to theende gaff.
De sulue here hadde ock ein broder,
De was eyn schalck vnde loder,
De wart ock heimlick bolen vmme se
Vnde sprack: »frowe, wille gy salich syn hie
Vnde also mechtich werden ryck,

Das euch ein furstin nicht gleicht,
Und großes gluck und heil abplaten,
So solt ir meines willen staten,
Wann ich sollich fruntschaft hab zu euch,
Das ich alles das, fraw, schewh und fleuch,
Davon euch ubel mag entspringen.
Kein seit mir nie so sueß kond clingen,
Als wenn man ewer zu gut gedenkt.
Mein herz sich fruntlich zu euch lengkt,
Das es vor rechter lieb sich trent.
Frawe, wo man ewern namen nennt, [30r]
Der suest vil baß in dem herzen mein,
Dann regent es eitel honig darein.«
  Die keiserin antwurt im so zuchtig
Und sprach: »ewer sam ist nicht fruchtig,
Den ir auf diesen acker sehet.
Ir eret zu fru und sehet zu spet.
Hett ir ein stat in dieser zeit,
Und die gepawet wer als weit,
Als von orient ist biß gein westen,
Da sunne und mond verliesen ir glesten,
Und eitel hewser gemawert darein
Von carbunkel und von rubein
Und were durichpflastert in allen gaßen
Mit jaspis und mit adamassen
Und ein mawer gemawert were umb die stat
Mit eitel saffir und smaragt,

171 Vnd wellet gr. gl. a. *pq*. **172** Fraw wolt jr *R*; willens *FP*; gestatten *Ppq*. **174** fraw a. das *FLPR*; fraw *fehlt pq*; fleüch vnd scheüch *P*. **175** mag] mocht *L*. **176** kond] mocht *LRpq*; erklingen *R*. **177** Als man wen euer hercz zu got denckt *L*. **178** fruntlich] frolich *L*; lengkt] henckt *R*, senkt *pq*. **179** D. sich mein hercz vor r. l. s. drenckt *L*; vor] von *Rpq*. **180** wo] ob *R*. **181** s. mir vil *FP*; sewst *L*. **182** Den *LRpq*; regecz *LP*, regnet es *q*; eyteyl *D*. **183** so] gar *Rpq*; zuchticlich *R*. **184** sam der ist *FPpq*. **186** ehert *L*, ackert *R*; sehet] schneit *pq*. **187** Hette *D*. **188** gepawet] gepannet *L*; wert *D*. **190** verleust *L*, ferlirn *pq*; jren *D*. **191** eitel] ein tail *L*, solche *R*. **192** Mit *Ppq*; carfunckel *FLPR*, karfunckelstein *pq*; von^{2} *fehlt Rpq*. **194** mit^{2} *fehlt pq*. **195** mawern *D*. **196** Von *FR*; eitelm *FP*; vnd von sm. *R*; schmarack *pq*.

Dat iw neen forstynne sy gelyck,
Vnde wollet groͦt luͦcke affwarden,
So schole gy mynes wyllen tostaden,
Wente yck solcke vruntschop to iw dragen,
Dat ick allent dat flee in mynen dagen,
Daruan iw quades mach entspringen.
Neyne seyde my ny so sote mochte clyngen,
Alß wen men iwer in gude gedenckt.
Myn herte sick fruntlick to iw sengkt,
Dat yd van rechter leue wert wunth.
Frouwe, wuͦr men iuwen namen verkunth,
De sußet vel beth in dem herten myn,
Wen dat yd regent ydel honnych daryn.«
 De keiserynne antwerde oͦm mit tuchten
Vn̄ sprak: »iw saeth bringet neine fruchte,
Dat gy vp dussen acker ßegen.
Gy eernen tho vro vnd snyden tho spade.
Hadde gy eyne stadt in dusser tydt, [5v]
Vnd de gebouwet were so wyth,
Alße van orient iß went int westen,
Dar de suͦnne gheyt tho ruͦsthe,
Vnd ydel hußere gemouret daryn
Mit karfunckelsteen vnd robyn
Vnd were dorchbesettet in allen straten
Mit iaspis vnd adamāten
Vnd eine muͦre gemaket were vm̄e de stadt
Mit ydel saffier vnd smarackt,

Mit topasius und apestan
Und gelb crisolitus daran,
Mit granat und calcedonius,
Mit carniol und jacinctus,
Mit augstein und diemanten,
Mit amatisten und mit jochanten,
Mit margarithen und mit cristallen,
Die alle zu orient weren gefallen,
Und were mit eitel balsam gemawert
Und were mit ewigem fride beschawert;
Seht, wenn ir mir die stat zu eigen gebt, [30v]
Noch wolt ich ee, dieweil ich lebt,
Gene nach dem heiligen almusen,
Ee ich euch newrt greifen ließ in meinen pusen.
Dorumb mugt ir wol laßen ewer freien,
Wann meiner eren mel wurde zu cleien,
Wurd es durich ewer sib geretten.
Kem ich an ewern reien getreten,
So pfiff der tewfel uns zu tanz.
Mein ere wil ich behalten ganz.«
Da nu sein kreiden nicht wolt haften,
Do warde boßheit sein herz durichschaften,
Das er gein ir so giftig wart.
Sein boßheit er do nicht lang spart
Und sleich eins nachtes in ir gemach,
Dorinnen sie slafen bei dem kinde lag,

197 topasius] apasius *DFP*. **198** gelber *P*. **199.200** = *200.199 FLPRpq*. **199** calcidanius *D*, kaladonius *LR*. **200** carinol *FP*. **201** augstein] aytstain *D*, agatstein *LR*; vnd mit d. *LRpq*; dyamanten *FLPRpq*. **202** amantisten *D*, adamisten *L*, ametisten *R*; mit² *fehlt FP*. **203** *fehlt L*; margarithen] gamahü *FP*; mit² *fehlt FP*. **205** eitelm *FPR*. **207** Seht *fehlt L*; stat *fehlt FPpq*. **210** Dz ich *pq*; euch *fehlt PR*; nairt wolt lassen griffen jn mein busen *L*; ließ greiffen *pq*; in] an *Pp*. **211** D. so losent (lossen *q*) ir ewer fr. *pq*; D. so mügt *FLPR*. **212** Ee m. *L*; mel das w. *p*; zu *fehlt FLPR*. **213** So es *FP*; sip würd g. *FP*. **214** Kome *DLR*. **215** zu] den *p*. **217** Domit s. cr. an jr w. h. *R*; kreiden] krauen *L*; haften] helffen *L*. **218** hertz so gar d. *F*; durchsafften *FPpq*, durchseuffen *L*, durch fassen *R*. **219** so *fehlt FP*. **220** do *fehlt FLPRpq*; lang] lenger *Rpq*. **221** Vnd sach ein n. in jren *R*; Er sl. *FP*; schleicht *L*, schlich *pq*. **222** D. pey d. k. sie slaffent lag *R*; Do jn *L*, Do *pq*; schlofend *pq*.

Mit topasius vnd apestan
Vnde gele crisolitus daran,
Mit karneol vnd iacinctus,
Mit granath vnd calcedonius,
Mit agetsteen vnd mit diamanten,
Mit amatisten vnd ioachanten,
Mit margariten vnd *c*ristalñ,
De alle tho orient weren geuallen,
Vnd were mit ydel balßam bemouret
Vnd mit ewigem vrede bewareth;
Vnd wen gy mi de wolden *tho* eigen geuen,
Dennoch wolde ick in minem leuen
Leuer ghan na den hilgen almeßen,
Eer ick iw grypen lethe in minen bossem.
Darumme so vorlatet nw iw vryhen,
W-nte miner eren meel worde to klyen,
Vnd worde yd dorch iw ßeeff gesychtet.
Vñ quē *ick* an iwen reigē tredē, weset berichtet,
So speelde de du*u*el vns tho dantz.
Mine ere wyl ick beholden gantz.«
Do he vernam, syne beede were nycht, [6r]
Syn herte wart vol quader thycht,
Dat he gegen oͤre so vorgyfftich wart.
Sine boͤßheyt he nicht lenger spaerth
Vnd sleeck eins nachtes in oͤre gemack,
Dar se slapen by deme kynde lach,

222 Oristalñ. **234** dunel.

Und sneide dem kinde da ab sein keln
Und tet sich wider awßher steln,
Sam es die keiserin solt haben getan.
Do man des morgens ward aufstan,
Do warde sollich jamer und leit zu hoff.
Der morder hin fur sein bruder loff
Und warde sein hende zusammen slahen
Und sprach: »ich konde dir sein nie gesagen,
Du woltst sie newr haben zu einer ammen.«
Der herr slug auch sein hent zusammen
Und clagt sein kindt mit großem leit.
Sein bruder wider zu im seit: [31r]
»Nu lege sie den hertsten tot an,
Den newer dein herze erdenken kan,
Und laße dirs niemant aberflehen.«
»Nein«, sprach er, »an irer minsten zehen
Wolt ich ir ungern leit laßen tun;
Nu hab ich ir vor geholfen davon.
Doch ich sie hinwek laße senden
Und wil ir sust am leib nicht pfenden.«
Do gab er sie eim schifman, der was ein fer,
Und hieß sie furen auf das mer
Und in ein wilde inseln setzen
Und solt ir sust am leib nicht letzen.
Der schifman pald die keiserin nam.

223 Vnd schnaid do ab dem k. dy k. *L*; schnit *pq*. **224** tet] wart *pq*. **226** Vnd als m. d. mo. auf wart s. *FP*; mo. auf wolt s. *L*, mo. auf wart s. *Rpq*; war *D*. **227** Vnd do *pq*. **228** hin *fehlt Lpq*; fur] zu *FP*; seinem *FP*; lief *p*. **229** Er *pq*; warde] tet *R*. **230** spr. pruder jch *R*; dirs nie *LRpq*. **231** wols nair *L*; neür ye h. *P*. **232** herr] keyser *R*; sein] die *pq*. **233** klaigt auch s. *L*; seyn jemerlichs herczen l. *R*. **234** wieder *fehlt L*. **235** Vnd l. *L*; leg ir *q*; hertsten] herczen *L*. **236** newer] nairt *L*. **237** dir sein n. *FP*; nymants ab der flehn *R*; ab erflern *L*. **238** Er spr. an *pq*; an irer] ir *R*. **240** han *FP*. *Nach 240 zwei Zusatzverse in R:* Mein hercz mir kein poß zu ir ant / Got allen seyn freunten zu leiden sant. **241** D. wil ich s. hin w. lassen s. *Lpq*, Sein hercz ym riet er solt sie versenden *R*. **242** Vnd wils am l. n. pf. *L*; wil] solt *R*. **243** Er gab sie *pq*; sch. vnd eim verg *R*; ein] von *L*. **244** auf das] in das *R*, vber *pq*. **245** Der solt sie in *pq*. **246** ir] sy *L*; sust *fehlt FP*; verletzen *FP*, fretzen *R*. **247** pald] do *R*.

Vnd sneeth dem kynde do aff syne kelen
Vn̄ wart sick wedder vth der kamer stelen,
Gelyck efft yd de keyserinne hedde gedan.
Do men des morgens vp wart stan,
Do wart sollick iammer vnd leeth to houe
Vn̄ de morder vor sinē broder quā mit loue.
He wart sine hande thosamende slagen
Vn̄ sprack: »dut kōde ik dy ny genoͦch gesagē,
Du woldest se io hebben to einer ammen.«
De here sloͦch ock de hande toßāmen
Vnde clagede syn kynd mit groteme lede.
Syn broder do wedder to oͦme seede:
»Nw legge oͦr den alderhardesten doͦt an,
Wo den dyn herte bedencken kan,
Vnd lath dy dat nemant affbydden.«
He sprack: »an alle oͦrē geryngesten leeden
Wolde ick oͦr vngern leth laten doͦn,
Wente ick oͦr touorn hebbe gehulpē daruā.
Doch wyl ick se henwech laten senden
Vnd wil oͦr doch am lyue nicht penden.«
He beuoͦl se einem schypmāne to hand
Vn̄ het se voͦren auer mere in fremde landt.
De scholde se setten in ein wylt eyland,
Vppe dat se am lyue nicht worde geschant.
De schypmāne drade de keyserinne nam, [6v]

Do er mit ir auf das mer hin kam,
Do sahe er sie an und sprach zu ir:
»O fraw, wie wol gefalt ir mir.
Es ist immer schad, das ir solt sterben,
Und wolt ir euch hie laßen erwerben,
Das ir mein willen wolt tun,
So wil ich euch noch wol helfen davon.«
»Nein«, sprach sie, »ich volg nicht deines gepots.
Ee wil ich auf die barmung gots
Mein leben in dieser wiltnuß enden.«
Do warde er sich zu einer inseln wenden
Und setzt die keiserin awß in die wust
Und sagt ir da, das sie sterben must,
Und fure von ir und bevalh sie got [31v]
Und endet seines herren gebot.

Da viel sie nider auf ire knie
Und sprach: »rex uber archangeli
Und dominus uber cherubin,
Mein geschrei sende ich zu dir hin;
Mach flußig mir deiner gnaden pach.
Do deiner erbarmunge awg ansach
Die unschuldigen frawen Susannen,
Die auch verlewmundt was mit mannen,
Dein grundlose erbarmung ir begegent,
Das sie die lugner ubermegnet.
Erhor mich, wes mein zung dich pitt:

248 Vnd do er auff *pq*; Vnd als er *FP*; hin *fehlt Lpq*. **249** sie] sich *R*. **250** O *fehlt FP*. **251** ist doch imer *pq*. **252** ir mich euch *R*. **253** Vnd wollten meinen w. t. *pq*; wollet than *FP*. **254** So hullff ich e. auch wol d. *pq*; wol] *fehlt FLP*, heutz tags *R*. **256** erparmung *FPR*, barmhertzkeit *pq*. **258** Pald *R*; sich] sie *FLPR*; wenden] lenden *L*. **260** *fehlt F*; ir wie sie do st. *R*; da *fehlt LPpq*; sie do st. *P*. **261.262** *fehlt P*. **261** enpfalch *R*. **262** Damit vollbracht er s. *F*; endet do s. *L*, tet do s. *R*. **263** Vnd fiel nider *L*; sie do n. *R*; jr *D*. **264** uber] jn *DR*. **265** dominus] Jmperator *R*; uber] jn *DFPR*. **266** g. das s. *FP*, gepet das s. *pq*. **267** M. mir fl. d. *pq*; pach *fehlt L*. **268** Als da *FPpq*; dein *DLR*; erbarmunge] gnoden *pq*. **269** sussanna *L*. **270** auch] nicht *FP*; verleimet *Lpq*. **271** parmung *LRpq*; begeget *FP*, begegnet *Rpq*. **272** vber menget *DF*. **273** mich *fehlt P*; was *P*; zung] hercz *R*.

Vnd do he vp dat mere hen quam,
He sach se leeflick an vñ sprack tho oͤre:
»O eddele frouwe, wo wol behage gy my.
Jd iß iūmer schade dat gy scholen steruen,
Vnd wylle gy iw leuent laten vorwaruen
Vnd wolden minen willen doͤn,
So hulpe ick iw ock wol daruan.«
»Neen«, sprak se, »ik volge nicht dines g*e*bodes.
Eer wolde ick vp de barmeherticheit godes
Min leuent in dusser wyltnisse enden.«
Do wart he sick to einem eylande wenden
Vñ satthe de keyserinne vth in de wustenye
Vnde sede oͤr, wo se staruen moste darby.
He voͤr van ore vnde beuoͤl se god
Vnde vollenbrochte synes heren geboth.
Darna vel se nedder vp ore knye
Vnde sprack: »o rex ouer archangele
Vnde dominus ouer cherubyn,
Min gebet sende ick to dy darhen.
Sende my ock dyner gnaden born,
Alße du im elende haddest vtherkorn
De vnschuldige frouwe Susannen,
De ock belogen was myt mannen,
De du vorlosedest vth den banden,
Wente de thugen worden al to schanden.
Verhore my, wes mine thunge dy bith:

274 gobodes.

Verleihe mir sigk als der Judit,
Die Holofernum nam sein hawbt;
Wo bracht ie weib ein reichern rawp?
Erhör mein bitten und mein flehe
Recht sam des herzogen Josue;
Dein macht der sunnen lauf im hub.
Dein craft ernert Daniel in der grub.

Laße mir deiner gnaden eise auftawen,
Mir armen elenden sundigen frawen.«
So sie do bitt awß herzen tief,
So sinkt sie nider und entslief.
Do kam ir im slaf fur, got wolt sie gewern
Und wolt ir sollich gnade offenbaren,
Das sie wider kome zu allen iren eren,
Und wolt sie darzu erznei leren, [32r]
Das sie die sundersiechen konde sawbern.
Wenn ir ir veinde wurden in ir claubern,
So solt sie gut wider ubel tun,
So wurde sie gesetzt in den ewigen sun.
Darnach solt sie unter irem hawbt eingraben;
Da funde sie ein wurz, die solde sie ir haben.
Die hette ein sollich smecken und richen,
Davon rein würden die sundersiechen.
Darnach da wachet sie auf in kurz

274 sigk] sy *L*, frid *R*; judich *L*. **275.276** *fehlt R*. **275** Do *D*; holoferum *D*, holofermam *L*, olifernes *pq*; nam] man *L*. **276** ie] ein *Lpq*; ein] ye *pq*. **277** mein[2] *fehlt D*. **278** Als du tetest dem *pq*; sam dem herczen Josaphe *R*. **279** im] vmb *D*, in *Rpq*. **280** D. hilff nert *pq*; neret *R*. *Nach 280 zwei Zusatzverse in pq:* Vor sieben lewen das er genas / Vnd in dem ofen ananias. **281** eise] einß *L*, sund *pq*. **283** Vnd als sie da pat *FP*; do] so *L*, allzo *pq*; awß] von *pq*; tiefe *L*. **284** Da *FLP*; sanck *FLP*, vellt *R*, senkt *pq*. **285** Vnd k. *FP*; im slaf *fehlt Rpq*. **286.287** *fehlt P*. **286** *fehlt R*. **287** kem *Lpq*. **288** erczenneyen *Lpq*. **289** Wie sie *P*; die *fehlt L*; zawbern *L*. **290** Ob *R*; ir[2] *fehlt Lpq*; wurden] komen *F*, kem *P*. **292** den] seinen *F*, *fehlt LPpq*; sun] lon *R*. **293** Vnd solt do vnder *pq*. **294** So vund *LR*; ein *fehlt F*; ir *fehlt pq*. **296** gereinigt *FP*; warden *L*; die *fehlt L*. **297** D. erwacht *FPRpq*; in] gar *FPpq*, *fehlt LR*.

Vorlene my ock den seghen alße Judith,
De Olifernus nam syne houet,
Darin dine gnade wart ho̊ch gelouet.
Vorhore min biddent vnd min fleē, [7r]
Alße du dedest deme hertogen Josue.
Dine macht der sůnnen lo̊p vpho̊ff.
Dine hulpe ernerde Daniel in der groue
Vor seuen louwen, dat he genaß,
Vnd in deme hethen auen Ananyaß.
Laeth my diner gnaden schyn vpdouwen,
My arme elende sundige vrouwen.«
  Do se alßo bath van herten deep,
So seech se nedder vnd entsleep.
Do quam o̊re vor, god wolde se geweren
Vnd wolde o̊r solcke gnade apenbaren,
Dat se wedder queme to alle o̊ren eren,
Vnd wolde se dartho artzedye leren,
Dat se de sundigen kranken konde renigen.
Wan sick o̊re viende mit o̊re worden enygen,
So scholde se gud vmme o̊uel do̊n,
So worde se gesath in den ewigen tro̊n,
Vnd scholde dar vnder o̊rē houede ingrauē;
Dar vunde se eine wortel, de scholde se hauē.
De hadde ein sollick smecken vnd reeken,
Daruā rein wordē de vthsetteschē vn̄ seken.
Se erwakede darna in korter tydt,

Und grub da ein und vande die wurz.
Darnach sahe sie heregen ein kocken;
Da freüet sie sich und warde frolocken.
Der marner auf dem schiff sie sach;
Der lendet dar zu ir und sprach:
»Ir schone fraw, wes pflegt ir da?«
Des freuet sie sich erst und wurd fro
Und sprach zu im: »ir solt verstene,
Das ich durich buß hie solt vergene.«
Der marner wider zu ir begont jehen:
»Nu ist es euch nicht anzusehen,
Das ir auf euch solt tragen schant.
Wolauf und fart wider heim zu lant.«
Do saß sie ein in des schiffes kram
Und fure [ ] wider heim gein Rom
Und zoge in eins wirtes haws
Und gab sich fur ein erztin awß,
Wie sie die sundersiechen konde reinigen [32v]
Mit rechter kunst, mit gotlicher meinigen.
Des keisers bruder, der sie versacht,
Den hette got sundersiech gemacht,
Und auch den, der das kint tet morden,
Plagt got auch in denselben orden.
Sopalde als in der seuch ankam,
Do nam in sein bruder und furt in gein Rom,
Ob sie ein arzt da mochten vinden,

298 grabet *L*, grebt *Rpq*; da *fehlt R*; vint *LRpq*; die] ein *R*. **299** Affter des sach *R*; kocken] klugen *L*. **300** Des *F*, Erst *pq*. **301** mardner *R*. **302** Er *FP*, Vnd *L*; zu ir dar *FLPRpq*. **303** Ir *fehlt P*; was *L*. **304** Do wart sie erst recht vor freuden fro *R*; Da *FLPpq*; erst *fehlt FPpq*; wart *FLpq*. **306** solt hie *R*; verjehen *L*. **307** D. m. wart do zu ir iheen *pq*; mardner *R*; begont] gund *FP*, kond *R*. **308** eüch doch n. *FPpq*. **310** Wolauft *FP*; und *fehlt pq*; heim *fehlt L*. **311** ein *fehlt pq*; klam *L*. **312** Vnd f. vnd kome w. *DL*, Vnd kam w. *P*, Vnd f. nu (do *pq*) w. *Rpq*; gein rom] zu land *F*; gein] jn *L*. **313** z. ein jn *LPR*. **314** sich] sy *LR*. **315** die *fehlt pq*; reynung *F*. **316** Vnd an der sel mit got vereinigen *R*; mit[2]] vnd *Ppq*; meynung *Fpq*. **317** sie het fers. *pq*; sie] sich *L*. **318** gemacht] gepflagt *R*. **320** Den pl. *Rpq*, Pflagt *D*, Geplackt *L*. **321** Als pald vnd in (bald in do *pq*) der siechtum *Rpq*; Alspald jn *FL*, Als pald als jn *P*; seuch] sich *L*.

Gro̊ff do in de erde vñ vät de wortel gelick.
Darna sach se ein schyp herkamen;
Des vorvrouwede se sik in grotē vramen,
Wente de schypmān o̊rer drade wart enwar.
Do vo̊r he an dat eyland openbar
Vñ sprak: »o schone vrowe, wes plege gi hyr?«
Se antwerde o̊m tuchtich in groter beger
Vnde sede tho o̊me: »gy scholen vorstan, [7v]
Dat ick dorch bothe hyr scholde vorgan.«
De schypman wart do to o̊re spreeken:
»Nw iß iw dat nycht antomercken,
Dat gy vp iw scholden dragen schande.
Wolup vnde varet wedder to lande.«
Se satte sick in dat schepe so schon
Vnde vo̊r wedder heym to Ro̊m.
Se gynck in eynes werdes huß
Vnde gaff sick vor eyne arstynne vth,
Wo se de krancken konde reinigen
Mit rechter kunst vnd gotliker meininge.
Des keisers broder, de se hadde vorclagt,
Den hadde god sunderlick kranck gemackt,
Vnde ock den, de dat kynd hadde gedodet,
Plagede got, wart ock darto geno̊det.
So drade o̊me de kranckheyt anquam,
Sin broder o̊ne to Rome mit sick nam,
Effte se eynen arste dar mochten vinden,

Der im den seuchen mocht gelinden,
Und ließen awßrufen große hab,
Wer im des seuche*n* mocht helfen ab.
Die mer man palde zu hoff vernam,
Zu des keisers bruder er do kam.
Darnach komen gein hoff die mer,
Wie ein fremde erztin kumen wer,
Die konde mit kunstlichen sachen
Die sundersiechen reine machen.
Balde warde ein bott nach ir gesant.
Sie kam gein hofe, niemant sie kant.
Der keiser warde sie selber meren
Und sprach: »fraw, konde ir die kunst beweren,
Zwingt ir den seuchen, das er weicht,
So solt ir von mir werden gereicht
Mit einem lawtern silbrein man,
Wolt ir euch genugen laßen daran.«
Sie sprach: »als gut hab ich vermist
Und ere newer den, der ob uns ist, [33r]
Und erznei auch newr durich seinen namen.«
Die zwene sundersiechen zu ir komen.
Da sie sie ansahe, do warde sie sie fregen,
Ob sie sich bede des wolten erwegen,
Das sie offenlichen wolten peichten und sagen,
Was sie ie getan hetten bei iren tagen,
So wolt sie sie mit irer erznei reinigen
Und mit irer sele gein got vereinigen.
Da sprachen sie bede, sie wolten das tun.

324 D. in des sichtums mecht enpinden (entpinden *q*) *pq*; jm dem sauchten *L*; seuchen] siechtum *R*; linden *L*. **325** lies *R*, hieß *pq*. **326** W. jn den sauchten *L*; der sucht *pq*; seuchens *FP*, siechtums *R*. **327** man do gar pald fernam *pq*. **328** pruders *F*. **329** gein] zu *R*. **332** reine] sauber *FLPRpq*. **335** warde] kund *L*. **336** Er *pq*; fraw *fehlt R*. **337** seuchten *L*, siechtum *Rpq*. **339** lawter *D*. **340** lan genugen *pq*; benügen *FP*. **341** alle hab ich gantz fermischt *pq*; han *F*; hab *in L versehentlich wiederholt*; für mist *FP*. **342** Jch *R*; ere *fehlt L*; uns] mir *R*. **343** ertznen neur *pq*; auch newr *fehlt F*; auch *fehlt LPR*; newr] nairt *L*. **344** zu ir] ze samen *P*; ir] jm *L*. **345** Vnd als siß a. *FP*; do gond sie fr. *R*. **346** sich des ped *L*; bede *fehlt R*; verwegen *LRpq*. **347** wolten offenlich *R*. **348** ye heten gesundet pey *pq*; ie *fehlt R*. **349** irer *fehlt L*. **350** mit irer] jr *L*, an der *R*, auch ir *pq*; jren selen *P*; gein] mit *R*. **351** wolten das] wolts *FP*, woltenß *pq*; das] es *LR*.

De ŏme der kranckheit mochte entbinden.
He leeth vthropen grote ghaue,
We ŏme de kranckheyt mochte nemen aue.
De bodeschop men do drade vornam,
To des keysers broder he ock quam.
Darna quemen to haue de mere,
Wo eine fromde arstinne kom̄en were,
De konde mit kůnstliken saken
De vthsetteschen reene maken.
  Na ŏr wart hastigen ein bade gesant.
Se quam to haue, se neman*t* bekandt.
De keyser vragede se mit groten eren, [8r]
Sprack: »frowe, kone gy dusse kunst beweren
Vnd dwyngen de kranckheit, dat de wyckt,
So schole gy van my werden ryck
Myt eynem claren sylueren man,
Wolde gy iw laten nŏgen daran.«
Se sprack: »neyne gůder ick achte nicht.
Jck ere alleen vnsen heren Jhesu Crist
Vnd arste die men allein dorch sinen namē.«
De twe krancken do to ŏr quamen.
Do se de anesach, do wart *se se* vragen,
Effte se syck des beyde wolden vorwegen,
Dat se apenbare wolden bychtē vnde clagē,
Wat se ie hadden gesundiget by oren dagē,
So wolde se se myt orer arstedyge renygen
Vnd ock ore selen gegen godde voreynygē.
Se spreeken beyde, se wolden dat don.

355 nemande. **366** wart see vr.

Des keisers bruder, der hub an.
Dem volke er alles das offenbart,
Das im sein sele ie hette beswert,
Dann eins, dasselb er verzog,
Wie er die keiserin verlog;
Desselben wolt er mit nichte verjehen.
Die keiserin sprach: »ir must baß spehen,
Wann es ist ie noch mer dahinden.
Ir must den sack ganz und gar aufbinden,
Mein erznei ist sunst vernicht.«
Der keiser sprach: »bruder, weist du icht,
Das swerlich halt wider mich wer?
Noch solt du es machen offenbar,
Soltest du dich halt mit schande berußen.«
Da viel er erst dem keiser zu fußen
Und sprach: »herre, gnadt mir an dem leib.
Ich bin so schuldig an deim weib, [33v]
Sam hette ich sie mit der hant erslagen,
Seint das ich ein ware peicht sol sagen.«
Erst warde der keiser leides vol.
Die keiserin sprach: »herr, gehabt euch wol.
Nach großem leide kumpt gern freud.«
Mit dem sie da ir wurz zusneid.
Davon sie irem veinde zu trinken gab;
Da ließ der seuch ganz von im ab.
Der ander wurde auch herfur lesen,
Was in daucht, das sunde were gewesen,
Dann do er an das kint kam,

352 der *fehlt L.* **354** ie *fehlt F.* **355** Wen *pq.* **356** k. er verl. *R.* **357** Das selb *pq*; mit nichte] jr nit *L*, mit nichten *P.* **358** Do sprach sy zu ym ir *R*; must] wert *pq*; spehen] besehen *FP.* **360** Den sak den must ir gantz auff p. *pq*; ganz und *fehlt L.* **361** e. die ist *pq*; s. gar entwicht *R*, s. vor nicht *pq.* **363** Der sw. *R*; w. mich halt *FLPRpq.* **365** Solstu *FLR*; schanden *FLPRpq.* **366** dem k. erst fur sein fuß *L*; erst] eist *D, fehlt FPRpq*; zu den fussen *pq.* **367** herre] pruder *R.* **368** Wann ich pin sch. *R*; deim] dem *D*, ewerm *FP.* **369** hent *R.* **370** Seit ich *pq*; ich sol die warheit s. *R.* **372** keiserin] fraw *R*; herr *fehlt L.* **374** da *fehlt pq*; zer schneid *P.* **375** Vnd gab sie jrem feint in den mund *R.* **376** Vnd macht in auf der fart gesunt *R*; sauch *L*, siechtum *pq.* **377** wart *FLPRpq*; herfur] her *L.* **378** Das in nye d. das jm sünd *R*; jm *L.* **379** er] es *R.*

Des keysers broder, de hôff erst an.
Deme volcke he dat allent apenbaret,
Dat ôm sine sele ie hadde beswaret,
Men eins allene hadde he verthogen,
Wo he de keyserinne hadde belagen;
Dat sulue wolde he mit nichte bekennen.
Se sprack: »gy motẽ dat in der warheit endẽ,
Wente dar iß noch vel mer darhinden.
Den sack, den môth gy gantz vpbinden,
Myne arstedige iß anders vor nycht.«
De keiser sprack: »broder, wethstu ycht,
Dat wedder my gantz swarlyck were?
Dat scholdestu apenbaren ane alle swere,
Efft du dat doch mit schandẽ scholdest botẽ.« [8v]
Do vel he deme keyßer to synen vôthen
Vnd sprak: »here, begnadet mi an dem lyue,
Wente ick byn so schuldich an iuwẽ wyue,
Efft ick se mit der hand hedde erslagen,
Nw ick yo eine ware bychte schal saghen.«
Do wart de keyßer erst leydes voll.
De keyserinne sede: »here, hebbet iw wol.
Na grotem leede kõmet gern grot vroude.«
Jndes se ôre wortele thosneede.
Daruan se ôrem viende to drincken gaff;
Do leth de kranckheyt gantz van ôm aff.
De ander wart ock do heruôr leßen,
Wat ône dûchte, wat sunde hedde gewesen.
Men alß he an dat kynd do quam,

Daselbst er auch ein sweigen nam.
Die keiserin sprach: »bedenkt euch mer.
Es ist vil besser, hie verloren die er
Dann ewiglich dort pein und schant.«
Allererst er offenlich bekant,
Das er das kint gemordet hett.
Sein bruder also cleglich tet
Und clagt sein kint und auch die frawen.
Die keiserin, die ließe ir zawen
Und gab im das getrank auch in den munt;
Do warde er auf der vert gesunt.
Darnach macht sie in offenbar,
Wie sie dieselbe keiserin were,
Und sprach: »do ir bede umb mich pulet,
Ewer zung mir nie so sueß vorspulet [34r]
Mit manigem valschen list und lere.
Dennoch bleib vor euch beden mein ere,
Wie sere ir euch ie mit mir zankt.
Des sei dem kunig der eren gedankt,
Der mir sein hilflich gnad hat verliehen.«
Do wurden sie alle fur sie nider knien.
Der keiser vil auch fur sie nider
Und empfing sie tausentfeltiglich wider.
  Der keiser ließ weit awßempieten:
Wer sich da großer freude wolt niten,
Wer frolich sein wolt, der solt kumen,
Got hett im all sein trawern benomen,

380 auch] im *pq*. **381** Do sprach sy zu jm b. *R*; mer] pas *L*. **382** hie *fehlt R*. **383** Wan dort ewig leiden p. *pq*. **384** erst do ward er *L*; er] der *FP*. **385** ermordet *pq*. **387** sein] daz *R*; die] sein *L*. **388** die[2] *fehlt FLP*; l. auch jr *L*; ir do z. *P*; zawen] trawren *L*. **389** Jr würcz sie in zu essen gab *R*; tranck *LPpq*. **390** Do ließ der siechtum auch von jm ab *R*. **391** jm *F*. **392** sie nie selbig *q*. **393** bede *fehlt L*. **394** verspulet *D*, spulet *L*. **395** mancher *FLPRpq*; valschem *D*, posser *L*, falscher *Rpq*; lere] red *L*. **396** Jch behillt vor euch allen m. ere *pq*; Noch (Nu *R*) behilt ich vor *FLPR*; mein] mer *R*. **398** Das *FLpq*; der erden dancket *L*; der eren] von himel *R*. **399** Das er mir s. genad *R*. **400** nider *fehlt F*. **401** Vnd der *R*. **402** tausentfaltig *FLPpq*. **404** da *fehlt P*. **405** Vnd f. *FP*, Der f. *R*; wolt sein *pq*. **406** Wann got *P*; all] *fehlt FP*, alles *LRp*; genomen *Rq*.

Eyn swygen he oͤme do vornam.
De keyserinne sprack: »bedenket iw mere.
Jd iß vel bether, hyr vorloren de ere
Wen doͤrt ewich lyden pyn vnd schande.«
Allererst he do apenbare bekande,
Dat he dat kyndt vormordet hedde.
Syn broder also clegelick dede
Vnd clagede syn kynd vnd ock de vrouwe.
De keyserinne leth oͤr langen oͤre getouwe
Vn̄ gaff oͤm den dranck ock in den munth;
Van stundē an he ock wart gesunth.
Darna makede se oͤne apenbare,
Vnd wo se de suluige keyserinne were.
Se sprak: »do gy beide vm̄e my bolen deden,
Mochte my iuwe sote thunge ny oͤuerreden,
Dat alle schach mit groter lyste vnd lere. [9r]
Noch behelt ick alle tyd vor iw mine ere,
Wo sere gy iw ye mit my czanckt.
Dat sy deme kōninge der eren gedanckt,
De my sine gotlike gnade hefft vorlegen.«
Do worden se alle vor se nedder kneegen.
De keyser vel ock vor se nedder
Vnd entfenck se dusentualdich wedder.
  De keyser heth wyth vnd verne vthgebedē:
We dar groter vroude wolde genethen
Vnd vrolick wolde syn, de scholde kamen,
God hedde oͤm all syn trouren benamen,

Und hieß ein hof awßschreien und jehen.
»Nein«, sprach die keiserin, »es sol nicht geschehen.
Kein man mich nimmermer berurt.
Ich weiß ein closter, darein mich furt,
Wann ich mir den zu man hab genomen,
Der mir in noten zu hilf ist kumen,
Und auch die muter desselben herren,
Die wil ich furbaß mein lebtag eren.«
Des keisers frewd sich erst awßpreitet.
Ein in das closter er sie beleitet
Mit sollichem jubiliren und frolocken.
Manig tawsent herz in freuden ward schocken,
Die man ir do zu eren erdacht,
Biß das man sie in das closter bracht. [34v]
Dorinnen furt sie ein sollich regeln
Und drasch awß mit irer zungen flegeln
So manig andechtigs gepet,
Das sie auf in den himel set
Ir sele zu ewiglicher weide,
Got zu lobe und auch der keuschen meide,
Die sie in allen iren noten erhort,
Das sich die gnade gots zu ir kert.
Das sullen bedenken alle elich weiber,
Das sie den valschen pulnbriefschreiber
Allzeit hinwider verschreiben ir nein.
Ir herz sol gleich sein dem stein,

407 hieß] ließ *Rpq*. **408** die keiserin] sie *R*; es] das *FPpq*, des *LR*. **409** *fehlt L*; mer *fehlt R*. **410** weiß] was *P*; da ein m. fur *L*. **411** zu nam *L*, zu einem man *R*. **412** Vnd der *L*; zu hilff in n. *pq*. **414** fürbaser *F*, all *R*. **415** Die des *R*; erst recht a. *R*. **416** Ein *fehlt pq*; sie do b. *pq*. **417** jubeln *Lpq*, jubel *R*; vnd mit f. *R*. **418** wurden *pq*. **419** Do wart irer (yren *q*) grossen e. gedacht *pq*; erdacht] erpot *L*. **420** das *fehlt FLPRpq*. **421** regel *FLPpq*. **422** tr. da aus *FP*; awß *fehlt pq*; flegel *FPpq*, schlegel *L*. **423** andechtiglichs *LR*. **424** sy do auf *R*; himeln *R*; sent *L*, tet *R*. **425** Jrer *FPR*; zu einer ewigen (ewiclichen *pq*) *FPpq*, zw ewiglichen *L*. **426** auch *fehlt pq*. **428** sich] sy *L*. **429** Das selbig gedencken *L*. **430** den listigen pulbrief schreiben *R*; den valschen] denselben *FP*; den] de *p*, die *q*; pulbrief schreib *L*. **431** verschriben *L*, schreiben *Rpq*. **432** h. das sol *L*.

Vnd leeth eyn hoff vthropen drade.
»Neyn«, sprack de keyserīne, »ik des nicht stade,
Wente neen man mi nūmermer beroͤrt.
Jck weth eyn closter, darinne my voͤrt,
Wente ik my den to manne hebbe genomē,
De my to hulpe in noͤden iß komen,
Vnd ock de moder des suluigen heren,
De wyl ick vorbath min leuedage eren.«
Des keysers vroude sick eerst vthbrede.
Jn dat closter he se do beleide
Mit solcker groten vroude vnd eere.
Mēnich dusent herte in vroudē wordē swere.
Do wart oͤrer groten eren gedacht,
Went dat men se in dat closter bracht.
Darinne voͤrde se eyne solicke regel
Vnd duͤrsschede vth mit oͤrer tungen flegel
So mennich andechtich gebeth,
Dat se vp in den hemmel sehet,
Dar ore sele ewychlyken sageth [9v]
Godde loff vnde Marien, der reinen mageth,
De se in all oren noͤden vorhoͤrde,
Dat syck de gnade goddes to oͤr kerde.
Dath scholen betrachten alle echte wyfer,
Dat se den valschen bolenbreueschriuer
Altyd wedder vm̄eschryuen ore neen,
Vnde ore herte schal gelick wesen dem steen,

Den man den diemant nennen tut,
Der nicht kan weichen in fewers glut.
Noch minner sullen sie sich laßen weichen,
Wann nie kein meß zu grunde kont reichen
In reiner weiber eren vaß,
Das nie mit schanden ist worden naß,
Dann weiplich ere den himel zirt
Und ist auch selber dorinnen wirt
Und harpft den engeln da zu tanz
Und ist ein pluende blume auf dem kranz,
Den got dort geit seinen awßerwelten,
Da jamer ansehen die abgeschelten,
Die in der helle sein tief verflucht.
Dorumb: welche fraw wirt angesucht, [35r]
Die versag mit sewberlichen worten
Und sließ vest zu irer eren pforten,
Wann pulers munt sprengt honigfließen,
Wenn er zu sunden wil genießen;

433 den[2] *fehlt Rpq*; dyamant *FLP*, dyamanten *Rp*, diemaeten *q*; nemen *L*. **434** Den nichcz k. w. denn pocks plut *R*; fewers] frewdens *L*. **435** nimer *L*, mynder *PRpq*; sie *fehlt DL*; erweichen *FP*. **436** maz *R*; kont] mocht *R*. **437** reiner] frummer *R*; vaß] was *L*. **438** Die *FPRpq*; ist] sind *p*, sein *q*. **439** Wann *FLPRpq*. **440** dar jn selber *L*; selbs *p*, selbst *q*. **441** da] dort *F*. **443** Dem *L*; gibt dort *FP*, gipt *pq*. **445** tiff sein (sind *p*) *FLPRpq*. **446** an wi. ge. *FPR*. **448** vest] wol *R*; zu jr pf. *L*. **449** pulfers *Rq*; besprengt *pq*; honigs fl.*FPR*. **450** So *R*; zu *fehlt pq*.

Den men dyamanten nomen dho̊t,
De nycht kan wyken in fůres glo̊th.
Noch wenyger scholen se syck laten beweken,
Wente ny neyne mysse to grunde kōde rekē
Jn reyner frouwen eren vath,
De ny myt schanden synt worden nath,
Wente frouwen ere den hemmel ßerth
Vnde iß ock suluen darinne leue vñ werth
Vnde harpet den engelen dar to dantz
Vnde yß eyn blo̊yende blo̊m vp dem krantz,
Den god gyfft synen vtherwelden,
Dar gro̊t iammer anseen de affgedelden,
De in der hellen deep sint verflockt.
Darum̄e: welcker frouwen wert angeso̊cht,
De wyse van syck myt thuechtigen worden
Vnde slůte faste to ore eren porten,
Wēte pulers munt besprēget hōnichuletē,
Wanner dat he sunden wil geneten;

470 puluers.

Dorumb sie tag und nacht wol hut.
So hat geticht der Rosenplut.

451 n. vnd tag *P*; zuhüt *FP*, hüt *R*. **452** Also spricht schneppрer (schepper *q*) hanß rosen plut *pq*; g. hanns rosenplüt *FPR*. *Nach 452 Nachschrift in q (vgl. Kaiserin zu Rom B):* Die got dort ewig an schawen mit freüden / Do von vnß got nymer loß gescheyden / Welch mensch sich den teüffel ließ betauben / Das er wolt zweiffeln an christenlichem glauben / Das lebendiger got vnd mensch nit sey / Gantz vnd geseget in der osty / Die vnß der priester hie zeigen thut / Wor got wor mensch wor fleisch wor plut / Als in sein keüsche muter trug / Vnd alß man in an das heylig creütz schlug / Do man im wunt macht füß vnd hendt / Wer das nit glaubt piß an sein endt / Der wirt am iungsten tag in die hel getrieben / Vnd wirt auß dem lebendigen puch geschriben // Welch mench den glauben nit in im treib / Das gottes muter sey ein reyne meit / Vnd nie gewut keiner sünden furt / Noch yres wirdigen sunß gepurt / Vnd noch ein reine meyd sey / Die vnß geporen hat die drey / Got mensch vnd fleisch in drey person / Die sie entpfangen hat auß dem hochsten thron / Vnd auß ir reinen keüscheit gebar / Wer des nit glaubet gantz vnd gar / Als lang er hie sein leben hat / Der stet am iungsten tag schamrot / So man nun spricht das lest vrteil / Wer do felt der wirt nymer heil / Amen.

Darum̃e se dage vnde nacht wol hoͦth.
Also sprycket Schepper Hans Rosenbloͦth.
De gode dort ewich anschouwẽ mit vroudẽ,
Daruan vns got nũmer late scheyden.
Welck mynsche sick den duuel lete bedoͦuen, [10r]
Dat he twyuelen wolde an cristlikem louen,
Dat leuẽdyge god vnd mynsche nicht sy,
Gantz vnde gebenedyget in der hostye,
De vns de prester hyr wysen dhoͦt,
Ware god, ware mynsche, ware bloͦt,
Alß oͦne Marie, sine kusche moder, droͦch,
Vnde alß men oͦn an dat hylge cruce sloͦch,
Dar men oͦme verwunde voͦth vnde hende:
We dat nycht louet went an syn ende,
De wert im iũgestẽ dage in de helle gedreuẽ
Vñ wert vth dẽ leuẽdygen boͦck geschreuen.
Welck minsche dẽ louen nicht in oͦm draget,
Dat goddes moder sy eyne reine maget
Vnde ny enwůth neyner sunden foͦrth
Noch ores werdigen sones geborth
Vnde noch eine reene maget sy,
De vns geboren hefft de dree,
God mynsche vnde flesche in dree person,
De se entfengk vth deme hoͦgesten throͦn,
Vnde thelede vth orer reenen kuscheyt
Godes sone, de ewige wyßheyt;
We des nycht enlouet gantz vnde gar,
De wert im iungesten dage apenbar
Vordomet, wen de here spricket dat gerichte:
»Gaet, gy vormaledygeden, in der hellẽ plicht.«

Nach dem Text: Gedrugket ĩ der Stad Magdeborch / dorch Simon mẽtzer am mandage / na Oculi Jm gnadenryken yare na / Cristy geborth. M.ccccc.

3 Der kluge Narr

Ein bischove eins zu tische saß, [3v]
Mit allem seinem gesinde er do aß.
Dasselbe eßen do geschach
Am freitag vor dem palmtag.
Do man nu geaß und auf wolt sten
Und iederman sein straß wolt gen,
Do warde der herr eins offenbaren
Allen den, die do sein diener waren,
Und sprach: »nu horet da newe mer:
Es get ein heilige zeit daher,
Das Cristus sein marter hat geliden
Und fur uns alle gekempft und gestriten
In dieser heiligen zukunftigen wochen.
Ob wir sein gepot ie haben gebrochen,
So sullen wir uns diese zeit laßen lieben
Und sullen das alt leben von uns schieben
Und an uns nemen gotlich vorcht.
Was wir das jar here haben verworcht,
Das sullen wir in dieser wochen abrechen
Und sullen uns an allen leibs lusten abbrechen,
Und sunder drei dingk ich haben wil:
Das weinhawse, frawen und wurfelspil,
Die drew gepewt ich euch zu meiden [4r]

Überlieferung: D 3v–6v, E 185r–189v, L 60r–64r, Druck s
Überschriften: Der clug narr *[darunter durchgestrichen:* Des narren clage*] D*, Der clug narr / Hannsen Rosenblüts *[von späterer Hand] E*, Der cluog Nar also ist mein nam / Des ich mich gantz mit nichten scham / Vnd wil der Katzen hencken an / Die Schellen wo ich mag vnd kan / Dan mancher mich offt straffen wil / Vnd sein vergyst schüßt selbs zuom zil *s*

1 einst *Ls*. **2** all *ELs*; hoffgesind *Es*, hoffgesin *L*; do *fehlt s*. **3** do] das *EL*. **4** palentag *L*. **5** nu] ytz *s*; wil *L*. **7** herr] bischoff *[übergeschrieben] E*. **8** do *fehlt E*. **9** da *fehlt ELs*. **11** hat s. m. *L*; erliten *E*. **12** al hat gek. *L*. **13** kunftigen *s*. **15** diese] die *E*. **18** jar haben verpracht *L*. **19** wir vns in *s*. **20** an liebes lusten *L*; abrechen *D*. **23** pewt *Ls*.

Umb schonung willen Cristus leiden,
Dann bei wein gen und mussiggangk,
Da sacht sich manicher unkewscher gedank.
Bei frawen liegen, gestanden oder geseßen
Wirt Cristus leiden ganz vergeßen.
Des nachtes lange bei spil gewandelt,
Dabei wirt got gar ubel gehandelt
Mit sollichen fluchen und swuren,
Das sie got an sein glieder ruren.
Dorumb so bite ich euch flehlich,
Gelert, leien, ledig oder elich,
Das ir meinem gebot gehorsam seit
Biß nach der osterlichen zeit.
Und were der dreien eins ubertrette
Und des nicht halten wolt umb mein bete,
Den wolt ich von meinem hof laßen schreiben
Und awß meinem bistum ganz vertreiben.«
   Derselb bischove hette ein narren.
Der wurde sein herrn gar sere anplarren
Und sprach: »du kanst uns alle wol lern,
Wie wir uns gein got sullen keren
Und zu himel faren an der engel schar.
Wer hilft aber dir hindennach dar?«
   Der herre wurde sich zu dem narren dar keren
Und sprach: »Heinz, das solt du mich leren,
Wann ich auch guten sin dar hab.
Dorumb solt du nicht laßen ab
Und solt mich auch etwes guts leren.«

24 Dabey wirt gancz vergessen cr. l. *[Vers nachträglich eingefügt] E*; schonung] schemung *L*. **25** Wan *Ls*; weinen *L*. **26** Da sagt *EL*, So s. *s*; sucht *D*; vnkeusch *E*; danck *ELs*. **27** geessen *L*. **28** Da wirt die l. *E*. **29** bey dem sp. *EL*. **31** vnd mit sw. *L*. **32** sein] jre *L*. **33** ewch al *Ls*; schlechtlich *L*. **34** Gelert ader l. *ELs*. **35** meins *ELs*; potz *E*, gepotz *Ls*. **37** dreyet *D*, dreyer *s*. **37:38** vberdrit : gepit *L*. **38** nit das *ELs*; wol *L*. **41** Der *E*; pischoff der het *L*. *Vor 42 Zwischenüberschrift:* Dez narren red *E*. **42** Der *fehlt s [abgerissen]*; ward *ELs*; gar sere] greulich *Es*, do ser *L*. **43–48** *fehlt s [abgerissen]*. **45** engel] himel *L*. **46** aber *fehlt EL*; dir dan h. *L*. **47** herre] bischof *[übergeschrieben] E*; ward *EL*; dar *fehlt EL*. **49–51** *fehlt L*.

Der narre sprach wider zu seinem herren: [4v]
»Solt dann ein blinder ein gesehenden furen,
Der selbs keinen wegk kan sehen noch spuren?
Doch sol man die warheit frolich wittern
Und sol sie mit loica nicht vergittern.
Wenn wir das tunen, das du uns gepewtst,
Und alles das laßen, das du uns verpewtst,
Dasselbe hilft dich nicht gein got.
Woltest du es nicht halten fur ein spot,
Ich wolt dich wol leren, was du tetst,
Das du das himelreich auch gewiß hettst.«
Der herr sprach: »Heinz, es ist mein ernst.
Von dir so lernt ich allergernst,
Wann mir dein lere vil senfter tet,
Dann das mich der babst gelert hett.«
Der narr, der sprach: »so merk mich eben:
Fasten, beten, almusen geben,
Die drei, die tu, als ich dich lere,
So erzeigest du got lob und ere,
Davon dir das reich gots wirt nahen.
In dieser wochen solt du anfahen
Und solt alle tag newn menschen bewirten.
Des ersten solt du laden drei hirten,
Die uber jare nimmer zu kirchen kumen
Und auf dem velde gen als die stumen
Und von got nicht wissen zu singen noch zu sagen,
Ob juden oder heiden in haben erslagen
Oder wie er hab sein plut verrert.
Des werden sie in dieser wochen gelert
Und an der predig wol unterweist,
Dieweile du in ir narung geist.

52 zwm h. *L*. **53** Schol *E*, Sol *s*. **56** mit der l. *E*. **57** pewczt *L*. **58** Vnd a. d. alles l. *E*; bedüczt *E*. **59** Das selb das *EL*. **61** leren *versehentlich wiederholt E*. **61:62** thest : hest *ELs*. **62** auch *fehlt s*. **63** es] das *s*. **64** lert *E*, lern *L*. **65** vil *fehlt E*. **66** Wann *E*; hett gelert *D*; gelernt *E*. **67.68** *fehlt D, ergänzt aus s*. **68** peden vnd a. *EL*. **69.70** = *70.69 D*. **70** er czagstu *EL*; got gancz l. *E*. **74** Zuom *s*; e. so soltu *L*. **77** Vnd nit v. g. *ELs*. **78** Oder jüden *E*; erschaffen *L*. **80** sie *fehlt L*.

Wilt du dein sele von sunden paden,
So solt du dann drei spilpuben laden, [5r]
Die uber jare auch ein grobs leben furen
Mit sollichen fluchen und mit swuren.
Der aller creatur ist ein befrider,
Dem durichgrunden sie alle sein glider:
Sein hawbt, sein sweiß, sein pauch, sein angst,
Das mich wundert, das er nicht langst
Ir tawsent dorumb hat geplagt,
Wann es einem minnern hett versmacht.
Wenn du die wochen das unterkumst,
Damit du deiner sele mer gutes frumst
Dann bettest du auf deinen bloßen knien.
Hat dir dann got sein gnade verliehen,
So solt du auch laden drei gemeine weib
Den worten, das unterwegen bleib
Ir offenbar sunde in dieser zeit,
Wann es in nimmer herter leit
Dann allwegen in der marterwochen.
So lest du dir alle tag sechs richt kochen.
Der solt du dir drei brechen ab,
(Das ist got gar ein geneme gab)
Und gib den armen dieselben drei essen,
Wenn du zu tisch bist gesezzen,
Wann du mit dreien richten wol kumst zu.
So haben die armen so genugk als du.
Das vasten und almusen ist got beheglich.
Dein gepet, das du sprichst teglich,
Das solt du teilen in drew teile:

83 von] auß *ELs*. **85** jar ein grosses l. *L*. **86** solchem *Ls*; mit² *fehlt L*. **88** Den dwrch grwnttet *L*; sie ym a. s. wunden glider *[*glider *von späterer Hand nachgetragen] E*. **89** sein pauch s. swaiß *ELs*. **90** hat gewundert *EL*; er] *fehlt L*, es *E*. **92** *fehlt L*; es *fehlt s*; einem] ym *E*; mynner *D*; hat *E*. **93** w. jn das verkwnst *L*; vber kümpst *E*. **94** du dir d. *[*dir *übergeschrieben] E*. **95** Denn *Es*; du *fehlt L*; bloßen *fehlt L*. **96** denn *Es*. **97** auch *fehlt s*. **98** Der w. *ELs*. **101** Wann *E*; all tag *s*. **102** du *fehlt s*; gericht *s*. **105** dem *L*. **106** t. da pist *L*. **107** Wenn m. dr. r. du wol *s*. **108** so] *fehlt L*, als *Es*. **109** und *fehlt s*. **110** *fehlt L*.

Das erste teile macht dir dein sele heile.
Das gib du ir zu einer zerung,
Wann dein sele hat dort kein ander nerung, [5v]
Dann was du bei lebendigem leibe dar sendest,
Wenn du dein leben on totsunde endest;
Das ist dir gar ein gewiß selgeret.
Den andern teile an deinem gepet,
Denselben teile solt du geben
Allen den, die dir bei deinem leben
Ie veindt sein gewesen und noch sein,
Wann do got was in seiner grosten pein,
Da pett er fur alle die, die in quelten,
Das etlich wurden sein awßerwelten.
Dasselbe soltu bedenken stets.
Das dritt*e* teile deines gepets,
Das solt du peten fur alle die,
Die dich und mich erneren hie
Mit herter erbeit und ubel essen
Und dir es doch in den kasten mußen meßen.
Es slahe der hagel oder der schawer,
Noch muß der hecker und der pawer
Dich und auch all dein hoffgesinde neren;
Von erbeiter hant muß got her bescheren.
Et cetera, herr, ich wil es besließen;
An langer predig hat man verdrießen.
Nu laße dir mein lere nicht versmehen,
Wann die schriftweisen und die hohen,
Die lernen von den narren ungern
Und wissen, das got hett zwelf jungern.

113 jm *L*. **115** Wenn *Es*; bei deym leben dar *s*. **116** Kumpt dir zuo trost wann du daß endst *s*. **117** g[ar ein g]ewiß *[ausgerissen] s*. **118–122** *fehlt s [abgerissen]*. **120** Der selb tail dient dir *L*. **121** Dye ye *L*; nach veint sein *EL*. **122** grossen *E*. **124** worden *E*. **126** Den *DELs*; dritteyle *D*, tritten tail *ELs*; gebts *s*. **127** Den *L*; bitten *s*. **129** und] vnd mit *E*, mit *Ls*; vbeln *L*. **130** den] deinen *EL*; muß *L*. **133** auch *fehlt Es*; alles *D*; hofgesin *L*; erneren *ELs*. **134** hant] hawt *L*. **136** Ein lange *E*. **138** schrieff w. *E*, geschrift w. *LS*. **139** gar vngern *ELs*. **140** wissett *E*, hat *Ls*.

Die waren alle einfeltig ungelert man
Und haben doch sollich hubsche lere getan.
Wer in hat gevolliget mit irer lere,
Der ist dort kumen in die himelischen ere. [6r]
Dasselbe solt du fur dich nemen
Und solt dich meiner lere hie nicht schemen.
Zeigt dir ein plinder ein rechte pan,
Volgest du im, du tust nicht unrecht daran.
Ich gebe dir gern so einen guten rat
Als einer, der zu den heiligen gesworen hat.«
　Der herr, der sprach: »ich beger der stangen.
Dein lere, die hat mich so sere durichgangen.
Dein wort, die kumen von got dem herren.
Alle doctores mochten mich nicht baß geleren.
Du tarst der katzen die schellen anpinden.
Ich wil mich in allen den stucken laßen vinden,
Die du mich dann hie hast gelert.
Kein besser predig ich nie gehort.«
　Der gesehend ließ sich den plinden furen,
Wann in die gnad gottes wurd anrurn,
Das im sein lere im herzen beclebet,
Das er furbas, dieweile er lebet,
Alle carwochen lude newn sollicher geste
Und gab in von seinen essen das peste,
Das im insunderheit was bereit.
Darzu er in sollich lere vorseit,
Das sie von allen iren sunden ließen,
Das sie die gnade gottes wurde begießen.
Davon ir sele ward glorificirt,
Darzu bracht sie der bischof, ir wirt.

141 Das *Ls*; alle *fehlt E*. **145** Das selb das *L*. **146** Du s. *L*; hie *fehlt EL*. **147** rechten *Es*. **149** als gern ein *ELs*. **150** der dir *ELs*; zu den helgen *E*, zwm heiligen *L*, *fehlt s*. **151** der[2] *fehlt Es*; ger *ELs*. **152** die *fehlt s*; so gar *ELs*. **153** die *fehlt ELs*. **154** doctor *ELs*. **156** den *fehlt E*. **158** hab gehört *E*. **159** den] ein *L*. **160** wart *ELs*. **161** Wann ym *E*. **164** Vnd v. seinem e. gab yn (in gab *s*) *Es*; Vnd jm geb von *L*. **167** *fehlt L*. **168** wart *ELs*. **169** geclarificirt *E*, clarificiert *L*. **170** prach *L*; ir] der *E*.

Nu sprich ich: der noch einen sollichen funde
Und der der katzen die schellen anpunde
Und frolich die warheit getorst gesprechen
Und einem kunt sagen sein gebrechen [6v]
Und sich nicht vorcht vor ansnawen,
Das brecht mer frummes dann ornkrawen,
Dann smeichrede get awß bosem grunde
Und flewst awß lugenhaftigem munde
Und quillet auf in der gallen hul.
Ein warhaftig munt ist ein mul,
Die eitel zuckermel awßmelt.
Got hat ein warhaftigen munt gezelt,
Der sei ein sueße clingende schell.
Ein lugenhaftig munt ist ein zell
Und aller sundigen wort ein clawse
Und aller hellischen geist ein tawphawse,
Da maniger da awß und ein slupft.
Were hie die warheit uberhupft
Und sie wol weiß und sie versweigt
Im rate, am gericht und in der peicht,
Der senkt sein sele in die spelunken,
Dorinnen manicher lugner ist ertrunken
In swevels pful und in pechs pfutschen,
Davor uns got alle wolle beschutzen
Und ewiglich mit seinen gnaden behut.
So hat geticht Hans Rosenplut.

171 sollichen *fehlt s*. **172** Vnd die k. *E*; Und *fehlt s*. **173** dorst die w. sprechen *EL*, die w. torst sprechen *s*. **174** ein k. *L*; prechen *L*. **175** nit sich *Es*; von on schawen *L*. **176** Der *E*; frummens *E*, frwmen *Ls*. **177** schmach red *L*. **179** der *fehlt E*. **180** der ist e. *L*. **181** Der *EL*; z. her melt *E*. **183** klingende süsse *E*. **184** m. der ist *L*. **187** da[2] *fehlt ELs*; ein offt s. *ELs*. **189** sie[1]] die *E*. **190** Jn *ELs*; an *ELs*. **191** Der zet dy sein *L*. **192** lugner] liger *E*, sunder *L*. **193–196** *fehlt s [abgerissen]*. **193** schweffel *L*; pful] hül *E*; und *fehlt EL*; pfuczchen *E*, pfuczen *L*. **194** got vns *E*. **195** ewich *E*. **195:196** behütt : rosenplüt *E*. **196** Also spricht der h. r. *L*; Allso *E*.

4 Die Turteltaube

Ich flehe dich, jungkfraw, in dem tron, [67v]
Das du mich weisest auf die pan,
Darauf ich solliche worter claub,
Das ich dir, edele turteltaub,
Ein lob schenk awß meiner sinnen keln,
Das ich deiner wirden icht sei ein *v*eln
Aus meinem sundigen lebs und gumen.
Dorumb du mir zu stewer solt kumen,
Das ich meine worter so mag fidern, [68r]
Das sie dein hohes lob icht nidern,
Das ich zu deines preises fannen
Meinen weichen pogen muge gespannen,
Darawß mein sinn treib solliche worter,
Das ich icht mawer mit rohem morter
An deiner hohen eren gewelb,
Das ich dein wirde icht pleich und velbe,
Das ich deinen hohen wirdigen adel
Mug dreschen awß meines mundes stadel,
Hie newr ein einiges kornlein raten.
Wann ich so seichten furt wil waten
In deines tiefen lobes tumpfel,
Wann meiner kurzen zungen stumpfel
Newr auf die neß nicht mag gelangen:

Überlieferung: D 67v–72v, F 371r–376v, L 12r–18r
Überschriften: Die Turteltaub *D*, Ein spruch von unßer Lieben / Frauen. *[Hand des 17. Jh. (Bl.370v)] F*

1 Jch pflege *L*; in] auf *L*. **2** die rechten p. *F*. **4** dich e. gurteldaub *L*; turckeltaub *F*. **5** keln] keler *F*, teich *L*. **6** wirde nit sei (sein *L*) ein veler *FL*; weln *D*. **7** Auff *D*; meinen s. lebssen *F*; leben vnd grumen *L*. **9** also müg gefidern *F*; mug *L*. **10** D. ich deins hohens lobs nit sol n. *L*; icht mugen n. *F*. **11** ich d. preisses lobes namen *L*; d. paradises pfannen *D*. **12** spanen *L*. **13** mein sinn] ich *L*; senn *F*. **15** deinem *L*. **16** pl. noch felb *F*; vel *L*. **17** Vnd das i. d. w. h. a. *F*. **18** stadel] adel *L*. **19** H. nairt *L*; radel *L*. **20** so sanft sol wa. *L*. **21** tieffes *L*. **22** *fehlt L*. **23** Nairt *L*; neß] es *L*; möcht *F*; geladen *L*.

Dorumb so beger ich, junkfraw, der stangen.
Das mere ich ee wolt uberhupfen
Und auch die sunnen gar zustupfen
Mit einem cleinen locklein wollen,
Ee wann ich, jungkfraw, solt erfollen
Dein lob, wes sein ist hie versawmpt.
Und hette ich alles das ergawmpt
Und durchechtet auf grund und endt,
Was aller weiser lerer hent
Ie haben geschriben auf buches pleter,
Und were an weißheit noch vil seter
Dann die zwelf himelischen doctor [68v]
Und lief mit aller weißheit vor
Adam, Salomon und Sybille,
Und wenn ich uber alle meister erhille
Und hette den tumpfel und die stufen
Geschopfet in meiner sinnen kuffen,
Die siben kunste bis auf die neige,
Und hette iren aufgegangen teige
Durichknetten in meines herzen trog
Und hette in aller synagog
Geraten alle furgegeben question,
Die menschenherzen ie awß mochten pressen,
Und wer uber alle meister geobert
Und hette aller kunig macht zustobert,
Als geschahe Nabuchodonozor,
Und hette auch Jericho und *Gom*or
Bedecket vor des todes weter
Und hette bekert alle ubelteter
Und konde alle sundige herzen lewtern
Und kennet alle kraft in stein und in krewtern

24 ger *FL.* **25-38** *fehlt L.* **26** gar] gantz *F.* **29** was s. hie ist v. *F.* **31** Durich mechtiglich *D*; gr. auf e. *F.* **32** W. alter *D.* **37** A. vnd Salamon vnd Sibille *F.* **39** Het ich den t. vnd die kuffen *L*; stupffen *D.* **41** *fehlt L*; auf] an *F.* **43** D. dreten *L.* **45** furgebende questen *F*; furgeben *L.* **46** m. hertze *D*; ye mochten ausgepresten *F.* **49** Also g. nabuchoduo zorn *L.* **50** jercoth vnd seiner *L*; Gomor] senior *DF.* **53** al sung sundig *L.* **54** kund al *L*; und[2] *fehlt F.*

Und were ein ganzer sangwineus,
Geflohet von flecmaticus,
Und alle kunst were in mir zeitig,
Und were ich dann im herzen geitig,
Die magt zu loben newr ein punctlein:
Erst were ich, als ein cleines funklein
Ist gein der großen sunnen gluet, [69r]
Die alle diese werlt durichleuchten tuet,
Du hochgebenedeite meidt.
Und were ein mawer so dick geleit,
Als von orient ist bis gein westen,
Und were gemawert mit dem pesten
Diemant, flinß und adamas,
Engelische jungkfraw, vil ee und pas
Wolt ich sie mit einem har durichstechen,
Ee ich halb dein lob solt awßsprechen,
Als du wol wirdig pist und geadelt.
  Dein wirde in allen wirden pfadelt
Recht als in feuchtem taw ein blum,
Wann also hoch deiner eren tum
Ist uber alle himelische tron geturnt.
Wann wir die gotheit haben erzurnt
Mit sunden, ubel, groß und argk,
So slewst*u* uns auf der gnaden sark,
Darawß uns die barmung hereflewßet,
Des manicher großer sunder genewßet,
Der in der helle sust muste ersawfen.
Dorumb so mag niemant erlaufen
Deines lobes ende hie noch die mit,

55 sangwinius *L*. **56** flematicus *L*. **58** wer jn deinem h. g. *L*. **59** meid *L*; - - nairt e. puntlein *L*; zuloben hie n. e. einigs puncklein *F*. **60** Erst so w. *F*; als] sam *L*. **61** Hie gen *F*. **63** hochgelobte benedeyte *L*. *63 in L versehentlich beim Seitenwechsel wiederholt*. **64** so] als *FL*. **65** ist *fehlt F*. **67** Dyamant *FL*. **68** O englische *F*. **70** Ee ich möcht h. d. l. ausgesprechen *F*, Ee ich solt d. l. halber zuprechen *L*. **72** in] ob *F*. **73** als] sam *FL*; jn rechten taw dy pl. *L*. **74** hoch ist d. *F*; eren] erden *L*. **75** Ist *fehlt F*; uber] aber *L*. **77** ubel] vber *L*. **79** D. die erparmung vns h. *F*; uns *fehlt L*. **80** Das manger sunder *L*. **81.82** = *82.81 D*. **81** erdrincken *L*. **83** ende] vnd *L*.

Wann du uns gnediglichen hast befridt
Tief in des hellischen fursten kerker.
Dein macht und hilf, die was vil sterker
Dann alle sein pandt und unser sundt. [69v]
Dorumb keines menschen zunge nicht grundt
Auf deines tiefen lobes poden.
Were ich newr in deines preises loden
Zu einem kurzen vaden ein spuler
Und eins nidern meisters ein schuler,
So wolte ich wol desterbas mich trosten,
Zu loben hie die allerhochsten.
Ob meine wort nicht sein geplumpt noch gegupfelt,
Die ich hab geehert und gestupfelt
Hie an dem jan der alten tichter,
Doch schenkt man oft durich einen trichter
Zweierlei getrank, sueß und sawer:
Also lob ich grober pawer
Die muter des ewigen kunigs,
Wann hundert tawßent fuder honigs
Zwir als vil gallen uberpittert.
Und wenn der himel wurde umbgittert
Von ungelerten kranken smidt,
Wann in der helle geit frewde und fridt
Der veintlich grawsam hellisch alp,
Allererst wurde vollobet halb
Die muter des jungen himelgrafen,
Der alle engel dort nachzaffen.
Noch wil ich grober stamponeier
Hinschiffen auf rethorica weier
Und dorinnen nach geplumten worten angeln. [70r]

84 vns hast gn. *FL*; hast wefrit *L*. **86** Dein weey m. *L*; die *fehlt L*. **87** Wenn *F*, Wan *L*. **88** zungen *D*. **90** newr *fehlt L*; in] an *FL*. **92** ein *fehlt FL*. **93** ich mich wol d. tr. *F*; dest pas *L*. **94** lob *L*. **95** gepl. vnd gegapffelt *L*. **96** han *F*; gehert vnd gestumptfelt *L*. **98** Vnd sch. *D*. **100** Also so l. *L*. **101** Dein *L*. **102** fuder *fehlt L*. **103** gallet *L*. **104** würde vbergittert *F*. **105** Vnd vng. *D*; Von einem vng. *F*; Von vng. krackten *L*. **106** gibt *F*. **108** Allererst so w. *F*; verlobet *L*. **112** rexica *L*. **113** geplumten] gelimpffen *L*.

Dorumb ich, jungkfraw, nicht mag gemangeln
Deiner hilf zu meines angels koder.
Du, fraw, bist allzeit die voder
Dort an dem engelischen reien.
Nu stewer mich kunstlosen leien.
Dein hilf mir einfeltigen hie erzeig,
So fare ich an die hohen steig,
So hebe ich großer sunder grob
Einfeltiglich an dein lob:
  Gelobet seist du himelischer veiol,
Des muter, der on alle peihel
Helle, himel und erden hat gewerkt
Und nichts mit mangel hat verkergkt.
Den ganz volkumen kostparn paw,
Den zimmert er im ersten haw
Awß nichte mit adelischer maß.
One alle fewer und form er goß
Ganze creatur one zadel
Unstreflich und keines mit dadel,
Und er iglichs awßstewert mit besunder gab,
Als fur die ewlen ist geferbt der pfab:
Den menschen sinne, den engeln schon,
Den tiren sterk, den vogeln don,
Der erden wurz, den steinen fewer
Und leib und leben [ ] aller createwer. [70v]
  Des weisen meisters und werkmans
Und herscherin ewig seines lands

114 ich frau deiner hilf nit mag mangeln *F*. **115** Jn steür zu *F*. **116** Wann du frau (junckfraw *L*) albeg (alzeit *L*) pist die v. *FL*. **117** an] jn *L*. **118** Nun wil ich m. *L*. **119** eynfelliglich ertzeig *D*, ainfeltigen dume gauch hie erzaigen *L*. **120** So vard *L*; stege *L*. **122** Einfeltigklichen hie an *F*; dein] dy *L*. *Vor 123 Zwischenüberschrift in D:* Vnnser frawen wappenrede. **125** gewerck *D*. **126** verkert *L*. **127** Der *L*; kostenlich *L*. **129** nichtz *F*. **130** und] on *FL*; er sy *L*. **131** Gancz alle cr. *FL*; zadel] wadel *F*, zal gab *L*. **132** Vnd vnstr. *F*, Vnd treffenlich *L*; dadel] adel *L*. **133** er auß ytlichs stewret m. wesundern *L*; gab *fehlt L*. **134** aul *L*. **135** Dem *FL*; dem engel *L*. **136** Dem dieren dy st. dem vogel dy schön *L*; gedon *F*. **137** stein das f. *F*. **138** leb. vnd alle (aller *F*) *DF*; createwrer *D*. **139** weisens *D*. **140** herscherin *fehlt L*; ewigs s. lans *F*.

Bist du, du himelische adlerin,
Und aller engel eptißin,
Gewaltig uber newn himelscloster,
Dorinnen du uns uberflehest den troster,
Der manigen sunder nimpt zu gnaden,
Der ewiglichen in der helle soden
Must baden in gluendem swefel und pech
Und queln an der verfluchten zech,
On ende an der verdampten comnawn.
Dazwischen bist du, jungkfraw, ein zawn,
Der uns dort scheidt von sollichem jamer,
Da uns der ewig himelisch kramer
Zu losen geit, der engelisch custer,
Sein reich newr umb ein paternuster,
Das er so tewer hat erarnt,
Bis er es den juden hat gegarnt
Mit hawt, mit hare, mit ganzem pachen,
Das er uns mocht wolfeil gemachen
Den tron, der uberget mit frewden,
Davon wir alle vor waren gescheiden.
Den hast du uns widerpracht so nahet.
Dasselbe allen hellischen fursten versmahet,
Das du den adler hast erfewmt,
Der hoch ob allen himeln swewmt,
Den nie kein awg hat mugen erplicken, [71r]
Den vingst du in deinen kewschen stricken,
Der hoch saß auf cherubines palken
Und uns dem freisamen hellischen valken
Genomen hat awß seiner cloe,
Da uns die giftig hellisch kroe
Wolt furen in die verfluchten grub.

141 du[2] *fehlt FL.* **142** abtassin *F*, ebtessin *L.* **143** newm *D.* **144** vberfleht *F.* **146** D. sust jn d. hellischen s. *F.* **149** Comaun *F.* **150** Dar vmb pistu *L.* **151** dort] dar *L.* **152** Das *L.* **153** tuster *F.* **154** newr] nairt *L.* **155** tewer] teürlich *F*, trewlich *L*; erarnt] gearbet *L.* **156** abgegarnet *L.* **158** vns w. wolt machen *F*, vns wolffel mag g. *L.* **160** vor] verre *F.* **161** widerpracht junckfrau so *F.* **162** Da selb *L.* **163** du vns den *F*; erfreut *L.* **164** schwebt *L.* **165** nie *fehlt L.* **167** cherubinß *F*, kerubims *L.* **170** hellisch giftig *L.*

Jungkfraw, dein hilf uns vor verhub,
Das unser ubel nam widerker.
Des sei dir gesagt dank, lob und er,
Du himelische gottestawb.
Du bist der schilt, das swert, die hawb,
Damit gesiget hat der streiter,
Des leichnam gleich ward einer reiter
Mit lochern und mit maniger höl,
Darawß sie goß das heilsam öl
Awß seines leibes appotecken,
Das unser sunden mail und plecken
Hat abgewaschen und hingefloßt.
Des sei dein lob gehohet und gegrost.
Du maget, aller sunder trost,
Seint du den gewalt empfangen hast
Ganz von dem himelischen pabst,
So bite ich dich, das du uns begabst
Mit deiner gnediglichen flehe,
Das uns icht in der sunden sehe
Der tot begreif mit seinem hinzucken. [71v]
Jungkfraw, nu stelle dich fur die lucken
Und pite deinen breutigam und gemahel,
Das er uns auß seines herzen zwahel
Laße fließen seiner gnaden guß,
Das uns ablesche der sunden puß,
Das wir icht gehling dorinnen ersticken.
Wenn uns der hellisch hunt wil slicken,
So bis, jungkfraw, dafur unser gatter
Und pite dein kint und den vater,
Das er sich uber uns erbarm
Durich sein aufgespante arm

172 uns *fehlt F*; vorn furhub *FL*. **174** Das s. d. gesaigt d. vnd l. *L*. **178** Der *DL*; einem r. *L*. **179** locher *L*. **180** Das daraus floß d. *F*; goß plut vnd ol *L*. **181** Her aus *F*; An *L*; apateken *L*. **182** D. vnder s. neil *L*. **183** Hast *D*. **184** gegrost] getrost *L*. **185** maget *fehlt L*. **186** Seit *FL*. **189:190** flech : sech *L*. **190** icht] ich *L*. **196** Das er vns *L*; abgelescht werde der s. puß *F*; duß *D*, dusch *L*. **198** hunt] schlunt *FL*; vil schlincken *L*. **200** kindt vnsern v. *FL*. **202** Al durch *L*.

Und umb das engstlich erzittern,
Das nie kein pein mocht uberpittern,
Und umb das vahen mit slahen und stoßen
Und durich das cleglich entploßen,
Das er aufnam von den untugigen,
Und durich das pitterlich erzuchtigen
Von geißeln und von bosen swankeln,
Das er sein gnade uns icht mach wankeln,
Und durich das grawsam mortlich schappeln,
Das im durichstach seines hirns cappeln,
Und umb des creuzs awßtragen so swerlich,
Da im manig jud was so geverlich
Mit slegen, die auf in begonden hageln,
Auch umb das unerpermlich nageln,
Daran er fur uns alle tet genungk,
Der wirdige himelisch kunig jungk, [72r]
Darein er sich selbs gab mit willen,
Das er das laster mocht gestillen
Herabe awß der allerhochsten hocheit
In solliche jemerliche smacheit
Und in so groß laster, so gar ungamper,
Das uns der hellisch hungerig slamper
Icht gar in seinen slunt mocht verdewen,
Dem nie kein helt noch riese dorft stewen.
  Jungkfrau, daran ich dich man und pit,
Das er sein leiden uns teile mit
Und alle marter seines fleisch.
O frawe, die gabe von im heisch,
Wenn unsers lebens nimmer sei,

203 engelisch *L.* **204** m. erpittern *L.* **205** m. schlegen mit stössen *FL.* **206** Vnd vmb d. kl. erpossen *L.* **207** vntüchtigen *F,* undultigen *L.* **209** pesem schwanckel *F.* **210** er vns s. *L*; wackeln *L.* **211** Alle durch *F*; Al *L*; mortlich *fehlt F.* **212** D. man jn durch sach sein hirn schatel *L*; hirn cappel *F.* **213** das creütz *FL.* **215** gunden *FL.* **216** Vnd *F*; erpermelich *L.* **217.218** *fehlt F.* **218** himlisch wirdig *L.* **221** hochtzeit *DL.* **223** in *fehlt L.* **224** hellig *F*; lamper *L.* **225** Jcht (Jch *L*) g. m. jn s. schlunt verd. *FL.* **226** Den n. k. riß noch kein held mocht westan *L.* **227** dich *fehlt D.* **228** er vns s. l. *L.* **229** mertrer *D*; von seinem fl. *F*; flaisches *L.* **230** junckfrau d. g. vns *FL*; heiß *L.* **231** leben *F*; nimer ist noch sey *L.*

Das er uns hie wolle wonen bei,
Uns armen, swachen sundern plod
Durich aller heiligen marter und tod,
Die ie durich seinen willen lieden marter,
Das er sei unser sele grißwarter,
Das sie do gnediglichen gesigen
Als sam Daniel, den man sahe ligen:
Vor siben lewen er genaß,
Und in dem ofen Azanias,
Und auch der David mit der slewder,
Der uberwant den großen gewder;
Und an dem creuz der sundig schacher,
Die alle uberwunden haben den smocher,
Der allen sundern ist so gevere. [72v]
Fraw, durich dein grundlose mechtig ere
Erwirbe uns auch sollichen sik,
Das uns icht in der sunden strick
Vinde und begreif der hellisch jeger.
Trost aller sunder, pit uns den pfleger,
Das er uns in seiner gnaden gelten
Nicht gar abkulen wolle und kelten
Sein grundlose vetterliche güt,
Die teglichen allen sundern plüt
Awß seiner marter und von seinem tod;
Das er uns richt nach seiner gnad,
Als in dem tempel das sundige frewlein,
Das er erhort newr mit einem schreilein,
Und auch den offenbarn sunder,
Der heimlich was seiner sunde ein verkunder;
Das er sein gnade an uns nicht spar,

233 schachen *L.* **234** h. vnd marterer t. *F.* **235** laiden *L.* **236** er vnser sel sey gr. *L.* **238** sahe] sag *F.* **239** leben vnd er *FL*; genoß *L.* **240** Vnd auch jn *F.* **242** Der *fehlt F.* **243** kurcz *L.* **244** alle haben vb. *FL*; sacher *L.* **245** sunden *L.* **246** Junckfraw *L*; magtlich *F*, mechtlich *L.* **247** auch hie s. s. *FL.* **247:248** sich : strich *L.* **248** Das ich jn *L.* **250** den] dein *L.* **251** jn deiner gn. gelte *L.* **252** abkulen noch k. *F.* **253** Vmb s. *F.* **257** dem sundigen *D.* **258** er *fehlt L.* **260** himellisch *L*; kunder *FL.* **261** seiner *L*; gnade auch an *F.*

Das uns das allen widerfar:
Des hilf uns durich dein werde gut,
Fraw, amen, spricht der Rosenplut.

263 Das *F*. **264** Junckfraw amen *L*; spricht meister hanns rosenplüt *F*.

5 Unser Frauen Schöne

Gotliche, selige jungkfraw schon, [79v]
Durichleuchtige sunn aller himeltron,
Stimme aller sueßen instrument,
Gluckseliger tag von orient,
Auftawende sunn des ewigen zorns, [80r]
Garb des himelischen gnadenkorns,
Damit die priester die sel hie fütern,
Brust, darauß gnad all sunder mutern,
Fruchtgebender regen, geluckseliges weter,
Froliche gepurt aller müter und veter,
Aufprecherin des hellischen dams,
Muter des waren osterlams,
Widerpringerin des hellischen vales,
Aufsließender slußel des himlischen sales,
Fruchtreicher sumer, warmer und trucker,
Flußiger pach von lauterm zucker,
Pflug aller fruchtparn fruchtreiche*n* furich,
Wirtin in gotes eren purg,
Blumelabender taw in tiefen talen,
Mule, die got awß dem tron kan malen,
Kelch, darein der priester tut
Das himelisch gut ob allem gut,
Das kostbarlich tewerschetzlich opfer,
Einlaßerin himelischer clopfer,
Anzunderin aller planeten glanz,
Erze der heiligen gotlichen substanz,

Überlieferung: D 79v–85v, C 65r–68v, L 18r–24r
Überschriften: Von vnnser frawen schon *D, in C nicht mehr lesbar, da Blatt beschnitten*

1 selige] heilge *CL*. **3** Ain st. *L*; jnstument *L*. **5** Auf tawen die s. *DL*. **7–14** *fehlt DL*. **15** truckner *L*. **16** lauterm] eitelm *C*. **17** a. fruchtiger (fruchttigen *L*) frucht reicher *CL*; frucht reiche *D*. **19** Blume labendender *D*; tieffem tal *C*. **20** mal *C*. **23** kosperlich (kostenlich *L*) tewrschetzig *CL*. **24** Einl. aller *CL*; himlischen an cl. *C*. **26** Ertzet *CL*; gotheit *CL*.

Clar aller schon ein uberglitzen,
Docht, flam der heiligen gotheit plitzen,
Geadelter adel ob aller edel:
Besprenge mich mit deiner gnaden wedel,
Das ich einfeltiger, grober sunder
Deines hohen lobes hie sei ein verkunder,
Das es von mir nicht werde geswerzt,
Wann es got selber hat geerzt.
Dorumb ist es so hoch geschobert,
Das es all himel hat uberobert
Und ubertieft alle grundlose furt.
Dein lob hat himel und erden umgegurtt.
Dorumb so hilf mir, jungkfraw, segeln,
Das ich auf deines lobes swegeln
Mug fingern an dem understen ut. [80v]
Du bist der pawm, davon got schut
Sein heilige menscheit, der sele narung,
An unserm ende zu einer bewarung.
Fluck, fider mir meiner sinnen swarm,
Wann solt ich an deines lobes arm
Hie newr einthun ein einges knopflen,
Ee wolt ich mit einem wassertropflen
Ableschen alle hellische flammen durichswifelt,
Und wurde ee von mir aufgedrivelt
Der strangk, da himel und erden anhecht.
Auch wurde ee gehobelt slecht
Alle perge und alle velses scharten,
Ee ich mocht in deines lobes garten
Hie newr awßgraben ein einiges veslein.
Noch wil ich meiner sinnen heslein
Laßen weiden auf rethorica samen,

27 Kor a. schonheit ein *L*. **29** allem adel *L*. **30** wadel *L*. **32** lobs werd ein *C*; kunder *CL*. **33** es nicht von jn w. *L*. **38** erd *C*; vmb gürt *CL*. **41** dem] dein *L*. **42** da got von *C*. **45** Pflugk *D*. **46** lobes] preises *C*. **47** ein turrein einiges *L*. **48** wassers tr. *DL*. **49** Ableschen *fehlt C*. **51** erd *C*; anhengt *L*. **52** wurd vil ee *CL*; slecht *fehlt L*. **53** perg all tal all felses *C*; vnd auch al fels *L*. **54** solt *C*. **57** La (Lan *L*) weydnen *CL*.

Ob es mocht do gekisen ein blumen,
Damit ich mocht dein lob bestecken.
Hilf, jungkfraw, mich von sunden wecken,
Wann uns dein gnad von sunden wusch.
Hilf, das ich von deines lobes pusch
Hie newr ein einiges leublein riffel.
Dorumb scherpf mir meiner zungen griffel.
So heb ich ungelerter lei
Dein lobe hie an, du pluender mei:
Ir leib ist so gar durichleutert, [81r]
Mit ganzen demutigen plumen durichkreutert,
Das er ist ganzer sangwineus,
Geflohet von flecmaticus,
Und mit gramatica durichstept,
Das die drei himelischen ebt
Ir gotheit awß dem tron darein worfen,
Des alle sunder wol bedorfen.
Do warde ir leib das erst gotshaws,
Der heiligen gotheit kirch und claws.
Keiner sunden ram sie nie berüßet.
Ir peinlein sein so gefußet,
Das sie den snellen haben ersprungen,
Den alle vettich nie erswungen
Und nie erweichet alle piter und fleher,
Das er ließ pluen seiner gnaden eher.
Den wilden hat sie gezamet heimlich.
Do wurden ir weiß fuß und peinlich
Der hohen gotheit reben pfal,
Die awß des hochsten himels gral

58 mocht ab gek. *C*, mocht ab greiffen *L*. **59** dein lob mocht *L*. **60** waschen *L*. **61** wischt *L*. **63** Dein ewig grunes laub hie r. *C*; lewlein *L*. **64** schopff *D*. **65** vng. man an ich lay *L*. **66** lob hebt sich an *L*. **67** leib der ist *C*. **68** ganzen] keuschen *L*. **69** gantz ein s. *C*. **70** flegmaticus *C*, flematicus *L*. **71** durch stopft *L*. **73** den *L*; worften *C*, wurften *L*. **74** Das *DL*; bedorfften *C*, durften *L*. **75** gasthauß *L*. **77** ram *fehlt L*. **78** peinlich die s. *C*, peuchlein dy sind *L*. **79** dersprungen *C*. **80** vettach *C*; derswungen *C*, ersprungen *L*. **81** derweichten *C*. **82** Das leis pl. *L*. **83** wilden] willen *L*; heilig *DL*. **84** weiß] preis *L*. **85** hohen] heiligen *C*. **86** hohen *C*.

Herab wurzelt in irer keuscheit garten.
Wer mocht ir schon dann uberzarten?
Dorumb lob ich die wirdigen billich.
Ir ermlein sein weißer dann ein lilig.
Die wurden der gotheit valken rick,
Darauf er saß und ruet dick, [81v]
Der himelische adeler,
Und nam awß iren brusten sein ner.
Ir helslein, das ist weiß und smal,
Recht sam vol rosen stund ein tal
Und weißer lilgen und brawner clee
Und darob ein perg mit weißem sne.
Wenn die alle gegeneinander schine,
Also ist geverbt ir hals und ir kinne.
Ir antlitz ist weißer dann merbel
Und ist one alle mackel und nerbel
So clar geweißet und gerott,
Sam der mit silber hab gelott
Ein cristaln in ein guldeins heftlein,
All plued und plumlein mit sueßem seftlein,
Darauf die pin durich honig werden tieplich.
Noch ist ir antlitz also lieplich,
Das es mit schon das alles uberreicht,
Recht sam mit schon ein kol entweicht
Einem fein gepolirten carbunkelquader
Und ein fauler stock einem edeln flader.
Ir stirn, die ist so lawter und pur,
Recht sam des weiten meres flur
Wer eitel lawter zin gesmelzt.
Ir mundlein ist so gevelzt,
Recht sam zwei weiße lilgenpletlein
In ires pluenden tostleins stetlein

87 purczelt in iren keuschen g. *C*. **88** ir] die *CL*. **89-94** *fehlt C*. **89** Dar vmb so lob *L*. **91-134** *fehlt L*. **100** und *fehlt C*. **101** antl. das *[übergeschrieben]* ist *C*. **105** cristal *C*. **106** sussen *C*. **107** hanig *D*. **109** schön diß vb. *C*. **110** ein kol mit schon *C*. **111** Ein f. gepolirter *D*. **112** ein smidstock einem *C*; eineinem *D*. **113** die *fehlt C*. **116** das ist *C*.

Sich ubereinander haben gepreit, [82r]
Wenn sie ir stengel hat bereit
Zu ganzer volliglicher pluet.
Ir lachendes mundlein also gluet,
Das es von veiner röt herglenzt,
Recht sam sich ein wolken engenzt,
Wann fewers plitzen darawß scheint.
Also ist es so gar durichveint,
Ir edels mundlein, das da sprach,
Da uns der arzt in seuchen besach:
»Ich bin ein arme dirne gots
Und bin gehorsam hie seines gepots.
Mir geschehe nach allem seinem muten.«
Davon die drei do in sie wuten.
Do warde ir leib der gotheit pett.
Wo hat ie mundlein pas geredt?
Sollich sueßer adtem darawß wet,
Sam der do umbgespaciret hett
In einer wolgeplumten aw
Und in ein sollichen regen und taw,
Wenn es eitel honig hett geriselt
Und darnach eitel zucker gekiselt.
Noch sueßer ist ires mundes praden,
Der keuschen frawen vol reicher gnaden.
Ir wenglein, die sein weiß und glanter
Recht sam ein roter, newgepranter
Purpur von dem salomonder.
Also leucht ie eins fur das ander, [82v]
Recht sam ein velß von rubein ste
In einem neugevallen snee.
Und wie rot do awß weiß herschimmert,

120 Wenn sich ir *C*. **124** sam ein w. sich e. *C*; ergentzt *D*. **128** sach *C*. **129** dirnen *C*. **130** bots *C*. **131** *in C nicht mehr lesbar, da Blatt beschnitten*. **135** atten *C*; atem der auß *L*. **136** spazirt *L*. **137** wolgepluten *L*. **138** einem *C*. **139** Wann es ytel *C*, Sam es eitel *L*. **140** darnach] dar zu *L*; kyselt *C*, kriselt *L*. **141** Nach *D*. **143** Jr helslein ist w. *L*. **145** Puper von eim salemander *C*. **146** ie] *fehlt C*, jr *L*. **147** ein velt vol *L*; rubein see *D*, rubensten *L*. **149** rat dar auß sch. *L*.

Also sein ire wenglein gewimert
Recht sam ein lauters liechts gewulken.
Wenn alle maler ir kunst awßmulken,
So sie weren alle hubsch clug tichter,
Noch mochten sie nicht entwerfen ir gelichter.
  Ire ewglein, die sein so gefenstert,
Recht sam die clar sunne hereglenstert
Mit irem volliglichen gluen,
Damit sie alle frucht macht pluen.
Auch haben sie zwei sollich reine sternlein
Recht sam zwei clar carbunkelpernlein
In lawters krichisch golt versetzt.
Ir prehen, das ist so scharpf gewetzt,
Das sie auf durich newn himel gutzen,
Dorinnen ir alle engel lachen und smutzen,
Das sie den kunig dorinnen ergucket,
Der sich funftawsent jar vertrucket,
Das in kein awg nie vand mit suchen,
Das er uns hulf awß jamers fluchen.
  Ir schon har weiß und gel herflammet,
Sam der mit clarem golde auf sammet
So schon gewechslein hab gesprengt
Und weiße seiden darein gemengt. [83r]
Also ist ir har gezedelt
Und als ein seiden slecht gewedelt,
Das man es auf irem haubt sicht swemen,
Recht sam die liechten sunnenstrenen,
Wenn sie durich prawn wolken herschein.
Wer mocht die zarten dann ubervein,

151 lauter *L.* **153** alle wern *C.* **155** die *fehlt L.* **156** clar] rot *L.* **157** volliglichem *DL.* **159** hat sy *L*; feine *CL*; sterleich *C*, stellich *L.* **160** carvunckel perleich *CL.* **161** lawter *D.* **163** durich *fehlt L*; guczten *C.* **164** ir *fehlt CL*; engel ir lachten vnd smuczten *C.* **165** *in C nicht mehr lesbar, da Blatt beschnitten*; erguczet *L.* **166** *fehlt L*; vertucket *D.* **167** ag *L.* **168** hilf *C.* **169** har schon *C*; schon *fehlt L.* **170** awßsammet *D.* **171** gewechslech *CL.* **173** Also so ist *C.* **174** Vnd also seyden *DL*; slecht *fehlt L.* **175** swamen *C*, schweben *L.* **176** *fehlt L*; sunnen stramen *C.* **177** herscheint *L.* **178** dann *fehlt C.*

Wann sie ist so schon gepersonirt
Und also slecht gelinirt,
So gar mit adelicher form,
Das im sie got selber hat erworben
Zu einer ewiglichen gespunssen.
Alle engelisch awgen musten plunzen,
Solten sie ansehen ir große clarheit.
Sie lacht selbs an der munt der warheit.
Ir hawpt ist so gehirnt,
Das es mit weißheit hat durchkirnt
Die edeln, ploßen gotheit heilig,
Wie er eins ist und dabei dreilig
Und doch sein gotheit sich nicht verdrumert.
Damit sich sand Augustin bekumert,
Biß im das wert ein cleines publein,
Das awß dem mer schopft in ein grublein,
Da er wolt eichen die tief abgrunt,
Das nie keinem engel ward kunt
Und allen heiligen nie ward geinnert.
Wie sich die edel gotheit nicht minnert
Und doch der vater den son gepirt, [83v]
Das hat die meit awßgeexponirt:
Got son, got heiliger geist, got vater,
Die drei himelischen procurator,
Got mensch und fleisch und sie die sechst,
Der gefunften substanzen ist sie ein nehst
Und hat die alle getemporirt einlich
Als reif, sne, eise, taw, kiselsteinlich,
Die funf sich awß einem wasser sachen.

179 Sy ist *C*; so *fehlt L*. **181** adelichem furm *D*, adenlichem from *L*. **182** Das sy got selbs ym hat *CL*. **183** einem *CL*; ewigen *L*. **184** augen die m. *C*; plinten *L*. **186** an der muter w. *L*; der] den *C*. **187** das ist *CL*. **188** hant *C*; durch kunt *L*. **191** drummert *C*. **192** Do mit sant augustein sich kummert *C*. **193** das] do *C*; wirt e. cl. puchleyn *L*. **194** m. schift ein *L*. **195** Der er *L*. **196** kein e. w. wekunt *L*; gekünd *C*. **197** *in C nicht mehr lesbar, da Blatt beschnitten*. **199** gepurt *L*. **200** auß exponirt *C*. **202** procrator *CL*. **203** flaisch sich schest *L*. **204** funften substancz i. s. dy vest *L*; substancz *C*; ein nest *C*. **205** die getempert *C*; getempenirt *L*. **206** kisel vnd st. *DL* **207** einem] dem *L*.

Also kund sie zusammen vachen,
Got mensch und fleisch zusammen clammern.
Der die slußel hat zu allen schatzkammern,
Den hat sie an reichtum baß begabet.
Der tag, der nie gewan kein abet,
Dem zundet sie an seinen zochen.
Den ritter, den alle sper nicht abstachen,
Dem gab sie sterk und macht in menlich.
Dorumb ist sie got gleich und enlich.
Dem alle himel nie waren zu eng,
Der hett bei ir nie kein gedreng.
Den alle eer nie ubererbert,
Den hat die jungkfraw hie beherbert.
Dem all schon nie gegleichet hat,
Der hat auß irer keuscheit gepat.
Sie ist des heiligen geistes inseln.
Der sel*n*, die in dem fegfewer winseln,
Den ist sie ein stiller und ruender sabat,
Das sie got mit seinen gnaden labet.
Sie ist der heiligen gotheit teckel
Und seiner heiligkeit ein seckel,
Do sein gotheit leit ewig innen.
Sie ist der heiligen gotheit rinnen,
Darein got herabfleußet awß dem tron [84r]
In priesters hant. sie ist das lon,
Das got dort geit, der ewig loner.
Si ist das ernswebent panier,
Darunter alle ritter goltcragen erstreiten.
Sie ist das freudental und leiten,
Die ewig voller freuden strubeln,

208 kande *D*; sachen *L*. **210** schatz] schetz *C*, *fehlt L*. **211** reichtung pas gegabet *L*. **213** Den *L*. **214** Ein r. d. als nie aufstachen *L*; nie *C*. **215** melich *L*. **216** sy jn dem geleich *L*. **217-222** *fehlt DL*. **223** insel *CL*. **224** sel *CDL*; winsel *C*, winsselt *L*. **225** Der *CL*; stillen *DL*; vnd wender sawach *L*; und *fehlt C*. **226** seim *L*. **228** *fehlt L*. **229** *in C nicht mehr lesbar, da Blatt beschnitten*. **231** Dorynnen *DL*. **232** das lon] der phan *DL*. **233.234** *fehlt DL*. **235** cragen *fehlt L*; der streiten *C*. **236** ist der fr. tal vnd lawten *L*. **237** strudeln *L*.

Dorinnen got und die engel jubeln.
Des neigen ir zu himel alle engelische knie.
  Jungkfraue, des laße genießen hie
Dein arme cristenliche samung.
Hilf, das wir icht sinken in die verdamung,
Tu principissa angelorum,
Spes omnium peccatorum,
Sancta sanctissima salvatrix,
Prime salutis radix,
Tu excellentissima,
Dein son dir selbs den frid verja.
Plick awß deiner hochsten gnaden zinnen
Und laße dein parmung her zu uns rinnen,
Wenn uns der tot hat angeseilt.
Hilf, jungkfraw, das wir werden geheilt
Mit deines edeln kindes plut.
Hilf uns hie erwerben das gut,
Den heiligen leichnam deines sons.
Mater gratiarum, des hilf uns
An unserm ende awß priester hant.
Das ist das gerecht, gewiß war pfant,
Das uns lost von dem hellischen trachen.
Lasse fließen here deiner gnaden lachen, [84v]
Das wir von sunden werden gepadt,
Als golt von vierundzweinzig karath
Sich lauter in dem fewer ziment.

238 engel jnen wimeln *L.* **240** das *L.* **241** Der armen kristenlichen sampnung *L.* **242** icht komen s. *C*; verdampnung *L.* *Statt 243–308 hat C:* Lab vns mit deiner gnaden opfel / Vnd lös vns auff der sunden knopfel / Das vnser sel da von werd nacket / Das sy dar ein icht werd er zwacket / Hie von den grausen hellischen eulen / Die allczeit nach in grein vnd heulen / Speis vns mit deiner parmung kirsen / Das er sy genädig vns armen sündern / Wenn vns der hellisch rauber wil plundern / So rett vns iunckfraw mit dem helffen / Wann vns wöllen stossen die hellischen hirssen / So leit von vns das ir gehürn / Lind vns den herrn wenn er wil zurn / Vns armen swachen sundigen gelfen. **243** princissima *L.* **246** salutis et r. *L.* **251** hat abgefeit *L.* **252** gereicht *L.* **254** erwerben hie *L.* **255** heimlichen *L.* **256** des *fehlt L.* **257** priesters *L.* **258** des recht *[Rest der Zeile fehlt] L.* **259** den h. tranck *L.* **260** Las her fl. d. *L.* **261** gepart *L.* **262** karck *L.*

Wir stenen an deiner gnaden spent,
Du balsamfließen, du honigpach.
Dein starker glaub die himel zuprach.
Dein diemut hat durich die himel gereicht
Und hat den kunig uns dorinnen erweicht.
Der uns mit barmung was erstockt,
Den hat dein keusch uns herawß gelockt.
Dorumb ist hoch dein titulum.
Dich schreibt der hochst altissimus omnium:
Filia des almechtigen vaters,
Mater seines sones, des weisen procurators,
Allerliebste gespunß des heiligen geistes,
Versunerin des ewigen tags leisters.
Wo gewan ie creatur edeler gesip?
Du bist des helfenpeinen rip,
Das got awß seiner gotheit brach
Zu helfen uns awß ewiger clag.
Du bist des edeln pellicanus plut,
Das manige sel erquicken tut
Awß hellischen flammen von swefel und pech.
Du pist das opfer des Melchizedech,
Du wol gesegentes celi manna,
Du reine, kewsche, unschuldige Susanna,
Du gnadenspeisende Abegeil,
Das du hast funden das erste heil, [85r]
Darnach die alten in der tiefen
Mere dann funftausent jar aufriefen.
Du pluende rut des Aaron,
Aufhalterin des helisch⟨en p⟩haaron,
Der uns nacheilt in allen minuten.
Dich mueßen fliehen die hellischen truten.

264 spen *L.* **266** die] dein *L.* **267** demut dein himel zu gericht *L.* **268** uns] vnd *L.* **269** erstockt] starck *L.* **272** omnium] nun *L.* **273** almechtigisten *L.* **274** weisten procorator *L.* **276** tag *D.* **277** sip *L.* **278** des] das *L.* **281** Do *L*; edeln *fehlt L.* **282** erkucken *L.* **284** Du erczt das *L*; melchzedech *L.* **286** vnschuldige keusche *L.* **287** abeyal *D.* **288** Das *fehlt L*; gefunden *L.* **290** auß ruffen *L.* **291** raut *L.* **292** der *D*; pffaron *L.*

Dein hilf uns ewiglich befridt.
Du angesigende Judit,
Du uberpittende schon Hester,
Zustore uns unser sunden nester
Und fuge dich zu unserm letzten geben
Und treib von uns die hellischen lewen,
Die auf uns halten mit gespanten geschutz.
Alle engelische hilfe wurde nie so nutz
Als, frawe, allein dein helfende hilf.
Darnach ich armer sunder gilf
Und schrei vor deiner gnaden tor,
Da maniger sunder rufet vor:
  Neige here dein ore nach unserm gepet
Und hilf, ee uns es werde zu spet,
Wann wir sein deiner gnaden durfling.
Hilf, das wir dort icht werden awßwurfling,
Durich dein große, erwirdige gut.
Fraw, des pit ich dich, Hans Rosenplut,
Wann alle sunder zu dir hoffen.
Laße deiner gnaden tur sten offen.
Hilfe uns abgrasen der sunden samen. [85v]
Wer des begere, der sprech amen.

296 ansehende judich *L.* **297** schone vesper *L.* **300** das hellisch leben *L.* **302** ward nie als n. *L.* **304** *fehlt L.* **305** schreyen *L.* **307** nach] zu *L.* **308** es werde] wer *L.* **311** Fraw durch dein ewigcleiche güt *C*, Al durch d. gr. wirdig g. *L.* **312** Fraw *fehlt CL*; dich ich rosenplüt *C*, dich junckfraw ich *[übergeschrieben]* rosenplut *L.* **314** Laß vns *CL.* **315** sunden] sunen *L.* **316** sprech auch amen *CL.*

6 Die Welt

O werlt, du heißest ein ungehewers mere. [213r]
Wie ungestüm [ ] ist dein here.
Du krigst, du vichtst, du stürmst, du streitzt.
Mich wundert, das du also lang peitzt,
Das du dein sele nicht wilt versorgen
Und dein got dir so lang thut porgen.
  O werlt, du wüster, wilder grunt,
Du bist der sele gar ungesunt.
Dein salb ist gift und dein purgatzen.
Dir sleichen nach di hellischen katzen
Und samen auf all deiner sunden sum.
Di zeigen sie fur ein hohes heilthum
Und mein, es hab in wol geluckt,
Wenn dir der tot das leben hinzuckt.
  O werlt, du grawsamliches thal,
Wie eitel kupferein ist dein zal,
Davon dein sel sol ewiglichen zehern.
Dein wirt wirt dein münz außschern,
Wann sie hat einen falschen slak.
Er burgt dir biß an den jüngsten tag,
So mustu im dann bezalen alle sein schuld.
Selig ist, der da behelt sein huld.
  O werlt, du ubelsmeckender koch,
Du vinsters, grawsams loch,
Darauß vil pößer wurm krichen,
Die dein sele peißen, das sie ewiglich muß sichen,
Du heilest si dann mit rew und mit peicht,
Vor dem alles hellisch unziber hinweicht.

Überlieferung: D 213r–216r, U 25r–31r
Überschriften: D und U ohne Überschriften

1 du hast wuten das merhe *U*. **2** Wie gar *U*; ung. so ist *D*. **4** du als recht langst beyst *U*. **11** all *fehlt U*. **12** hohes] höß *U*. **17** sol] szo *U*. **18** wirt[2] *fehlt U*; al dein m. *U*. **21** dann *fehlt U*. **22** helt *U*. **24** gr. forchtßams l. *U*. **26** muß *fehlt U*. **28** vnzciffer *U*.

O werlt, du rawbendes rawphawß, [213v]
Du bist deiner sele ein hellisch klawß.
Dein regel ist mort, ebruch und wucher.
Die drew schreibt an der hellisch selsucher
Und zeigt dir die an dem letzten ende,
Wann du solt scheiden auß diesem elende.
O werlt, du boße gesellschaft,
Du bist mit solchen sunden behaft,
Das dein sele get auf dürrer weide.
Dein acker tregt eitel böß getreide,
Darauß man sulche kleien melt,
Darinn dein sele wirt ewiglich gequelt.
O werlt, du ungetrewes kovent,
Wie gar falsch stimpt dein instrument
Gen deinem nechsten mit falschen noten.
Der ist gen dir verkauft und verraten,
Wann er dir gelawbt und wol getrawt,
So hat er auf boßen grunt gepawt.
O werlt, du unfridliche straße,
Wie ubel mistu mit deiner schenkmaß
Dein got, der sich umb dich liß metzeln
Und also grawsam morden und ketzeln,
Der alles sein plut fur dich außschenkt
Und fur dich an ein krewz wart gehenkt.
O werlt, du ungehewer walt,
Wie ubel wirt dein got bezalt,
Der sich herab zu dir hat gefreunt,
Davon dir solich eiß aufentlewnt,
Darinn dein sele het ewiglich gezittert.
Also hat dir sein menscheit gewittert.
O werlt, du schalkhaftige schul, [214r]
Du trübe hüle und mistpful.
Di letzen, di du gibst und lerst,

33 dem] deinem *U*. **39** solch klein m. *U*. **49** mertzeln *D*. **51** al *U*. **55** s. zu dir her ab *U*. **56** solchs e. auf ist gelewnth. **57:58** gezcytter : gewitter *U*. **58** Alßo wol h. *U*. **59** du] die *U*. **60** h. du vergiffte pf. *U*. **61** Dein l. *U*.

Damit du deiner sele heil nicht merst.
Inwendig bistu ein stilles lemlein
Und streichest schon ab als ein padswemlein.
Außwendig bistu als ein neßel.
Dich zawmen auch di hellischen schintfessel
Und reiten dein sele in ewiges sochen,
Wann du dein regel oft hast gebrochen.
  O werlt, du slang, di mich oft erschreckt,
Di vorn leckt und hinden heckt.
Vor dir kan sich nimant gehüten.
Du kanst vil poßer vogel außpruten,
Di dein sel stechen mit vergiften angeln,
Das si muß haben ewiglich mangeln
An allen gnaden und an Cristus sterben.
Wie mocht dir großer gluck und heil verderben?
  O werlt, du hungeriger wolf,
Du podenloser kutrolf,
Den nimant völlen kan noch mag,
Man full daran peid nacht und tag.
Noch kan nimant gefullen deinen rachen,
Biß das dich hawen und schawfeln vol machen.
  O werlt, du boßer, karger wirt,
Wie genaw dein scharsach ungenetzt schirt.
Du rawbst, du schindest und schabst,
Das du newert vol dein pewtel habst,
Wiwol es der pabst nicht erlaubt.
Es sei gestoln, es sei geraubt
Oder süst eins bösen geverts, [214v]
So ist es dir alles benefertis.
  O werlt, wie niderstu deinen tittel,
Was legstu kranker sele in spitel,

64 ab *fehlt U.* **65** Ausw. brenstu als die n. *U.* **66** Die zwingen die h. *U.* **67** ewigklich sorgen *U.* **68** zubrochen *U.* **69** oft *fehlt U.* **71** dir ßo kan *U.* **75** alle gnad *U.* **76** groß *U.* **79** fullen *U.* **80** ful an dir bey n. bey t. *U.* **81** fullen den *U.* **82** schauffel *U.* **85** und] du *U.* **86** du nur v. den p. *U.* **87** Wie hat dir der Babst e. *U.* **88** es^2] aber *U.* **90** d. als sampt b. *U*; benefenertis *DU.* **92** jn deynen *U.*

Die siben morder haben gemort.
Nim lere und warnung von meinem wort:
Di morder sein di siben totsünd.
Vor dem warnen dich vil prediger münd,
Das du dich hütest vor in allen,
Dann wurdestu in ir garn vallen,
So ist dir alles gluck abgestorben,
Das got hat dir am krewz erworben.
O werlt, du böße, listige diet.
Dein hellkuchen, hantsalben und miet:
Di kuchen peckt der hellisch peck.
Slefestu als lang unter der deck,
Biß dir der tot das leben stilt,
So hastu als dein gluck verspilt.
Der hellisch peck wirt dein kuchen
Am jungsten tag herfür suchen
Und zeiget dirs fur sein allergroßten schatz.
Das geit deiner sele ein solchen aussatz,
Das si kein arzt nimermer kan geheiln.
Das werden si auch am jungsten tag urteiln.
O werlt, du scharpfer, sawer wint,
Was hastu eitler, pöser kint,
Doch wollens di eltern also haben,
Es sei von meidlein oder von knaben:
Ee das ir eins recht reden kan,
So henkt man im golt und seiden an
Und zoten, gefrenß und lange zegel.
So kumpt der tewfel mit einem leimtegel
Und leimt die hoffart in recht hinan, [215r]
Das si dann nimermer lassen davon,
Als lang, biß si sterben müßen.
Das müssen di eltern dann fur sie püssen.
O werlt, wi pistu so gar lügenhaft

93 Das d. s. *U*; morde *D*. **95** sindt *U*. **96** V. den warden d. *U*. **98** wirstu *U*. **100** Das dir goth am kr. h. e. *U*. **104** Schlestu *U*; der *fehlt U*. **105** das] dein *U*. **111** nymer k. heylen *U*. **112** w. zwelff am *U*. **114** pösen *D*. **116** sein *U*. **119** zoten vnd g. *U*. **121** Vnd l. yn d. h. r. *U*. **122** mer *fehlt U*. **124** dann] als *U*. **125** O w. dein namen heyst l. *U*.

Mit deiner betrogen kawfmanschaft.
Du geheist eim golt und gibst im plei.
O werlt, wart, abs dein got icht sei,
Der dir eitel zuckermel thut leien,
Und giltest im wider eitel ruckencleien.
Also ist [ ], werlt, hi dein bezalen.
Du beheltest den kern und gibst im di schaln.
Dein zung spint awßen klar seiden zendel,
Inwendig ist es ein wirken pendel.
Dein wort sein lawter und klar gezeist,
Sam si hergeb der heilig geist,
Und halten inwendig tewfelisch art.
Aristotiles nie so kunstenreich wart,
Wenn er noch lebt, er würd geefft.
Werlt, mit deinem hinderlißtige*n* gescheft,
Du zalst oft vor gericht mit gabeln.
Wann du in todes garnen wirst zabeln,
So mustu bezaln alle dein gelter.
So trabet denn zu der hellisch zelter,
Den mustu zaln bei scheinender sunen.
Der haßpelt ab, was du hast gespunen,
Dein grobes werk und dein abswingen.
Do hilft kein peiten noch abdingen.
Alle schuld, di müssen do werden quitt.
Selig ist der, der nicht auß ordenung tritt.
Alle creatur pleiben in irem stant,
Darein si got am ersten want,
Und haben noch nie außgetreten.
Wievil si scharpfer wind anweten,
Noch bleiben sie an iren ampten. [215v]
Wie hoch alle stern ie herab flampten,

127 verheyst *U.* **128** abs] das *U.* **130** Vnd gibst ym w. *U*; rucke cl.*D.* **131** ist dy w. *D.* **132** im *fehlt U.* **133** aus clare *U.* **138** kunstig *U.* **139** Wan er nun l. ers *U.* **140** deiner hinderlistige gescheff *U*; hinderlißtigem *D.* **141** bezcalts *U.* **142** todten garn *U.* **145** bezcaln b. scheynenden *U.* **146** haspel *U.* **148** peiten] bitten *U.* **149** schuldt muß *U.* **149:150** qweytt : treytt *U.* **150** der[2] *fehlt U.* **151** creaturn *U.* **152** fandt *U.* **155** an] jn *U.*

Noch bleiben sie an ires zirkels reif
Und treten nit auß irem umbsweif.
Ires schopfers gebot si nie prachen.
Di sunn zunt an des tages zachen.
Das wasser in di hohe sie prengt,
Damit alles ertrich wirt besprengt,
Und mittelt uns di kalten luft
Und wirket golt in erden gruft,
Der mand das silber, Saturnus plei,
Den wand kein feier nimer pei,
Mercurius qwecksilber, Mars das eisen,
Darinn kein falsch sie nimer beweisen,
Fenus das kupfer, Juppiter zin,
Das hat funden Ptholomeus sin.
Di siben alchemisten all,
Di wurken uns di siben methal
Und sein irem schopfer gehorsam gewesen,
Das er sie nie mit gerten noch mit pesen
Hat durfen strafen zu keiner zeit,
Und er in doch kein lon nicht geit.
Und darzu alle creatur:
Di leben auch in ir rechten figur,
Darein si got am ersten satzt.
  O werlt, nu wirstu vil hoher geschatzt
An adel und an hoher verstentnuß.
Alle ander creatur haben bekentnuße,
Das si ein schepfer haben als du.
Wi slewstu dein fünf sinn oft zu
Gen deinem schopfer mit deinem abtreten.
Der wirt als boß unkrawt außjeten
Awß allen seinen guten krewtern.

157 an] jn *U.* **159** sch. both sie nye zubrachen *U.* **161** sie] sich *D.* **162** versprengt *U.* **165** Der man *U*; datz *D.* **166** Den wart f. n. nit bey *U.* **169** Jupiter das z. *U.* **170** gefunden *U.* **171** archemisten *U.* **172** uns *fehlt U.* **173** schopffer also g. *U.* **177** creaturn *U.* **178** jrer wechter mensur *U.* **179** Darjnn *D.* **180** nun bistu *U*; gesaczt *U.* **181** an[2] *fehlt U.* **182** haben kein b. *U.* **183** ein] kein *U.* **184** slewstu] sichstu *U.* **185** Vor d. *U.*

Wiltu entpflihen allen hellischen rewtern,
So bit und flehe und ruf und schrei [216r]
Auf zu aller himelischen massenei
Und pit: ie wesender an beginnen,
Ein dreilich dreiheit awßen und innen,
Ein einiges wesen ungetrent
In longitudine dierum an ent,
Tif profunditas an allen grunt,
Ein recht rotund an zirkels rund,
Ein suße musica an noten.
Dein edle art kan nimant rathen,
Dein hohe, dein tif, dein weit, dein leng.
O herre, deiner gnaden wedel herespreng
Uber dein armen sundigen cristen
Und slewß uns auf deiner parmung kißten
Und salbe uns auß deinen heiligen funf wunden,
So entlawfen wir allen hellischen hunden.
Und pad uns auß deiner gnaden regen,
Wann uns gut und ubel ist gewegen
Von dem heiligen wegmeister sant Michel.
Und verleihe uns deiner gnaden sichel,
Di uns alle unser sund abgraß,
Damit sant Magdalena genaß,
Und an dem krewz der sundig morder,
Der was der erst und auch der vorder,
Dem du das reich der himel gehißt.
Sant Peter du auch nit herauß stißt,
Do er wider mit rew wart anklopfen.
Herre, zwahe uns mit deines plutes tropfen,
So werden wir von allem ubel gereiniget
Und ewiglich mit dir vereiniget.
Das gibe uns, herre, durch alle dein gut.
So hat geticht Hans Roßenplüt.

188 allen] den *U*. **189** flewh *U*. **190** manesseney *D*, maissenney *U*. **191** ye besunder *U*. **194** dierum] dies *U*. **195** Tu es pr. *U*. **199** höch *U*. **201** arme sundige *U*. **202** slewß] setze *U* **203** deinen] den *U*. **213** hist *U*. **214** stißt] list *U*. **215** ers *U*. **217** von] vor *U*. **218** ewigk *U*. **219** alle *fehlt U*. **220** schneperer Hans rosenbluth *U*; snepperer *nachträglich über der Zeile eingefügt D*.

7 Die Beichte

Es kam zu mir ein sunder groß [7r]
Und offenbart mir sein herz ploß
Und sprach zu mir: »nu ler mich peichten,
Das ich mein sweres herz muge leichten,
Darauf mir liegen groß sundenperg,
Dorinnen graben die hellischen zwerg
Und meinen in do ein wonung zu machen,
Und wie ich das konde unterfachen,
Das es mir unterwegen blieb
Und ich das boß unziffer awßtrieb.«
  Ich sprach zu im: »mein lieber frundt,
Wenn rew dein herz hat aufgelewnt,
So solt du eines priesters remen
Und ganz und gar vor im verschemen,
Der wol gehort und gelert sei.
Dem wone auf beiden knien bei
Und an dem ersten im verkunde:
Ich gib mich schuldig aller meiner sunde,
Die got, mein schopfer, an mir erkent;
Dorumb er sich von mir hat gewent.
  Darnach den sack recht aufpinde,
Und was dein gedank dorinnen finde,
Das schute herawß dem priester fur.
Und ob es dir an dein ere rur
Und dich der priester an werde plarren,
Doch lere ganz awß die podenscharren
Und such da herfur das rawhe und das grob.
Wilt du des kempfens ligen ob,
So sleif und wetz awß alle dein scharten,

Überlieferung: D 7r–10r, F 146r–150v, M 258v–262v
Überschriften: Von der peicht *D*, Die peicht *F*, Dy beycht *M*

8 vntersachen *D*. **10** Das i. *M*. **12** aufentleunt *FM*. **13** saltu dich *FM*. **14** vor im *fehlt F*. **15** gehör vnd wol g. s. *FM*. **21** Dem darnach dein s. *F*, Darnach deinn sak denn r. *M*. **22** gedancken *F*, dencken *M*. **23** schüttel *FM*; rawß *M*. **24** dir halt an *FM*. **26** Doch] Noch *FM*. **27** da *fehlt M*; und[2] *fehlt FM*.

Darauf die hellischen wolf warten,
Wenn du leist in deinen letzten zugen. [7v]
Nach peicht sie dir nimmer schaden fugen.
Darnach slewß auf dein funf sinne.
Da solt du nichts laßen inne
Mit sehen, horen, greifen, mit smecken.
Das kere herfur awß allen ecken:
Das groß, das clein, das ganz, das halb.
So machst du deiner sel ein salb,
Die alle ir wunden ganz zuheilt,
Das got sein sterben mit dir teilt.
Darnach die sechs parmherzigkeit,
Die du deinem nechsten hast verseit,
Das laße dir in deinem herzen leiden:
Den elenden herbergen, den nackenden cleiden,
Den gefangen trosten und auch den kranken,
Das solt du vor dem priester awßswanken,
Den hungerigen speisen, den durstigen trenken.
Dein hawpt, das such, dein herz sol denken,
Ob du den toten hast begraben.
Wilt du deiner sele sunde abschaben,
So lasse dich den posen willen nicht zupfen,
Das du der ding mugst keins uberhupfen.
Darnach die siben totsunde meld,
Wie du hast gefrevelt in irem veld
Mit hoffart, unkewsch [ ] awß der ee,
Dorumb du must in ewiges wee.
Mit zorn, mit neide, mit geit, mit haß,
Die hefen ler awß deines herzen vaß,
Und tragkeit an gotsdinst und fraß.
Der stuck du keines dahinten laß [8r]
Und wat awß den siben tumpfeln tief,

31 du dann *F*; ligst *FM*. **32** Doch p. *D*; fugen] mugen *FM*. **33** so schleüs *FM*. **34** nichtz nit *F*. **35** horen richen gr. *F*; mit[2]] vnd *FM*. **39** ganz *fehlt F*. **40** dir] jr *FM* **43** herczen wittern vnd l. *F*. **44** nacketen *M*. **46** du *fehlt M*. **48** gedencken *F*. **50** deiner sunden rost a. *FM*. **51** den] deinen *FM*. **52** ding keins wolst vb. *FM*. **55** vnkewschayt *M*; vnk. vnd awß *D*. **57** zorn mit geitz mit neyd m. h. *FM*.

So tilgest du ganz ab den brief,
Da alle dein sunde in geschriben ist,
Das sie kein boser geist mer list.
Nu melde die siben sacrament,
Ob dich icht zweivelung davon went
An tauf, an firmung, an deiner ee,
Wie das in deinem gewißen ste,
Das dir kein boser glawb einkem,
Das dir dein peicht kein sunde abnem,
Und der gesalbten priesterschaft
Ie hettst in ubel nachgeclafft.
Und wem der heilig fronleichnam wurdt,
Das dem alle sunde werden hingefurt,
So er empfecht die heiligen olung.
Ob dein herze indert habe kein holung,
Darein sich zweivelung hette versloßen,
Das treib ganz awß und laße nicht offen
Und mawer wider veste zu das loch,
So speist dich recht der priesterlich koch
Dein sele dort fur den ewigen tot,
Wann er geit dir das lebendig himelbrot.
Darnach slewß auf deines herzen tur
Und such die zehen gepot herfur:
Ob du in einen got glawbet hast,
Das du nicht hinden umbhin trabst,
Und bei seinem heiligen namen gesworn,
Ob *in* spil, in trunkenheit und in zorn,
Und heilig panfeiertag zubrochen, [8v]
Das dort gar swerlich wirt gerochen,
Und vater und muter habst geunert,
Davon sich groß unheile mert,
Und iemande getott mit hende und zungen,
Und wie dir sei gein got misselungen

63 Daran *F*; in] *fehlt F*, an *M*. **67** An der t. an deiner f. vnd d. ee *F*. **68** deinem] deiner *D*. **69** Ob d. *F*. **70** dein] die *FM*. **72** Ie] Jcht *M*; hest *FM*. **79** vest wider *F*; wider *fehlt M*. **82** himel *fehlt F*. **85** gelauben *FM*. **88** und *fehlt M*. **90** dort so g. *M*. **93** vnd mit z. *F*; und[2]] mit *M*. **94** dir gen got sei m. *F*.

An eebruch und mit stelerei,
An lewmunt oder wie das sei,
Und fremder hawßfrawen habst begert,
Damit dein sele gar sere wirt beswert,
Und fremder guter habst gemüt,
Damit dein sele were ubel behut,
Und valsche gezeugknuß habst gegeben.
Den stock hack recht und sneid die reben,
So tregt er trawben vil großer und mer,
Dann Caleph und herzog Josue
Trugen awß dem gelobten lant
Zu den, die wonung hetten in sant.
Darnach so melde dem priester vor
Das heilig getícht der zwelf doctor:
Den heiligen cristenlichen glauben.
Davon da solt du nichts nit rauben
Mit unglauben, mit zawberei,
Wann sein metall ist nicht von plei.
Zwelf munzer haben gemunzet daran,
Wann er hat sechsundnewnzig gran
Und vierundzweinzig karath an dem strich;
Des glawb du ganz warhaftiglich.
Dann wie du der dingk hettest eins geswacht,
Das unglaub bei dir were benacht,
So solt du es dem priester melden, [9r]
So wirdest du heile und lebst in selden.
Wenn du awßgelert hast den sack,
So hat dein munz ein rechten slagk,
Wann wer ein sunde mit wißen verhelt,
Des peichten ist eitel kupferein gelt.
Wilt du, das dein maß sei recht geeicht,
So gehoren vier dingk zu der peicht:

97.98 *fehlt F.* **98** sel wirt ser peschwert *M.* **100** werd *M*, werd ser *F* **103** me *FM.* **104** kalepff *M.* **106** in] jr *D*, jm *F.* **111** noch mit z. *FM.* **114** gran] karan *FM.* **115** funffundtzweintzig *D.* **117** der stuck eins hest g. *FM.* **118** vngelaub wer pei dir b. *FM.* **119** Das s. *F*; es *fehlt F.* **121** Wann du hast ausgelert dein s. *FM.* **123** Dann *FM.* **124** Das *D.* **125** maß recht sei *FM.*

Das erst ist rewe umb dein sundt;
Das sagen und schreiben aller lerer mundt.
Das ander ist ein warhaftige peicht,
Damit dein sele wirt also gereicht,
Das sie das reich der himel anerbt,
Wann das die lug peicht nicht verderbt.
Das dritte, das man die puß recht halt
Und sie nicht mitten voneinander spalt
Und sie abricht zu rechter zeit
Als ganz, als sie der priester geit.
Das vierd ist ein ganz furnemen,
Sich furbas vor allen sunden schemen
Und sie fliehen mit ganzem ernst.
Wenn du das peichten also lernst
Und sie beslewst mit den vier dingen:
Mit rewe, warer peicht, mit puß volbringen
Und nimmer tunen in dein herz pflanzen,
So geit der priester dir ein quittanzen,
Das alle dein sunde sein schach und madt,
Als da man dich awß dem taufstein padt.«
Der sunder sprach: »dein lere ist gut,
Die mir hat aufgeweckt mein mut, [9v]
Wann mich groß rew hat angezunt,
Wann du hast mir gar durichgrunt
Die rechten warhait gotlicher lere.
Wann ich mich nicht von sunden kere,
So ist das urteile awßgesprochen,
Das es wirt swerlichen an mir gerochen.
Der recht longeber aller werker,

127 erst das ist *FM*. **128** D. schreiben vnd sagen *FM*. *Nach 128 zwei Zusatzverse in F:* Vnd die zwelff philossophi / Die schuler waren ihesu cristi. **129** D. a. wenn du reht hast gepeicht *M*. **130** wirt abgereicht *F*. **133** das[2] *fehlt M*. **134** mitten *fehlt FM*. **136** So volkömlich als sie *F*; als[2] *fehlt D*. **137** vird das ist *FM*. **139** Vnd vor in fl. *F*; sy gancz fl. *M*; erst *D*. **141** Wie sie *D*. **143** deinem hertzen *D*. **144** So gibt dir der *M*. **146** aus der wester p. *F*. **149** Das mich gros *F*; mich hat groß rew ang. *M*. **150** Dann *F*. **151** warhart *D*. **153** vrteil schon ausg. *F*.

Der uns lost awß dem hellischen kerker
Mit seinem heiligen plutverreren,
Der bezal dir dort dein getrewlichs leren,
Das du mir hie hast mitgeteilt,
Dann hette der tot mich hie angeseilt
Und mir mein leben hingezuckt,
Ee das mir dein lere hett geluckt,
So were es umb mich nicht worden weger,
Dann das mein sele der hellisch jeger
Gefangen hette in seinem garn.
Mein peichten wil ich nicht lenger sparn.«
  Mit dem schide er von mir dannen.
Dorumb so sol man niemant anzannen.
Were lere begert, dem sol man sie mitteilen.
Were es kan, der sol die kranken heilen.
Were gesicht, der sol die plinden weisen.
Were es hat, der sol die hungerigen speisen.
Der angetan sol die nackenden cleiden.
Der weise sol die torn bescheiden.
Der gesunt, der sol die siechen laben.
Der lebendig sol die toten begraben.
Der reich, der sol die armen trosten.
Das ist der wille des allerhochsten
Und auch das ware gotlich recht. [10r]
Got selber warde unser aller dinstknecht.
Den rufen wir an, got, unsern herren,
Das er uns auch wolle peichten leren,
Ee dann uns der tot hie ersleicht,
Das wir vor haben recht gepeicht
Mit ganzer rew, mit warer erkentnuß.

156 erlost *F.* **158** betzalt *D.* **159** mir hast hie *M.* **160** hie *fehlt FM*; angepilt *D.* **162** das *fehlt M.* **163** mich] dich *F.* **165** seinen *D.* **167** er] es *D*; mir hindannen *FM.* **169** lere] hilff *FM.* **170** heilen] weisen *F.* **171** *fehlt F.* **173** die] den *D*; nacketten *FM.* **174** w. der schol *M.* **175** der[2] *fehlt F.* **177** der[2] *fehlt F.* **179** das rechtt war *M*, das war rechtlich *F.* **180** was *F.* **182** auch peichten woll *F.* **183** Ee das der tot vns h. e. *FM.* **184** vor reht haben *M.* **185** mit[2]] vnd *F.*

Das das aufwachs in unser verstentnuß
Und wir den heiligen leichnam empfahen,
Das uns sollich heile und selde wolle nahen,
Das geb uns, herr, dein vetterliche gut.
So hat geticht Hans Rosenplut.

187 den] dein *F*. **189** D. gib vns herr durch d. veterlichs gút *F*. **190** So schreibt vns *F*; rosenplüt *FM*.

8 Die Woche

Were nach rechter jarzale wolle leben, [13v]
Der volge dieser rede und merk sie eben,
Was er die siben tag sol halten,
Als gelert und geschriben haben die alten,
Die zwelfbotten alle und die vier lerer,
Wil er seiner sele heile sein ein gemerer.
  So sol er anheben am mantag
Und ruf zu got mit inniger clag
Und bite den schopfer aller schaffung,
Das er mitteile seines plutes saffung
Und aller mertrer plutvergießen
Und aller priester sacramentlich nießen
Den armen, elenden, durftigen seln,
Die in dem fegfewr mussen queln,
Biß das sie sich cimenten und cleren,
Dann got wil keiner pete ee geweren
Und seiner gnaden sun laßen scheinen, [14r]
Dann wenn man hie pitt fur die seinen.
Were auch sein leben wolle erlengen
Und das zu gutem ende wolle brengen,
Der sol awß seiner menscheit casten
Beten, almusen geben und vasten.
Die drei gabe solle er allen selen awßspenden,
Davon sie gnediglichen zulenden
Auf in ir recht vetterlich heimet.
Die drei gab in ir pein abfeimet:
Das fewer, dorinnen sie praten und rosten;
Dorumb sol man sie pillichen trosten.

Überlieferung: D 13v–18r, B 130v–137r, F 358r–363v
Überschriften: Die wochen *B*, Von den vij tagen *D*, Von den sieben Tagen in der / Wochen *[Hand des 17.Jh. (Bl.357v)] F*

1 der rechten *B*; wil *B*. **2** dieser] der *BF*. **6** merer *BF*. **10** er vns m. *F*. **15** verclerrn *B*, erclern *F*. **16** Wan *BF*. **17** sum *D*. **18** Denn wann *F*; hie *fehlt B*. **20** wil bringen *F*. **25** recht *fehlt F*. **28** *fehlt B*; so sol *F*.

Am dinstag solt du haben ein vest
In deines innern herzen nest
Und lob mit herzen, mit zungen und munt
Den hohen, tiefen, grundlosen abgrunt,
Die heilige drivalt, ein einiges wesen,
Darawß alle lebendig leben genesen,
Ein ewigs wachßen und nie geschaffen,
Darawß alles wesen empfecht sein saffen,
Ein immer wachender, munter wachter
Und aller geschopf ein weiser betrachter,
Ein heilig aller heiling ob allen heiligen,
Den ie und immer kein mackel kan meiligen,
Gut eitel gut awß allem gut und ob allem gut,
Unus nutritor aller lebendigen stut,
Unus tu excellentissimus,
Ein furer an polus articus,
Ost, sud, west, nord der starken sewser, [14v]
Unus hospes der zwelf hewser,
Unus magnificus imperator,
Scientificus creator
Omnium rerum essencialium,
Spirituum et naturalium,
Got, aller goter vogt, herr und hawpt.
Des sol sein ganz vestiglich gelawbt
In dreien personen und ein substanz,
Der engel spil ir gewunnene schanz,
Ein clarer spigel aller himelischen schawer,
Ein gerechter richter und kein orenkrawer,
Der allerreichst, der allerheiligst.
Mensch, wenn du dich mit sunden vermeiligst,
Dannoch solt du dieses vest alle wochen
In deines herzen hafen kochen.
So reucht dein opfer als Abels garb,
Dorumb er von seinem bruder starb.

29 ein vest soltu haben *B*. **31** und[2]] mit *BF*. **36** wesen] wachssen *BF*. **38** schöppff *B*; weisen *D*. **39** aller h.] aller heilung *D*, allerheiligst *F*. **40** meylingen *F*. **41** und ob allem gut *fehlt F*; und *fehlt B*. **42** mitator *D*; lebendiger *F*. **45** sud] vnd *B*; starcker *F*. **48** Et sc. *F*; Cientificus *D*. **52** Der sein *F*. **53** drey person *BF*; substanczen *B*. **55** clar aller spigel der h. *F*; ein sch. *BF*. **59** Noch *BF*; diese vesten *D*.

Am mittwochen sol in dein herz laufen
Das allerunschuldigst plutverkaufen,
Das edelst fleisch auf die fleischpank
In mordes pitter, in todes twangk,
Der sel wilpret des himelischen jegers,
Got gleich und enlich und nimmer leger,
Des himels trisel, der engel cleinet,
Der jungkfrawen son, dorumb sie weinet,
Ein schatz, aller schetze ein ubertreffen. [15r]
Mensch, wilt du hie alle hellisch gaukler effen,
So laße rüren an deines herzen grunt,
Das der verkauft wurde umb ein pfunt
Von valschem knechte in morders hant,
Wann du warst das verstanden pfant,
Das mensch noch engel nie mochten gelösen.
Wilt du deiner sunden tumpfel awßosen,
So bis am mittwochen ingedenk,
So reitest du dein sele in die trenk,
Dorinn sie alle sunde von ir swembt,
Die dich so verren von got haben geslembt.
Am donerstag sol in deinem herzen wittern
Das knien, switzen und engstlich erzittern,
Do im seiner menscheit craft entslang,
Das plut und wasser awß seinem fleisch drang
Auf rawhen felß auf ploßen knien.
Mensch, wilt du in rechtem silen ziehen,
So danke des switzens und der angst,
Damit du das reich gots erlangst,
Dankest du im seines vahens von grawsamer diet,
Da in der valsch kuchenmeister verriet,
Der judas mit seinem valschen snebeln.

66 mörders *BF*; pitter] vehede *F*; zwanck *BF*. **67** yeger *BF*. **68** einlich *F*; ymmer nit l. *BF*. **71** ein] jn *D*; vbertreffer *F*. **74** ward *B*. **76** wast *D*. **77** Des *D*; noch] vnd *B*. **78** sunde *D*. **81** yrer *B*. **82** verer *BF*; haben *fehlt B*; geswembt *D*. **83** pfincztag *F*; soltu yn dein hertz *B*. **84** kny *B*; vnd switzen *BF*. **85** Das yn *BF*. **86–126** *fehlt B [Blattausriß]*. **89** danck jm *F*. **90** gots] gancz *F*. **91** vahens vnd grausamer drit *F*.

Bedenk das unverperlich knebeln
Sciner arm, seiner hent, seines vingerclemmens
Und auch seines smehlichen einslemens
Ein in die bitterst peinlichste echtnuß. [15v]
Mensch, wenn du des hast in gedechtnuß,
So salbest du got in allen seinen wunden
Und hast das reich gots widerfunden,
Das du mit sunden hast verzet.
Das hat got selber awß seinem munde geredt.
  Were recht wolle halten cristenliche regel,
Der mache awß seiner faust einen slegel;
Der clopf, poß, blewe und slahe
An sein herze mit inniger clage
Am freitag und dank got, seinem herren,
Seinem kosparn, heiligen plutverreren
Von geißeln und von besem smitzen
Und von den scharpfen dornspitzen,
Die im sein heiliges hawpt durichstachen,
Das vil der spitzen dorinn abprachen.
O mensch, bedenk die smehlichen kronung.
Danke im des lasters und der honung.
Danke im seines plutigen leichnam zeigens,
Ob genugk were seines plutes abseigens,
Das man awß allem seinem fleisch hett geseigt,
Do in Pilatus hette den mordern gezeigt.
Bedenk das purpur narrencleit,
Das im zu gespötte wurd angeleit.
Dank im seines wechßelns fur Barraban,
Den man ließ ledig fur in von dann.
Danke im ires valschen urteile sagens
Und auch seines sweren kreuz awßtragens. [16r]
Hilf clagen seiner muter ires herziglichen leids.

94 vnerpermlich *F.* **98** hast ein bedechtnus *F.* **99** in] an *F.* **100** w. gefunden *F.* **101** hast *fehlt D.* **103** halten sein cr. *F.* **105** Vnd klopff vnd stoß vnd pleü vnd schlag *F.* **106** seine *D.* **107** und *fehlt F*; got] er *F.* **108** heiligen *fehlt F*; plut verren *F.* **110** der *F.* **114** des] seins *F.* **116** plutigen *F.* **117** allem fl. geseget *F.* **118** hette *fehlt F*; zeiget *F.* **122** D. m. fur jn liß ledig v. d. *F.* **125** jr herczenlichs *F.*

Danke im des abziehens seines heiligen cleids,
Damit sie im sein wunten vernewten.
Die glocken sol stetiglich in deinem herzen lewten
Als in seiner muter und in sand Johanns.
Dank im seines mortlichen anspannens,
Das im alle sein glieder krachten.
Das sol ein iglich cristen mensch betrachten
Dem friedgeber seines großen unfrides.
Dank im seines engstlichen ansmidens
Durich fuß und hent mit stumpfen negeln,
Mit sweren, großen eisenslegeln.
O mensch, bedenk des hamerclanges.
Dank im seines nackoten, ploßen hangens,
Seiner großen armut, der allerreichest.
Seines vater reich du, mensch, ersleichest.
Dank im seines kempfens und seines streites
Und seines nackenden und bloßen glenn reitens,
Do er scharpf mit Longino rant,
Der im sein heilige seiten auftrant,
Darawß die heilsam salb hergußet.
Ir sunder alle, hort und lußet,
Hort warheit und lere und keinen scherz:
Die arztpuchßen ist sein offens herz,
Sein heiliges plut, das ist sein salb.
Die streich in dein herz allenthalb,
Davon du nimmer ewiglichen krankst,
Wenn du alle freitag got seiner marter dankst.
Am samstag sol kein cristen mensch verziehen. [16v]
Er sol beten auf seinen ploßen knien
Der magt und muter gotes sons,

128 stetigs *BF*; deinem] seynem *B*. **130** m. spannes *F*. **132** crist *F*; mensch *fehlt BF*. **136** eysnen sl. *B*, eisern sl. *F*. **137** gedenck *B*; hamers cl. *BF*. **138** seins ploß vnd nackendes h. *B*, seins nacket vnd ploß h. *F*. **140** *fehlt F*; vaters *B*. **141** Danckstu *B*; kemppffen *B*. **142** sein nacket vnd ploß *F*; nackes vnd ploß *B*. **143** longinus *BF*, langino *D*. **145** her] hier *B*. **146** all sweigt h. *B*; hört schweigt *F*. **147** *fehlt F*; Hört lere vnd w. *B*. **149** sein] die *BF*. **152** freitag] tag *D*. **153** crist *F*; mensch *fehlt BF*. **155** mayd vnd gottes muter s. *B*.

Die allzeit zwischen sein und uns
Getrewlichen erbeit mit bitten und flehen,
Wann sie empfangen hat das lehen
Von got, dem vater, mit geneigtem zepter,
Das sie sol stillen seines zorns wetter,
Das uber den sunder donert und plitzet.
Awß gottes casten sie gnad hermitzet
Mit gehawften metzen allen sundern,
Die in iren herzen und awß iren mundern
Sie nennen gottes muter und maget,
Von der man schreibt, list, singt und saget:
Fidelissima cawsilica,
Ein immer heilsame tormentilla,
Cui deus numquam dicit ne,
Ein immer fließender gnadensee.
O consolatrix consolorum,
O potens hospita celorum,
An gotes erentafel die hochst,
Die schonst, die edelst und die grost
In gottes acht mit sollicher macht,
Das sie alle hellische riesen jagt,
Ein pfabenzagel wol gespigelt.
Ir kewscheit warde nie aufgerigelt
Von fleisches lust, von innern danken.
Alles peichten konde herze nie so clar swanken,
Als was irer reinen keuscheit veßlein. [17r]
In ungepanten, engen geßlein
Sleich got, der son, zu ir herab ein und awß
Und nam von ir an sich sein flugkmawß.
Dem schopfer gab sie ein newes geschopf,
Vierfach flacht sie sein drilig zopf.
Das fleisch, das an seiner gotheit clebt,

159 zetter *B*. **160** zorn *F*. **161** dondert *F*; pliczent *B*. **162** goten *F*; sie] sein *B*; miczent *B*. **163** gehauftem *F*. **164** iren[1]] irem *BF*. **165** nemen *B*. **167** consilica *D*. **169** nuncquam dicit ve *D*. **171** consolrum *D*. **173** Jn *D*. **178** *fehlt F*. **180** hercz so rein nie schwancken *F*. **181** Also was jr *D*; reyner *BF*. **182** vngepunten *D*. **183** der sun hierbab zu yr ein *B*, der herr zu jr ein *F*.

Das gab sie im, das er menschlich lebt.
Welch mensch den glauben in im vestigt
Und ir alle samstag seinen leib kestigt
Mit vasten, peten und almusen,
Den mutert sie awß irer gnaden pusen,
Das sein sele mit ewigen freuden wirt gesett.
Das ampt hat ir got selbs gelobt und geredt.
  Am suntag sol ein iglicher cristen
Suchen in seinen funf sinnen und listen,
Wie er die wochen hab gelebt,
Was sundencletten an im clebt,
Die im sein boser wille hat angehangen,
Dorinnen sein sele leit auf den tot gefangen.
Die giftigen clebung er abfeg,
Und ist er fawl, so ist er got treg.
Er sol sich fru gein kirchen schicken,
Ee dann das die sunn wirt furher plicken,
Und hore messe mit gebogen knien.
Wil er entrinnen und empflihen [17v]
Hie allen hellischen selrawbern
Und wil die bannen und bezawbern,
So hab er rew umb all sein ubel.
Rewe ist ein zustopfender schubel
Des weiten, gruntlosen hellischen lochs,
Den nicht dannen stoßen mag der hellisch ochs.
Eins iglichen sunders rewe und leit
Ist vor got ein sueße clingende seit,
Wenn er in einer kirchen kniet.
Die musica gesang nie sueßer liet,
Als wenn der sunder zu got aufruft,
So er sich in den sunden bruft.
Mensch, gilt und bezal got umb sein gutet.
Kein andere munz er von dir mutet,

189 befeßdigt *BF*. **193** wirt mit e. f. g. *BF*. **194** gelob *D*. **200** Darauff *BF*; sele auf den tode leit g. *F*. **202** er[2] *fehlt BF*. **203** gein] zu *BF*. **204** dann *fehlt BF*; sun hierfür wirt p. *B*. **209** er *fehlt BF*; sein] dein *F*. **210** zuschöppffen der sch. *B*, zustopffer sch. *F*. **216** sang *B*. **219** bezalt *F*; gutheit *D*.

Wann dank im, so du in kirchen kniest
Und in in priesters henden sihest,
Das er dich zu menschen hat gepildt.
Mit dankperkeit im auch vergilt,
Das er sich umb dich mortlich ließ ermorden,
Das dich der hellisch apt ließ awß seinem orden.
Dank im, das er dir gibt lange frist,
Wann du vergift mit sunden pist.
Fleh in, das er dir die gab sendt:
Seinen heiligen leichnam an deinem letzten endt,
Und sollich rewe in dein herz wol gießen,
Das du in one alle sunde mugst nießen.
Danke im seiner heimlichen, heiligen menschwerdung
Und hore messe mit andechtig geperdung [18r]
Und bite am ersten fur dein veindt,
Wiewol dein herze hinwider greint.
Darnach fur alle totsunder pitt,
So lonet dir got auch an dem snit
Deines vaters, muter und aller deiner alten;
Die solt du nicht hinhinder behalten
Und alle, die dir trewe haben geleist.
Was du dann veintschaft in dir weist,
Der trag keine awß der kirichen mit dir;
Damit slechst du dein sele zu ritter.
Und hore meße in deiner rechten pfarr,
Dabei biß [ ] an das ende beharr,
Und empfahe den segen von priesters vingern,
So wil got alles das von dir ringern,
Das dich an leib und an sele beswert.
Volge mir des alles ich habe verclert,
So seen wir gluck und sneiden seld
Und dreschen heile awß auf eren veld,
Damit wir ewiglichen werden behut.
Also hat geticht Hans Rosenplut.

221 im *fehlt B.* **222** hende *F.* **227** dir lang gibt fr. *BF.* **231** wil *B.* **233** Danke] Das *F*; heimlichen *fehlt F.* **234** perdung *BF.* **239** waters *B*; vnd muter *BF*; al *BF.* **245** deiner] der *F.* **246** biß vnd an *D.* **247** segen] sehen *F.* **249** an sele vnd leibe b. *B.* **250** Volg wir *B.* **251** So see *F.* **252** erden feld *B.* **253:254** behüt : rosenplüt *F.*

9 Der Priester und die Frau

Sich fugt eins tags, das ich must [18v]
Spaciren awß nach freuden lust.
Do kome ich in ein awe, die grunet.
Do eilet in mich craft und kunheit
Von manigem plumlein, das da pluet,
Das awß seinem gipfel so genzlich gluet,
Recht sam karfunkel darawß gucket,
Davon mir trawrigkeit warde entzucket.
 Ir gluendes ginnlein gein mir ginnet
Vein silberweis sam uberzinnet.
Ir blutlein uberweisten so clerlich
Den gamahü orientis perlich.
Der saffir warde uberplobet
Sam liechter tag den vinstern abent.
Rubineins rot sie uberglensten,
Da sich ir gipfelein entgenzten
Von fruchtpar warmer sunnen werm,
Davon itzlichs gewan ein erben,
Awß alter hulsen ein newe geburt.
Davon das nacket velt sich flurt
Mit siben varben, die do erschinn,
Da plumes dostlich sich aufkinn,
Daran manches nuchters tirlein krabet.
Do warde so reilich ubergrawet
Der serpentin auf lores sedel.
Von feuchtigung fruchtpars tawes wedel

Überlieferung: D 18v–22r, C 69r–71r [V.87–228], F 266v–272r, L 1r–6r, R 45r–48r [V.87–228]
Überschriften: Von dem priester vnd der frawen / Das fruchtpar lobe *D*, Vom prister vnd frauen *F*, Der priester jn der aw *R*

1–86 *fehlt CR*. **2** freud nach lust *L*. **3** awe] weid *L*. **4** in mich] ich mit *FL*. **5** manges *L*. **8** draurheit *L*. **9** gluendes] plüendes *FL*. **10** Sam s. w. vber zimet *L*; Von *F*; sam *fehlt D*. **11** plütlich *FL*; vberweistens so *F*. **12** Sam sammahin o. *L*; gemaheln *F*; orientisch *D*. **15** Rubins *F*; glenstet *L*. **16** *fehlt L*. **17** sumer warmer *L*; warmen *DF*. **18** D. jr ytlichs *F*; jetlichs *L*; erm *F*. **19** Als auß *L*. **22** Die pl. *L*; töstlein wurden a. k. *F*; sich erschinen *L*. **24** so] sich *L*. **26** fruchtpar *L*.

Wuchßen sie wider auf so frolich.
Awß irem valben, durren strolich
Warde da der smaragd ubergrunet,
Do sich ir ganzes kolblein wunet. [19r]
Ir ste*ng*l*i*ch sich awß der erden schrawbten,
Davon die wurmlein narung clawbten,
Ee sich ir ploße zweiglein w⟨erzt⟩en.
Den diemant sie uberswerzten
Awß iren aufgespalten kopflich
Von feuchtigung sueßer tawes tropflich,
Die sie so lindiglich benasten,
Davon sie honigrinnen vasten,
Darnach manig sumervogelein weidnet.
Die bespeisten sie mit rechter bescheidenheit
Mit iren new gewachßen pletlein.
Ie mer sie speisten in wurmes pfetlein,
Ie schoner sie awß der erden her wudelt.
Manig sueßer wint sie da erschudelt,
Das sie so zuckerlich hersusten.
Den pinlein sie des hungers pusten
Mit iren sueßen saffes rinung,
Den sie mit meisterlicher gewinung
Do in ir klelein konden stupfeln
Herab von den pluenden plumleins gupfeln.
Gelbe varbe sahe ich uberhubschen
Dort vor des grunen waldes puschen
Den edeln stein crisolidus.

27 sie *fehlt L.* **28** jren *F*; durren] turn *D*, kurczen *L.* **29** schmarak *L.* **30** ganzes] grunes *L.* **31** steinloch *D*, steinlein *F*, steinlich *L*; aus d. e. sich *F.* **32** Darab *FL*; jr narung *FL.* **33-36** *fehlt L.* **33** wartzten *F.* **34** dyamant sich da vberschwarten *F.* **35** aufgepalten köpfflein *F.* **36** tröpfflein *F.* **37** so] da *F.* **38** rinnen] ein *L.* *Nach 38 ein Zusatzvers in F:* Darnach manig summer vogelein flog an jr scheftlein. **39** Da von manger vogel ein w. *L.* **40** speisten *FL*; rechter] manger *L.* **41** newgewaschen *L*; pletlich *FL.* **42** wurmens pletlich *L*; pfetlich *F.* **44** da *fehlt L.* **45** seusten *L.* **46** pinlich *L.* **47** saffung *FL*; rynnen *F*, rindung *L.* **48** Das *L*; gewynnen *F.* **49** ir] jn *D*; kleglein *D*, clölich *F*, klelech *L*; stapffeln *L.* **50** pl. plumens gipffeln *L*; plumlein *F.* **51** varb dy s. *L*; vberhuschen *FL.* **52** grunes *D*; puchssen *L.*

Des sei der rex altissimus
Gelobet durich sein werklichs schopfen,
Das ich da sahe in plumes knopfen.
  Furbas kam ich zu pluenden estlein,
Darauf die vogel pawen ir nestlein, [19v]
Da sie zusammen hetten geheirat,
Die vor mit frolocken hetten gefeiret.
Den warde mit freude gemischt ir tun.
Da anger, heide und walt ward grun,
Der winter mit dem sumer roßtauscht,
Davon manches ploßes zweik sich pawscht.
Mit newem lawb ir zweig sich puschten,
Dorinnen die vogelein sich verduschten
Und wichen darein mit iren fluttern.
Darauß hort ich [ ] so lieplich kuttern
Manig sueß gestimpten vogels hals.
Do frewet ich mich ires sueßen schals,
Damit sie empfingen des sumers kumen.
Die in dem winter alle waren stumen,
Die hort ich nu so sueß ergellen
Fur lawten, fideln und rubellen
Und fur der sueßen harpfen griff.
Die warheit ich newr von in triff,
Das sie uberstimpten awß iren gorgeln
Schalmeien, partatif und orgeln
Und flöten und pfeifen awß dem sack.
Von stimen und von blumensmack
Warde ich so reilich ie begabet,
Das ich hette nimmermer begrabet,

54 Der *F*; der kunig Alt. *L*. **55** werntlichs *F*, vetterlich *L*. **56** plumleins *F*. **57** plumen estlich *L*. **58** pauten *F*; nestlein] veste *L*. **59** Dy *L*. **61** freuden nu g. *F*, fr. nwn gemust *L*; tundt *DL*. **62** anger vnd h. *FL*; grundt *DL*. **63** rostaußet *L*. **64** zweik *fehlt L*. **65** zwey *L*. **66** vogel *FL*. **68** ich sie so *D*. **69** sueßen *D*, susses *F*. **72** den *L*. **73** süßlich her gellen *F*. **74** vnd für r. *FL*. **75** der] die *F*. **76** Dy ward ich ravt v. jrer tr. *L*. **78** *fehlt L*; Sch. vnd portatiff *F*. **79** flöten] fleiten *F*, sungen *L*; pfifen *L*. **80** von[2] *fehlt F*; plumes *FL*. **81** ie] nie *FL*. **82** gegrobet *F*, gegrabt *L*.

Wie lange ich ie hett zugekafft.
Mein herz mit frewden warde durichsafft,
Do ich horet loben den kunig der eren,
Des lobe alle creatur ewiglich meren.
  So ich mich also hette erlustet, [20r]
Do sich mit frewde hette aufgerustet
Manig stolzer vogel do in der awe,
So kumpt ein priester und ein frawe
Und grusten aneinander gutlich
Und suchten der sueßen plumlein blutlich.
  Der priester neigt gein der frawen sein knie.
Die fraw sprach: »herr, das geschicht nicht hie,
Das ir mir solliche ere erzeigt,
Wann ich euch vor nie habe geneigt.
Das dunket mich so gar unmuglich
Und ist ewer wirdigkeit nicht tuglich,
Wann ir seit gottes canceleier
Und schifft hin auf der gotheit weier
Und vacht dorinnen uns den fridmacher,
Der himels und ertrichs ist ein sacher
Und opfert den got seinem vater,
Das er uns offen seiner gnaden gatter
Und auch mit seiner gnaden lab
Den sunder, der da ist schabab,
Der mit der sunden ram ist kolik.
Auch speist ir, herr, alles cristen volik
Mit kostpar himelischer kost.

83 het ye *L*; zugegaft *F*, zugekauft *L*. **84** sanft *L*. **85** Das ich do h. *F*. **86** mer *F*. *Versfolge in CR: 87.88.90.89.92.91.93.94.96.95.97.* **87** So (Do *R*) ich nach lust ge vmb swanczíren *CR*. **88** Vnd horet vogele stymm hofieren *CR*; freuden *F*. **89** Do gegen ein ander jn der aw *CR*. **90** kom *L*; paster *R*. **91** Die *F*; an *fehlt R*. **92** plümen *CLR*. **93** der frawen] ir *CR*. **94** Sy spr. *CLR*; das] des *C*, es *FR*. **95** Vnd ir *CR*. **96** ich dauor nit *F*; vor nicht *C*, nit vor *LR*; han *CR*. **97** so *fehlt C*; wünnigklich *F*. **98** Das *L*; ist es e. *C*; dugentlich *L*. **99** cantzler *DL*. **100** der gotheit] gots *F*. **101** Vnd vach dan jr vnss d. *R*; fridmacher] derlöser *CR*. **102** D. ob ist gelegen der (dem *R*) hellischen sel kröser *CR*; himelreichs *F*, himel *L*. **104** uns *fehlt R*. **105** seinen *CFR*. **107** der[2]] den *F*, dem *L*. **108** ir herr] er *R*. **109** kostlicher *L*.

Der gotheit stengel, kraut, blum und dost,
Die ganzen substanzen kont ir herladen
Herab awß der hohen gotheit gaden
Und gebet den cristen in zu einem imß,
Iren selen zu einer sewlen und simß
V*o*r fallen in das verfluchte loch.
Der himelischen speise seit ir ein koch, [20v]
Der nie kein weib ist worden wirdig.
An ewrem leib seit ir newr irdig,
Und mit ewern werken so ubertrefft ir
Aller engel adel. mit kunst so efft ir
Die hinterlistigen hellischen gaukler,
Das in entslupft, denselben maukler,
Manig großer sunder, der in empfelt,
Der dort den engeln wirt zugeselt.
Wie mocht dann weibes wird euch gleichen
Und mit irer wirde euch uberreichen?«
Der priester sprach: »ir redt gar trefflich
Awß tiefer warheit und unstreflich,
Aber ein weibßnam hat alle frawen gewirdigt.
Die hat uns zentner leit gefirdigt,
Das nie kein man konde machen ringer
Und aufgebrechen den hellischen zwinger
Und awß der gefengknuße nemen die trawrer
Und angesigen dem hellischen sawrer.
Des heils, des [ ] ist ein meidt anhab.
Die hat mit irer kewscheit stab
Den ganzen himel durkel geschopfet,

110 stengel kraut *fehlt L*. **111** kündt *CL*. **112** hohen] *fehlt DL*, heiligen *CR*. **113:114** ympf : schimpf *L*. **114** Jr sel *CFLR*. **115** Verf. *D*, Für v. *CFLR*. **118** Herr an *C*. *Nach 118 ein Zusatzvers in F:* Vnd mit ewern wercken seit jr neur jrdig *F*. **119** vbertret *L*. **120** All englisch wird m. *CR*; so *fehlt F*. **121** hinterstellischen hell. *F*. **122** entslufft der werung m. *CR*, entzuckts d. s. mauchler *L*; gauckler *D*. **123** in] im *CR*, dajn *L*. **124** D. durch d. engel *CR*. **125** dann] ein *CR*. **128** vns treffenlich *LR*, vntreffenlich *L*. **129** Aber *fehlt CR*; eins *FR*; weibß man *L*. **130** Vnd h. *CR*. **132** aufprechen *FL*; den himlischen czwinger *L*. **133** nemen] genung *F*; trawr *D*. **134** *fehlt F*; ansehen *L*; sawr *D*, sawren *L*. **135** D. h. ist ein magt ein a. *F*; h. des sie (sey *L*) ist *DL*. **137** durkel *fehlt F*; gestopfet *CLR*, durchstopfft *F*.

Der vor mit barmung nie hete getropfet.
Der ist mit gnaden nu worden melik.
Des wurden wir alle von einer jungkfraw selig.
Alle heiligen und auch alle propheten,
Was sie der heiligkeit ie hetten
Und waren alle gottes awßerwelten,
Von den sunden sie sich mawsten und schelten [21r]
Recht sam tierlein von iren pelgen:
Noch mochten sie nie das reich der seligen
Geoffen, das herab kome der fridmacher,
Der omnium rerum ist ein sacher.
Der gabe sich einer meide untertenig.
Da zimmert ir herz ganz unspenig
Den himelischen warheitsager.
Da warde ir leib der gotheit trager,
Der sie gebenedeiet und gesegent,
Von der euch hoher adel herregent.«
Die fraw sprach: »herr, vernempt mich lenger:
Der schopfer aller creaturen anfenger,
Der setzet uns zu einem keller,
Das ir solt weisen die irren weller
Auf zu dem vetterlichen heimet,
Wann totlich sunde den menschen zemet,
So er lebt recht als das vihlich,
Davon sein sel wirt sundersiech.
Kumpt er und peicht euch da sein veigkeit
Und euch der warheit da nicht lewket,

138 *fehlt F*; Do v. *CR*. **140** jungkfraw] frawen *CR*. **141** auch alle *fehlt FL*; prohetten *L*. **142** hetten] geteten *CR*. **143** außderwelten *C*. **144** den *fehlt CFLR*; masten *CR*. **145** sam dy *CLR*, als die *F*; tirlich *CR*. **146** mocht es n. *DL*; nie] nit *F*, nyen *L*; selden *L*. **147** kem *F*. **148** D. himel vnd erden ist *CR*, D. aller ding ist *F*. **150** Vnd z. *CR*; herz] keuscheit *CFLR*; an spenig *C*. **153** sie] sey *CLR*; genedeit *R*. **153:154** geseget : reget *D*. **154** Darumb von euch *F*; der] dem der *CR*, dem *L*; hohen *C*. **155** fraw die spr. *CR*; herr *fehlt CFR*. **157** setz *C*; kelner *R*. **158** jrrende *F*. **160** sund hie dem *L*; menschen hie *CR*; zeimet *CF*, zimpt *L*. **161** er hat gelebt als *CR*; als] sam *L*; vih *CFLR*. **162** Vnd s. vel ist worden s. *CR*; wirt] ist *F*. **163** peicht] offent *CR*; da *fehlt CFLR*; veigkeit] begkeit *CR*, peicht *L*. **164** da] doch *C*; lewket] legkeit *CR*, leikeit *F*.

So werdet ir seiner sunde ein abwischer.
Wenn in der hellische seelvischer
Gefangen hat in seinem netz,
So kont ir, herr, das sein gehetz
Von dem gefangen sunder scheuchen
Und sein sele ledigen von den hellischen geuchen.
Der vetterlich vater were uns nicht kuntlich,
Wann er aller wirden ist ungruntlich,
Hetten wir nicht ewer unterweisung. [21v]
Awß ewerm munde raist uns sollich reisung,
Das wir erkennen das wort der dreier,
Das awß der heiligen gotheit weier
Ist durich die himel herab gesunken,
Das hie die jungkfraw hat getrunken
Als awß der tiefen gotheit fluß,
Da got mit seiner gnaden guß
Wolt paden alle vermeiligt sunder.
Der himelisch wort seit ir ein kunder.
Dorumb raicht ewer eren gipfel
So hoch auf uber aller himel wipfel.«
Der priester sprach: »vernempt mich verrer:
Kunig, grafen, ritter und ich pfarrer
Sein alle newr este von weiplichem stamen.
Dorumb so schetz ich mich hoßwammen
Und, edel fraw, euch zobelrucken.
Des sullen alle man gein frawen sich pucken,

165 werd er *L*. **166** hellischen *L*. **168** kent *CR*; geuecz *CR*. **169** Da v. d. s. seuchen *CR*; Do von *FL*. **169:170** schencken : gencken *L*. **170** sein gefangen sol hellischen sel g. *CR*; erledigen *F*. **171** vater der wer *CR*. **172** Der an allerwirdigst gar vngütlich *CR*, Der an a. w. ist gar vngr. *FL*. **173** nit hie e. *F*; ewer *fehlt L*. **175** der kennen d. wolt d. dr. *CR*, erk. dy w. deiner [dreier *fehlt*] *L*. **176** Das *fehlt F*; heiligen] hellischen *F*. **177** Her durch die hi. ist h. g. *CR*. **179** Al *CFLR*; gottes *CR*; fluß] suß *L*. **181** puden *CR*; vermeiligt] vnfletig *CR*, vermaligt *L*. **182** Des himlischen worts *CFR*; himlischen wurcz *L*. **183** D. so r. *F*; reich *C*; ewern *R*. **184** *fehlt L*; all *CR*. **185** sprach fraw v. *F*. **186** graf *L*; ich *fehlt CR*. **187** este *fehlt CR*; eest v. weiplichen *F*. **188** D. seczt *L*; hoßwammen] beßwemen *D*, beschwomen *L*. **189** Von euch e. fr. z. *F*; Vnd euch e. fr. euch z. *L*; zobelruckein *D*. **190** Do selben al *L*.

Wann ir von einem manne wert weiplich,
Davon got schopft einen menschen leiplich.
So werdet ir so swer gepurdet.
Hett ir gerawbet und gemordet,
Ir bußet wol mit ewern herten triten.
Was alle mertrer ie haben geliten,
Das endet sich doch in einer kurz.
So wechst, fraw, ewer quele und gewurz
Oft vierzig wochen und noch lenger.
Dorumb ist ewer leben noch strenger
Dann aller carthewser, was ir ie hie lebt.
Ewer leben ie an einem herlein swebt,
Wann ir gepert mit schreien und mit rufen. [22r]
Wann got und Maria nicht gnade herschufen,
In einer minuten ir verschit.
Wenn irs mit ungedult nicht verschrit,
Ir kompt fur alle mertrer got neher.
Ir seit der acker, der pflugk, der seher,
Davon manig sel got sneit und ehert,
Die er vor auß dem himel darein rert.
Dorumb sol man gein frawen nicht ubeln.
Wir sullen laßen varen unser grubeln.
Ir schone fraw«, so sprach der priester,
»Redt ir gein mir mer, so verlist ir.
Wir wollen es dem kunig hin heim schiben,
Der frid hat gemacht gein allen seinen lieben.«

192 *fehlt in D, ergänzt aus F*; schuff *CR*; weiplich *CR*. **193** so[2]] sein *CR*; schwerlich *L*. **195** Jr pûstes wol *CFR*. **196** marter *L*; m. hie ye *R*; erlitten *F*. **197** endet] ander *L*. **198** wechts fr. e. zwel vnd *L*; würtz *CR*. **199** Auff v. *CR*; noch] vil *CR*. **200** D. so ist *F*; noch] noch vil *F*, vil *L*. **201** alle *L*; cartuser *C*; w. ir gelebt *CR*, w. jr hie l. *F*, w. hie l. *L*. **202** ie] offt *CFLR*; hermlein *L*. **203** mit[2] *fehlt CFLR*. **204** So g. *F*; nicht] mit *L*. **205** einem augenplick *CFR*. **206** gedult *F*; verschreit *L*. **207** kempt f. a. marter *L*. **208** pfl. vnd der *F*. **209** Darab m. *FL*; got m. sel *CR*; erhert *R*. **210** darein] *fehlt C*, daraus *R*. **211** sol] so *L*; nicht] mich *L*. **212** sullen] wollen *F*; vnsern *L*. **213** Ir *fehlt F*; so] do *L*. **214** mer *fehlt L*. *Nach 214 zwei Zusatzverse in F:* Vnd darumb so lassen wir vnnser tagen / Man sol gutz von frauen vnd pristern sagen. **215** kunig] keyser *L*; heimhin *CR*. **216** gen den hellischen sel dieben *CR*. *Nach 216 zwei Zusatzverse in CR:* Der selbig ist aller sach ein erkenner / Vnd aller ding auch ein aufftrenner.

Mit dem da sweig der priester still.
Die fraw sprach: »herr, es ist mein wil.«
Dorumb so dunkt es mich ein torheit
Und sprich das fur die rechten warheit:
Der frawen schendet und priester lestert,
Zu dem sich got nicht brudert noch swestert
Und fleucht von im mit seiner wonung
Und ruft in nicht zu der belonung;
Den seinen awßerwelten er damit lonet.
Wer frawen eret und priester schonet,
Der fleuhet vor der helle glut.
So hat geticht der Rosenplut.

217 da] so *CLR*. **218** es] das *CFLR*. **219** so *fehlt L*. **220** die ganczen w. *F*, ein gancze w. *L*. **221** Wer *CR*. **222** dem] den *CFR*; sicht g. n. prwder n. schwester *L*. **223** flucht *L*; jn *DFLR*. **224** im *CR*; welobung *L*. **225** Do er sein vßerwelten l. *CFLR*. **226** Der *FL*; frawet *D*; vnd der pr. *L*. **227** glut] nüt *C*. **228** g. Hanns Rosenplüt *CFR*; rosenplüt *L*.

10a Das Lob der fruchtbaren Frau

Eins tags do spacirt ich awß nach freude. [22v]
Do kom ich auf ein grune heide,
Darauf manig schone blume herschost,
Die awß der erden so sueßiglich prost
Mit manchem wol richendem grunen krewtlein,
Die von ir warf ir valbes hewtlein,
Dorinnen sie was gestanden zeglich.
Die grunet wider auf so kecklich
Mit smecken und mit sueßen seftlein.
Manig sumervogelein flog an ir scheftlein
Und prumet darob manches sueßes dönlein.
Von bluden sach ich manches hubsches kronlein,
Darauf manig pluendes pletlein flindelt,
Das also werklich was gezindelt
Auf grunen newgewachßen estlein.
Manig sueße plut gutzt awß irem kestlein,
Das von der sunnen was aufgesmolzen,
Das sie niemande kont uberstolzen
Mit hubscheit und mit clugen varben,
Das ich aller trawrigkeit must darben,
Da ich ansahe ir grune puschlich.
Darawß do pluet also hubschlich
Manig himelplae geverbtes kemlein.
Mit grune so was gecleidet ir stemlein.
Ir plettlein waren so merklich geedert.
Darauf manig junges pinlein fledert

Überlieferung: D 22v-26v, C 62r-64r [V. 69-244], F 193v-199v, L 6r-12r
Überschriften: Das fruchtpar lole *D*, Das fruchtbar frauenlob *F*

1-68 *fehlt C.* **1** do *fehlt FL*; freude] lust *L.* **3** herschoß *L.* **4** sußlich *FL.* **5** manchen gr. w. r. kr. *F*; wol richen kutlein *L.* **8** Der *L.* **9** süssem *F.* **9:10** seschlen : scheschlen *L.* **10** vogel *L*; an] jn *D.* **11** prunnet dauon *D*; declein *L.* **12** Vnd plud *L*; plut *F.* **15** new gewaschen *L.* **16** gutzt] gutz *F*, *fehlt L.* **17** von] an *L.* **19** varben] worten *L.* **22** Do auß do *L.* **23** himelprae *D*, himelplob *F*, himel plue *L.* **24** gr. ward geverbt jr *L.* **25** merklich] werdentlich *L.* **26** pinlein] pletlein *L.*

Und weidnet in irem pluenden tostlein
Und suchet dorinnen seins leibs kostlein.
Nach irem sueßen honig es nascht,
Biß es seinen hunger abwascht, [23r]
Wann es da vand seines leibs narung
Und furt davon sein winterzerung
Von irem pluenden, honigreichen schopflein.
Von taw sahe ich manig lawters tropflein
Da hangen an irem grunen pertlein,
Damit genetzet warde ir swertlein,
Das sie so frisch aufreckten ir orlich
Awß ires holen stammes rorlich
Und gaben zewgknuß auf iren halmen
Die großen weißheit des himelischen salmen.
  Furbaß kome ich durich sueßen nebel.
Da hort ich erst awß vogelsnebel
Das allerlieplichst sueste preambel
Awß musica one alles stammel
Zwischen dem gama-ut und dem soll.
Das schickten sie da auf zu zoll
Dem kunig in der eren vesten,
Das er in die sunne ließ heraber glesten.
Dieselb macht mit irem warmen glitzern
Manig freien vogel so sueßlich zwitzern.
Mit semitoni awß dem re
Schopften sie awß der quinten see
Manig sueßen wirbel awß iren snebeln.

27 w. aus in *F*; jren pluende *L*. **28** suchten *L*. **29** sueßem *D*. **30** B. das es *FL*; ablascht *F*, ab nascht *L*. **31** da vand] dauon *DL*. **32** Vnd vast dar ab s. *L*; furten d. jr *F*. **33** jren *L*; honigreichem *D*, honik *L*. **34** tropflich *L*. **35** So h. *L*; jren *F*; pertlich *L*. **36** würden *F*; schertlich *L*. **37** Die so frischlich auf richten jre örlein *F*; fr. reckten auf jr orgeln *L*. **38** Die auf jren h. stamen rörlein *F*; Auf *L*. **39** Und *fehlt F*; jres halms cleit *F*. **40** Des gr. h. salamonis w. *F*; der h. salben *L*. **42** ich aus der v. *F*. **43** Dy *L*; priameln *F*. **44** m. don on a. stameln *F*; alle *L*. **45** Zwen schön dön g. *L*. **46** Da *DL*. **48** Das jrer jn dy sun l. herab glensten *L*; Dorynn die *D*; herab l. gl. *F*. **49** Die *F*. **50** so *fehlt F*. **51** Aus s. mit d. re *F*. **52** Da sch. *F*. **53** süsse *F*, susses *L*.

Die donten sie her von pawmes gebeln
Mit halben noten one alle valsethen,
Das in rundel und in muteten
Nie wurden gefurt so sueße pruchlein,
Als man sie notirt in die buchlein,
Und sie do donet in canducten [23v]
Die vallenden noten und die verzuckten.
Hol noten und slagnoten furts mangen,
Gespalten die kurzen uber die langen.
Die dis*c*antir*t*en sie alle in irem cantum,
Do sie frolockten in tones quantum.
Die lerch so meisterlich traff
Die concordanzen in der octaf.
Aus b-fa, b-mi clang her teglich
Die droschel mit irem sueßen sleglich.
Golander spilt awß b-mollis
Und ruret nindert an das solis.
Die amsel der noten zal comunet.
Die tenorirt und purdaunet
Mit ut, mit terz und mit medium.
Daruber spilt ad placitum
Die nachtigal so sueßen takt,
Da sie so manig grunes laub bedackt
Mit ires wedels obswunglein.
Darunter munzet auch ir zunglein
Manig sueße noten in einer minuten.
Damit sie alle schon lob erputen

54 Sie *FL*; herab von der paumen g. *F*. **56** und] von *L*; in[2] *fehlt F*. **57** Nie *fehlt F*; ward *L*; so] solche *FL*; pruchlich *FL*. **58** püchlich *F*, pucher *L*. **59** do *fehlt F*; in den c. *F*; con dulten *L*. **61** Die holen n. furten sie m. *F*; n. furpas m. *L*; mangen] wangen *D*. **63** distantiren *D*, distandirten *F*, dispadirten *L*; alle *fehlt F*; jren *L*. **64** Vnd fr. *F*; trantrum *D*, cantum *L*. **66** Mit c. *FL*; in der] die *FL*. **67** b fabemi *D*, bfabmi *F*, bbfabemi *L*. **68** D. tr. furt so hubsche schl. *F*; jren *L*; schlegen *L*. **69** Der g. *F*; spist *L*; b-mollis] bmoll *F*, bbmollis *L*. **70** soll *F*. **71** usmaunet *C*, comnaunt *F*. **72** tenorirt] t... *[unlesbar, Rasur] L*. **74** D. distandirt *F*; in placitum *CF*, jr placzium *L*. **75** so] manig *C*, mit *F*; süessem *F*, suß *L*. **76** Manig gr. läublein sie b. *F*; so *fehlt CL*; grunes] suß *L*. **77** w. vberschwunglein *F*. **78** nuczet *L*; auch] offt *C*, es *F*. **79** einer *fehlt F*; minten *L*. **80** schon] do *CF*.

Mit manchem meisterlichen stucklein
Dem, der in zu speise schuf die mucklein.
Dem dankten sie mit sueßem gelsen,
Dem obersten schopfer awß iren helsen.
So ich nach lust ge umbswanziren
Und hort der vogel stimme hofiren,
Do kom ich an ein liebe stat.
Do ward ich erst freuden sat [24r]
Von einem weib, die plickt ich an.
Kein gesicht hett mir nie paß getan,
Davon mein freude warde ie so groß.
Ein in mein herz sie sich versloß
Und pleibet dorinne ewigleich.
Kein meister lebt so kunstenreich,
Der hie mocht smiden oder gegißen
Ein slußel, der sie mocht aufgesließen.
Dasselb mich großes wunder nam,
Von wann mir sollich große lieb kam,
Das sie so gar in kurzer stund
So tief sank in meins herzen grund,
Wann ich ir vor nie hette erkant.
Mein trawren mir alles da verswant
Und ward von frewden also reich.
Die floß ein in meines herzen teich.
Groß lieb und freude sich da zusammen mengt.
Damit ward ich so wol besprengt
Recht sam ein rose von sueßem taw.
Dank hab die allerliebste fraw,

81 manchen *CL*; meisterlichem *D*; stücklich *C*, stucken *L*. **82** zu sp. in *CL*; weschuf *L*; mügclich *C*, minnigleich *L*. **83** Den *L*; sie all m. *F*; sussen helssen *L*. **84** Den *L*; sch. do auß *L*. **85** Do ich also vmbging *F*; vmb ge *C*; spaciren *FL*. **86** vogelgesangk *F*. **88** erst recht fr. *C*, allererst fr. *F*. **89** ich] mich *L*. **90** hat *F*. **91** ie] nie *F*. **92** sie sich] ich sie *F*. **95** gissen *FL*. **96** auß g. *C*. **97** Da selbs *L*; gar gros *F*, grosse *L*. **98** große *fehlt CFL*; l. do kam *CL*. **99** so] als *CFL*; in] zu *CL*. **100** Als *CFL*. **101** Vnd ich *C*. **102** da *fehlt FL*. **103** von] an *C*, da *FL*; also] do so *C*. **104** floß] schloß ich *L*. **105** da *fehlt C*. **107** sussen tauen *L*; sueßem] dem *C*. **108** allerschonsten *F*, aller suste *L*.

Das sie mich mit freuden also hat durichstrewt.
Sie ist der trost, der mich erfrewt.
Sie ist das netz, dorinn ich vah
Lust, freud, wunne, kurzweil und fro.
Sie ist der schirm, der mich behutt
Vor trawren und vor ungemut.
Sie ist das schiff, das mich da treit
Awß sorgen, awß trawren und awß leit.
Sie ist ein sarch, dorinnen ich rue. [24v]
Dorumb west ich gern, wenn oder wue
Ich in irem dinst solt sein bereit.
Darzu wer ich gar unverzeit.
Sie liebet mir zu aller frist
Fur alles, das auf erden ist.
Was ie die sonne anrurt mit glesten
Von orient hin biß gein westen
Und was der himel ie uberschreit,
Das gibt mir alles nicht sollich frolichkeit,
Als mir die liebste frawe tut,
Wenn sie einget in meinen mut.
Sie spacirt umb in meinen gedenken.
Was ie der himel konde umbschrenken,
Das ist mir alles swarz gein ir geverbt.
Kein golt wurde nie so clar gegerbt
Und edel gestein so fein gepurgirt,
Der sunnen glanz nie so schon gezirt
Und liechter flam her von carbunkel,
Das ist mir alles gein ir sam tunkel,
Hie gein der allerliebsten frawen,
Wenn ich sie mit awgen an sol schawen.

109 also] so *CL*, *fehlt F*. **111** des mecz *L*. **112** frewd vnd w. *CL*. **115–128** *fehlt C*. **115** da *fehlt F*. **117** ein] der *F*. **119** Wie jch jn jren d. *L*. **123** Vnd w. *F*; gliesten *DL*. **124** hin *fehlt F*. **125** was] das *F*; vmbschreit *F*. **126** geit *FL*. **129** meinem *D*, mein *CL*; gedancken *F*. **130** vberschrencken *L*. **131** verbt *L*. **132** ward *CL*. **133** edelstein *C*, edels gestein *F*; gepolirt *F*, purgirt *L*. **134** so schön nie *CFL*; czirt *CL*. **135** carwuckel *C*, karfunkkel *FL*. **136** allssampt *F*; sam *fehlt CFL*. **137** Hie *fehlt C*; der] den *F*. **138** mit awgen *fehlt F*; sol an sch. *CFL*.

Und kome ein man als kunstig her
Als Virgilius, der zawbrer,
Und trug in im Morelphes list
Und alle wunder kont und wist,
Die Allexander sah durich das glaß,
Und sterker were, dann Sampson was,
Und hette fur den Lorengel gesprungen
Und konde gereden mit allen zungen
Und were mit ringen obgelegen [25r]
Dem freien helt, dem stolzen degen,
Herr Parzival auf schirmes plan,
Und were noch weiser dann Saloman:
Noch mocht er zwar als clug nicht gesein,
Das er die liebsten frawen mein
Mir konde geleiden, das ich ir wurd gram.
Nicht liebers in mein herz nie kam.
  Wer ist die wuniglich, die schon,
Die ich mit lobe also hie kron
Fur alles, das mir ie zu sehen kund werden
In luft, in wage und auf der erden?
Das ist ein fruchtpar elich weib,
Wenn in der ee tregt frucht ir leib.
Das ist ein gart, darein got set
Himelischen samen fru und spet,
Das sein die sele gebenedeit,
Die got herab awß dem himel geit
In weibes gruft, die fruchtpar ist.
Kein man gewan nie sollichen list,
Das er mit seiner weißheit pickel
Mocht awßgegraben den artickel,

139-154 *fehlt C.* **139** als] so *L.* **140** virgilius] filius *DL*; der was ein z. *L.* **141** mordocheus *F*, morolpes *L.* **144** denn der s. *F*; samsam *L.* **146** reden *L.* **147** mit ringen *fehlt L.* **148** *fehlt F.* **149** schirmens *D.* **150** salaman *F*, salamon *L.* **151** nit als cl. *F*; gewesen *L.* **153** laidigen *L.* **155** wuniglich] minnigleichst *L.* **156** hie also *F.* **157** das do ist auff erden *CDL.* **158** *fehlt L*; auf] in *C.* **160** ee *fehlt D.* **161** Die *CFL.* **163** dy sel dy *L.* **165** gruft] geist *D*, frucht *L.* **168** auß graben *L.*

Das er wiße, wie sich personir
Sele und leib und sich temporir
In weibes gruft zu menschlich pild.
Das geschicht so heimlich und so wild,
Das es niemant weiß dann got allein,
Wie hawt, fleisch, glied und pein
Sich also schon zusammen fugt. [25v]
Das hat kein man nie awßgeclugt,
Wie sich das schopf in weibes schoß.
Da beweist got sein mechtigkeit groß,
Das fewer und waßer kumpt uberein
Und luft und erde wirt fleisch und bein.
Die vier element temparirt got zusammen,
Das vier este wachßen awß dem stammen.
Das sind die arm und bein,
Das sich besunder schopft allein.
Wie iglicher ast vom stammen sich scheit
Und sich in rechter lenge awßleit,
Das weiß niemant, dann der das sacht,
Des kunst und weißheit allzeit wacht.
Des sei im ewiglich gedankt,
Das er es so hubschlich hat verschrankt,
Das es kein awg nicht mag gesehen
Und nie kein hirn konde awßgespehen.
Dorumb ich fruchtbare weiber preise
Fur alle frucht im paradeise,
Was ir dorinnen ie zeitig wart,

169 sich] sie *F.* **170** und[2]] *fehlt F*, wye *L*; temperir *CFL.* **171** gruft] geist *D*, gunst *L*; menschem *CF.* **172** geschicht] sicht *L.* **173** es *fehlt CL.* **174** hawt vnd fl. vnd gl. *CL.* **176** hat *fehlt L*; klugt *L.* **177** Das er wiß wie es sich schopff *F*; schopft *L*; weibes] frawen *C.* **178** Dar ynn zeigt g. *C*; Darumb so b. *F.* **180** Das l. *F*; erde] er *L*; wurd *C.* **181** tempert *C*, temperirt *F*, temperrit *L.* **182** Das wir sein gewaxen *L.* **183.184** *fehlt L.* **183** sein *CF*; vnd die b. *CF.* **184** *fehlt L*; Die s. do ledigclich schöpfen a. *C*, Wie s. ygklichs sacht a. *F.* **185** Vnd wie s. ygklicher a. v. st. sch. *F*; eitlicher *L*; von stam *L.* **187** Des *D*; das] der es *CF.* **188** allzeit] ymmer *C.* **189** Das *L.* **190** geschranckt *F.* **191** es nie *F*; kein man mocht (mag *L*) *FL*; aug nie mocht *C.* **192** hirn konde] man mocht *F*; auß spehen *C.* **195** da jn *L.*

Auch fur die claren brunnen zart,
Die dorinnen entspringen kul und schon,
Auch fur das wuniglich gedon,
Das von den himeln dorinnen erclingt,
So ein spere die andern dringt,
So sie umb nach dem zirkel gan.
Das gibt dann alles sueßen don,
Wenn sie da aneinander streichen.
Das mag alles weibes wirden nicht gleichen.

Weib ist der freudenreichest hag, [26r]
Das sie keines menschen zung nicht mag
Volloben nimmer ewig ganz.
So wenig als der sunnen glanz
Verdecket wurd mit einem plat
Gar zu an ires zirkels rat,
Noch minner wurd vollobet weib.
Ir zarter, wuniglicher leib,
Der zinset got manig sele so schon,
Davon die himelischen tron
Erfullet wider werden gar
Von edler fruchtbar weiber schar.
Dorumb ist sie die edelst art,
So sie nach got ie geschaffen wart,
So hoch uber engelisch creatur.
Des haben wir von in ein figur,
Da hie die werlt kam an die plog,
Das sie ertrank in wildem wog

196 Vnd auch *F*. **197** entpsrungen *L*. **198** Vnd auch *F*; wuniglich] minnigleich *L*. **199** dem himel *FL*; dorinnen] dinn *C*, *fehlt L*; erklang *L*. **200** Wann ein *CF*; sperat *F*; das ander *FL*. **201.202** *fehlt L*. **201** sie umb] die *F*; z. vmb gan *F*. **202** D. geit den allerschönsten d. *F*; den aller süsten *C*. **203** W. die durcheinander str. *F*. **205** Ein w. *F*; freude reiches *D*, freudenreiches *L*; hal *L*. **206** sie *fehlt F*. **207** Verloben *L*; ymer *C*. **208** Als *CFL*; wenig] weit *L*. **209** wirt *C*. **210** An jres *L*. **211** minner] nimer *L*; wirt *CFL*; verlobet *L*; v. die eeliche w. *F*. **212** minniglicher *L*. **215** Derfullet *CF*; werden wider *F*. **216** Vnd adler *L*; weibe *D*; schad *L*. **217** D. so ist *F*; alleredelst *F*. **218** beschaffen *F*. **219** vber all *F*; englich *F*, etlich *L*. **220** von einer f. *L*. **221** hie *fehlt F*; die] dreyen *L*. **222** Do sie *F*; dertranck *C*; wilder *F*, wilden *L*.

Biß on acht menschen in der ark.
Dieselben fristet got, der stark.
Darunter waren drei fruchtbare weib.
Die pflanzten wider mit irem leib
Die werlt, das sie da widerkam,
Die mit sintflut da ein ende nam.
Dorumb lobe ich sie fur alles, das
Von taw, von regen ie ward naß.
Vor aller sueßer vogel stim,
Fur balsam, golt und auch fur gim
Lob ich die wuniglichen schar.
Niemant mag sie volloben gar. [26v]
Ir wirde swebt allen himeln ob.
Wann ich hore, das ir lob
Ewiglichen kein grunt noch ende hie hab,
Dorumb so wil ich laßen ab
Und wil sie laßen got loben und eren
Bei im dort in dem tron der herren.
Do wunsch ich hin die liebsten frawen,
Das sie got ewiglichen da anschawen
Und er sie hie vor allem leit behut.
So hat geticht der Rosenplut.

223 arckt *D*, arch *L*. **227** Das die welt wider auf k. *F*. **228** Die in der sintflucht (sintfluß *F*) ein *CFL*; end do n. *L*. **229** D. so l. *FL*. **230** Von t. r. vber naß *F*; von^{2}] vnd *C*. **231** Vnd für a. *F*; allen sussen *L*. **232** balsam *fehlt L*; fur] der *F*; gin *L*. **233** wuniglichen] minnigleich *L*. **234** Wann n. *F*; sie *fehlt F*; verloben *L*. **235** wirde] lieb *L*; a. jn himel *F*. **236** hör sagen d. *CF*. **237** Ewig *CL*; grunt nit hab *F*; end noch grund *L*. **239** got lassen *CFL*. **240** der] den *C*; herren] eren *F*. **241.242** *fehlt F*. **241** So w. ich sie h. *C*; junkfrauen *L*. **242** got do ew. muß ansch. *L*; ewigclich dort sch. *C*. **243** Da helff vns got hin mit seiner güet *F*; sie] ist *L*; allen *L*; behüt *CL*. **244** Also *F*; get. hanns Rosenplüt *CFL*.

10b Das Lob der fruchtbaren Frau, 2. Vorrede

Sich fugt eins tags in dem meien, [64r]
Das ich nach kurzweil gond außreien.
Do kam ich auf ein anger weit.
Do wart gekurzet mir mein zeit,
Do von dem allersüßten schal
Der *wald* also wonnigclich derhal
Von paumes ast auß vogels kel.
Einer dont lawt, der ander hel,
Der dritt sang kün, der vird so fri
Die allersüßten melodi
Lieplich auß ganzer musica.
Mit ut, re, mi, fa, sol und la
Konden si also schon hofieren
Und also süßlich discantieren
Für pfeifen, lauten und für pusaumen.
Die troschel hielt do die p*u*rdaumen
In allen vor do auf der wart.
Die lerch, die mischet ein die quart.
Darnach do hub die nachtigal an
Mit quadranten auß semiton
Und ließ die quint so süß herstreichen,
Das si do keine möcht überreichen.
Ir zwiczern stimpt auß iren körn,
Das mannes hand auf pfeifen, auf rören
Solch melodi ni hat gefingert,
Domit man leid und trauren ringert,
So ganzen tact mit süsser quinten, [64v]
Das feder ni gestreich mit tinten
In linias felt solch süssen würbel,
Domit im itlichs macht ein kirbel,
Got zu lob, dem fursten und heren,
Der dort herscht in dem tron der eren.

Überlieferung: C *64r-v;* *Überschrift:* Ein andre vorred des frawenlobs **16** pordaumen.

Si furten den allersußten solfen.
Darzü hät in der mai geholfen
Mit seinem linden, warmen glanz,
Dovon in al ir freud ward ganz,
Das si so wonnigcleichen sungen.
Der mei ir trauren hätt verdrungen,
Das ir lob nicht mag vahen schimel.
Des si gelobt der furst von himel,
Das ers so süßlich hat gestimpt,
Darumb sein lob kein end nit nimpt.
  Mer lustes ich furbaß do erkannt
Von manchem rößlein, das do brannt
Gar wonnigclich her auß dem graß,
Das von dem taw erküket was,
Das mir so zuckersüß gund riechen.
Auch sach ich wonnigclichen kriechen
Manch blümlein auß der erden do:
Rot, weiß, graw, swarz, gel, braun, grün, blo.
In solchem lust ich do umbswanzt.
Die erd so wonnigclich was gepflanzt,
Mit cle und lilgen so schön geziert,
Mit rosen und viel durchfloriert
Und sust mit manigem blümlein blank.
Des hab der voit von himel dank,
Das ers so hubschlich hat geseet.
Wer im des nit gedanket hett,
Der wer an seiner weisheit lam.
  Nach lust ich darnach furbaß kam.
Do kam ich an ein liebe stat ut supra

61 *Anschluß an V. 87 des Lobs der fruchtbaren Frau.*

11 Die sechs Ärzte

Were rechter erznei wolle pflegen [43v]
Und leib und sele wolle waschen und fegen
Und hin wolle treiben aller seuchen quel,
Die schedlich sein an leib und an sel,
Der sol im sechs erzt awßerwelen,
Die ich im eigentlichen wil erzelen,
Drei zu der sel und drei zum leib, [44r]
Die erzneien man und weib,
Und niemant mag ir empern.
Die sechs erzt wil ich euch erclern:
  Der erste leibarzt ist ein koch;
Der sol in seiner sinnen joch
Weislich besinnen, was er kocht,
Davon der mensch nicht krankt noch socht,
Von vischen, vogeln und von tiern.
Die drei sol er awßstudiren,
Was gut davon zu kochen sei.
Alle doctores in der erznei,
Die raten, was vischs nicht schupen hat,
Das man der keinen koch, sied noch prat,
Wann sie sein recht flecmatici.

Überlieferung: D 43v–47v, F 177r–182r, J 2r–7v, M 279r–284r, U 19r–24v
Überschriften: Von den sechs ertzten *D*, Ein spruch von / sechs erczten *[Bl. 176v] F*, Von sechs ärczten dy da notturf / tig seind dem menschen zw pehal / tung daz geystlich vnd daz leybplich / leben *J*, Dy sechs erczt *M*, Von den sechs ertzenn *U*

Vor 1 Zwischenüberschrift in D: Der erste artzt. **1** reycher *M*. **2** Und *fehlt U*; waschen] reynigen *U*. **3** wolle *fehlt U*; seuchen] seuffzen *U*. **4** D. scheydlich sind l. vnd s. *U*. **5** ercz erw. *U*. **6** Als ich jm hie (euch hernach *U*) wol w. e. *FJU*. **7** Drei[1] *fehlt FJ*; drei[2] *fehlt FJ*. **8** D. sollen erczney *U*. **9** Wan jr doch n. m. e. *U*; jr nit e. *FJM*. **10** euch hie e. *FJ*. *Vor 11 Zwischenüberschriften:* Der erst [erst *über gestr.* ander] artzt *D*, Der erst arczt *J*. **11** l. der ist *J*. **12** in *fehlt U*; joch] gach *D*. **13** koch *FJU*. **14** nicht] weder *F*; krank *JMU*, sich *F*; noch] vnd *FMU*; soch *FJU*. **15** vogeln vischen *F*; von[2] *fehlt U*. **16** dr. die sol *FM*. **17** guts *U*; dan von *J*. **18** Als *U*; doctor *MU*. **19** visch *FJMU*; schipen *M*. **20** Der selben man kein s. n. broth *U*; koch] weder *F*, *fehlt J*. **21** sint *FJMU*; flecmaticus *U*.

Die vogel sein sangwinei.
Ir koche, mit warheit das wißet:
Welcher vogel den andern ißet,
Als geier, valken und hunerarn,
Die sol man alle mit kochen sparn;
Das raten die schriftweisen und die hohen.
Was tier nicht haben gespalten cloen,
Derselben fleisch kein mensch nicht nieß.
Der engel gotes das meiden hieß
Sem, Cham und Jaffet, Noels son; [44v]
Die swummen auf der archen pun.
Die haben das erst fleisch genoßen,
Das allen menschen vor was besloßen.
  Der ander leibarzt ist ein weinschenk;
Derselbe allzeit bedenk,
Wenn das die wein aufsten und siechen
Und sieden und duricheinander krichen
Und auch gefetzt sein mit gemecht
Von einfeltigem, unweisem knecht:
Dasselb ein itzlich weinschenk awßspeh.
Wenn das die wein sein swer und zeh,
Darnach sie konig werden und seiger,
So ziehe er ein den seinen zeiger
Und sol keinen sollichen wein anstechen,
Wann sie den menschen vil tag abprechen.
Die wein, die bringen das podigram,
Das die pein und fueß werden lam,

22 D. v. heysen sangwineus *U*; Dy vogel dy s. *M*; sint *FJ*; sangnei *J*. **23** mit weyßheyt das nun w. *U*; w. ir das *FJM*. **24** Vnd w. *U*. **25** geyern *U*; hunernarn *J*. **27** Es *U*; die[1] *fehlt U*; geschriftweisen *FJ*; die[2] *fehlt M*. **28** tyer der n. *J*; hat *FJ*. **29** nieß] yßs *M*. **30** gotes engel *F*. **31** Seuitam Japhet Moyses sun *U*; Semdt *D*; kam *DM*; noe *J*. **34** D. v. a. m. *FJMU*; wart verschlossen *U*. *Vor 35 Zwischenüberschrift:* Der ander arczt *J*. **35** schenck *U*. **36** D. auch a. *FJ*; a. weyßlich b. *U*. **37** das *fehlt U*; wein *fehlt D*; siechen] sazen *U*. **38** und[2] *fehlt FU*. **39** gemechten *U*. **40** einfeldigen vnd vnweysen knechtn *U*; ainfeltigen *M*. **41.42** *fehlt U*. **41** ygklich schenck *FJM*. **42** swer und *fehlt F*. **43** konig] kranck *U*; seygern *D*. **44** dem seinem *U*. **45** sollichen] schotten *M*. **46** Dann *F*; dem *M*; menschen] leutn *U*. **47** Wenn sie br. *FJ*, Der w. bringt *U*. **48** Da *J*; die *fehlt FJMU*; pein] hend *U*; vnd die f. *M*; fuessen *J*.

Und machen in dem bauch unru
Und schopfen die brunroren zu,
Das man gewinnet den reisenden stein,
Und derren das margk in den rornpein
Und ziehen das geeder zusammen
Und sein schadbar den sewgammen
Und sein gar schedlich swangern frawen.
Ein itzlich schenk alle wein sol schawen
Und wiße, was er seinem nechsten geb, [45r]
Das er mit gleichem vaden web;
So ist er ein arzt, der got gefelt
Und rechtlich nach dem reich gots stelt.
Der dritte leibarzt ist ein pader;
Der padt den leib und slecht die ader
Und schirt das hawpt und fegt die glieder.
Wenn der mond ist im wider,
So ist paden und lassen ein stewer
Den coleric*i* vom fewer;
Das zeichen ist von orient,
Were die vier conplex an im bekent,
Die mittelmaß kalt und heiß;
Das sagt der doctor Ipocreis.
D*ie* sangwinei sein von luft,
Geschaffen von dem edeln tuft
Awß sud her von meridie.
Die sullen paden, wenn luna ge
In virginem von mittem tag;
Das ist des Avicenna sag.

49 macht auch jn dem leib vnruh *U*. **50** stopfft auch den br. *U*; stopffen *FJM*. **51** Dauon m. *U*; gebingt *J*. **52** Vnd der d. m. fleisch vnd peyn *U*; in] ym *M*; den *fehlt FJM*. **53** zeucht auch d. *U*; gederm *FJMU*. **54** Vnd ist auch schade allen seygten amen *U*; sind *FJ*; syegammen *J*, sewgenden ammen *M*. **55** Vnd schat auch allen s. f. *U*; sind *F*; schad den *FJ*. **56** ygklich *FJM*; alle] sein *FJ*. **58** weg *U*. *Vor 61 Zwischenüberschriften:* Der dritte artzt *D*, Der dritt arczt *J*. **63** fegt] reynigt *U*. **64** W. das d. monn *FJM*; Vnd w. *U*. **66** Dem *JMU*; meloncolici *DFJ*, melicolici *M*, colerico *U*. **67** zeichent *FU*. **68** vier *fehlt U*; kent *FU*, erkent *JM*. **70** Es *DFJMU*; sagt] fragt *U*. **71** Das *DFJMU*; sangwineus *F*,sangneus *J*, sangwineych *M*, sangwinee *U*; sey *FJMU*; von der l. *U*. **72** dem] der *U*. **73** süden *FJU*, sod *M*; her *fehlt U*. **75** virgine *U*; vom mitten *M*. **76** auiceney *J*, aficennus *M*; sag] rat *J*.

Flecmatici sind de aqua.
Wenn sich das licht anzund luna,
So sein sie swach, das macht ir plut,
Das an dem newen bei im nicht rut
Und girt in im als trube wierz;
Das bringt im swach und kranken schmirz.
Wer sich vor dem swach wolle beschutzen
Und auch sein leben wolle unterstutzen, [45v]
Das im der tot mueß geben frist,
Der pade und laß, wenn luna ist
In aquario von occident;
Das hat Orienis awßgespent.
Melancolici, die sein von erden.
Wenn denselben eng umb das herz wil werden,
Das sich gesuntheit ab wil teilen,
Den ist paden und laßen ein heilen,
Wenn luna eintritt in piscem,
So wittern kalt aller wolken swem.
Das zeichen ist von mitternacht;
Das hat doctor Plinius gesagt.
Der vierde arzt, der die sele erzneit,
Das ist der, der do auf der canzeln awßschreit
Die heiligen cristenlichen regel
Und drischt awß mit seiner zungen flegel
Den cristen zwuundzweinzig garb,
Der Moises zehen umb got erwarb,
Und zwelf garb vol himelischer korner.
Allen hellischen veinden tet nie kein sach zorner

77 Flecmatica *FJ*, Flectmaticy *U*; sind] sunt *FJU*, svn *M*. **78** W. sie d. l. zunth l. *U*. **79** sein] sint *FJ*, findt *U*. **80** Der an *U*; an] in *F*; im] jn *FM*; nicht *fehlt FJ*; rut] thut *U*. **81** im] yn *MU*; trüber *F*, trubes *J*. **82** Vnd pr. *JU*; im] yn *MU*; krancke *M*; swiertz *D*. **83** sich dauon nun w. *U*; vor schwacheit *FJ*. **84** wolle *fehlt FJ*. **87** aquaria *M*. **88** hat der orienes *FJ*; Origenuß *M*, Galienus *U*. **89** Colerici *DM*, Melancolice *U*; die *fehlt U*; sint *FJU*. **90** W. jn swach vms h. werden *U*; denselben] den *F*, das den *JM*; das herz] die prust *F*. **91** Vnd sie g. *U*. **94** wittern] winther *U*; all *DJM*. **95** Da z. *F*. **96** *im Wort* Plinius *ein Abstrich zuviel D*. *Vor 97 Zwischenüberschriften:* Der vierd artzt *D*, Der vierdt arczt *J*. **98** Der i. *U*; der do *fehlt MU*; do *fehlt FJ*; awß] auf *J*. **100** awß *fehlt FJ*. **101** vierundzwainczig *M*; garb] jar *U*. **103** zw. jars von hymelischn kornern *U*. **104** Dem h. feint thet sich nit zcörnen *U*; Den h. *FJ*; kein *fehlt FM*.

Dann die zwelf stuck des heiligen glauben.
Das herz sol man geheb zucleiben,
Das der stuck keins mug darawß reisen,
Wenn es getichtet haben die zwelf weisen,
Die heiligen apposteln, Cristus boten,
Die von in sniden aller sunde zotten
Und uns dasselb auch haben gelert [46r]
Und große tyrannen hie bekert.
Und was geheilen mag den sunder,
Des ist der arzt da alles ein kunder
Und auf der canzeln ein awßspender
Und ist uns der recht war kolender,
Dorinnen wir finden Cristus predig.
Wollen wir von sunden werden ledig,
So sullen wir tun, was er uns redt,
Wann got sein erznei hat bestedt,
Das er die sele von sunden heilt,
Das got sein gnad mit ir teilt.
Der funft selearzt ist ein peichtiger;
Der kan abladen die großen swer.
Der sunden perg die angst swer lest,
Die sein der sele gar schedlich gest.
Die treibt er awß, das sie von ir weichen.
Dorumb so sol man zu im sleichen
Mit rew, mit leit und vor im peichten
Alle sunde, die tiefen und die seichten,

105 Den *FJ*, Wann *M*, Dem *U*; stuck christenlichem gl. *U*; des cristenlichen gl. *F*, des h. kristenlichen gl. *J*. **106** heben *J*, geben *U*; zuclauben *FJU*. **107** k. rauß reyssen *U*; daraus müg *FJM*. **108** *fehlt U*; die *fehlt M*; zwelf *fehlt FJ*. **109** Die Appostolen *U*; cristi *FJ*. **110** Die schn. von yn *U*; von] ab *M*; schnitten *FJ*; aller] der *FJU*; sunden *FJMU*. **111.112** *fehlt U*. **113** geheyligen *U*. **114** da *fehlt M*. **115** ein spender *U*. **116** Vnd der war gewiß k. *U*; war recht *J*. **120** hat s. e. *FJM*. **121** *in F versehentlich beim Seitenwechsel wiederholt*; sele *fehlt U*. **122** gnad] gaudio *FM*, freyd *J*, sterben *U*; ir] vns *U*. *Vor 123 Zwischenüberschriften:* Der funfft artzt *D*, Der funfft arczt *J*. **123** sele *fehlt F*. **124** ab *fehlt U*. **125** perg] perig *J*, bregk *U*; angst] sunde *D*, großen *U*; swer *fehlt U*. **126** sind *J*; schedlich] swerlich *D*, grawßam *U*. **127** treibt] zwingt *U*; awß *fehlt U*; ir] jm *FJ*. **128** man fur yn *U*. **129** rew] trew *F*; mit[2]] vnd *JMU*; leyd gancz fur yn *U*. **130** tieffe *U*.

Und sließ auf ganz deins herzen tur
Und halt im es unverdecket fur:
Das mel, die hulsen und die cleien.
So kan er recht geerzneien
Und die sele schon wider aufmutzen
Und padt sie awß mit seiner absolutzen,
Das sie die engel uberclert. [46v]
Als hoch so ist der arzt gelert:
Alle himel slewst er auf mit seinem mund
Und bringt uns her in ein weiß rotund
Die hochsten drei himelischen ept
Und gibt uns die zu einem recept
(Das ist die allerheilsamst gebung)
Und tilgt ab aller sunden anclebung,
Das die sele nimmermer velt in crankheit.
Haben wir uns mit peicht rein geswanket
Und auch die puß quitt abbezalt,
So treiben wir hin aller sunden halt
Mit ganzem fursatz, nimmer zu strauchen,
Wenn uns die posen winde mer anhauchen.
Der sechst selearzt ist Jhesus Cristus,
Ein sone des hochsten potentissimus,
Gemunzet von dem heiligen geist.
Mensch, hab gnunge, wenn du sovil weist:
Drei munz, drei gepreg und ein metall;
Des glawbt slechtiglich, ir cristen all,
Und schreibt im kein andern tittel.

131 sl. auf] öffen *U*; ganz *fehlt FJ*; deins] des *M*. **132** halt] hab *FJM*; es *fehlt U*; da für *FJM*. **133** hulsen] grossen *J*; cleien] klainen *J*. **134** er dich den r. erzeneyn *U*. **135.136** = *136.135 U*. **135** Vnd wirt sie w. *U*; wider schön *M*; wider *fehlt F*. **136** Vnd bad dein sel aus s. a. *U*; sie] sey *J*; mit *fehlt FJM*; seim apsaluczen *M*. **137** die *fehlt U*; vberclart *F*. **138** Allso *FJU*; so *fehlt FJU*; arzt] meister *U*. **140** Vnd br. herab zu (in *J*) kurczer stund *FJ*; Nun *U*; her *fehlt M*; weiß *fehlt U*. **143** heilsamst] beste *U*. **144** Das vns ab t. der s. clebung *U*. **145-148** *fehlt U*. **145** nymer *J*. **146** mit peicht vns *FM*. **147** abgezalt *FJM*. **148** aller] der *FJ*. **149** ganzem] guther *U*; nymermer *F*; strauchn *D*. **150** Ab vns *U*; winde] veindt *JU*; mer *fehlt FJ*. *Vor 151 Zwischenüberschriften:* Der sechst artzt *D*, Der sechst arczt *J*. **151** sel arczt das ist *M*. **153** heiling *M*. **155** gepreg] prech *FJMU*. **156** schlehtlich *M*, schlecht *U*. **157** jm auch k. *FJ*; im] euch *U*.

Der arzt ist awß dem hochsten mittel
Herekumen zu den ungesunden,
Die sich mit sunden hie bewunden.
Wem er dann hie sein salben anstreicht,
Der wirt gesichert und gereicht,
Das im kein krankheit nimmermer tut. [47r]
Die salbe, die ist sein heiliges plut,
Do er auf bloßen knien switzet,
Da vil seiner veinde gen im glitzet,
Die auf in eilten mit großem haß.
Do floß her awß dem edeln vaß
Die heilsam salb awß seiner menscheit.
An einer sewlen er kempft und streit,
Das im alles sein fleisch warde entgenzt.
Darnach man in merterlich awßsprenzt
Mit einem kranz mit scharpfen dorn.
Da flos die salbe her hinden und vorn
Awß ganzem leib, awß fueßen, awß henden.
Wo ward ie gesehen so ein merterlich pfenden,
Genagelt an ein apfelpawm?
Do floß das heilig honigsawm
Awß seiner aufgestochen seiten.
Darnach funftawsent jare must peiten
Adams erben und Cristus magen,
Die alle umb ein apfel gefangen lagen.
Den must der arzt fur sie bezalen,
Der alles sein plut ließ awß im malen,

158 ist *fehlt U.* **159** Herab k. *FJ*; dem *U.* **160** verwunden *FJMU.* **161** hie *fehlt U.* **162** wirt] wir *U.* **163** nymer *U.* **164** die] das *JM*, *fehlt U.* **165** Das er *FU.* **166** veind dar gen *FJM*; ym her gl. *U.* **167** Vnd e. auf yn *U.* **168** heraus aus *FJM.* **169** heylig *U.* **170** seyl *J.* **171** Da ym s. f. a. w. zu gencz *U*; Das als (all *J*) s. f. jm w. *FJ*; wurd *M.* **172** Da man sol modlich auf spr. *U*; mörtlich *FM*; awß] auf *FJ.* **173** Mit einer kron von sch. dornen *FJ.* **174** hinden] vnten *F*; und *fehlt M.* *Vor 175 sind in D versehentlich 179.180 eingeschoben, wieder gestrichen und an der richtigen Stelle wiederholt.* **175** Von *FJ*; awß^{2} *fehlt U*; awß^{3}] vnd *JU.* **176** Wo sache ein aug ye grosser p. *U*; Wo w. g. ye *FJ*; ges. ain mörtlicher *M*; so ein merterlich] schwerer *F*, marterlichers *J*; enphenden *J.* **177** G. hoch an eynem *U.* **178** hailsam *M*; honigsam *FJ.* **179** Auf *U.* **180** musten *FJM*, muß *U.* **181** und *fehlt U.* **182** ein] den *U.* **184** al *U*; aus jm l. *FJ.*

Awß seinem herzen, awß seinem hawpt,
Damit er die hellischen fursten taubt,
Das auf sie regent pech und swevel,
Und leschet ab iren großen frevel,
Den sie funftausent jare hie ubten,
Damit sie alle diese werlt betrubten, [47v]
Biß sich auftete die recht arztpuchs.
Erst wichen ab alle hellisch luchs,
Die alle minuten auf uns lawssen.

Wer sich von sunden fluck wolle mawßen,
Das sein sele auf gein himel flieg,
Der tracht, das er on recht nicht krieg
Und auf keinem fremden acker nicht sneid
Und auch die siben totsunde meid
Und niemant das sein mit wucher abnot
Und auch seinem nechsten seinen lewmunt nit tot
Und sich mit bosem gut nicht nere
Und auch keinen meineiden eidt nicht swer
Und nicht am rechten valsch urteil sprech
Und auch der zehen gepot nicht prech
Und die vier rufenden sunde vermeid
Und in der peicht kein sunde absneid
Und an dem cristenglauben nicht hink
Und auch in zweivelung nicht ertrink:
Das sein die dorn; wer sich dorein sticht
Und nicht mit peicht hinwider vicht
Mit warer rew, mit rechter puß,

185 herczen vnd aus *FJMU*. **186** er all hellisch *FJU*; fursten] rysen *U*. **187–190** *fehlt U*. **187** regnet *M*. **188** Jr l. *D*. **191** Da sie recht a. *U*. **193** maynaten *J*. **194** von] vor *F*; wil *JMU*; massen *J*. *Versfolge in U: 196. 201–204.199.200.198.206.* **196** tracht] wart *F*, luech *J*, acht *U*; er nit vnrecht k. *U*. **197** *fehlt U*; nicht *fehlt F*. **199** mit wucher] nit vnrecht *J*. **200** lewmunt] leib *J*. **201** sich] sie *U*; posen *F*. **202** Vnd a. gen nymant vnrecht schwer *U*; auch *fehlt FJ*; eidt *fehlt FJ*. **203** Vnd auch kein valsches *FJ*; Vnd am r. kein *U*; vrt. nit spr. *J*; spricht *U*. **204** auch *fehlt FJ*; der] die *U*; pot *M*; bricht *U*. **205** *fehlt U*. **206** kein] sein *D*, nit kein *U*. **207** dem] seinem *FJM*. **208** Das er jn *U*; entrinck *D*. **209** sein dorn darein man sie st. *U*. **210** Vnd mit p. n. h. *FJ*. **211.212** *fehlt U*. **211** warer] rechter *FJM*; rechter] warer *FJM*.

Und an im lest der sunden ruß,
An dem ist alle erznei vernicht.
Wenn er kompt fur das jungst gericht,
So stenen im alle sein wunden offen.
Do ist alle erznei, trost und hoffen
Und aller erzt erznei verlorn,
Und hagelt auf in der ewig zorn,
Vor dem uns got ewiglich behut.
So hat geticht Hans Rosenplut.

213 dem] den *D*, der *U*; entwicht *U*. **215** im] goth *U*. **216** Szo ist aller crafft vnd h. *U*; So ist hin aller tr. *FJ*, Da ist enczway aller tr. *M*. **218** Nun hagel auf vns ewiger z. *U*; hagelt] hannget *D*, veldt *J*; der ewig] ewiger *FM*. **219** Da fur vns *U*; got dort e. *M*; ewiglich] der herr *FU*, *fehlt J*; behüt *FM*, pehuet all *J*. **220** *fehlt J*; Das *U*; g. meister h. rosenplüt *F*; rosenplüt *M*, roßnbluth *U*.

12 Der Müssiggänger

Ein mussigener bedenk seinen herten standt: [10r]
Der newst den rerawp arbeiter handt.
Sein prot, das wirt im nimmer sawer.
Der hantwerkman und auch der pawer,
Die zwen, die mussen in allzeit neren.
Der bawer muß mit dem pflug ereren
Und auch der hantwergkman mit kunst.
Noch hat er weder lieb noch gunst
Zu den, die im sein brot gewinnen.
Das oft der sweiß muß von in rinnen,
Desselben er in selten dankt.
Mit mussiggene er sein sele sere krankt,
Das ewigs sterben auf in hagelt.
Der fur uns an ein creuz wurde genagelt [10v]
Und abe hat geleschet aller menschen sundt
Und sunne und mond hat angezundt
Und alle stern hat an den himel geheft
Und allen creaturen gibt macht und kreft,
Der hat kein zeit nie mussig gangen.
Der hellisch vogt hat nie mer gefangen
Dann in dem mussiggange und in tragkeit,
Und wenn der sunder velt in zagheit.
An den zweien enden vecht er am meisten

Überlieferung: D 10r–13v, Druck u

Überschriften: Von dem Mußiggener *D*, UOn den Mussig / gengern vnd / Arbeitern. / MVssigangk groß laster ernert / Sel Leip Vernunfft vnd Synn vertzert / Arbeit verdynt die ewig freydt / Diß buchlein leß du findtst bescheydt. // MVssigangk o du / susse speiß / Vff Erd hastu gantz hohen preiß / Jn Hel sitzt du tyeff inn abgrundt / Herr ich bit mach mein sel gesundt. *U*

1 bedenckt *D*; herten *fehlt u*. **2** Er n. d. raup a. *U*; arbeuteter *D*. **3** das *fehlt u*. **5** die[2] *fehlt u*. **6** ern *u*. **8** wider *u*. **10** im *u*. **11** im *u*. **12** musgang sein sele so kr. *U*. **13** ewig *u*. **14** ans cr. wardt g. *u*. **16** mond] mann *U*. **17** den *fehlt u*. **18** alle cr. hat m. *U*. **19** gegangen *u*. **23** An enden f. *U*; meynsten *D*.

Mit sein selgarn, mit allen seinen geisten.
Wan er den menschen kan mussig finden,
So streicht er zu mit sein sechs winden:
Mit hoffart, unkewsch und mit fraß,
Die hundt hetzt er one unterlaß
Mit geiz, mit neide und auch mit zorn
Und plest dann auf sein jaghellehorn.
Sein stimme dem sunder zweifelung einschelt,
Wenn in die sechs helhunt haben gefelt.
Mussigener, das laße dir sein ein warnen
Und hute dich vor des jegers garnen,
Das du darein nicht werdest gehetzt!
　Welcher erbeiter sein antlitz netzt
Mit seiner herten erbeit in seinem sweiß,
Das ist ein ziment und ein peiß,
Dorinnen sein sele wirt so gepleicht,
Das ir schon auf in himel reicht,
Das got umb sie wirt puln.
Hette ich gelernt in allen schuln
Und were doctor in medicinis
Und in theologia nicht minus
Und ein hoher philosophus
Und were ein bewerter medicus, [11r]
Das ich konde kennen ein ganzen sangwineus
Als Ipocras, Orienus, Plinius,
Und hette lerjare gedint den dreien,
Noch konde ich nicht so wol erzneien,
Als wenn der erbeiter einen tropfen switzt,
So er an seiner erbeit erhitzt.
　Die heilig schrift das innen helt,
Das sich der tropf in vier teil spelt:
Das erste teile flewst in die helle hinab
Und lescht das hellisch fewr dorinnen ab,

25.26 *fehlt D.* **27** mit[2] *fehlt u.* **28** Jr hundert *D.* **31** zw. inschelt *U.* **35** darin *u.* **37** M. herter arbeit *U.* **41** g. selber w. vmb sie bulen *U.* **44** theoloya *D*; minis *U.* **45** philozophus *D.* **46** ein *fehlt u.* **47** sagwineus *u.* **50** so] als *U.* **51** der] ein *U.* **56** dorinnen] dinn *U.*

Dorinnen die sele solt ewiglich prinnen.
Der ander teile ein in die sele wirt rinnen.
Dorinnen nimpt sie ein sollich ziment,
Recht als die sunne aufglut zu orient.
Vil clerer wirt die sel gewaschen
In sweißlaugen durich erbeit und aschen.
Das dritte teile auf gein himel steigt,
Dorinnen es also harpft und geigt,
Das got, der vater, wirt so senftmutig
Und got, der son, so weich und gutig
Und got, der heilig geist, die sele reinigt,
Das sie mit got ganz wirt vereinigt.
Das vierde teile bringt sollich frucht,
Das es die ganzen werlt awßsucht
Und sammet auf alles das gut,
Was man in aller cristenheit tut
Mit vasten, beten und almusen geben
In geistlichem und werntlichem leben
Und aller priester meße andechtiglich
Und was man urteile spricht rechtlich, [11v]
Dorinnen hat got ein wolgefallen,
Und alle mude fußtrit in wallen
Und was alle mertrer ie haben erliden,
Bis sie das reich der himel haben erstriten:
Dasselb es alles herzu treibt und furt,
Das sein der erbeiter teilhaftig wirt.
Mußgang ist ein unfruchtpar acker,
Darauf der hellisch veindt get zacker
Und seet darein hoffart und unkewsch
Und aller sunden ingereusch:
Geiz, neid, zorn, tragkeit und fraß.
Das ist im ein gute aderlaß,
Wenn er das seet und nicht verdirbt.

58 eim *D.* **62** d. erbeyten a. *D.* **63** gein] in *U.* **71** sammelt *u.* **73** petten mit al. *U.* **74** weltlichem *u.* **77** Darinn Got h. *U.* **79** martrer han *U.* **80** s. den hymel han *u.* **81** a. zuoher tr. *U.* **82** teylhaft wurt *U.* **85** dar yn *U.* **86** vngereusch *u.* **87** neyd vnd z. *U.* **89** seet] sehwt *U.*

Wenn dann der mußigener leit und stirbt,
So drischt er awß die siben garb,
Das der mensch aller hoffnung darb
Und gegen seinem schopfer in zweivelung valle.
Das merket, ir mussigener alle!

Dorumb ist erbeit ein fruchtpar reicher gart,
Des got, der vater, mit gutem weter wart
Und got, der son, das vetterlich wort,
Selber in dem garten hackt und schort
Und got, der heilig geist, darein seet und egt,
Das der gart sollich selenarung tregt,
Das die sele nimmermer hat kein mangel;
Das pawet der heilig gotlich driangel.
Dorumb ist erbeit der gotlichst orden,
So er ie auf erden gestift ist worden,
Wann in got selber hat gestiftet.
Do Adam sich mit fraß vergift, [12r]
Da hieß in got sein prot gewinnen
Mit hacken, rewten und Eva mit spinnen
In sweiß ires antlitzs auf der erden.

Mußiggener, laße dir dein prot sawer werden,
Das du deines nechsten reraupe icht nist,
Damit du das reich gots verlist.
Mussigener, das laße dir sein ein epistel:
Wenn dich hie wil stechen der faulheit distel,
So bedenk allzeit bei nacht und tag
Den angstmort, grawsame donerslag,
Wenn got spricht: »get hin ir verdampten,
Ir seit valsch gewesen in ewern ampten
Und habt mir an der rechenung gefelt.«
Da hilft nimmer sterk, kunst, freunt noch gelt
Und aller heiligen und engel piten.
Alle erbarmung wirt ganz abgesniten.
Got bezalt sie da mit rechten metzen.

90 So d. d. mussiggenger *u.* **94** müssigenger *u.* **97** verterlich *u.* **99** geist dar ynn egt *U.* **103** gotlichts *D.* **104** Der ye vff erd g. *U.* **107** Das h. *U.* **109** antzlitz *u.* **110** l. dirs brot *u.* **111** raubs nit *U.* **114** hie *fehlt u.* **120** h. kein kunst sterck freund oder g. *U.* **123** rechtem *u.*

Schreib in dein herz der warnung letzen
Und hute dich vor mussiggank und feiern.
Glaub und volge den canzelschreiern;
Die laße dir sein ein zeigende hant,
Die auf wegscheiden den bilgram mant,
Das sie die rechten straßen treffen.
Wilt du alle hellisch tewscher effen,
So laße dich nimmer mußig vinden.
Wiewol die z*ei*ghant bleibt dahinden,
Noch gee fur sie, als sie dir dewt,
Und halt, was dir der briester gepewt,
Und ob er der purden nicht auf sich ledt, [12v]
Als er dann auf der canzeln redt,
Doch volg du seinen worten, die dein sel speisen,
Und flewhe seine wergk, die dich abweisen.
Messias, Adonei, Jhesus,
Dein erbeit ging an nach dem kus,
Da du alle unser schulde woldest bezaln
Mit ganzer hewt, mit kern, mit schalen,
Mit blut und mit fleisch ganz außgespent
Und awßgegeben alle zinse und rent
Und nichts behalten in deiner schatzkisten.
Was sie der pein und smacheit wisten,
Die allerlugenhaftigisten nequam,
Dir warhaftigen, unschuldigen lam,
Und alle deine glieder mortlich geswecht!
Da uns verslant der hellisch hecht,
Da nam uns awß seinem wampensack
Des creuzes druckung auf dein nack,
Daran man dich hert pant und smidt.
Die erbeit macht uns feiern quitt,
Herre, durich dein sterben, das du namst,
Damit du uns zu rettung kamst.
Ob wir unser brot ie haben genoßen
Und unsern sweiß nicht dorumb vergoßen,

124 der] die *U*. **128** vf den w. *U*; den *fehlt D*. **130** tewscher] tuffel *u*. **132** zaghant *Du*. **134** peut *u*. **135** Ob er die burd *U*. **137** Noch volg seinen *u*. **139** Adonay *u*. **141** wolst tzaln *U*. **143** vnd *fehlt u*; vfgespent *u*. **145** nichß *u*. **151** sein wapensach *U*. **153** pant] spant *U*. **154** mach vnsern *U*.

So laße es bezalen dein plutverrern,
Dein hohes wurken an den spern,
Als luna sol in den zwelf celln,
Der mond in vinster, die sune in helln:
In aries, thawrus, gemini, cancer,
Des pist du ein pelzer und pflanzer. [13r]
In leo, virgo, libra,
Stet das im cloben, so sprechen wir ja.
In scorpio und in sagittario,
In capricornu und in aquario,
In pisce von septentrio
(Dein flegel drasch nie auf lerem stro),
Von orient zu meridie,
Wie das nach ordenunge umbhin gee
Gein westen und groß erbeit tut
Und nimmer kein minuten rut,
Das regiment und recht regirung
Stet nimmer in abstinirung
Und erbeit uns alles herab mit seinem wirken,
Als weit der himel mag umbzirken.
Dann wenn die erbeiter feiern daoben,
So ist alles wachßen hieniden zugeschoben
Und was perhaft ist hie unden;
Des zeichlach alle tag wurden funden
In wasser, in erden, auf bawmen und auf halm.
Die warheit lewtet meiner glocken galm.
Dorumb so sol kein mensch nicht feiern,
Wil er empfliehen den hellischen geiern,
Die allzeit smecken unser sunden aß.
Der konnen wir nimmer werden loß,
Dann wenn wir got seines sterbens danken
Und unser herz mit peicht rein swanken
Und ab uns schelen aller sunden schelfen,

159 es *fehlt u.* **162** mon *u.* **163** gemini thaurus *U.* **167** segitario *D.* **168** In Capricorno *U.* **175** regirn *u.* **176** n. nit in abstinirn *U.* **177** a. rab mit sein w. *U.* **181** werhaft *u.* **182** Der z. wurden alle t. gefunden *U*; zincklach *D.* **183** vff baum vff h. *U.* **184** Der w. l. m. gkocken *U.* **186** entpfligen *u.* **187** unser] vnder *U.*

So bestenen wir dort recht vor den zwelfen,
Do man die letzten rechenung gilt.
Herre, durich dein vetterlich milt, [13v]
Nu teile uns mit deines sones erarnen.
Wenn wir hie zabeln in todes garnen
Und unser tag sein awßgezilt,
So biß, herre, unser aufhaltender schilt,
Der uns vor allem ubel behut.
So hat geticht Hans Rosenplut.

192 zwelften *u*. **194** Hert *u*. **196** zabeln] betzalen *D*. **200** rosen blut / Hie endet sich der / mußgenger. *U*.

13 Die meisterliche Predigt

Nu sweigt ein weil und habt ewer ru [186v]
Und hort einem alten prediger zu.
Der wil euch die warheit hie verkunden
Und wirt euch sagen von den sunden,
Die in der werlt sind aufgestanden;
Die solt man meiden bei des pabst panden.
So wachsen sie und nemen zu:
Geteilt hosen und gesnebelt schuh
Und spitzig hut und cleine keplein
Und hinten zotten und voren leplein
Und was der adel kan erdenken,
Das wil der pawer alles an sich henken.
  Nu wil ich euch etlich knaben hie ruren,
Die gar ein grobes leben furen
Mit dem wurfel und mit den karten.
Den konnen sie vil paß awßwarten
Dann iren handel, den sie treiben,
Und des nachtes awßen liegen von iren weiben
Und lassen einen andern darzu naschen
Und sitzen dort und leren ire taschen
Und machen in und iren weiben unru.
Das leben gehort puben und ruffian zu.
  Nu wil ich euch melden die weinsleuch;
Die sitzen dort und fullen ire peuch
Und sawfen und juchtzen und leben im sawß

Überlieferung: D 186v-189r, P S.153-163 [S.154 unbeschrieben], S 15r-20r [Bl.15v unbeschrieben], Druck r
Überschriften: Die predig *D*, Von einer klugen predig / iij creytzer [von anderer Hand] / Von einer predig *P*, Von einer predig *S*, Uon Einer Meisterlichen Predig *r*

2 jungen *PSr*. **3** wil] wirt *r*; euch *fehlt PSr*. **5** sein *PSr*. **6** pabsts *PSr*; pannen *Sr*. **8** schneblet *PSr*. **9** kepplech *PSr*. **10** Vnd vorn z. vnd h. lepplech *PSr*. **11** adel] edelman *PSr*. **15** der k. *PSr*. **16** Dem *PSr*. **17** jrem *PSr*; handel den] gewerb das *S*; sie do tr. *PSr*. **18** auß *PSr*. **19.20** = *20.19 r*. **20** dort] sie zum wein *PSr*; ire] die *PSr*. **22** Solchs *PSr*; ruffian (ruffigan *r*) vnd p. *PSr*. **24** dort sitzen *PSr*. **25** Vnd schreien vnd sauffen vnd l. *PSr*.

Und haben oft ninder kein brot im hawß.
Und was ir weib und kint ersparen,
Das laßen sie alles durich die blasen varen;
Und zewht einen fawlen veisten pachen
Und wil nicht gedenken, es wirt sich machen,
Wenn das alter an in rürt [187r]
Und ein fawler schelm awß im wirt
Und das er nimmer geerbeiten mag.
So kumpt dann das weib an in mit clag
Und spricht: »es ist recht, das es dir also get«
Und list im das buchlein, da alles ungluck innen stet:
»Hettest du vast geerbeit und meßlich gezert,
So hetten wir uns sanft und wol genert.
Erst were uns aller gutheit not,
So haben wir weder hilf noch rat
Weder mit geben noch mit leihen;
Nu mußen wir in einen spital gedeien
Und unsere kint an den petelstab.«
Dann was do hat ein bosen urhab
Und nicht einen rechten guten anfangk,
Das gewinnet gern einen bosen awßgangk.
Nu wil ich euch melden die nachtraben,
Die des nachtes auf der gaßen umbdraben
Und vil boser unfur darauf pflegen
Und den lewten umbwerfen ire schregen
Und unten darin die bein zuclieben
Und die leren karren in das wasser schiben
Und die vischer auf dem vischmargkt denten;
Denselben verwechseln sie ir prenten,
Und welcher ein große vor im hat,

26 ninder] des morgens *PSr.* **27** ir] jn *PSr*; kind kan e. *PSr.* **28** D. last er *PSr.* **29** zeücht *PSr*; faisten faulen *PS.* **31.32** *fehlt PSr.* **33** Du er *r*; er schir n. *PSr.* **34** die fraw mit grosser clag *PSr.* **35** dir *fehlt D.* **37** Vnd spricht hestu *PSr*; meßig *PSr.* **38** vns gar sanfft ernert *PSr.* **39** Nu wer vns yetzo a. *PSr.* **42** Vnd musen jn das sp. *PSr.* **43** vnser kind *PS*; den] einen *PSr.* **44** Dann *fehlt PSr*; anhab *PSr.* **45** guten *fehlt PSr.* **49** Vnd grosser vngefür vil d. *PSr.* **51** bein] stollen *PSr.* **52** Vnd ler k. *PSr.* **54** ir] die *PSr.*

Dem setzen sie ein cleine an die stat
Und machen zwischen in wirren und werren,
Das sie deß morgens geineinander nerren
Als die hunde, die sich miteinander peißen.
Den lewten sie auch des nachts fur die thur scheißen,
Dorinnen man deß morgens bescheist die schu. [187v]
Den gehort ein solliche straf zu,
Das man in den merd*um* in ire meuler slug;
Sie hetten dannoch daran kein genug.
Also solt man strafen die knaben,
So ließen sie die lewt ir nachtru haben.
Nu wil ich euch melden die ebrecher,
Die sich des nachtes stellen unter die decher
Und haben sich darunter verholn,
Biß die hawßmeide wein holen.
Wann ir eine furstreicht,
Wie pald er dann hinnach sleicht
Und wurft dann dar seinen guten abent
Und spricht: »ir werdet von mir begabet;
Ir sult euch zu mir fruntlich willigen,
So gib ich euch zu lon zwen schillingen.«
So spricht sie dann: »ich bedorft wol zweier schu.«
Damit rust er sich unten hinzu;
So tut sie im pald seinen esel ein
Und spricht: »ich dar nicht lang awßen sein.«
So lont er ir und spricht: »se hin, liebs kint.«
So gibt er ir zwen rechenpfennig verzint.
Die legt sie ein und dankt im ser
Und gedenkt, hette ich der knaben mer,

59 Als sam *PS*, Als recht *r*; die do aneinander *PSr*. **60** Vnd den *PSr*; sie auch *fehlt PSr*. **63** des merdrums *PSr*; merdam *D*; ire] die *PSr*. **64** Vnd darnach jn den seutümpffel trug *PSr*. **65** die] solch *PSr*. **67** euch *fehlt r*. **69** verstolen *PSr*. **70** Pis das *PSr*; wein werden h. *PSr*. **71** Wann dann jr eine dafür schleicht *PSr*. **72** Gar pald er jr dann nachstreicht *PSr*. **73** dann] jr *PSr*. **75** freuntlich zu (gen *r*) mir *PSr*. **75:76** willing : schilling *PSr*. **76** Jch gib euch *PSr*. **77** sie ich dörfft auch wol *PSr*. **78** D. so r. *PSr*. **79** jm dann p. *PSr*. **81** seehin mein l. *PSr*. **82** Vnd gibt ir *PSr*; vberzint *PSr*.

Und meint, sie hab gut nuße gepißen.
So weiß sie nicht, das sie der tewfel hat beschißen.
  Nu wil ich euch melden die winkelwirt,
Die man mit gelde in den henden smirt
Und ebruch in iren hewsern gestaten.
Wenn zwei sich heimlich zusammen gatten,
So zielen sie aneinander hinein;
So muß der wirt am ersten vol sein.
Wenn der lotsch mit der luntschen geredt, [188r]
So spricht dann der wirt: »get hinawß ins pet
Und rüet beieinander ein halbe zeit.
Ich sihe wol, das ir beide slaferig seit.«
So sprechen sie dann: »vil lieber wirt, gern,
Wir wolten euch eins großern geweren«
Und gehen bede hin mit großer eile.
So wartt der wirt des weins die weile,
Biß wirt und wirtin vol sind worden.
Das ist ir regel und ir orden.
Nu wolt ich, das man sollich wirt solt nemen
Und an irem leibe beschemen,
Das man sie abzug bloß und nacket
Und in iren eilften vinger abhacket
Und auch die eier, die dabei glonkern;
Also solt man strafen sollich jungkherrn.
  Nu melde ich euch die, die in der kirchen swatzen
Und die lewte hinten und voren schatzen.
Sie lassen nimmer kein frawen furgan,
Sie slahen ir ein blech da an:
Die erst hab einen hochfertigen gangk,
Der andern sei die nasen zu langk,
Die dritt grob schuh antreit,

89 Das sie eepr. *PSr*; statten *PSr*. **90** Wann sich zwey *PSr*. **93** Wann dann *PSr*; luntschen] muntschen *D*. **94** dann *fehlt PSr*. **96** Wann ich *PSr*; beide *fehlt PSr*. **97** dann *fehlt PSr*. **98** euch noch e. *PSr*. **99** hin bede *r*. **101** Pis das w. *PSr*. **104** Vnd sie an irem l. thett (solt *r*) b. *PSr*. **105** Vnd sie a. *PSr*. **109** Nu will ich euch melden die jn *PSr*. **110** beschatzen *PSr*. **111** Vnd l. *PSr*. **112** da *fehlt PSr*. **113** erst die hab *PSr*. **114** ander *r*.

Der vierden sein die fueß zu breit,
Der funften stee ir gewant nicht wol,
Der sechsten sei der pusen zu vol,
Die sibent hab den sleier nicht weiß gewaschen,
Der achten sein zu langk die milchflaschen,
Der newnden sei der hals zu dick,
Die zehent tu vil blick,
Der eilften sein die awgen zu groß, [188v]
Die zwelft sei nicht wappens genoß,
Die dreizehent sei ein slucht,
Die vierzehent hab nicht zucht,
Die funfzehent sei am tanz zu uppig,
Die sechzehend sei zu aufsnuppig,
Die sibenzehend treib nicht pulerei,
Die achtzehende hab ir vier oder drei,
Der newnzehenden sei der munt fal,
Der zweinzigisten sei der ars zu smal,
Die sei im kintpett verzadelt;
Und lassen keine hin ungetadelt,
Es sei von mannen oder von weiben.
Das ist ir gebete, das sie treiben,
Biß man das glocklein zu wandeln anzeucht.
Were dann da die grosten lugen lewgt
Und der der lewt am meisten spot,
Den heißen sie meister unter irer rott.
Nu wil ich den letzten knaben zusprechen,
Die den hawßmeiden in ir fleischgaden prechen
Und machen awß in kindsammen.
Wenn sie in den keler kumen zusammen,
So lein sie sich an die vesser.

116 sey der fuß *PSr.* **118** ist der *D*, der sey *Pr.* **119** sibent die *r*; den] der *PSr.* **120** die] ir *PSr.* **122** die thu *PS*; zu vil *PSr.* **124** zw. die sey *PSr.* **126** die hab *PSr*; nicht] kein *PS.* **129** treib] pfleg *PS*, die pfleg *r.* **131** zu fal *PSr.* **133** Die hab sich jm *PSr.* **135.136** = *136.135 PSr.* **136** sie do tr. *PSr.* **137** Piß das man das gl. anzewandlen zeugt *r.* **138** Vnd welcher dann den (der *r*) gr. *PSr.* **139** der[1]] auch *PSr.* **142** maiden *PSr.* **144** den] die *PSr.* **145** sich do an *PSr.*

So dunkt sich dann die meit vil pesser
Dann die fraw selber im hawse.
So ist dann ir getrewer dinst awß,
So wil sie dann haben ein untermeit,
Die holz und wasser in die kuchen treit
Und spul, koch, kere und heiß. [189r]
Wenn sie dann wein im keler weiß,
So wil sie die slußel an sich henken
Und meint, sie wolle kein wasser mer trinken.
Darzu sie die fewlen in den henden gewint
Und nimmer lang in die nacht spint
Und des morgens lang slafen leit;
Dorumb man ir dann urlawb geit.
So wirt dann ein geistlich zapfnun darawß
In einem closter, heist im hurhawß.
Item ich wil im abbrechen,
Dann wer der warheit zuvil wil sprechen,
Den heist man ein lieger und ein swatzer,
Voren ein smeicher und hinten ein kratzer.
  Nu hat mein predig ein ende.
[ ] Wurd mir das trinkfaß in mein hende,
So wolt ich ein jungkfrawzuglein sawfen,
Das mir beide awgen musten uberlaufen.

146 magt *PSr*. **149–154** *fehlt PSr*. **155** Darnach *PSr*. **160** cl. das heist das frauenhaws *PSr*. **161** Et cetera ich w. es a. *PSr*. **162** sprech *D*. **163** swatzer] schmeichler *r*. **164** Vnd vorn *PSr*; schmeichler *PS*, orenkrauer *r*. **165** pr. gar ein *PSr*. **166** Nu wurd *D*. **167** Jch wollt ein *Pr*.

14a Die fünfzehn Klagen A

Die fraw von irem manne clagt: [136r]

Der kume vom wein halb in die nacht

Mit lerem peutel, mit voller plasen.

Wie fruntlich sie mit im konde kosen,

So legt er sich bei zeit nicht nider.
Des morgens fru sleicht er hinwider
Und clagt sein hawpt und auch sein ruck
Und heist im pringen ein frustuck:
Ein supplein und zwu bratwurst.
»O«, spricht er dann, »wie sere mich durst!«
Und slaucht do pald zwu halb maß awß
Und sleicht dann wider heim zu hawß.
So hebt sie an ir not zu clagen
Und wirt im eitel warheit sagen.
So spricht er zu ir: »gee von mir dann!«
Das ist die clag von irem mann.
  Der eeman clagt von seinem eeweib:
Wie er sein zeit so herb vertreib
Mit einem ubeln weib so argk,

Überlieferung: D 136r–140r, F 300r–306r, K 152r–155v [V. 1–186], Y 9r–13v [V. 1–224]
Überschriften: Die xv clage *D*, Die funfzehen clag / heben hie an *F*

Vor 1 Zwischenüberschrift: Die Eefrawe *Y*. **1** Efrau *FKY*; Eeman *FK*. **2** Er k. von *Y*; wein] trincken *FKY*. **3** peutel] seckell *Y*. **4** sie dann m. *Y*; kan *F*, künn *KY*. **5** Noch leg *FKY*; bey der z. *Y*. **6** schleich *FK*. **7** clag *FK*. **8** heis *FK*. **9** gepraten *FKY*. **11** slauch *K*; maß kandel aus *Y*. **12** schleich *K*. **14** Vnd gan jm dann e. *Y*. **15** Vnd spr. gehe verre v. mir hin d. *Y*; er gee verre v. *FK*. *Vor 17 Zwischenüberschrift:* Der Eemann *Y*. **17** clagt dann v. s. weib *Y*. **18** hert *F*.

14b Die fünfzehn Klagen B

Die fraw von irem eeman clagt [2r]
Und spricht, si sei schier gar verzagt,
Er wöl nichts kaufen in das hauß.
Sonst geb er sein gelt ringklich auß
Und trag zuom wirt, was er gewinn.
Er achte nit, ob*s* ir zerrinn.
Dann komm er haim zuo mitternacht
Und füer ain grausamlichen pracht.
Er hab den beütel außgelert,
Was si erspar, hab er verzert.
So ziech si in freüntlich darvon.
Dannocht so wöll er nit ablon
Noch auch bei zeit sich legen nider.
Des morgens fruo schleich er hinwider
Und clag sein haupt und auch sein ruck
Und haiß im pringen ain früstuck:
Ain süplin und gepraten würst
Und sprech denn: »o, wie ser mich dürst!« (10)
Und schlauch so bald zwuo kanten auß.
Dann teüch er wider haim zuom hauß
Und schlach si, wann si etwas sagt,
Und maint, er hab ain wolf erjagt.
Er sprech auch: »gee von mir hindan!«
Das ist die clag von irem man.
  Der eeman clagt auch von seim weib:
Wie er sein zeit so hart vertreib
Mit ainem weib so böß und argk,

Überlieferung: Druck v
Überschrift: Clag etlicher / ständ gantz kurtz / weylig zuolesen. / Zuo dem leser. / Wer mich thuot lesen ist mein bit / Das er mir hab für übel nit / Ob er hie wurd begriffen schon / Jch hon es in dem besten gthon

Vor 1 Zwischenüberschrift: Die frau clagt von / jrem Eeman. *Vor 25 Zwischenüberschrift:* Der eeman clagt von / seinem weib.

Die sei so pitter und so halsstark.
Wenn er sprech von der, so geh sie zu der;
Schelt er ein maß, so fluch sie ein fuder;
Nem er sie bei dem zawm, sie vaß den zugel;
Mach er ein faust, sie nem ein prugel.
Laß er ir dann nicht iren streit,
So muß er vasten biß vesperzeit
Und alle nacht liegen ungepett.
Dasselb sie oft acht tag verrett.

Das sie kein erbeit nimmer anrurt,
Das ist die clag, die ir man furt.
Die gemeinen weib clagen auch iren orden, [136v]
Ir weide sei vil zu mager worden:

20 hals *fehlt D.* **21** Wann er von der so sprech sie zu der *Y*; von der] funder *D*; so sprech sie zunder *F*; zu der] zwuhder *D.* **22** Schilt *KY*; maß sie flucht e. f. *FK*; flucht *Y.* **23** Nymmt *FKY*; zem *F*; vaßt *FKY.* **24** Macht *FKY*; nymmt *FKY.* **25** Leßt *FKY.* **26** biß] vnntz *Y.* **29** angerurtt *D.* **30** ir] der *Y.* *Vor 31 Zwischenüberschrift:* Die gemeynnen weyber *Y.* **31** weyber *Y*; cl. jn jrem *FKY.*

Die sei so pitter und halßstark.
Wann er sprech von der, sprech si zuo der;
Schelt er ain maß, si fluoch ain fuoder;
Nem ers beim zaum, si faß den zigel; [2v]
Mach er ain faust, si nem ain prigel.
Laß er ir dann nit iren streit,
Er muoß fasten biß vesperzeit
Und all nacht ligen ongepedt.
Dasselb si oft acht tag verredt.
Umb alle sach fecht si in an,
Gleich als ob si wöl sein der man.
Wie er im thuo, gefall ir nit.
Si sprech, das in angang der rit.
Stee er nur bei aim andern weib,
Si fürcht, es gang ir ab am leib,
Und maint, er leich ain laib prot hin.
Wenn im das nie kam in sein sin,
Dannocht so schelt si in unfrumm
Und sprech, wie er ietz selten kumm.
Er habs am ersten nit gethon,
Rechnet nit, das im ab thuot gon.
Und wenn er nit vil hab verdint
Oder wenn si in müssig findt,
So sei all freüd und freüntschaft auß.
Also pring si in auß dem hauß.
Auch wöl si sein nit warten schon,
Ain schauben nach der andern hon,
Darzuo vil schöner schlair und röck,
Wöl sich nit strecken nach der döck.
Auch das si kain arbait anrürt,
Das ist die clag, die ir man fürt.
  Die gmainen weib clagen in irm orden,
Ir waid sei vil zuo mager worden:

Vor 59 Zwischenüberschrift: Die gemainen Weiber / clagen über die haimlichen / metzen.

Die winkelweiber und die hawßmeide,
Die fretzen teglich ab ir weide.
Ir esel, die in ir narung zutrugen,
Die einfeltigen und auch die clugen,
Die haben sie in ganz abgespent
Und zu in heim in ire hewser gewent.
Auch clagen sie uber die closterfrawen,
Die konnen so hubschlich uber die snür hawen:
Wenn sie zu ader laßen und paden,
So haben sie jungkherrn Conradten geladen;
Der hat mit in ein heimlichs mutlein.
Wes sie da spilen unter dem hutlein,
Dasselb kan niemant awßgespehen,
Biß das es in einer wigen wirt pleen.

Der trinker clagt auch vom weinschenken,
Der konde vil newer funde erdenken:
Er laße den wein nicht, als er wechst.
Wenn er im hawse hat vil tringkgest,
Das im das hawse wil werden zu enge,
Und vor dem keler hat ein gedrenge,
So sleich er zu mit flaschen vol brunnen
Und mit einer neig awß einer tunnen
Und laße unden awß und schenk oben ein.
Das bezale er im alles fur wein.
Dieweile sein peütel ein munz hat,
So pring man im ein wol gesalzen brot
Und leg im fur versalzen keß.
So trink er, das er kawm geneß
Und manige nacht auf einer penk beharr.
Dorumb er sein gelt gar ubel vernarr.

34 ab *fehlt F.* **35** ir[2] *fehlt Y*; tragenn *Y.* **36** auch *fehlt F.* **38** ire] die *FKY.* **41** zu der adern *FK.* **42** herrn *Y*; Conradten] clementen *F.* **45** awß spehenn *Y.* **46** Bis man es hort jne der wigenn plehen *Y.* *Vor 47 Zwischenüberschrift:* Der Drincker *Y.* **47** Den *D*; clagt vbern w. *FKY.* **48** Er *Y*; künn *FK*, künd *Y.* **49** Der *K.* **50** Vnd wenn *Y.* **51** Vnd jm der thenn w. *Y.* **52** drenng *Y.* **53** sleicht *DY.* **55** leßt *Y*; schenckt *Y.* **56** Das muß er jm dann zalen f. w. *Y*; zal er jm dann (da *K*) als *FK.* **57** m. jn hat *Y.* **58** pringt er dann ein g. *Y.* **59** legt jm fur ein v. *Y.* **60** So dunckt jne das *Y*; er dann das *FK.* **61** behart *Y.* **62** D. jn weyb vnd kint ane plert *Y.*

Die winkelweiber und haußmaid
Veretzen teglich ab ir waid,
Wann die in ir narung zuotruogen, [3r]
Die ainfältigen und die cluogen,
Die haben si in abgespent,
Zuo in haim in ir heüser gewent.
Auch clagens über closterfrauwen,
Die also über die schnuor thuond hauwen:
Wann si ader lassen und baden,
Thuond si junkherr Clementen laden;
Der hat mit in ain haimlichs mütlin.
Was si dann spilen underm hütlin,
Das kan niemandt außspehen gar,
Biß das mans in der wieg wirt gwar.
  Der trinker clagt übern weinschenken,
Er künd vil neüer fünd erdenken:
Er laß den wein nit, wie er wechst.
Wann er im hauß hat vil trinkgest,
Das i*m* das hauß wil werden zuo eng,
Und vor dem keller hat ain gedreng,
So schleich er zuo mit fläschen vol prunnen
Und mit der naig auß ainer thunnen,
Laß unden auß, schenk oben ein.
Das zal man im alles für wein.
Dieweil sein seckel minz gnuog hat,
Pring er im wol ge*s*alzen prot
Und leg im für versalzen käß.
So trink er dann, das er kaum geneß
Und manig nacht auf der bank verharr.
Damit er sein gelt übel vernarr.

Vor 75 Zwischenüberschrift: Der trincker clagt über / die weinschencken.
77 laßt. **79** jn. **86** gefaltzen.

Der bilgram clagt darnach sein sach [137r]
Uber die rauber unter dem dach:
Die wirt, die in iren hewsern schinden.
Und sitzt ein wirt mit weib und kinden
Zu tisch selbvierd, selbfunft oder selbsechst
Und hat [ ] bei im vier fremde gest,
Die messiglich bei im zeren,
Die konnen sich do nicht erweren:
Sie mußen dem wirt bezalen alles eßen.
Was ir zu tisch als da ist gesezzen,
Das hat er vor gezifferiret.
Sein messer vil genewer schiret
In herten perten ungenetzt
Dann ie kein scharsach neugewetzt.
Die wittib und weisen clagen auch cleglich
Und melden das gar offenberlich:
Wenn ir eins einer hilf begert,
So sein alle herzen awßgelert,
Dorinnen sie suchen hilf und redt.
So helf nicht weder fleh noch pett,
Wenn man in beistandt sol erzeigen.
Wie oft sie kumen mit kniepeigen,
Noch kere man in die seiten dar,
Das sie keiner hilf nimmer werden gewar,
Wann man sie freuelich angrolt.
Das swert, das sie beschirmen solt,
Das sei ganz errostet in der scheiden.
Die clag hort man von in beiden.

Vor 63 Zwischenüberschrift: Der pilgram *Y.* **63** pilgram der cl. auch s. s. *Y.* **64** die] den *D.* **66** Sitzt er zue tisch mit w. vnd mit k. *Y*; vnd mit k. *F.* **67** Selb drit s. vier s. funff s. sechst *Y*; selb funff *DK*; oder *fehlt FK.* **68** hat er bey *D*; jm fremd druncken g. *Y*; fremder *FK.* **69** bei] zu *FKY.* **70** do] dann *Y*; erweren] erneren *F.* **71** dem wirt] jm *FKY.* **72** jr da zu tisch ist *FK*; als da *fehlt Y.* **73** er] der wirt *FKY.* **75** Zu *D*; vngeweczt *K.* **76** D. ein newer sch. wolgewetzt *Y*; ie] nie *F.* **77** auch *fehlt Y*; clerlich *KY.* **79** Wann das jr *FKY.* **80** sint *Y.* **81** Zue den sie *Y.* **82** Sie h. auch w. *Y.* **83** Von den die jn b. solten e. *Y.* **84** sie jre knye kunnen pygenn *Y.* **86** nimmer] nit *Y.* **87** Wann man neuer dest uester an gr. *Y.* **89** ganz *fehlt Y*; derrost *K*, verrostet *Y.* **90** man nu von *K.*

Der pilger clagt darnach sein sach
Uber die rauber underm tach:
Die wirt, die in irn heüsern schinden. [3v]
Und sitzt ain wirt mit weib und kinden
Zuo tisch selbvierd, selbfünft, selbsechst
Und hat bei im vier frembder gest,
Die messigklich bei im thuond zeren,
Die mügen sich des nit erweren:
Si müssen im zalen alles essen.
Was ir do zuo tisch seind gesessen,
Das hat der wirt vor zifferirt.
Sein messer vil genäher schirt
In herten bärten ungenetzt
Dann nie kain scharsach neügewetzt.

Witwen und waisen clagen sich
Und melden das manigfaltiklich:
Wann ir ains ain hilf begert,
So seind all herzen außgelert,
Darinn si suchen hilf und rädt.
So helf weder flehen noch bet,
Wann man in beistand sol erzaigen.
Wie oft si kommen mit kneübiegen,
Doch kert man in die seiten dar,
Das si kainer hilf werden gwar,
Dann man si fräuelich angrolt.
Das schwert, das si beschirmen solt,
Das sei errostet in der schaiden.
Die clag hört man von in baiden.

Vor 91 Zwischenüberschrift: Des Pilgers clag. *Vor 105 Zwischenüberschrift:* Der Wittiben vnd / waysen clag. **107** iren.

Der hinderseß clagt uber den amptman: [137v]
Wenn er seinem herrn hab genuge getan
Mit zinsen, gulten und allem awßspannen,
So kumpt der amptman mit anzannen.
Dem müße er dann fronen an panfeiertagen.
So er solt rüen und sein sunde clagen
Zu kirchen als die andern frumen cristen,
So muße er im den marstal misten
Und mit im brengen hacken und mistpern
Und muß im da den vorhof leren
Und auf die ecker furen hinawß.
Wurde im zu lon ein supplein darawß,
Er meint, in hette der has geleckt.
Sollich miltigkeit im amptman steckt.
Die leien clagen uber die korrockskittel,
Den sein zu clein die suppensnitel:
Wenn ir einer hat zwu pfrund oder drei
Und guter dorfer auch viere dabei
Und iglichs dorf mit zehen pflugen,
Daran er sich nicht laße genugen.
Sein pawern er ir gult zwispelt,
Sein rechenpuch das nicht innen helt.
Noch wirt dem armen das zugerechent,
Er werde dann thumprobst oder techant
Und steig dannoch ein sprußel hoher.
Das bischofampt macht in vil froer.

Vor 91 Zwischenüberschrift: Der Hynnterseß *Y*. **91-104** *und 105-118 sind in D gegeneinander ausgetauscht*. **92** er jm schon ein genüg h. g. *Y*. **93** zins mit gullt mit allem *FKY*. **94** kome er erst m. a. *Y*; kum *FK*. **95** muß *FKY*; dann *fehlt FKY*; frümen *F*; an den f. *D*. **96** rewenn *Y*. **97** Jne der k. *Y*; als ander frumm *FKY*. **98** jm erst den *Y*. **99.100** *fehlt Y*. **100** jm auch den *FK*. **101** Vnd den myst auff ecker auß fürenn *Y*; hinfuren aus *F*. **102** Würd *FKY*. **103** ein hase *D*. **104** mittelkeyt *Y*; jn amptleuten *FKY*. *Vor 105 Zwischenüberschrift:* Die Dthumherren *Y*. **105** Vber die l. cl. die chor k. *Y*; übern *FK*; koraß kyttel *DK*. **106** Jne sind *Y*; Dem *F*. **107** Wann er hat *FK*, Wie wol einer hab *Y*. **108** auch *fehlt FKY*. **109** yedlichs *K*, yedes *Y*. **110** Noch hab er daran kein g. *FKY*. **112** Mer dann sein r. jnn hellt *Y*. **113** Das *Y*; den *FK*; das *fehlt Y*. **114** wer *Y*. **115** So stieg er gern einer sprüsseln h. *Y*; einer *K*.

Der hindersaß clagt übern amptman:
Wann er seim herrn gnuog hab than
Mit zins und gilt und allen spannen, [4r]
So komm er erst mit seim anzannen.
Dem müß er fronen an panfeirtagen.
So er sein sünd solt reüen und clagen
Zuo kirchen als from ander christen,
So muoß er im den marstal misten
Und mit im pringen hack *und* mistperen
Und muoß im auch den forhoff keren
Und auf die äcker füren auß.
Wurd im ain süpplin zuo lon darauß,
Er maint, in het der haß geleckt.
Solch miltigkait in amptleüten steckt.
Die laien clagen übern korrockskittel,
Dem seien zuo klain die suppenschnittel:
Wann er hat zwuo pfründ oder drei
Und guoter dörfer v*ie*r darbei
Und iedes dorf mit zehen pflügen,
Noch hab er daran kain benügen.
Sein pauren er ir gilt zwispelt,
So sein zinßpuoch das nit inhelt.
Noch wirdts den armen zuogerechet,
Er werd dann thuombprost oder techet
Und steig noch ainer sprössel höher.
Das bischofampt mächt in noch fröer.

Vor 119 Zwischenüberschrift: Der hindersessen clag / über den amptman. *Vor 133 Zwischenüberschrift:* Die layen klagen über / die Thuombherren. **136** veir.

Noch konde in das alles nicht erseten.
Sein stul stee gar oft ler zu metten.

Der schuldiger clagt auch uber den richter: [138r]
Der sei im nicht ein guter slichter.
Drei dingk, die stoßen gein im umb,
Das er awß slecht im macht ein krum:
Gunst, freunt und gab sein herz zuschutzen.
Wenn in der arm vor gericht sol nutzen
Und er im wol hulf getreulich hinuber,
So sturzt er im ein hutlein daruber.
Wiewol der arm auch das recht erkent,
Mit hubschen worten er ims verquent
Und wirt gein im so tief einwaten,
Das er die loica muß abplaten.
Die strewet er da den schopfen fur,
Das gerechtigkeit zuslewßt die tur.
Der reich druckt zu dem richter seinen gumen,
Das dem armen kein warheit herawß mag kumen.

117 Nun kan es jn a. *Y*. **118** stet dennoch offt *Y*; steen *F*. *Vor 119 Zwischenüberschrift:* Der Schuldiger *Y*. **119** auch *fehlt Y*. **121** die *fehlt FY*. **122** Die jm sein schlechte sachen machen kr. *Y*; im] vnd *D*. **123** G. veintschafft gab s. h. zu schrutzen *Y*. **124** recht *FK*. **125** jm auch w. *Y*; getreulich] treülich *FK*, *fehlt Y*. **126** sturcz *K*, stürtz *Y*; jm erst ein *Y*. **127** das recht auch *F*; erkandt *Y*. **130** ab muß platenn *Y*. **131** er] der richter *Y*; da *fehlt Y*; den schopfen] dem richter *F*. **132** Das die g. *Y*; die] jr *FKY*. **133** vertruckt d. r. s. gonnen *Y*. **134** daraus *FKY*; mag] kan *FK*.

Noch künd in das nit alles ersetten.
Sein stuol stee gar oft ler zuo metten.
Er schwech in auch ir weib und kind
Und wöll es gar nit hon für sünd.
Wer dann sollichs nit leiden kan,
Den thuo er in den schweren ban.
Der schuldig clagt übern richter: [4v]
Er sei im nit ain guoter schlichter.
Drei ding, die stossen gen im umb,
Das er auß schlecht im mach ain k*r*umb:
Gunst, freüntschaft, gab sein sach zuoschützen.
Wann in der arm vorm recht sol nützen
Und er im wol hülf treülich hinüber,
So stürz er im ain hütlin darüber.
Wiewol der arm das recht auch kennt,
Mit hüpschen worten er ims verquent
Und wirt gen im als tief einwatten,
Das er die loic müß abplatten.
Die streüt er do den schöpfen für,
Das gerechtigkait zuoschleüßt die thür.
Der reich truckt dem richter sein gumen,
Das dem armen kain warhait darauß kan kumen.
Der arbaiter clagt auch sein not:
Er künd im kaum gwinnen das prot.
So er schon arbait fruo und spat
Und wiewol er genah hauß hat,
Man geb im gar ain klainen lon.
Wöl er anders nit müssig gon
Noch auch das se*i*nig gar verzern

Vor 151 Zwischenüberschrift: Des schuldigen clag / über den Richter. **154** kumb. *Vor 167 Zwischenüberschrift:* Des arbayters clag. **173** senig.

Der erbeiter auch ernstlich clagt:
Sein lidlon pleib awßen uber nacht
Und wol nicht kumen bei sunnenschein,
Wiewol es der loner hat in dem schrein.
Noch ist er gein im also zech,
Und ee er ein mal zu im jech:
»Bedarfst du gelts, ich wil dirs bringen,«
Er wurde ims ee acht tag erlengen.
Wie sere der erbeiter wurde prumen,
Noch ließ er es von im nicht kumen
Zu rechter zeit, als es dann solt,
Wann es got selber haben wolt,
Das man die erbeiter bezalt,
Das die schulde nicht wurde einer nacht alt,
Wann es der rufenden sunde eine ist.
Dasselb man in der heiligen schrift list.
Der pfarrer clagt von seinen pfarrleuten, [138v]
Er konne und muge kein ubel von in awßreuten:
Wucher, eebruch und swere newe tetz,
Die ding man nimmer fur sunde schetz,
Und veintschaft tragen und im banne liegen.
Der warheit prunne sei versigen
An den gerichten und in der peicht,
Dorumb gluck von hinnen sleicht.

Vor 135 Zwischenüberschrift: Der arbaiter *Y.* **136** lon *K.* **139.140** *fehlt Y.* **141** Noch ee vnd er sprech jch *Y*; Bedarffts *D*; dirs] das *F.* **142** würds jm *FK*; ee noch a. *F*; verlenngen *Y.* **143** sere] vast *Y*; wirt *FY*, würdt *K.* **144** leßt *FKY*; ers beyzeit *Y*; nit v. jm k. *FY.* **145** rechten zeiten als er solt *Y.* **147** die] den *FKY*; zallt *Y.* **148** Ee das die schuld einer nacht würd alt *Y.* **150** Als man jn d. h. schr. das list *Y*; Vnd man das jn *FK*; geschrift *F.* *Vor 151 Zwischenüberschrift:* Der pfarrer *Y.* **151** seinen] den *Y.* **152** und] noch *F*; von in *fehlt FKY.* **153** Hoffart e. *FKY*; neu schwer *FKY.* **154** schetzt *Y.* **155** Und *fehlt Y.* **156** prunn der s. *FK*; sey ganntz v. *Y.* **157** Ane rot vnd an gericht vnd *Y*; gerechten *F.* **158** D. das gel. nun von vnns weicht *Y*; weicht *FK.*

Und auch sein weib und kind ernern,
So müß er solichs nemen an,
Ob er schon nit damit müg bestan.
Damit so wirt noch mancher arm
Und so ellend, das got erbarm.
Nach sei ains, das in traurig macht:
Sein lidlon bleib auß über nacht
Und wöl nit kommen bei sonnschein, [5r]
Wiewol es der loner hat im schrein.
Noch ist er gen im also zäch,
Ee das er ain mal zuo im spräch:
»Bedarfest gelt, ich wil dirs senden,«
Er ließ in zehen mal verpfenden.
Wie seer denn der arbaiter schreit,
Gibt ers im nit zuo rechter zeit,
Als er dann pillich das thuon solt,
Wann es got selber haben wolt,
Das man den arbaiter bezalt,
Das die schuld nit wurd ain nacht alt.

Der pfarrer clagt ab seinen pfarrleüten,
Er künd noch müg kain sünd außreiten:
Hoffart, eepruch, neü schwür und tätz,
Die ding man nimmer für sünd schätz,
Und feindschaft tragen onverzigen.
Der warhait prunn sei gar versigen.
Sein predig wöl niemandt gefallen,
Er thuo dann seltzam fablen kallen.

177 maincher. *Vor 193 Zwischenüberschrift:* Des Pfarrers clag über / seine pfarrleüt. **194** müng.

Hoffart, spil und meineid sweren,
Der konne er keins auf der canzel erweren.
Wenn man dann in der vasten kum
Und peichten sulle der sunden summ,
So sei man die alten puß noch schuldig.
So werde er dann so ungedultig
Und sag in her von der sel gift
Und strafe sie mit der heiligen schrift,
Das mancher piß jar gar awßen pleibt.
Dorumb man in awß dem lebendigen buch schreibt.
Der dorfman von seinem pfarrer clagt:
Der sei in der wochen awßen sechs nacht.
Wenn im dann got einen erben fug,
Den man bei zeit genug zu der tauf trug,
So sei der herr nicht gegenwart.
So liege es dann manchem kinde so hart,
Das ir etlichs on tauf verfert,
Dem got sein leben hat beschert.
Noch clagen sie ein schedlich stuck:
Wenn sie krankheit ernider druck
Und sie gern wolten ein peicht tun, [139r]
So sawm sie aber der pfarrer daran,
Und auch das heilige sacrament empfahen,
So kume der tot in so nahen,
Das sie one alle gotsrecht enden.

159.160 *fehlt Y.* **159** Spil vnd lüg vnd m. *FK.* **160** keins me weren *F*; weren *K.* **161** So sie d. *Y*; komenn *Y.* **162** sullenn d. sünden samen *Y*; sunde *D.* **163** sind sie die *Y*; man noch die *K.* **164** wer *Y.* **165** So sag er jn dann ernnstlich von *Y*; in her] ernstlich *FK*; gschifft *Y.* **166** geschrift *FKY.* **167** jar *fehlt Y*; gar] gancz *F.* **167:168** pleib : schreib *K.* **168** Das man *Y*; dem] der *D.* *Vor 169 Zwischenüberschrift:* Der Dorffman *Y.* **169** d. vber seinen *Y.* **170** D. lig die w. *FK*, Er lig jne der w. *Y*; nacht] tag *F.* **171** So jm *Y*; W. das jm got *FK*; fügt *Y.* **172** Der man *DY*; bei *fehlt FKY.* **173** So sie der pfarrer *Y.* **174** dann *fehlt FKY.* **175** Das es ane die t. *Y.* **176** D. sunst s. l. wer beschwert *Y*; sein] das *F*, da *K.* **177** Auch *Y*; cleglich *Y.* **178** Von kr. sie darnider *Y*; dernyder *FK.* **179** Vnd jr einer gern ein p. het thun *Y*, Vnd sie do ein peicht w. (w. peicht *K*) tan *FK*; So sie *D.* **180** aber] erst *Y.* **181.182** *fehlt Y.* **181** Vnd wolten das *FK.* **182** allso *F*, als *K.*

Si fröwe nur ain neüer sit
Und künden doch die bibel nit.
So er dann in die warhait sag,
Mach er im feindtschaft alle tag.

Des dorfmans von seim pfarrer clag:
Er lig die wochen auß sechs tag.
Wenn im dann got ain erben füg,
Den man zeit gnuog zuom taufen trüg,
So sei der herr nit gegenwart.
So lig es manchem kind so hart,
Das ir etlichs on tauf verfert, [5v]
Dem got sein leben hat beschert.
Noch clagen si ain schwärlich stuck:
Wenn si die krankhait nidertruck
Und si des sacraments begern,
So müssen si des auch enpern.
Der pfarrer saum si auch daran.
So komm der tod und greif si an
Und müß mancher sein leben enden.

Vor 205 Zwischenüberschrift: Der Pfarrleüten clag / ab jrem pfarrer.

Wenn got sein gnad nicht dar wolt wenden,
Manig mensch wurde in sunden verzagen.

Die clag sein alle pillich zu clagen.
  Der hantwerger clagt vom kaufman:
Wie sere und vast er mit im zann,
Wenn er im sein erbeit hin heim preng,
So sei er gein im also streng
Und sawg im awß sein plut und sweiß.
Wiewol der kaufman eigentlich weiß,
Das er es nicht dorumb erzeugen mag,
Noch kere er sich nicht an sein clag
Und sprech, er wolle es noch neher finden,
Und sag von einem, der sitze da hinden
An der pettler widerker,
Der geb im das und jenes noch mer.
So gedenk der arm: wenn du nicht wilt,
So hat im villeicht jener hinwider gezilt.
Losest du dann itzo kein pargelt,
So hat dir alles das gefelt,
Das du hinfur hast angeslagen.
Das horet man den hantwergkman clagen.

184 nit het *Y*; dar] her *FKY*; senden *FY*. **185** Mancher mußt jn *Y*; mensch mußt (muß *K*) jn sein s. *FK*. **186** Das hort man die armen dorffleut clagen *Y*; Die zwelff cl. s. all gar p. *K*; ist auch gar p. *F*. *Vor 187 Zwischenüberschrift:* Der Hanndtwercksman *Y*. **187-242** *fehlt K*. **187** hantwergksman cl. vbern *FY*. **188** *fehlt Y*; er *fehlt F*. **189** So er *Y*; heymhin *F*, haym *Y*. **190** Noch sey *Y*. **191-194** *fehlt Y*. **191** awß] ab *F*. **193** darumb nit *F*. **195** wolts *Y*; noch] wol *FY*. **196** sagt *Y*; da] dort *FY*. **197** All an *F*. **198** jm gens vnd das n. neher *Y*; das] des *D*. **200** Villeicht hat er gein her wider zillt *Y*; leicht *F*. **201** yzunt *F*. **202** das alles *F*. **203** dw die wochen h. a. *Y*. **204** man von dem *Y*, man auch den *F*.

Wenn im nit got sein gnad thet senden,
Er möcht in seiner sünd verzagen.
Er thuo auch stäts vom opfer sagen:
Wurd nur ain junges kind geborn
Oder het ainr ain freünd verlorn,
Im müß sein tail werden darvon,
Sölten si darnach betlen gon.
Wenn man im nit geb gelt behent,
Er geb in nit das sacrament.
Es hulf si weder singen noch sagen.
Warumb sölten si dann nit clagen?

Vom kaufman clagt der hantwerksmann:
Wie seer und fast er mit im zann,
Wenn er im sein arbait haim breng,
So sei er gen im also streng
Und saug im ab seinen bluotig schwaiß.
Wiewol der kaufman genzlich waiß,
Das ers darumb nit zeügen mag,
Noch ker er sich nit an sein clag
Und sprech, er wöls wol näher finden,
Und sag von aim, der sitz dort hinden,
Der geb im das und jhens wol mer,
Und sag im ain langs hin und her.
So denkt der arm: wann du nit wilt, [6r]
Vileicht hat im der ander zilt.
Löß ich dan ietzund nit bargelt,
So hat mir alles das gefelt,
Das ich hinfür hab angeschlagen.
Sölt er dann nit auch billich clagen?

Vor 231 Zwischenüberschrift: Des hantwerckers clag / über den Kauffman.

Den herolt hort man auch nu clagen: [139v]
Der gethürre die warheit nimmer sagen.
Frume armut muß sich smigen und smücken,
Trewe und warheit gee auf krücken,
Das geistlich gericht lig krank in einem spitel,
Der pan gee nacket in einem zurißen kittel,
Die guten gericht sein ser verdorben,
Die gerechten richter sein vast abgestorben,
Das veimgericht sei von got erdacht,
Das hab ein engel her von himel pracht.
Helt man das recht, das wißen die,
Die auf den gerichtsstulen sitzen hie.
Gute münz hab untersturz genomen,
Die sei wider heim in den tigel kumen.
Die miltigkeit fliehe von den reichen,
Den fried sehe man von den fursten weichen,
Die demut reise ab von den hohen.
Die stuck alle got großlich versmahen,
Man puße sie dann vor dem jungsten tag.
Das ist des armen herolts clag.
Nu clag ich tichter auch mein clag:
Was ich guts geticht hab mein tag,
So hort man das pose gleich als gern
Recht sam den allerpesten keren,
Den ich mit kunst hab awßgekirnt.
Und hett ich eitel seiden gezwirnt
Und hub ein grobes werk an zu spinnen,
So wurd ich mer zuhorer gewinnen,
Dann saget ich die ganzen bibel [140r]

Vor 205 Zwischenüberschrift: Der Herolt *Y*. **205** nu *fehlt FY*. **206** Er durre der w. *Y*; turre *F*. **208** get *Y*. **209** recht *FY*; ligt auch jm sp. *Y*. **210** get *Y*; einem *fehlt D*. **211** sindt vast v. *Y*. **212** rechten r. sind *Y*. **213** veimgreifgericht *F*, feyn gericht das *Y*; her docht *Y*. **214** von h. her *Y*; herab *F*, pracht] gesant *D*. **216** richter stülen *Y*. **217** hat *Y*. **218** Vnd ist w. *Y*; den *fehlt FY*. **219** fleücht sere uon dem r. *Y*; flihe ser v. *F*. **220** sicht *Y*; den[2] *fehlt F*. **212** demütigkait reißt ab *Y*. **222** stuck get all gar sere v. *Y*; großlich *fehlt F*. **225–242** *fehlt Y*. **226** hab erdicht *F*. **230** ausgezwirnt *F*.

Die juden clagen all gemain
Ir not, die ist warlich nit klain:
Wenn si gern wölten christen sein,
So straf man si bei hoher pein.
Ir güter müssens meiden gar,
Sonst leid si nit der christen schar;
So müssen si denn juden pleiben.
Auch laß man si kain hantwerk treiben,
Darmit si sich wol möchten neren
Und sich auch von dem wuocher keren.
Si müssen sich gar vil erleiden.
Ir narung thuo man in abschneiden
Mit ainem gwerb, haiß wuocherei.
Der sei ietz ainem ieden frei.

Nun für ich dichter auch mein clag:
Was ich erdicht hab all mein tag,
So hört man das böß gleich als gern
Recht als den allerbesten kern,
Den ich mit kunst hab außgekirnt.
Und het ich eitel seiden zwirnt (230)
Und huob ich an grob werk ze spinnen,
So wurd ich mer zuohörer gwinnen,
Dann saget ich die ganzen bibel,

Vor 249 Zwischenüberschrift: Der Juden clag. *Vor 263 Zwischenüberschrift:* Des dichters clag.

Und exponiret des himels tribel,
Der umbhin treibt alles firmament
Von osten biß gein occident.
Dorumb muß ich der werlt nachleben
Und muß pose kupferein munz awßgeben
Und feiern laßen guts geticht,
Damit man got sein lob awßspricht,
Und muß versweigen sein vetterlich gut.
Die clag furet Hans Rosenplut.

235 Das *F.* **241:242** güt : rosenplüt *F.*

Das evangeli und epistel.

So man dann sollichs hat für nicht,
Laß ich auch feiren mein gedicht.

15 Die drei Ehefrauen

Eins tags spacirt ich zu einem brünlein. [207v]
Darzu walt manig geistlichs nünlein
Und weib und man von gelerten und leien,
Als dann gewonnheit ist im meien.
Darob da saßen junger weiber drei,
Den wont ich auf ein halben tag bei,
Die umb das prunlein sassen so müßlich. [210r]
  Dobei plüet mancher pawm so süßlich.
Darauf die vogel discantirten
Und also meisterlich hofirten
Auß gam*a*-ut, a-re in das fa,
Auß d-sol-re biß in das la.
Die droschel rußtet sich enpor,
Die furt do den contratenor.
Die amsel in vortenorirt.
Doruber die lerch discantirt
Mit faberdon auß gravibus [210v]
Und lobt den rex altissimus,
Den hospes omnium celorum,
Mit irem cantica canticorum.
Die nachtigal, die furt die quint,
Darinn man die süssen noten vint,
Mit primi toni auß e-la-mi.
Der quint, der quart, der felt sie nie.

Überlieferung: D 207v–210v, F 17r–18r [V. 123–170], U 44v–48v
Überschriften: Ein clage dreyer / weyber vber yre menner *U*

1–122 *fehlt F [Blattausriß am Beginn der Hs.].* *Vor 1 Zwischenüberschrift in U:* Vorede. **1** ich vber ein *U.* **2** Daruber w. *U*; nünlein] mundlein *U.* **3** Von w. *U.* **4** gew. vnd sith ist *U.* **5.6** *stehen in U fälschlich nach 32 [Ende des Einschubs in D].* **5** Darbey s. *U.* **6** Die wanten auf *U.* *In D 7–32 mit Einfügungszeichen [am linken Rand neben V. 6] am Ende des Textes nachgetragen mit dem Vermerk:* Ditz hernachgeschriben geticht gehort jn den anfanck / der nechsten dreyer vorgeschriben Eefrawen die vber ir / man clagen. **7:8** mussiglich : sußigklich *U.* **11** Mit gamuth are aus dem fa *U.* **12** Aus dem sol re *U*; desolre *D.* **14** Vnd f. al da den *U.* **16** lerch schon d. *U.* **17** fauxbordon *U.* **20** jrer *U.* **23** Aus pr. *U.* **24** quinth vnd qu. feylt s. n. *U.*

Die dont sie here von grünem estlein,
Do sie gebawet het ir nestlein,
Darein sie ire eilein het gelegt.
Mit solichem cantum sie sich regt,
Das alles mein trawern mir enpfil
Und mir mein herz in frewden erwil
Recht sam ein hafen bei fewers glut.

Auch bei dem brünlein ich da rut
Und hort von in ein abentewrlichs clagen, [207v]
Als ich euch hernach wirde sagen.
Itzlich hette ein elichen man.
Die erste, die hub zu clagen an,
Sie sprach: »ich habe den grosten weinslauch.
Wenn ich daheim die claen sawg,
So sitzt er dort und fullet seinen kragen
Und lest mich unter die juden tragen
Mentel, rock, kandel und schußel.
Dasselb vert alles durich seinen drußel
Und was ich an dem rocken erleck.
Er achtet nicht, ob mir der pauch pleck
Und ob man mir sehe an die törin,
Die swarz umb das maul ist sam ein morin.
Dasselbe das were seins herzen ⟨dung⟩,
Wenn ich nach schande und laster rung,
Damit ich im sein blasen fult. [208r]
Mit einem wort er mich dorumb nicht schult
Und lest mich doheimen waßer laffen.
Und ⟨pu⟩let ich juden, munichen oder pfaffen,
Dav⟨on⟩ im newrt vol ⟨w⟩urde sein blasen,

25 grünem] baumleins *U.* **26** Darauf sie *U.* **28** canticum *U.* **29** alles] mir *U*; mir] gar *U.* **30** erwil] vil *U.* **31** hafen] aff *U.* **32** Dar bey d. br. kult vnd ruth *U.* *Nach 32 sind in U fälschlich 5.6 eingeschoben.* **33.34** *fehlt U.* **35** Wan etlichs het *U.* **36** die² *fehlt U.* **37** Vnd spr. *U*; den aller gr. *U.* **40** lest] leth *U.* **41** M. vnd r. *U.* **42** Das v. ym als *U.* **43** dem] eynem *U.* **44** acht auch n. *U.* **45** Das man mir *U.* **46** sam] als *U.* **47** das *fehlt U*; dung] thun *U.* **49.50** *und 53.54 sind gegeneinander ausgetauscht in U.* **49** ym nur s. *U.* **50** nit darumb *U.* **51** ein wasser *U.* **52** Jch meyn wen jch buleth mit juden vnd pf. *U.* **53.54** = *49.50 U.* **53** Darmit jch ym nur fult sein bl. *U.*

Er wurde ein wort dawider nicht kosen;
Und kumpt des nachts heim mit durren feln
Und furt ein sprach, die heist man die leln,
Das ich nicht halbs weiß, was er redt.
So muß ich in dann tragen in das pett.
Dorinnen leit er als ein fawles ploch
Und kert dann gein mir sein fistloch
Und plest mich an, sam ich sei edel.
So richt sich gein mir auf sein maußwedel.
So empfinde ich und merk in meiner list,
Das im sein esel sere hungerig ist.
Dem wolt ich wol ein gutes futer geben;
Das were im gut und were mir eben.
So leit er und rochzt sam ein gemests swein,
Und dünst von im der allersterkts wein,
Das ich dann ganz von im müß rucken,
Wenn man einem kinde einen tutten wirt zucken;
Das ist im leit und bringt im schaden.
Also geschicht mir alle nacht in meinem slafgaden.«
Die ander hub auch an zu clagen, [208v]
Sie sprach: »ich wil euch eitel warheit sagen:
Ich h⟨abe⟩ den allergrosten spiler,
Das mein hawse unden und oben stet ler.
Was wir dareine hetten gezecht
Mit got, mit eren und ⟨auch⟩ mit recht,
Und was er erbeit und ein knecht,
Das hat der wurfel schon wider awßgefegt.
Wenn ich meine, seine cleider hangen
Dort in der kammern an einer stangen

54 Nicht ein wo. wurd er d. k. *U*. **55** mit dreyen f. *U*. **56** man *fehlt U*. **59** er dan als e. f. plock *U*. **60** dann *fehlt U*; feyst *U*. **62** gein mir *fehlt U*. **63** So bruff jch woll jn *U*. **64** sere *fehlt U*. **65** gutes *fehlt U*. **67** So l. er als ein *U*. **68** Vnd dust v. ym so starck der w. *U*. **69** D. ich von ym gancz m. *U*. **70** Den w. m. dem k. den tutten thut z. *U*. **72** alle nacht *fehlt U*. **74** Von meinem man wil jch euch s. *U*. **75** Der ist der a. grost *U*. **76** stet] ist *U*. **77** Was wir am ersten h. d. g. *U*. **78** auch *fehlt U*. **79** er da erbeytt mit eynem *U*. **80** w. als rauß gefecht *U*. **81** Wan ich meine kl. die h. *U*. **82** in meiner kammer *U*.

Und mein gewant lige in dem schrein,
So hat ers dort bei im zum wein
Und hat es verspilt und das gelt darzu,
Mentel und rock und hosen do und schuh,
Und kumpt dann heim in einem hembdlein gelaufen.
O, gedenke ich dann, solt ich dich nach lusst rawfen?
Kein kurzweil hette mir nie paß gesmeckt.
Und sprich dann zu im: 'hast du awßgeleckt,
Du torheiter, hartselig poser thor?'
So geit er mir dann ein clings or
Und spricht zu mir: 'see hin dir die feigen.'
So kan und mag ich dann nicht sweigen.
So nimpt er mich dann bei einem zopf
Und wescht mir den sleir dann ⟨a⟩uf dem kopf
Und wermt mir das wasser zu den awgen awß.
So laße ich vil boßer worter ⟨awß⟩.
Das wesen treibt er an nacht und tag.
Das undter vederpett ist ein strosack
Und unser zingeschirre ⟨ein wa⟩sserkrugk. [209r]
Was im ein wagen und ein pflugk
Alles mocht gewinnen, das were verspilt.
Alle morgen er sich hinwider stilt.
Das treibt er an in der wochen siben tag,
Das in niemant ⟨dav⟩on geweisen mag,
Wie sere in alle sein frundt anplarren,
Biß das in hawen und schaufel zuscharren.«
Die dritte hub an zu clagen auch,
Sie sprach: »ich habe den snödsden gauch,
Den sun und mon ie angeschein.

83 Vnd meint m. g. das läg *U.* **86** Hoßen rock wammes vnnd schw *U.* **87** heim *fehlt U.* **88** solstu jn r. *U.* **89** Ein k. *U.* **90** Szo sprich ich dan hastu *U.* **91** Du feyger tummer hartseliger thor *U.* **92** gibt *U.* **93** spr. jch wil dir eins geygen *U.* **94** Noch szo mag ich nit still schweygen *U.* **95** Szo er wischt er m. bey *U.* **96** schleyr am k. *U.* **97** Das mir das w. geth zu d. a. herauß *U.* **98** Szo liß ich dan v. b. war auff *U.* **99–104** *fehlt U.* **105** Das treyb wir die w. *U.* **106** Das ym das n. geweren m. *U.* **110** Sie sprach *fehlt U*; snödsden] aller grosten *U.* **111** ye vber schein *U.*

Der kumpt gar selten vor mitternacht heim
Und get mit heimlichen pubin zu acker
Und lest zu egerten liegen seinen acker,
Der alle nacht wol zu pawen docht,
Und er es an seinem leib wol vermocht,
Wann er ist stark und dabei jungk
Und hette weibs an mir rechtlich genungk,
Wann er sich an mir ließ genugen.
Und mocht er pawen mit zweien pflugen,
Noch hette er felds genug an mir,
Und were im allwegen bereit als schir,
Als jene, die in umb groß gelt bringt
Und im seiner großen pubrei nachhengt.
Und wenn sie im mit truber neig
Den durst gelescht, die snod, die veig, [209v]
So schickt si mir in erst heim in das hawß.
So trewft er [ ] als ein beregente mawß
Und ist an allen frewden erloschen
Und hat dann unden gar awßgedroschen
Und bringt mir dann erst heim die sprewen.
So muß ich dann sein vreßen kewen.
So macht er dann eins mit behender eil,
Biß das ein krebß wol krewcht ein meil,
Wann er hat dort vor awßgepewtelt.
Wie gar wenig er mich liebt und trewtelt
Als jene, die er umb das maul leckt,
Wenn er ir oben im pusen steckt
Und ir umb das mawl get lecken und naschen.

112 gar *fehlt U.* **113** mit freyen bulen *U.* **114** Vnd leth li. sein vngebawten a. *U.* **115** nacht] stund *U.* **116** es *fehlt U*; leib auch w. *U.* **118** het an mir solchs recht g. *U.* **119** Liß er s. nur an m. g. *U.* **120** Und *fehlt U*; gebawen mit dreyen pf. *U.* **121** Szo h. *U.* **122** Jch w. jm gern b. *U.* **124** Vnd vil bupperey nicht h. *U*; großen *fehlt F.* **125** Wen ym die schnod vnd auch die feig *U*; jn *DF.* **126** Den d. lescht mit truber neyg *U.* **127** mirn den heym zu h. *U.* **128** Szo schlefft er sam ein betawbte m. *U*; er ein als *D.* **129–132** *fehlt U.* **130** gar] ganncz *F.* **131** erst *fehlt F.* **133** Vnd m. d. *FU*; behender] grossem *U.* **134** wol *fehlt F*; krewcht] krüg *F*, krug *U.* **135** Wen er dortt fhar hat a. *U.* **136** Wie seltn er *U.* **138** Weyl er *U*; oben *fehlt F.* **139** lecken und *fehlt U*; naschen] waschen *F.*

Dieweil so rawmpt sie im unten die taschen
Und hat der endten da nicht gefelt
Und nimpt mir herawß mein margktgelt,
Davon ich und meine kint solten eßen;
So hat es die bose hudel vor allessampt gefreßen.«
Do itzliche ir letzen het gelesen,
Do sprach ich: »ich bin ir auch einer gewesen,
Der sollichen dingen hat nachgesloffen.
Nu hat das alter mich getroffen,
Das ich den dingen bin worden veint.
Es hilft nicht, das man zant und greint.
Sich sol ein man uben, dieweil er mag.
Das fewer print biß an den jungsten tag,
Das es kein weib keinem man ablescht.
Alles waßer die sele so reine nicht wescht
Als nimmer tun und frum im alter. [210r]
Es schreibt kunig David in dem psalter,
Das got keinem menschen nie hab verziegen,
Wann er newer nimmer in sunden wil liegen.
Dorumb so kan ich uns nicht paß geleren,
Dann wir alle uns zu got sollen keren.
Derselb lest leichtiglich mit im teidingen.
Nu last euch ewer man so sere nicht leidingen.
Wenn sie die horner abgestutzen,
So solt ir euch dann erst gein in aufmutzen.
So laßen sie sich dann recht zawmen
Und bleiben furbaß bei euch daheimen.
Dorumb habt gedult in diesen dingen,
Dann mit gedult mag man got zwingen,

140 ym yn der t. *U.* **141.142** = *142.141 U.* **141** e. nye g. *U.* **142** nympt darauß m. m. *U.* **143** kinder *U.* **144** Das hat die h. als g. *U*; die] der *D*; allessampt *fehlt F.* **145** ygkliche *F*; het jr lection g. *U.* **146** Jch sprach ich wer a. *U.* **147** hat] ist *FU.* **151** ein man] einer *U.* **153** D. es k. man noch weyb nit lesch *U.* **154** Als beichten d. s. nit als reyn w. *U.* **157** Goth k. *U*; hat *FU.* **158** nimmer *fehlt U.* **159.160** *fehlt U.* **159** so *fehlt F.* **160** vns all *F.* **161.162** = *162.161 U.* **161** Wan Goth l. l. m. ym teydigen *U.* **162** Darumb l. *U*; so sere *fehlt U*; nich *D*; leidigen *FU.* **163** sie jr honer *U.* **164** euch gen yn wider a. *U*; dann *fehlt F.* **165** zemen *FU.* **166** bei euch *fehlt F.* **167** diesen] ewren *F.* **168** Wen mit *U*; bezwingen *F.*

Das er awßteilt sein ewige gut.«
So hat geticht Snepperer Hans Rosenplut.

169 er vns mit teylt *U*; ewigs *FU*. **170** snepperer *fehlt FU*.

16 Der Einsiedel

Eins tags da ging ich vor der sun. [35r]
Do begegnet mir frewd und wun
All in des sueßen meien zeit,
Da perg und tal stunden gecleit
Mit rosen und mit clee gezirt.
All in den blumen ich mich dirt.
Da funde ich durich den taw gepfeten
Ein steig, der was so smal getreten,
Und ging zu eines steines want.
Da wurd mir freuden vil bekant,
Da ich sahe anger und rein,
Darauf die blumlein groß und clein,
Die also sueßiglich ruchen
Und awß der erden mit kreften kruchen. [35v]
Ir pludlein hetten so reide lockel.
Manig lawter tropflein daran glockel
All von des sueßen tawes farb.
Manig cleines pinlein umb sie warb,
Unter ire pludlein es sich smog,
Das honigsam darawß sog,
Bis es sein narung hette geladen.
Die furt es mit im in sein gaden,
Damit es sich den winter wolt speisen.
Manig rosen ich sahe, die stund zu preisen,
Auf grünem stam so hubsch gezogen,

Überlieferung: D 35r–43v, B 223v–242r, F 38r–48r, L 77v–89r, R 39r–44v [V.241–470]
Überschriften: Von dem Eynsidel *D*, Vom einsidel *F*

1–240 *fehlt R [Blattausriß].* **1** den *D.* **2** mir gros fr. *F.* **3** Vmb d. s. maies *L.* **4** becleit *BF.* **5** mit[2] *fehlt L.* **6** Aldo *F*; ich drit *L.* **7** funde] vand *BFL*, stunde *D*; ich in dem *B*; gepfettet *L.* **8** so] gar *B*; gedreett *L.* **9** Der *B*; einer steinein *F*, eine steinende *L.* **10** ward *BL*, wurden *F.* **11** Als ich da s. *F.* **13** D. do so gar s. *B*; Die *fehlt F*; suslich *L.* **15** Jre plüde hatten so reiche l. *B*, Jr plütlich waren so reylich gelockelt *F*, Jr plwtlich h. so r. lockelt *L.* **16** lauters *F*; tröppffel *BL*; glockelt *FL.* **17** Als von der *F*; Als *B.* **19** pletlich *F*, plutlich *L.* **20** Den h. er d. *F*; Vnd h. *L*; honig es d. *B.* **21** Vncz *B.* **22** Vnd f. *L*; es hin m. *F.* **24** roeß ich do s. *L*; roße *B*; die] das *F.*

Ir bletlein rund und wol gepogen,
Ir plude so meisterlich gespalten,
Als sie der mei dann hette behalten
Mit seinem linden, kulen luft.
An veiol sahe ich manig cluft,
Da die sunne warde umb sie sich veiln
Und sich ir hawptlein wurden teiln
Mit himelplae so fein geferbt,
Als sie der meister hette gegerbt,
Davon sie all hetten ir seh.
Die weißen lilgen und auch der cle,
Die leuchten auf iren pluenden pallen
Sam gruner smaragd und weiß cristallen,
Also sie awßeinander leuchten.
Daran die cleinen vogelein geuchten,
Das es in dem walde jah so schon: [36r]
Manig schone noten awß semiton,
Biß sich die sunne in die hoch gericht
Und in do ire pletlein slicht
Und in den taw hette abgezogen,
Davon sich ire pletlein bogen,
Und neigten do auf stammes pur
Dem schopfer aller creatur.
  Hineinbaß ging ich in die clingen.
Do horet ich vogel so sueßlich singen.
Was die musica ie mocht begreifen,
Das konden sie swegeln und pfeifen.
Der sittig grun und auch der golander

26 rund] gron *BL*, gegrünet *F*. **27** Vnd jre *F*. **28** Der meister d. hat *B*; gehalten *BFL*. **29** lindem kullem *B*, kwlen linden *L*. **30** Jn *FL*. **31** sie *fehlt DL*; sich *fehlt BF*. **32** Do sy ir *B*. **33** himel plö *B*, himelplab *FL*; so] gar *B*. **35** Daran *B*; seh] flee *BFL*. **37** lauchten *F*; pluenden] glüenden *B*. **38** weißer *F*. **39** sie] hie *F*. **40** schewchten *L*. **41** D. erhal jm dem *F*; es erschal in *B*, es erhal jn *L*; jah *fehlt BFL*. **42** schone] süß *BFL*; awß] vnd *B*. **43** Vncz *B*, Piß das *F*, Do *L*; richt *L*. **44** in *fehlt B*; do *fehlt L*; pletlech *F*. **46** schmogen *F*. **47** neigten] negen *F*, *fehlt L*; do] dar *L*; auf jres st. *F*. **49** Nein pas *L*. **50** ich die v. *F*; vögellein *BL*; sußiglichen *B*. **51** musica] misedat *L*. **52** Do *L*; vnd auch pf. *BFL*.

Sungen so kunlichen widereinander,
Das es in dem walde erhal:
Auf hohem zweig die nachtigal,
Ir zunglein was so scharpf gewetzet,
Damit sie alle vogel hetzet
Und ließ die noten so sueßlich clingen.
Die amsel begond hinwider singen
Mit lawter stimme awß irer keln.
Der rechten zal begond sie nicht veln,
Biß sie die sunn da uberdeckt,
Damit sie da alle vogel wegkt.
Die huben das cantum an alle gemein,
Die großen vogel und auch die clein.
Da die sunne ward gegen in fackeln,
Da hort ich kuttern und quackeln
Awß vogels keln manig sueßes prumen. [36v]
Einer ticht, der ander wart sumen.
Einer sang clein, der ander groß,
Das es in dem gepirg erdoß
Zu lobe dem kunig, der in gab narung.
Dem sungen sie one alle sparung.
 Da ging ich hineinbaß in das tal.
Do vand ich einen brunnenqual,
Der floß awß einem perg so hoch.
Da ich hinzu kam und nach,
Gar scharf unter eines velses rigel,
Dabei do saß ein einsidel,
Gar on maß ein alter man.
Do er mich zum ersten plicket an,

54 Die s. *F*; so schon gen einander *B*; miteinander *F*. **55–74** *fehlt L*. **56** zweid *B*. **59** Vnd hieß die vögel so süßiglichen singen *B*; sußlich her cl. *F*. **60** clingen *B*. **61** stym auff auß ir *B*. **62** nich *D*. **63** Vncz *B*. **64** da *fehlt BF*; uögel auff w. *B*. **65** Do h. sie d. c. an g. *B*. **67** gegen in ward *B*. **68** vnd auch qu. *BF*. **69** süssen *B*. **70** E. der dicht *B*; wart sumen] tet sumen *B*, sumet *D*. **72** perg *B*; erdros *F*. **75** Jch g. nein bas *L*; ich *fehlt D*. **76** prunnen kalt *B*, prunen der qual *L*. **77** so *fehlt F*. **78** ich nu k. so n. *B*, ich zw k. hin n. *L*; ich jm also zukam *F*. **79** Wol vnter *B*; ridel *F*. **80** do] das *F*. **81** vnmassen *F*. **82** So er m. wirt sehen an *B*; zum ersten] erstlich *F*.

Do segent er sich auf der vart
Und sprach: »du junger mensch zart,
Wer hat dich bracht in diese hol?
In warheit wil ich sprechen wol:
Ich lange da menschen nie gesach.«
Ich antwurt im da und sprach:
»Vil allerliebster vater mein,
Die warheit sol dir gesaget sein:
Durich lust so ging ich in den walt.
Mein herz warde erfrewet so manigfalt
Von vogeln, die so sueßiglich sungen,
Und von plumlein, die entsprungen,
Das mir in freud mein sinne entwichen,
Und hab also das tal durichslichen,
Das ich ongeverd bin zu dir kumen, [37r]
Des mich groß wunder hat genomen.«
Da sprach er: »lieber sone mein,
Des sol got gelobet sein,
Der tut alle dingk im pesten.
Wolst du ein weile bei mir resten
Und setz dich zu mir in die rosen
Und laß uns miteinander kosen
Und sage mir, wie sich halt die werlt.
Das wil ich dir hie wol vergelt
Und wil dir allwegen eins hinwider sagen.
Son, des laße uns aneinander fragen.
Wir setzen uns nider zu dem brunen.«
Der einsidel was weise und wol besunnen

83 gesegent *BFL*. **85** gepracht jn dises *F*; diese] das *BL*; hol] tal *B*. **86** warh. ich sprechen sal *B*; ich wil *FL*. **87** da] nie *B*, kein *F*, nit *L*; nie] *fehlt B*, da nie *F*, do *L*. **88** da *fehlt BL*. **89** Du a. *B*. **91** Jch ging d. l. in *B*; so] da *F*, *fehlt L*. **92** Do hon ich gehort freüd m. *B*; gefrewt m. *L*. **93** V. vogellein d. do süßiglichen süßen *B*. **94** von den pl. die do e. *F*; plumen die do e. *B*. **95** Dauon m. mein freüde entwichten *B*; D. nairt jn frewden *L*; mir von freuden *F*. **97** zu dir pin *L*; zu dir] do heer *B*. **98** Das m. selbs h. w. g. *B*; Das *F*. **103** Vnd d. zumir seczen in *B*; setzest *F*. **104** So wolt ich mit dir k. *B*; laß] list *F*. **105** Als wie sich nu die w. hielt *B*; sagest *F*; helt *FL*. **106–109** *fehlt B*. **106** wil] wölt *FL*; wol] wider *F*. **108** Sun da la *L*; das *F*. **110** vnd gar w. *L*; wol *fehlt BF*; versunnen *B*.

Und sprach: »son, wie helt man die recht?«
Ich sprach: »vater, mein sinne sein zu slecht,
Doch wil ich dir ein teile treffen:
Die frumen sicht man sere nu effen.
Der keiser furt das oberst swert
Und doch zu zeiten nicht rechtes gert,
Wiewol alle recht solten awß im fließen,
Damit er die fursten solt begießen,
Das in sein warheit strenklich were bekant.
Das recht, das hahen sie an die want.
Warheit tawg gein hoff nicht mer,
Schande und laster ist worden er.
Wo lebt ein furst nu hie und dort,
Dem one wandel ste sein wort? [37v]
Und sitzen in großer sunden zelt.
Swache munz und gerings gelt,
Damit sie nu die lewt bewern.
Zolle und mawt tun sie besweren.
Was sie awßgeben, das wirt geleicht.
Was sie nemen ein, das wirt gereicht.
Ir gewalt, ir recht hat nindert kraft.
Die lernet auch die ritterschaft,
Die zu dem swert sein gesegent,
Das von in wirt ubermenget,
Die unrecht teten wittib und weisen.
Die sicht man sie nu selber neisen
Und auf der straßen rauben und morden.
Das recht swert haben sie verloren,

112 mein sie s. schl. *F*; sind darzu schl. *B*. **113** Yedoch *B*; dir sein e. *BFL*; teils *B*; betreffen *DL*. **114** nu *fehlt BL*. **116** Vnd d. nicht albegen r. pegert *B*. **117** aus jm so. *F*. **118** D. er solte d. f. giessen *BFL*. **119** in] ym *BD*, *fehlt F*; strenklich] getreulich *F*; werd erkant *L*. **120** Sy hohen das recht an *L*. **123** Es l. kein f. weder h. noch d. *F*. **124** wandel] handel *L*; stet *B*. **125** s. nu jn *F*; grossen *BL*. **126** gerings] pöß *B*, gering *L*. **127** gewern *F*. **128** Czöl *L*; maut die t. *F*; schweren *L*. **129** aussöllen geben *B*; gegleicht *D*. **130** sie ein nemen das *BFL*; ein] sein *D*. **131** ir^{2}] vnd *F*; nindert] nimer *L*. **132** Das *BF*, Der *L*. **133** sind *B*; gesegnet *L*. **134** jm w. vber wegnet *L*; würd übermegent *B*; vbermegnet *F*. **135** D. vnrechtlich töten w. *F*. **137** str. nun r. *L*.

Damit man ritterschaft behielt
Und das unrecht damit zu haufen spilt.
Also sein die fursten und all ir adel
Behenket mit der schanden wadel.
Ir wappenschilt und auch pafesen
In gerechtigkeit hat nimmer wesen.
Das hort man die frumen herolt clagen.
Die durren der warheit nimmer sagen,
Wann man sie zu hoff nu awßjagt.
Vater, das sei dir gesagt.«
  Der einsidel sprach: »das ist zu erbarmen,
Wenn die not get uber die armen.
Und hat der keiser ein sollich wesen, [38r]
Wenn hat er von Allexander gelesen,
Des alle werlt allein newr was?
Ungerechtigkeit, der trug er has
Und was der werlt ein getrewer reiser
Recht als Octavianus, der keiser.
Wer die bibel hette gelesen,
Der funde auch in seinem wesen,
Das er so großen fride kont bringen:
Versmiden must man swert und clingen.
Vierzig jare bei seinen zeiten
Sahe man wenig mit speren reiten.
In der weile ward Jhesus geborn,
Der allen fried hat awßerkorn.
  Und sein die fursten also vergift,
Wenn horen sie lesen die schrift,
Wie Hector ist ein herzog gewesen,

140 das] *fehlt BL*, vnd *D*; damit zuspilt *F*; damit] *fehlt B*, mit *L*. **141** sein die] ist *DL*; all *fehlt F*. **142** Behenck mir *L*. **143** Jr sper vnd awch jr schilt wapen *L*; auch ir waphesen *B*. **144** Zw *L*; g. n. h. kein w. *F*. **146** durren] getörn *F*. **147** nu *fehlt L*. **148** geclaget *F*. **149** eysidel *D*. **150** Wan *BFL*. **151** solchs *BF*; wesen] leben *L*. **152** er dann v. allaxander *F*. **153** newr *fehlt BFL*. **154** Der vng. tr. *B*; der *fehlt FL*. **155** reiser] weiser *B*, keiser *L*. **156** als] sam *B*. **157** hot *BL*. **158** vind *B*. **159** künd *F*. **162** sporn *F*. **165** Nu s. *F*; sind *B*. **166** horens oder lesens *F*; geschrifft *BFL*.

Der manigem streit hat vor genesen,
Wann got furcht er fru und spat;
Dorumb er im oft half awß not.
Und darzu herzog Josue,
Der zu der sunnen sprach: »nu stee!«
Die leucht im in der nacht zu streiten.
Der was auch frume in seinem reiten,
Wann gerechtigkeit, die wont im bei;
Dorumb sie got oft machet frei.
  Und ritterschaft, der edel orden,
Hat der sein wirde also verloren,
Und haben ir ere also verritzt? [38v]
Wenn gedachten sie an sand Moritz,
Wie der ein getrewer riter was?
Bosen dingen trug er haß.
Und an sand Jorgen hochgeborn,
Die hielten ritterlichen orden.
Der furt ein kreuz in seinem schilt,
Das wappen des hochsten ritters milt,
Wann Jhesus der erste ritter was.
Sein leib von blut wurd aller nas,
Do man in zu ritter slug.
Ein dornein cron er fur uns trug
Und ein sweres creuz zu seinem tod,
Do er uns losen wolt awß not.
Sust were sein wappen nicht ganz gewesen.
Auf dem helm furt er cron und besen,
Im schilt nagel, creuz und sper.
Wenn er es am jungsten tag bringt her,
Das wir es alle mußen anschawen,
So mocht dann manchem wol grauen,

168 manigen *DL*; gewesen *B*. **169** got den f. *BFL*. **170** half] haß *L*. **171-192** *fehlt F*. **173** in der] die *BL*. **175** die *fehlt L*. **176** oft got *L*. **178** wirde] wider *L*; also *fehlt B*. **179** Nu ist ere *B*. **180** gedencken *B*, dencken *L*. **183** gorgen so h. *L*. **184** ri. iren o. *B*. **187** Dann *D*. **188** S. l. aller vor plut wart n. *B*; wurd] was *L*. **189.190** = *190.189 L*. **189** in *fehlt L*. **192** Do mit er *B*; erlosen *L*. **194** kron gaiseln vnd *L*. **195** kreütz nagel *B*. **197** Da w. *F*; all an m. sch. *L*. **198** möchte *B*.

Der hie hat reiche wappen gefurt
Und das recht nie hat berurt.
So wirdt gerechtigkeit nicht gespart.
Mit geben noch mit gebhart
Hilft an demselben rechten nicht,
Als hie die hochsten nemen mit
Und laßen linke urteil fragen.
Das wirt sich dort alles wol gesagen.
Wer dann hie ist gewesen frume und gerecht
Und hat den armen nie versmecht, [39r]
Des wappen stet dort wol gezirt
Und adelich geplassenirt.
Wenn dann der vogt wirt die helm teilen,
So wirt er umb dieselben wappen feilen:
Die heißet er setzen zu der rechten hent,
Die haben freud ewig on endt,
Und diese zu der linken hant stellen,
Do werden dann teufel [ ] ire gesellen;
Die mugen wol furbaß haben pein.
Das sage ich dir, du sone mein.
Nu frage ich dich wider auf der fart,
Sage mir, lieber sone zart,
Wie halten sich die geistlichen hawpt,
Den got großen gewalt hat erlawbt?«
Ich sprach: »vater, des bin ich nicht weise,
Doch wil ich tun den meinen fleiße
Und wil dir nach meinem vermugen sagen.
Die werlt, die hort man nu sere clagen:

199 reiche w. hat *BF*. **201** ger. dann nit *F*. **202** Des gelaub du liber sun zart *F*; noch mit] vnd *L*. **203** Es h. *F*. **204** nemen mit] meinen *L*; miet *B*. **205** lincker *B*. **206** sich als dort g. *F*; sagen *L*. **207** dann] do *D*. **208** den] die *F*; nicht *B*. **210** adenlich *B*. **211** W. d. gefochten wirt vmb d. *F*; dann *fehlt L*; die helmen wirt *B*. **213** D. er heist nu seczen *B*; hant *L*. **214** fr. ymmer ew. *F*; one ewig *D*. **215** Aber die er zu der li. h. heist st. *B*, Vnd diß lest er zw der li. st. *L*; der] den *D*; hant *fehlt F*. **216** Do selbst werden die pössen geist ir g. *B*, Vnd w. denn die t. jr g. *F*; t. vnd jre *D*. **217** haben fürpas *BL*. **220** mir nu l. *B*; mir] nairt *L*. **221** sich nu die *B*. **222** hat grosse gew. *F*; hat *fehlt L*. **224** D. so wil *F*; Ydoch *B*; den *fehlt FL*. **226** die[2] *fehlt L*; ser nu *FL*.

Die guten recht, die sind behalten,
Die vor jaren hetten die alten.
Wenn man einen babst wolt weln,
So ließ man nach den frümsten zeln
Und baten got andechtiglich,
Das er awß seiner barmung reich
In gebe ein wares zeichen,
Wem sie das creuz solten reichen.
Nu achtet man nimmer sollicher rechten. [39v]
Were nu mechtig ist von geslechten
In Rom und Romanig,
In Appels und in Polonig
Und wol befreundt mit leüten,
Das er macht mag bedeuten
Und an der hab nicht mag gefeln,
Die welt man zu babst und cardineln.
Die bistum haben sollichen siten:
Were nu starke ist geriten
Und im lande wolbehawst
Und hat frunde, vor den den armen graust,
Die im lande prennen und rauben
Und auf der straßen unrecht clauben,
Und alle ir lewmunt stet vergift:
Wirdt ein pfrund ledig im stift,
Das man ein capitel beruft,
So kumen die frunde mit großer guft
In den stift mit guter ru,
So gehort in vor der techant zu,

227 recht sein *FL*. **228** teten *BFL*. **229** erwellen *BF*. **230** laß *F*; dem *DL*; frümsten] fursten *F*. **231** got gar a. *B*, got so a. *F*. **232** erparmung *BF*. **233** Jm *L*; gab *F*. **234** *fehlt L*. **235.236** = *236.235 D*. **237** vnd jn *FL*, oder in *B*; bomanig *L*. **238** napolis *B*, applas *F*; in[2]] zu *BFL*; banonig *B*, appolonig *D*. **239** gefreundt *F*, wefrewt *L*. **242** man denn zu *F*; babst] pebst *BL*, bast *D*, pebsten *F*. **243** bischoff *L*. **245** lande ist w. *F*. **246** vor den] darob *BFLR*; den[2]] dem *R*. **248** vnrechcz *FR*; erlauben *F*. **249** aller *F*; lewmunt] lewt *L*; stet] ist *F*. **250** Vnd nit gar nüczlich ist einem gestift *F*; ledig] ler *LR*. **251** man denn e. *F*; capellan *L*. **252** grossem *F*; guft] gunst *L*. **253** Jn das *BFLR*; gestift *F*; guter] grosser *D*; ru] rew *L*. **254** in] jm *DL*, jr *F*.

Und sind alle vettern und oheim.
Wenn sie dann zusammen kumen gemein,
Das im capitel wirt ein rat,
So nemen sie nicht ein langen berat.
Wenn die frunde werden umbhin zelen,
Und das sie wollen ein andern welen,
So sprechen sie: »wir wollen diesen haben!«
Und nemen dann einen awß denselben knaben,
Der vor im pusch hat gepaßt
Und das recht hat allwegen gehast, [40r]
Der sol dann heilige ding leren,
Und machen awß im ein thumherrn.
So furt er dann allererst freien mut.
Die pfrunde gibt im habe und gut,
Das er nimmer bedarf nach narung draben.
Die schonen frauen wil er dann haben.
O herr, das ist ein große clag,
Wann es leit nu an dem tag,
Das sie swechen jungkfrawen und frawen.
Die bucher sie gar selten schawen,
Wie man das almusen solt verpeten.
Dieselb schrift leit nu vertreten.
So lebt er dann herlich an seinem hofe.
Dieweile so stirbt der bischofe.
So ist er im stift mechtig worden
Und ist vor wol halb erkoren.
Alßpalde sich das capitel besleust.
Seine freunde des urteils nicht verdreust

255 sein *BF*; alle gar vetter *B*; ohen *L*. **256** kunen *R*. **259** W. dann d. f. vmhin weren z. *L*; f. vmb werden z. *F*; weren *D*. **260** Vnd sie ein anderen werden erwelen *F*; sye ein andern wollen w. *L*; ander *D*. **261** wöllen den dosing h. *B*, wollen den dofur klenn h. *R*; diesen] den *FL*. **262** dann] den *R*; einen *fehlt B*. **263.264** *fehlt L*. **264** albeg das r. hat *B*. **265** Den *D*; dann] den *R*; lernen *B*. **267** aller *fehlt BFR*; er erst dan *B*. **268** D. frewnt geben *L*; pfr. die g. *FR*; im] jnn *R*. **269** nach narung darff *B*; darf *FL*, darft *R*; draben] fragen *L*. **270** schonst fraw *L*; dann *fehlt B*. **272** Wenn *D*. **273** sie] sich *R*. **274** gar] da *R*; anschauen *FL*. **275** Wen *B*; sol *FLR*. **276** geschriefft *BF*; vnuertreten *D*. **279** er dan jm *L*; st. dan m. *BFR*. **280** wol *fehlt L*; halbs *L*. **281** verschlewst *L*. **282** Seiner *BFLR*; freünde sy des *B*, frewnd sich des *L*, freud sich das *R*.

Und welen dann in rates prawß
Und machen einen bischof darauß.
Als er sein tag vor hat getan,
Des hengt im ein guter zipfel noch an.
So wirt er im lande dann rauben und prennen
Und eins zureißen, das ander trennen.
Sein infel gibt dann liechten schein:
Ein eisenhut von stahel vein,
Und fur den stab ein scharpfes sper.
So heist er im dann prengen her [40v]
Ein gutes panzer fur die alben.
So huten sich dann ku und kalben,
Damit sich der arm solt neren.
Die landt tunen sie ser verheren,
Das man wil vil ein raben hauben
Und craen ziehen bei den tauben.
So kan sie doch niemant zusammen gegaten.
Sollich lewte gehoren nicht unter die platten.
Des stet die werlt in großem prechen.
Die das gotswort noch awßsprechen,
Das tut die gemein briesterschaft,
Die am minsten hat der kraft
Und die cleinsten pfrunde besitzen.
Die lern noch das volk mit witzen.
Die mußen nu die kirchen tragen.
Vater, das wil ich dir sagen.«

283 *fehlt B*; dann] *fehlt F*, den *R*. **284** machen denn e. *FL*. *Nach 284 ein Zusatzvers in B:* Erst so lebt er ym saus. **285** er *fehlt R*; hat vorgetan *B*. **286** ein guter] noch ein *F*; noch *fehlt BFLR*. **287** dan ym l. *BL*; dann *fehlt F*; -ben *in* rauben *beim Seitenwechsel mitten in der Zeile vergessen B*. **288** reissen *BL*, reissen vnd *FR*. **289** S. ymffel g. ym d. l. *B*, S. jnfel die geit so l. *F*, S. hilf geit jm l. *L*, S. jnhel geit den l. *R*. **292** prennger *D*. **293** gut *B*. **294** sich] sie *R*. **295** D. sie sulten die armen ernern *R*; sich dann d. *F*; solt der armen *L*; ernern *B*. **296** Dy lewt tunes ser *L*; lant die t. *F*; ser *fehlt BF*. **297** vil wil *FL*; raben] rauhe *D*; hawen *L*. **298** kroen wil z. *F*; craen] toren *L*; den *fehlt B*, dem *L*. **299** nymants *B*; zusammen] darzu *F*; gaten *BF*. **301** Es *L*; grossenn *R*; geprechen *L*. **302** Das g. w. auszusprechen *F*; Diß g. *R*; noch] nu *B*; sprechen] prechen *R*. **304** hett *R*. **307** mussen mu d. heiligen k. *B*. **308** Allerliebster uater d. thu ich *B*; dir wol s. *F*.

Der einsidel sprach awß swerem gemut:
»Herre, bis uns gnedig durich dein gut
Und weise uns den rechten wegk,
Seint die hochsten gen den irren stegk.
Sand Peter got selber erwelt;
Dem warde der slußel am ersten erzelt,
Der werlt zu einem irdischen got.
Gregorius hilt auch sein gepot,
Und Ieronimus, der cardinal,
Dem got in seinem herzen wal.
Sagt uns die schrift, das ist war,
Das er zweiunddreißig jar [41r]
Nicht anders aße dann wasser und prot
Und vorcht got dannoch fru und spot
Und noß dieweile nie warmer speise.
Er dienet got mit ganzem fleiße.
Der heiligen veter ist sovil,
Den leiden und pein was hie ir spil.
Das teten vor die heiligen veter.
Die waren frumer herzen setter
Und lerten das volk mit ganzen trewen,
Das mancher sunder kam zu rewen
Von irer waren, heiligen ler;
Das hielten sie ganz one widerker.
Was sie dem volk vor begunden sprechen,
Das teten sie one allen gebrechen
Und gaben der werlt gute ebenpild.
In barmung waren sie allzeit mild

309 swern *R*. **310** dein heilige g. *B*. **311** vns selbs d. *BFLR*. **312** g. yrre d. rechten s. *B*, g. die jrren s. *F*, g. die jren weg *L*, g. den jren s. *R*; jrrsten *D*. **313** peter Got der herr selbs e. *B*; selbert *L*. **314** am] zwm *LR*. **315** yrdischem *B*. **318** D. tat got die w. *B*; Die *F*, Den *R*; sein hertz *D*; erwal *L*. **319** Sag *R*; geschriefft *BFR*. **320** dreiunddreissig *F*. **322** dennoch got *B*. **323** genaß *B*, aß *FLR*; nicht *B*; warme *L*. **324** Vnd d. *R*. **326** Wenn *D*, Dann *R*; hie w. yr *B*; hie *fehlt F*. **328** Das *L*; stetter *L*. **329** lerten] leyten *B*, lernen *R*; ganzen *fehlt F*. **331** warer *B*. **332** D. sie h. *R*. **333** Das *R*; begunden] teten *B*, gunden *FR*, kunden *L*. **334** sie gancz an allen *L*; prechen *LR*. **335** gutten *R*. **336** An erparmung *B*, Jrer parmung *F*; albegen *BFLR*.

Und newr zu got stund ir gemut,
Herr, durich dein vetterlich gut.
In irer vernuft trugen sie dein funf wunden.
Die purde, die sie den menschen aufpunden,
Die trugen sie vor mit ganzen trewen.
Ich vorcht, es werd noch manchen gerewen,
Der hie die grossen purden tut binden
Und wil sich ir selbs nicht unterwinden.
Das stet bis an den letzten tag,
Das die warheit nimmer gesweigen mag.
So sten dann vorn an die prelaten:
Wie sie iren scheflein haben geraten [41v]
Und in trewen sein bei in blieben,
Das stet dann alles vor in geschriben.
So werden sie dann den gerechten richter schawen.
Wem dann sein helm wirt do verhawen
Und sein wappen nidergesenkt,
Der wirt so sweriglich gekrenkt,
Das in kan furbaß niemant geheilen.
Son, do geschicht gar ein sweres teilen.
Sag, sun, wie helt sich nu die gemein?«
Ich sprach: »vater, mein sinn sind zu clein.
Sie ist so mit maniger *w*at besezzen,
Des niemant kan awßgemessen.
Hoffart niemant weren kan.
Was nu tregt der edelman,

337 Und *fehlt F*; newr] nairt *L*. **339** dein heilig f. *B*; dein] die *FL*. **340** *fehlt L*; dem *B*; punden *R*. **341** vor] selber *B*; ganzen *fehlt B*. **342** Jr v. er wer *L*; bereuen *B*, rewen *LR*. **343** pürd *BFR*, pur *L*; thu *B*. **344** Vnd thu ir selbs n. überwinden *B*; sich] es *L*. **345** Vnd s. *R*; bis] vntz *B*; den *fehlt R*. **346** So die *BF*; nit *F*; sweigen *B*. **347** steen v. an denn die *F*; an voren *L*; vorn] zuuoren *B*. **349** treüen pey in sind peliben *B*; sind *L*. **350** jm *L*. **351** So wircz dan der recht richter sch. *L*; dann *fehlt BFR*; rechten *R*. **352** wurd *R*; do *fehlt BFL*. **353** dernyder *F*; gesenck *R*. **354** swerlich *BFLR*. **355** fürpas nymants kann *B*. **356** gar] erst *B*. **357** nu] dan *L*, *fehlt R*. **358** sein darzu zucl. *B*, sein clein *F*, sein dir zukl. *L*, die sein zukl. *R*. **359** mit so *R*; manchem *F*; wat] vat *BD*, vach *FR*, wacht *L*. **360** Das *BFLR*; nymants *B*; kan] mag *FL*. **361** H. das n. *B*, H. die n. FLR; nymants *B*.

Cleider kostenlich und zart,
Die sneidt der burger auf der vart
Mit fremden siten newe gesniten.
Der hantwerkman merkt auch die siten
Und wil sich nach dem burger brechen,
Solt man im gleich ubel dorumb sprechen.
Was hoffart ist dann in den steten,
Des siht man sich die pawern seten.
Also wil sich iederman dem andern genoßen,
Er gewinne es mit kegeln oder mit poßen,
Mit porgen und mit furkaufen.
Dieselben siht man nu vorlaufen
Den furkeufeln zu aller vert;
Des lage es den armen nie so hert. [42r]
Dem wucherer peut man große fle.
Die man in der alten ee
Alle vertreib awß der gemein,
Wenn sie gesturben fleisch und pein,
Die legt man in kein geweiht stat.
Dieselben sitzen nu in dem rat,
Und obenan setzt man sie zu tisch.
Frawenzucht ist gar vermischt
Und jungkfrawenzucht ist gar verswunden.
Vater, es kan niemant durichgrunden.
Ir wenig zu got setzen iren gedank,
Beten und kirchgene ist in langk.«

363 vnd auch reich vnd z. *B*. **364** Das *B*; der] die *D*. **365** siten] synnen *BF*, sunten *R*. **366** Vnd antwerkman merck *R*; die] den *BFL*; auch] an *D*. **367** den purgern *F*. **368** jn halt vbel spr. *F*; gleich *fehlt BLR*; darumb übel *B*; sprechn *D*. **369** dann] nu *B*. **370** Das sich *F*; siht] sach *R*; sich nu den p. *B*; sich] sie *R*; pauren auch nach s. *F*. **371** Als *LR*; sich nu yeder *F*, sich jder nun *LR*; yder *B*. **372** kegeln] guten *L*; mit[2] *fehlt B*. **373** und] oder *BL*; mit *fehlt B*. **374** siht] siech *R*; nu *fehlt LR*; vorlaufen] vorn an lauffen *B*, vor kauffen *D*, vor nun lawffen *LR*. **375** Die fur kauffen *BFLR*; zu allerzeit *B*. **376** D. las den *L*; dem *B*; so] als *L*; verhert *B*. **377** Den wucherern erpeut m. *F*; paut *B*; lee *L*. **379** vertrib *L*; der *fehlt F*. **380** starben *B*. **381** Die] *fehlt B*, Das *F*; in] an *L*; geweichte *BFLR*. **382** in] an *L*. **383** angeseczt zu t. *L*; secz *R*; sie an dem t. *B*. **384** gar *fehlt R*; vermust *L*. **385** Und *fehlt F*; zucht] er *L*; gar] *fehlt B*, gancz *F*. **386** durich *fehlt LR*. **387** wenig] wanung *B*; danck *BFR*. **388** Mit peten *B*; kierch gangk *BFLR*; yn die weill l. *B*.

Der einsidel sprach: »des erbarm got,
Das sie nicht halten sein gebot
Und nicht wollen an die trew gedenken.
Do sich got von himel wolt senken
Und warde auf dieser erden geborn,
Die gemein hette er awßerkorn
Und was bei den armen gern.
Die schrift [ ] das von im tut bewern,
Das er sprach awß seiner gnaden teich:
'Der armen ist das himelreich,
Die gedultig sein in meinem gepot.'«
O herr und vetterlicher got!
Gedult, die wil mich nimmer halten,
Diemutigkeit stet gar zuspalten.
Das stet bis an die letzten zeit, [42v]
Das got den vieren das zeichen geit,
Das sie werden heben zu plasen an.
Das wirt erwecken frawen und man.
So blasen die engel mit sollicher mecht.
So mußen herfur die zwelf geslecht
Und alle die, die nach in sein kumen.
Die busawmen so grimiglich prumen,
Das sich die herten stein werden spalten.
So mag sich niemant dann behalten.
So wirt geschehen ein gemeine urstent
Arm und reich so behent
Fur den richter der bosen und guten.
Sein wunden sicht man fließen und pluten,
Wenn er sitzt auf dem regenbogen.

389 eysidel *D*; des] es *L*, das *R*; derparm *L*. **391** nicht *fehlt B*. **392** Do sie w. g. vnd h. s. *L*; sich w. g. v. h. s. *R*; wolt v. h. *B*. **393** dise erde *BR*; dieser *fehlt F*. **394** er jm a. *FR*. **395** was auch pei *F*; dem *L*. **396** geschriefft *BFL*; schr. die das *D*; das dwt v. jm weweren *L*, thut das v. jm b. *F*, thut das b. *B*. **397** teich] reich *BF*, teicht *R*. **398** himelreicht *R*. **399** dultig *B*, gedultigen *L*. **400** und] dw *L*. **401** die *fehlt BL*; mich] man *F*. **403** bis] vntz *B*; an] auff *BFR*. **405** werden] da *F*; heben *fehlt B*. **406** fraw *L*. **408** Sie *R*. **409** die^2 *fehlt FLR*; sind *BL*; bekumen *R*. **410** D. werden so gemerleich pr. *L*; so] gar *B*; grimlich *BR*. **411** zwspalten *L*. **412** sich] sie *LR*; nymant verhalten *B*. **414** Armen vnd reichen *B*, Arme vnd reiche *D*; hehend *D*. **416** siech *R*. **417** sitz *R*.

So kumpt die werlt mit zweien wappen gezogen:
Die gerechten das cleit der unschuldigkeit,
Den ist engelische wat bereit.
Die siht man zu der rechten hant sweben,
Den ist der himel zu eigen gegeben.
Die andern stenen auf der erden.
Ir wappen tut die sunde beweren,
Die sie fur gericht haben pracht
Und sich auf erden nicht recht haben bedacht.
So besitzen die zwelfbotten das recht,
Ir urteile wirt slecht und gerecht.
Wen sie verurteiln in iren reten,
Der wirt nimmermer erbeten. [43r]
Davor uns got, der herr, behut
Durich sein vetterliche gut.
  Maria, du edeler tabernackel,
Der drivaltigkeit kerzen und fackel
Und aller engel kirch und clawsen,
Alle heiligkeit tet in dir hawsen.
Der himel und erden macht und trug,
Den beslost du, edele jungkfraw clug.
Den bite, du edele keiserin:
Alle, die getauft und gesegent sein,
Das er in gebe das ewig leben.
Er hat dir es alles zu eigen geben
Und kein gabe dir nie versaget nit.
  Jhesus, den sueßen namen ich pitt
Und mane dein tiefe barmherzigkeit,

418 zogen *B*. **420** wat] freud *F*, war *L*. **421** siech *R*. **422** geben *BFL*. **424** tund jr s. *L*. **425** gepracht *FL*. **426** auf erden] darauf *F*. **427** Do *B*. **428** vrt. das w. *FR*; wirt] ist *B*; gerecht vnd geschlecht *L*; slech *R*. **429** vrteilen *FL*. **430** Das *L*; mer *fehlt BL*; derpeten *FL*. **432** All d. *BFL*, Als d. *R*; sein] dein *F*. **433** edeler] aller *R*. **434** D. heiligen dr. *B*; kerzen] kercz *B*, kirchen licht *F*, kerczen liecht *L*, liech *R*. **435** Und *fehlt L*. **436** Jn dir thut alle h. wehaußen *B*; heiligen thun jn *F*; dut *LR*. **437** gemacht *L*; und] du *B*. **438** behiltstu *F*, weschlewst du *L*. **440** taufft *B*; sind *L*. **441.442** = *442.441 F*. **441** jm *LR*. **442** es] sie *R*; alle *FR*. **443** kein ja v. an dir nit *F*; gab an dir v. *BLR*. **444** Jh. du susser man ich bitt dich *R*; Jhesu *D*; den] dein *L*. **445** verman *B*.

Die da dem David nicht ward verseit,
Da er in leidt claget sein sundt
Und dir sein unrecht da verkundt.
Dein barmung list du milt herfließen.
Damit tetst du sand Peter gießen,
Do er dein verlawgnet vor der gemein.
Dorumb er weinet in dem stein
Und clagt sein sunde und missetat.
Herr, du vergabst im also drat.
Also tetst du dem frewlein in dem tempel,
Dorumb die juden hetten ein getrempel [43v]
Und wolten sie do all versteinen.
Do du schribst, da wichen sie und ließen [ ] alleine
Dich und die armen sunderin.
Do gab dein barmung milten schein
Und vergabst ir sunde und missetat.
  Herr, durich dein heilige trinitat
Vergib allen den, die do gnad von dir begern.
Du liechtrager der sunnen und der stern,
Du schopfer planeten und aller himeln
Und der menschen, die auf der erden wimeln,
Die alle sein gefloßen awß deinen gnaden,
Hilf uns in deiner frewde gaden,
Dorinnen alle geist gewinnen lustes set,
Spricht der Rosenplut in seiner wappenredt.

446 da] *fehlt BF*, du *LR*; nit von dir wart v. *F*; ward nicht *B*; ; nicht] nie hast *R*; ward *fehlt DL*. **447** Vnd er *R*; in] dir *L*; clagte *B*. **449** erparmung *F*; milt] wirdigklich *F*; her] do *B*. **450** begissen *F*. **451** verlawgen *D*; vor] in *B*. **452** D. w. er jn ein st. *F*; weinet] pawet *L*; in] vnter *B*. **453** klagt dir s. *L*; clagte *B*. **455** den *L*; jm dem *R*. **456** trempel *BLR*, gerempel *F*. **457** do all] allso *F*, allein do *R*; do *fehlt L*. **458** D. du jn schrift (schribst *R*) do wichens vnd l. a. (al ein *L*) *LR*; schreibst do l. sis a. *B*, schr. do flugen sie vnd l. a. *F*; schreibst *D*; l. sie a. *D*. **459** arme *FL*. **460** erparmung *B*. **461** yr ir s. *BLR*. **463** Gib a. d. genade die yr v. d. b. *B*; do *fehlt R*. **464** liecht trager aller d. sunden *L*; der[1]] aller *F*; der[2] *fehlt F*. **465.466** *fehlt B*. **465** schöpffer aller pl. *FL*; aller *fehlt F*; himel *L*. **466** der[2] *fehlt R*. **467** Laß vns icht widerfaren der pößen gaist schaden *B*; sind *LR*; deiner *R*. **468** H. vns mit d. genaden *L*; frewde] frawen *B*, gnaden *F*, freuden *R*. **469** geist] sele *F*, geste *R*; lust stet *B*. **470** Sp. Rosener *B*, Sp. rößner *F*, Sp. hanß *[Rasur] L*, Sp. roßner *R*. *Zusatzzeile nach 470*: Hilff Maria *B*.

17 Der Spruch von Böhmen

O ewiger got, laße dich erbarmen [91r]
Das kumerlich clagen von uns armen,
Das cleglich, jemerlich herzenleit,
Das deiner armen cristenheit
Geschehen ist in Beheimerlant,
Das sich so schentlich hat zutrant
Manig edler furst und kuner rise,
Der hinein reiset gein Beheim fur die Mise,
Zu sturmen und streiten umb cristenlichen namen.
So kumpt der teufel und seet seinen samen
Ein in der weisen fursten rat.
Do man solt sturmen und gene an die not,
Do kunden sie nie kumen uberein.
Itzlicher wolt die stat allein
Im haben, ee man sie gewan. [91v]
   Darnach ein weiser furst besan,
Das man *nicht* solt lenger peiten und harren
Und solt mit buchsen auf den karren
Die brustwer schießen von der mawer,
Das sie dester minner do innen hetten schawer.
Dasselb geschahe in dreien tagen.
   Darnach hort man fur warheit sagen,
Wie das die Hussen gein in here
Zugen so gar mit großer gere
Und meinten sie alle slahen zu tod.

Überlieferung: D 91r–95v, F 59r–64r
Überschriften: Ein spruch von Beheim *D*, Zug wieder die Hußiten. *[Hand des 17.Jh. (Bl.58v)] F*

1 Ach *F.* **5** Behemer *F.* **8** Die h. kamen gezogen f. d. miß *F.* **9** zustreiten *F.* **11** Einer *D.* **12** geen solt *F.* **13** Das sie konden kumen vb. *F.* **14** Jr ytlicher *F.* **15** Im *fehlt F.* **18** mit den puchssen *F*; der k. *D.* **19** sließen auf der *D.* **20** do innen *fehlt F.* **22** Das *F*; fur die w. *F.* **23** das *fehlt F*; jn zügen her *F.* **24** Zugen *fehlt F*; beger *F.*

Dasselb kam in der fursten rat,
Das in vor sorgen begonde grauen.
Do sandten sie awß den von Plawen,
Das er besehe, wievil ir wern.
Das tet er williglich und gern
Und reit pald bei tag und nacht.
Dieweile ein weiser man bedacht,
Das man ein wagenpurg solt slahen,
Dorinnen man den Hussen mocht gezwahen,
Das in die hawt ging uber die oren.
Do wurden die fursten alle zu toren
Und fluhen, ee sie ie kein veinde gesahen.
Solt got das nicht von in versmahen?
Und waren doch alle durich got awßkumen
Und suchten dannoch newr iren frumen,
Wie ieder mocht seinen peutel fullen.
Dorumb wir got bitten sullen,
Das er die cristenheit dorumb nicht plag, [92r]
Das manig furst so schentlich flog,
Die alle treulose wurden an got,
Das die Hußen awß in triben iren spot,
Das got mocht getrauert haben und die engel.
Da sahe ich manigen freien fußgengel,
Der gern gewagt hette sein leben,
Hett man im newr die laub geben.
Da wichen sie naher piß gein Tachaw.
Da sahe ich manigen man und fraw,
Die also cleglich clagten und weinten.
Ich weiß nicht, wie es die fursten meinten,
Das sie sich legerten in das velt

27 in] sie *F*; gunden groben *F*. **28** schickten *F*; ploben *F*. **29** er solt besehen *F*. **30** willig vnd gar g. *F*. **31** Vnd reit hin pei *F*. **34** möcht *F*. **36** Dieweil w. *F*; alle *fehlt F*. **37** Vnd Eedann sie *F*; fluehen *D*. **38** Solt das got von jn nit v. *F*. **39** Dann sie alle durch got warn a. *F*. **40** schickten doch n. *F*. **41** Jr ygklicher wolt s. *F*. **42** got fleissig piten *F*. **43** die] der *D*. **44** flog] fhag *D*. **46** triben aus uns jren *F*. **47** m. weynen vnd *F*. **48** ich] man *F*. **49** D. also gern hett gewagt s. *F*. **50** jn *D*. **52** ich] man *F*. **53** also] so *F*.

Und slugen da auf wider ire gezelt
Und gingen zusammen in einen rat.
   Der cardinal in do gepot,
Das sie wider umb solten keren.
Das gepot er in bei trewen und eren,
Allen fursten, herrn, rittern und knechten,
Das sie an die Hußen solten vechten.
Were bei got ewig wolt bleiben,
Der solt die Hußen helfen vertreiben.
Mit cleglicher stimme er da awßrief
Und manet die fursten also tief,
Das sie wider zusammen gingen
Und aber ein ander rat anvingen
Und wurden alle uberein,
Das keiner nicht solt ziehen wider heim;
Des gehießen sie alle ire treue zusamen. [92v]
Welcher von adelichem stammen
Geborn were, der solt do bleiben
Und die Hußen solt helfen vertreiben.
   Da sprach ein furst zu in drat:
»Das deucht mich ein guter rat,
Das wir hinein zugen wider
Und brenten all das ernider,
Das decher hette, went und gibel,
Und machten im lande ein sollich genibel,
Das in ir manheit wurde empfallen.«
Dasselb gevil wol den fursten allen;
Sie sprachen alle: »das ist uns eben.«
Sie gehießen sam bei irem leben,

56 da wider auf jr *F.* **59** sie alle w. *F.* **60** vnd pei e. *F.* **62** D. sie solten an die hussen v. *F.* **63** W. ewig pei got woll *F.* **64** D. helff die keczer v. *F.* **65** er *fehlt D.* **66** ermant d. f. teür vnd t. *F.* *Nach 66 zwei Zusatzverse in F:* Das er vor leide erpleicht / Damit er doch die fursten erweicht. **68** Vnd ein andern *F.* **70** zihen hein *F.* **74** Vnd solt die hussen h. *F.* **75** fürst gar d. *F.* **77** w. alle zugen hinwider *F.* **78** alles das nyder *F*; alle *D.* **80** So m. wir in dem l. ein g. *F.* **81** wurde] müst *F.* **82** Der rat g. *F.* **83** Vnd spr. das ist vns allen e. *F.* **84** Vnd g. sich zusamen pei *F.*

Das sie wolten balde ziehen wider hinein
Und zwu nacht nicht an einer stat sein.
Das gevil dem cardinal so wol;
Er sprach: »darzu ich helfen sol.
Mit leib, mit gut, mit aller meiner macht
Wil ich bereit sein tag und nacht,
Mit euch zu sterben und zu genesen.
Ich bedarf weder schilt noch pavesen.
Ich wil voren an der spitzen sein,
Wolt ir newer ziehen wider hinein.«
Do sprachen die fursten alle: »ja.«
Da ließ man es awßrufen da
Einen herolt zu allen zelten und hutten: [93r]
Wenn man morgens die pusawmen wurd tütten,
So solt sich iederman bereiten
Und solt der obersten fursten beiten
Und solten volligen nach den herren,
Die wolten wider gein Beheim keren.
Des morgens, da man solt reisen,
Da wurde den fursten aber grauen und eisen,
Das sie wider umhin heimlich kerten,
Damit sie aber ir schande merten.
Erst vil der cardinal in leit
Und sprach: »got sei es ewiglich gecleit,
Das ich ie in dißs landt bin kumen.
Nu wirt es erst gene uber die frumen.
Die cristenheit wirt clein als ein zwergk.«
Da reit er wider von in auf ein pergk
Und steckt auf den romischen phan

85 balde *fehlt F.* **86** Vnd nit zwu nacht an *F.* **87** so] gar *F.* **89** l. vnd gut vnd mit *F.* **91** euch *fehlt D*; vnd gen. *F.* **93** Vnd ich *F.* **96** Vnd man ließ es *F.* **97** Vnd ein herolt ging zu *F.* **98** man des m. *F.* **99** yderman do b. *F.* **100** solten *F.* **101** Vnd solten nachuolgen der h. *F.* **103** Do es m. wart do *F.* **104** Do wart d. *F*; grausen *F.* **105** sie aber alle w. heimhin k. *F.* **106** sie jr schande vnd laster m. *F.* **107** Allererst *F.* **108** das sei got *F.* **109** dißs] das *F.* **110** erst *fehlt F.* **111** wirt] ist *F*; gezwergk *F.* **112** Der cardinal reit w. *F.* **113** fannen *F.*

Und sprach: »wer hewt reitt davon,
Der hat sein cristennamen verlorn
Und ist von adel nie geborn.
Were hewt ein frumer crist woll sein
Und sein sele ledigen von hellischer pein,
Der tret unter ditz panir hie bei.
So sicht man, were ein frumer criste sei.«
Das cleglich rufen und schreien
Erhorten graven, fursten und freien,
Die alle wider umbkerten, [93v]
[ ] Do sie sein cleglich clage erhorten,
Das also weit und verren erhal,
Und riten hinwider zu dem cardinal
Und hetten mit im ein gesprech.
Do sprach ein ritter: »wenn got nicht rech
An uns das schentlich fliehen on not,
So were er nicht ein rechter got.
Wenn wir an im werden treuloß hewt
Und wollen doch alle sein cristenleut,
Wie halten wir cristenlichen orden?
Got sei es geclagt, das ich ie bin ritter worden.«
Das edel tewerschetzig plut von Sachßen,
Dem er und adel ist zugewachßen,
Den wil ich loben mit meiner zungen,
Den edeln fursten von Sachßen, den jungen.
Der sprach zu den fursten, rittern und knechten:
»Wer abe wolle tretten und zu fußen wolle fechten,
Mit dem wil ich sein voren.
Ee wolt ich, ich were nie geborn,

114 w. heüt fleücht von dannen *F.* **118** Vnd wöll sein s. lösen aus der helle p. *F.* **119** das p. herpei *F.* **120** man heüt w. *F.* **121** Sein kleglichs *F.* **122** Das horten fursten gr. *F.* **123** korten *F.* **124** Da sie s. kl. stymm horten *F*; Vnd do *D*; . **125** Vnd als das *F*; verr *F.* **126** Da ritens alle wider zu *F*; rieten *D.* **127** Zusamen vnd hetten ein *F.* **131** wir treüloß werden an jm h. *F.* **133** Ach got w. *F.* **134** Das sei got g. *F*; pin geporn *F.* **135** edel getreü hercz pl. *F.* **136** D. adel vnd er *F.* **140** Wer wöll abtreten *F*; zufußen wil f. *D.* **141** dem so w. *F.* **142** ich das ich *F.*

Solten wir die armen also verkaufen,
Die zu fußen mit uns herein sind gelaufen.«
Dorumb er von allen herren begert,
Das iederman solt schicken sein pfert
Von im ein halbe meil hindan,
Das niemant mocht getreten davon,
Wenn es an die rechten not wurde gen. [94r]
So muste der reich bei dem armen besten.
Do sprach ein furste (des tar ich nicht nennen,
Aber got wirt in dort wol erkennen):
»Nein, ich wil nicht zu fußen abtreten.
Ein man mag sich gar leicht verspeten,
Das er gar unschon wurde empfangen.
Ein vogel wirt gar leicht gefangen,
Wenn er verleust sein gefider.«
Da sprach der jung von Sachßen hinwider:
»Wer der erst ist, der zu roß wil streiten,
Der meint, ie dann davon zu reiten,
Wenn es im wil gene an das leben,
Und meint, die flucht mit schanden zu geben.«

Da nu ir beder rede hinkom,
Darnach der cardinal hernam
Das romisch panir und gab es eim herrn
Und bevalh im es bei trewen und eren;
Der solt ziehen wider in das landt.
Derselb was herzog Hans genant,
Der wolt haben getan alles sein vermugen.
Do wolt es sich villeicht nicht fugen,
Das got erhorn wolt die frumen.

144 Die mit vns herein zufussen sein g. *F.* **146** Das sie solten sch. jre pf. *F*; schicken] satteln *D.* **147** Ein halbe meil von jn h. *F.* **148** möcht gereiten *F.* **150** So müst *F.* **151** des] den *F.* **152** jn aber d. *F.* **155** Das man jn gar vnschon entpfing *F. Nach 155 ein Zusatzvers in F:* Wenn einer zufussen ging. **156** würd sich *F*; gefangen] verspeten *F. Nach 156 ein Zusatzvers in F:* So er albeg auf die fuß müst treten. **157** Das er verloren hett s. *F.* **158** jung herr v. *F.* **159** Welcher der ist der *F.* **160** Der meint auch dauon *F.* **163** Da man jr b. r. vernam *F.* **164** hernan *D.* **167** Das er s. *F.* **169** wolt gethan haben a. *F.* **170** villeicht noch n. *F.* **171** g. wolt erhorn *F.*

Die recht zeit ist noch nicht kumen.
Do sprach ein furst do auf der vart,
Der mag wol heißen Neithart:
»Kont man kein andern vinden dann den? [94v]
Man funde einen bessern, als ich wen,
Der zum bonir geadelt wer.«
Fur herzog Hansen komen die mer.
Der warde so zornig und so verheit
Und sprach: »tregt man mir dorumb neit?
Ich meint, wir solten alle bruder sein.
So dunkt mich in dem herzen mein,
Das kein trew unter uns sei.
Uns want newr neid und haß bei.«
Und warf das bonir awß der hant.
Also nam die hußenvart ein endt.
Do warde ein auflauf unter den herrn,
Das iederman konde hin heimlich keren
Des pesten, so er konde gejagen.
Das sind die Hussen, die sie haben erslagen.
Do sahe ich weinen sicherlich
Von Brandenburg marggraf Friderich
Und den trawrigen cardinal,
Das in die zeher flußen zu tal
Umb das groß herzenleit.
Ich sprich: der so manige badmeit
Geschicket hett in Beheimerlant,
Als man der man hette hinein gesant,
Sie hetten ein solliche sach besunnen,
Das sie die Mise woll hetten gewunnen
Und dorinnen zu tode erslagen, [95r]
Was cristenglauben nicht hett getragen.

172 ist] was *F.* **173** do² *fehlt F.* **174** der neithart *F.* **175** andern] pessern *F.* **176** fund wol e. p. des ich *F.* **177** D. paß z. paner *F.* **181** Nu meint ich *F.* **184** Vnd *D.* **185** paner aus d. hende *F.* **188** gund heymhin k. *F.* **189** pesten das er mocht g. *F.* **190** sein *F.* **191** weinen] wenig *F.* **191:192** sicherleich : fridereich *D.* **195** groß] jemerlich *F.* **197** Behemer *F.* **198** hat *F.* **200** miß *F.* **201** Vnd alles das d. *F.* **202** Das nit cristenlichen gl. h. *F.*

Wie solt ich dann die fursten preisen?
Ir lob, das wil ich gern weisen,
So hab ich keins von in gesehen,
Dorumb ich in lobes muge jehen.
Wann ist das nicht ein große schant,
Das alle fursten zugen awß dem lant,
Ee sie ie kein sloß oder stat gewunnen?
Ich furicht, sie haben einen faden gespunen,
Da jamer anhangt und herzenleit.
Maria, muter, reine meit,
Seindt du uns zu fride bist erdacht
Und hast den ersten fride herebracht,
Bite fur uns got, unsern herren,
Das er mit gnade wolle zu uns keren,
Zu seinen cristenlichen heren,
Das wir nicht in der sunden meren
Ertrinken in unrechtem glauben.
Wenn uns der veint die sele wil rauben,
So wan uns, ewiger vater, bei
Mit deiner himelischen massanei.
Sende uns, herr, dein gotliche hulde;
So rich an uns nicht alte schulde,
Die wir begeen an maniger stat.
Herr, laße dein blut sein unser pat
Und zwahe uns ab der sunden mist.
Des bite ich dich, herr Jhesu Crist, [95v]
Durich dein vetterliche gut.
So hat geticht Hans Rosenplut.

204 wölt *F.* **205** von jr keinem *D.* **206** jn müglich mocht lob gehen *F.* **207** Wann *fehlt F.* **208** Alle diselben f. *F.* **209** Eedann sie nie kein stat noch schlos g. *F.* **211** anhecht *F.* **212** Maria du r. *F.* **213** Seint das du *F.* **214** Du hast *F.* **215** got] Jhesum *F.* **216** er sich mit gnaden zu vns wöll k. *F.* **217** Zu seinem cr. her *F.* **218** mer *F.* **219** jn dem vnr. *F.* **223** Vnd send *F.* **224** Vnd rich *F*; alter *F.* **225** mir begegen *D.* **226** laß sein dein plut *F.* **227** zwah von vns d. *F.* **229** d. gruntlose vaterliche güt *F.* **230** Rosenplüt *F.*

18 Die Flucht vor den Hussiten

Herre, durich dein mechtigliche macht [85v]
Laße dir den jamer sein geclagt
Und auch die lesterlichen schant,
Die geschehen ist in Beheimerlandt
Von manigen wol erzewgten haufen,
Die dahin waren geriten und gelaufen
Umb rettigung cristenlichs namen.
Da sie zu Tachaw zusammen komen,
Da vingen sie an und hetten ein rat.
Der cardinal zusammen gepot
Allen buchßenmeistern, das sie komen
Und die obersten fursten ließen vernemen,
Wie man der stat mocht angesigen
Und wievil tag sie davor musten ligen.
Do komen zusammen eilf kunstenlich man,
Die vingen einen besundern rat da an.
Gar palde sie sich dorumb bedachten,
Den fursten sie ir antwurt prachten,
Das man sie die stat vor beschawen ließ.
Der cardinal sie pald hin hieß,
Dorumb er sie gar fruntlich pat. [86r]
Da riten sie umb und umb die stat
Und komen herwider und sprachen: »das sloß
Wollen wir gewinnen mit geschoß,

Überlieferung: D 85v–91r, F 64v–71v, H 147v–152r
[berschriften: Vo⟨n de⟩r Hußenflucht *D*, Deß gleichen inhalts. *[Hand des 17.Jh. (Bl.64r); bezieht sich auf den voranstehenden Spruch von Böhmen] F*, Ein spruch von den pechamen *H*

1 Ach herr *F*; mächtige *H*. **2** den] das *FH*; sei *FH*. **4** Behemer *F*, pechaymer *H*. **5** manchem wolerzeugtem *F*. **6** Die hinein komen g. *FH*. **7** rettung *F*; cristenlichen *FH*. **8** zu] gen *H*. **10** kardinal sy z. pat *H*; pot *F*. **11** Vnd allen *F*; das sie] die da *H*; kemen *F*. **13** Wenn man *DH*. **14** wie vil man tag d. müßt *F*; tag man d. müst geligen *H*. **15** künstenreich *F*, künstig *H*. **16** da *fehlt FH*. **18** ir] ein *FH*. **19** schauen *FH*. **21** gar *fehlt H*. **22** rieten *D*. **23** Sie kamen *F*. **24** gewinnen] bezwingen *F*.

Das ir am sechsten tag dorinnen seit,
Wenn man uns zeug und schirm geit.«
Da fur der hawptman einer herfur
Und hieb den ersten slag awß der schnur
Und sprach: »wir sullen uns nicht vergahen.
Ob uns die veinde icht wurden nahen,
So sol man zewg und pulver sparen.«
Da ließ der cardinal erfaren,
Wievil man sein do mocht verschießen.
Die buchsenmeister in wissen ließen,
Wenn man sein dreißig zentner hette,
Damit man ein groß bezwingen tete.
Der cardinal ließ zu in sprechen,
Das sies daran nicht ließen gebrechen.
Kein pulver man nicht sparen solt,
Vierzig zentner er bezalen wolt
Und hieß sie trostlich hinein schießen.
Das musten sie umb hundert ducaten genießen;
Die wolt er in zu trinkgelt schenken
Und ir zu gut gein got gedenken.

Do sprach von Brandenburg der furst:
»Wen nach des kunigs fruntschaft durst,
Der rate nicht, das man stete gewinn.
Wir sein durich streitens willen hinn. [86v]
Uns ist das nicht bevolhen worden,
Das wir das statvolk sullen morden.«
Do sprach ⟨zu⟩ im ein geistlich haupt:
»Herr, ist es uns dann nicht erlawbt?
Solt in eim closter zimmern ein priol

25 an dem vierden *H*. **28** Der hib *F*, Vnd hub *H*; schnur] sturr *D*. **29** spr. man sol sich nit vergohen (vergächen *H*) *FH*. **30** icht] hie *D*; nächen *H*. **32** erfaren] der varn *H*. **33** sein müst v. *H*. **34** Dye mayster *H*; jn das w. *FH*. **35** So man *F*; sechzechen z. *H*. **36** man gar e. *F*; bezwingen] genügen *H*. **38** sies] sie *D*. **40** Czwaintzig *H*; bezalen] chauffen *H*. **41** sie *fehlt H*. **42** ducaten] gulden *H*. **44** Vnd albegen jr *FH*; gein got *fehlt H*. **46** Den *F*. **47** Er *F*. **48** durich] vmb *F*. **50** stat *fehlt H*. **51** Da antwurt jm *FH*. **52** Vnd wenn ir vns n. e. *H*. **53** Solt jr ein cl. *D*; preyel *F*, preyoll *H*.

Mit eim scharpfen, newgewetzten peiol,
Kome der apt und hiebs im in ein stein,
Sein zimmern were furbaß clein,
Wenn im sein waffen wurde verderbt.
Groß schande und laster an uns erbt,
Wann von uns wirt kein stat zustort.«
Der jung von Meissen des zuhort;
Er sprach: »nu muß es got immer erbarmen,
Das ich nicht rechen sol die armen,
Der ich so manigen hab verlorn.
Das ich nicht paden sol mein sporn
Awß hußenplut, das clag ich got.
Wollen wir aber halten des kunigs gepot,
So werden wir sollich ere erjagen,
Sam hetten wir ein frosch zu tod geslagen.«
  Da nu das fußvolk warde versten,
Das man sie nicht wolt laßen hinan,
Do wurden sie den herrn fluchen
Und sprachen: »was sullen wir hinnen suchen?«
Da die fursten das erfuren und horten,
Ir deichßeln von der stat sie kerten [87r]
Und zugen naher auf einen pergk
Und spunnen aber ungehechelts wergk,
Wie sie den veinten wolten nahen,
Und wolten abkeren mit fewers laen
Alles, das dazwischen leg;
Das woltens raumen von dem weg.
Da prachen sie auf und zuntten an
Und pranten drei meil ein plan

54 eim *fehlt DF*; sch. gebecztem peychel *H*; peyel *F*. **55** Kem *F*; Vnd käm *H*; hib (hye *H*) jms *FH*. **56** z. das wer *FH*. **57** sein] das *F*, die *H*; wurden *H*. **58** vns anerbt *FH*. **59** W. von vns yzundt k. st. wurdt z. *F*; W. yezund wi. *H*. **60** Meichssen da z. *F*, Meichsen daz erhort *H*. **61** Der *F*. **63** han *F*. **64** sol mit m. *H*. **65** Jn *H*. **66** aber] nu *H*; gepot] pot *H*. **67** ere der iagen *H*. **68** erschlagen *FH*. **69** fuß *fehlt F*. **70** sie *fehlt D*. **72** hiejnnen *D*. **73** fursten] herren *H*. **74** Dye d. sie da v. d. st. k. *H*; korten *F*. **76** Da spunnen sie *FH*; aber] ab *F*, da *H*. **78** w. anheben m. f. glohen *F*; wolten *fehlt H*. **79.80** *fehlt D, ergänzt aus F*. **80** woltes *F*; von] ab *H*. **81** zuntten] zugen *H*. **82** dreier (ainer *H*) meil wegs (prait *H*) ein pan *FH*.

Und funfer langk biß fur ein hawß,
Das ist genent Hoßthawß.
Da vingen drei buchßenmeister an
Und sprachen zum fußvolk: »nu belauft den plan,
Were ere und gut wolle helfen gewinnen,
Ee sein die fursten werden innen.
Hie haben wir ein volles nest erslichen,
Wann es ist alles das herein gewichen,
Das im lande ist gangen entwer.«
Und namen drei rein puchßen her
Und schuben sie an das hawse hinzu
Und machten dorinnen ein sollich unru,
Das sie mit in ein fride aufstießen
Und die obersten hawpt zu in hießen.
Den wolten sie das sloß eingeben,
Wolt man sie sichern bei dem leben.
Da schickten die fursten funf ritter hinein,
Das sie das sloß da nemen ein,
Und ließen dem fußvolk awßher verkunden:
Was habe und gut sie dorinnen funden, [87v]
Das wolten sie in herawß reichen.
Da bedaucht sie hie awßen, man wolt sie leichen,
Und wolten allein do innen pewten das gut.
Dasselb das fußvolk ubel mut,
Das sie es allwegen nach solten haben,
Und huben wider an zu graben
Und brachen den fride und wurden hinein schießen.

83 biß *fehlt F*. **84** gehaissen *H*; hostaus *F*, der hochen stauß *H*. **86** Sie *F*; zu dem volck nu (*fehlt H*) wolauf vnd wolan *FH*. **88** Ee daz s. *H*. **89** Da *FH*. **90** Dann *F*; das *fehlt H*; darein g. *FH*; gewichen *nach gestr.* geslichen *D*. **91** gangen] geschlagen *H*. **92** Da n. sie dr. rennpuchssen *F*; namen ir puchsen *H*. **93** schuben] triben *H*. **94** d. gar ein grosse vnru *F*; sollich *fehlt H*. **95** Wenn daz *H*. **96** haubtleut *FH*. **97** d. hauß aufgeben *H*. **98** sichern] schirmen *H*; bei] an *FH*. **99** die fursten] sy *H*. **100** Vnd hisen sie das schloß n. *F*; sloß] hawß *H*. **101** Da ließen sie dem f. *F*; heraus *F*, hie außen *H*. **102** gucz *FH*. **103** hye außen *H*. **104** gedaucht *F*, daucht *H*; sie *fehlt H*; heraussen *F*. **105** darjnn *F*. **106** Dasselb macht dem f. vbeln m. *F*; gar übel *H*. **107** Des das siß n. *F*. **108** Sie *F*. **109** wurden] begunden *F*.

Dasselb wurde die fursten verdrießen,
Das sie nicht gehorsam wolten sein.
Da mischten sich die reisigen darein
Und wurden zu dem fußvolk jehen:
»Es wirdet euch nimmer ubersehen.
Die fursten mußen euchs eintrenken,
Darnach sult ir euch alle gedenken.«
   Ein heimlicher bote zu den Hußen reit
Und sagt, das sie sich hetten gezweit
Und großer zwilauf unter in wer.
Da sprachen die Hussen: »das sein gute mer«
Und huben sich auf mit aller irer macht
Und zugen her, als in der bot sagt,
Da sie sie funden zwischen Tawß
Und Risenberg, [ ] dem pergkhawß.
Do warde den fursten kuntgetan,
Das sie herreißten auf der pan
Und wolten sie suchen in der lag,
Ganz Beheimerlant und die von Prag. [88r]
   Da vingen die fursten ein rat an,
Ob sie weichen wolten oder bestan
Und ob ir genugk were an der zal.
Do sprach zu den fursten der cardinal:
»Welcher unter euch ein aufbruch macht,
Der sol entert werden und gesmacht
Und von seinem cristenlichen namen getriben
Und in des babst echtbuch geschriben
Als ein vermaledeiter man.«

110 Da (Das *H*) wart die f. ser v. *FH*. **111** Des das jn nit *F*. **114** Es ward in auch n. *H*. **115** f. die musen euch das wol e. *F*, f. sollen euchs wol e. *H*. **116** alle *fehlt FH*. **118** Der sagt jn d. *FH*; enczwait *H*. **119** Vnd zw. *F*, Vnd daz czw. *H*; zwilaufft *D*. **120** sprachens das *FH*. **121** Sie *F*. **122** her *fehlt FH*; pot do *FH*. **123** Wie sie die f. zw. hostaus *F*; Daz *H*; zwischen] zw *H*; Tawß] hoßthawß *D*. **124** risenburg vnd dem *D*; riesenburg *H*. **125** Do des die f. wurden gewar *H*; Das w. *F*. **126** Das sy gegen in zugen dar *H*; der] die *F*. **127.128** *fehlt H*. **128** Behemer *F*. **129** d. fürsten aber *F*, sy aber *H*. **130** wolten *fehlt H*. **132** den fursten] jn *FH*. **133** Der vnter vns ein *H*; Wer *F*. **134** geschwacht *FH*. **135** namen werden g. *H*. **136** babstes *F*; echt püch werd g. *H*.

Da hub Heinrich von Blauen an:
»Man sol in urteiln in einen sack,
Wer fluchtig wirt auf diesen tag,
Er sei herre, ritter oder knecht.
Das urteile ich und dunkt mich recht.«
Da hub der jung von Meissen wider an:
»Ich wil zuallervoderst daran.
Welcher der ist, der mich sicht weichen,
Der sol in zorn auf mich streichen
Und durich mich reiten sein swert und glenn.
Das laße ich euch wißen und nicht wen.«
Da hub an marggrave Hans der jung:
»Mein herz urteilts, so sprichts die zung:
Welcher unter uns ist, der do fleucht,
So man gein den veinden zu treffen zeucht,
Den sol man vor aller werlt beschemen
Und sol im sein ere und ritterschaft nemen [88v]
Und sein wapen tretten mit fueßen in das kot.
Das urteile ich und ist mein rat.«
Do sprach von Beiern herzog Albrecht:
»Es stet geschriben, das mein geslecht
Nie keiner hat geflohen in keinem streit.
Ob uns got heut zu fechten geit,
So wil ich halten meins vaters leren,
Das ich mich voren dar sol gekeren.
Das was sein lere, die er mir tett,
Wann er in seiner meinunge hett,
Das dem adel zu Beiern nimmer ere zurunne,
Wenn einer durich den glauben sein swert gewunne.«

138 hüb sich h. v. plauben *H*; h. v. ploben *F*. **140** Es fl. *F*. **141** herre *fehlt F*. **143–148** *und 149–156 sind gegeneinander ausgetauscht in H*. **143** meichssen *FH*; wider *fehlt FH*. **144** wil *fehlt D*; zu foderist *H*. **146** z. zu mir str. *H*. **147** und glenn *fehlt H*. **148** nicht wen] ist recht *H*. **149** hub Margraf hanns an d. *F*; purggraf *H*. **150** vrtailt vnd sprichcz mit dem mund *H*; sprichts] spalts *D*; die] mein *F*. **151** Welcher (Wer *H*) der ist der vnter vns fl. *FH*. **153** vor] gen *F*. **154** Man *F*. **155** Vnd jm s. *F*; mit füßen treten *H*. **157** pairn *H*. **159** k. geflochen hat den st. *H*. **160** Vnd ob *F*. **161** ler *F*. **162** dar] der *D*; solt ker *F*; kern *H*. **163** sein] die *H*. **165** zu] von *FH*; eren *D*. **166** So er *F*, Wenn er *H*; swert] streit *H*.

Do sprach der bischof darauf von Franken:
»Selig ist der man und sol got danken,
Der streiten sol umb cristenlichen namen,
Wann alle die ie gein himel komen,
Die auch ir plut haben vergoßen;
Den warde der himel nie so gewise aufgesloßen
Als allen den, die in trewen hie sein.«
Do sprach darauf ein bischof vom Rein:
»Were ungetrew were in diesen sachen,
Der kome tiefer in den hellischen rachen
Dann Judas, der verreter, der got verriet.
Groß ubel bringt oft ein cleine miet.«
Da waren der obersten fursten zwen,
Die wolten iren rat niemane laßen versten;
Die redten weder ja noch nein, [89r]
Ob man solt bleiben oder ziehen heim
Oder wie man sich solt halten in sachen.
Doch hießen sie ein ordenung machen
Und iederman sich bereiten zum streit.
Sie daucht, die veinde weren nicht weit.
Do macht von Brandenburg der alt
Hin auf ein hohen perg sein halt
Mit allen seinen rittern und knechten
Und meint da mit sein veinden zu fechten.
Nach herzog Hansen er do sant,
Der kam pald zu im gerant.
Des wurde der bischof von Wirzpurg gewar,
Der zog auch mit seinem haufen dar.

167 ein b. der was von *FH*. **168** got ymmer d. *F*. **169** cristo *F*, cristus *H*. **170** ie *fehlt H*. **171** Dar vmb sy ir blût auch h. v. *H*; plut hie h. *F*. **172** Dem *H*; nie so gewise *fehlt H*; gewise] weit *F*. **173** Als *fehlt F*. **174** Darnach *F*; darauf *fehlt FH*. **175** vntreu *H*; were] ist *FH*. **176** kummt vil t. *FH*; den] des *H*. **177** der verreter *fehlt FH*; got verkauft vnd v. *FH*. **180** nymandt *FH*. **181** riten *FH*. **182** wolt *F*; oder solt z. *F*; ziehen *fehlt H*. **183** Vnd *FH*; halten solt *FH*; solten *D*; in den s. *H*. **186** gedeucht *F*. **187** macht der v. *H*. **188** Hin *fehlt H*. **190** main *H*; sein] den *FH*. *Versfolge in H: 193.194.191.192.* **191** hansen ein man dar s. *H*. **192** kam auch zu jm dargerant *F*, cham auch dar zû in g. *H*. **193** wart *FH*. **194** Vnd zoch *H*.

Da sahen sie ein halbe meil
Die veinde herziehen mit großer eil
Mit dreien mechtiglichen heren
Und wolten sich der cristen weren.
Der marggrave weich ein wenig hindan,
Das sie die veinde nicht sehen an,
Das sie ir dester minner wurden gewar.
Der marggrave ruft zum bischove dar:
»Herr, wollen wir mit den veinden treffen?«
Da sprach er: »in dem namen sand Steffan!
Und auch der heilig ritter sand Jorg,
Der helf uns trennen ir wagenpurg.«
  Do warde ein ritter awß in hingesant,
Do er sand Jorgen fenlein vandt. [89v]
Der sagt in, so man wolt machen ein geschick,
Als sie vor oft hetten gehort und dick.
Vil namen er an einem brive laß,
Der keiner da unter dem haufen was.
Das west er wol und ruft in doch her,
Ob es in treuen was oder in gever.
Das weiß got wol, der sagt sein nicht,
Bis das es kumpt an das jungst gericht.
  Der marggrave nach zweien rittern sant;
Der ein ist Wilhelm von Rehperg genant,
Der ander hieß Erkinger von Sawnshein.
Die schickt er auf die wart allein
Und hieß sie beide tun als die frumen,

195 sie pei einer halben *F.* **197** M. einer grausenlichen schar *H*; dr. kreftigklichen grossen h. *F.* **198** *fehlt H.* *Versfolge in H*: 202-206.199-201. **199** Do wichen sy hinter sich hin dan *H.* **200** sachen *H.* **201** Vnd dester *H*; Vnd das *F.* *Nach 201 ein Zusatzvers in H*: Piz sy nochent zu in chomen dar. **203** wollen] well *H.* **204** Ja *F*; sprach er *fehlt H.* **205** Vnd jn dem namen des heiligen (*fehlt H*) ritters (ritter *H*) sant jorg (jorgen *H*) *FH.* **206** Wir wellen zů tr. ir wagenburgen *H.* **208** Der s. *F.* **209** Vnd sagt jn als ob man *F*; Vnd czaicht in sam er wolt *H.* **210** vor h. g. oft *F*; sy offt g. h. *H.* **211** herlas *F.* **212** Der doch *F*; chaine *H*; da *fehlt FH.* **213** ruft] rif *F*; in daz her *H.* **214** Ob das jn tr. wer *F*; tr. oder in gevärd wär *H.* **215** gesagt *H.* **216** er *F.* **218** ist] was *F*; wilhalm *H.* **219** haist e. v. sanshain *H*; Saunßhein *F.* **221** sie] die *F*; beide *fehlt H.*

Das sie die veinde solten ubersumen
Und an dem genewsten uberslahen.
Da ranten sie hin mit eilen und mit jagen
Und komen auf einen perg gerent.
Da hetten sich die veinde her gein in gewent
Mit dreien grawsamlichen haufen;
Die sahen sie hererennen und laufen.
Der Rehperger zu herrn Erkinger sprach:
»Reitt hinab und pringt dem marggrafen die sach
Und heißet in fliehen, es sei umb kein,
Ir sein wol drei an unser ein.«
Da sprach der Erkinger: »nicht, biderbman!
Wir sullen sie trostlich greifen an.
Und weren ir vier an unser einen, [90r]
Noch wollen wir uns ritterlich an sie leinen
Und wollen es frolich mit in nemen.
Solten wir die cristenheit also beschemen?
Ee wolten wir alle verliesen die hewt,
Wir wollen heut tun als frum cristenlewt.
Ich hoffe, das uns got nicht laß.«
Da randt der Rehberger hin sein straß
Und kam hinab zu dem haufen gerant
Und nam den marggraven bei der hant
Und schrei: »fliehe alles, das do sei,
Dann an unser einen sein mer dann drei!«
Da prachen sie auf und fluhen dahin
Und ließen da alles hinter in,
Das zu roße und fußen was awß den steten.
Das ist das streiten, das sie teten.

222 Vnd solten d. v. do vb. *H*. **223** an] zu *H*. **224** ritten sy in m. eln vnd m. gachen *H*; ritens *F*. **225** den *H*. **225:226** gerant : gewant *FH*. **226** her *fehlt H*; gein] zu *F*. **227** dr. mächtigen heren *H*. **228** Vnd wolten sich der kristen weren *H*; her zu r. *F*. **230** Reyt *DH*; hinab] palde *FH*; pring *H*; marggr. sag *H*. **231** hayß *H*; sein *F*. **232** Es sind *H*. **233** Her E. sprach *FH*. **234** wollen *FH*. **235.236** = *236.235 FH*. **235** an] vnd *F*. **236** Vnd w. vns r. *F*, Vnd wellen r. an sie sein *H*. **237** Wir w. *F*, Doch well wir *H*; trostlich *FH*. **238** Ey s. *F*. **240** frum *fehlt FH*. **241** got heut n. *FH*. **242** rant (rait *H*) d. rechperger von jm s. str. *FH*. **246** Dann] Wann *F*, *fehlt H*. **247** zuhen *F*. **248** da alles] das alles das *F*, alles daz do waz *H*. **249** fuß *F*, zu fuß *H*.

Das fußvolk alles dahinden pleib,
Wann man sie zwischen die wegen treib,
Das sie der veinde da solten peiten
Und meinten nicht anders, dann man wurd streiten,
Und westen nicht, das die fursten hinfluhen,
Biß das die veinde her auf sie zugen
Und stachen und hieben hinten in sie,
Das alle die mochten trawern hie,
Die am ersten sein aufgebrochen,
Wann es mit nichte bleibt ungerochen,
Das jemerlich morden und das toten,
An den, die man dahinden ließ in noten. [90v]
Ir plut auf rachsal im himel schreit.
Allmechtiger got gebenedeit,
Speise alle die mit deiner gnaden wort,
Die in der flucht sein worden ermort
Und also velschlich wurden verkauft,
Das in ward leib und gut abgestreift.
Nim fur ir sunde ir unschuldigs sterben
Und laße sie gnade und hulde erwerben.
Herr, durich dein sterben, das du tetst,
Das du auch nie verschuldet hetst,
Erhore die posen durich die frumen.
Laße alle die zu peicht und puß kumen,
Die schuldig sein an dieser flucht,
Und lose sie awß der sunden sucht,
Das sie sich dorinnen icht verspaten.
Du gerechter richter lebendiger und toten,
Spare in es nicht dort an das letzt gericht,

252 sie] die *F*. **254** Dann sie m. *F*; wurd] solt *FH*. **255** Vnd sy w. *H*; fursten] herren *FH*; hin *fehlt H*. **256** auf sy her *H*. **258** D. alle dye *[Rest der Zeile fehlt] H*; die wol m. *F*. **259** Das an dem e. sey a. *H*; sein] haben *F*. **260** Dann es m. nichten *F*; beleit *H*. **261** das[2] *fehlt H*. **262** Daz man die man *H*. **263** jn *FH*. **264** got] vater *F*. **265** Speiß sie a. m. *F*; deinen gn. dort *H*. **267** vestiglich *D*. **268** wirt *F*; abgestrauft *FH*. **269** Nu f. ir s. vnd ir iämerlichs st. *H*. **271** dein] daz *H*. **272** auch] doch *FH*. **273** Er hat die p. *H*. **274** vnd zu puß *FH*. **276** *fehlt H*; Vnd nicht vallen an die ewigen sucht *F*. **277** Vnd sich *F*; nicht darin *H*. **278** richter aller l. *FH*. **279** dort *fehlt FH*; an] jn *D*; gericht] recht *FH*.

Da alle krüme mußen werden slecht.
Erhore ir rufen und unser schreien
Und laße dein gnad uns auch nicht verseien,
Herr, durich dein aufgestochene wunden.
Nu laße uns, hoher got, hie unden
Newer in einem rechten glauben sterben.
Laße uns ee leib und gut verderben,
Das newr die sele davon werd pracht.
Ob dir unser sunde ie haben versmacht,
So laß dein plut, das du vergost, [91r]
Dich weichen, das du sie varen last.
Laße uns deines unschuldigen sterbens genießen
Und aller mertrer plutvergießen.
Sprenge deiner gnaden wedel uber uns,
Herr, durich die großen lieb deines suns
Und durich deines heiligen geists gut.
So hat geticht Hans Rosenplut.

280 krumm muß *F*; krüme] dinck *H*. **282** Und *fehlt F*; g. an vns nit *H*. **283** Durch alle d. heilige flissende w. *F*; Durich all dein *H*. **284** Vnd l. *FH*. **285** Newer *fehlt F*. **286** Vnd vns *H*. **288** nie hab *H*. **290** erweichen *F*; sie] *fehlt D*, es *H* . **291** Vnd las *F*. **292** Durch a. *H*. **293** Erparm dich pamherczicklich vber vns *H*; Vnd sp. *F*. **294** großen weißhait *H*; grosse *F*. **295** deines] des *FH*. **295:296** güt : rosenplüt *F*. **296** So hat daz g. h. plüt amen *H*.

19 Der Markgrafenkrieg

Ie wesender und immer leber, [58v]
Ewiger got in deinem reich,
Großmechtiger, starker fridgeber,
Brich auf den tam deiner gnaden teich
Und laße deiner barmung wolken riseln
Herab in dein unfridlich werlt
Und wende von uns deines zornes kiseln,
Als von den priestern wirt gemelt,
Das du dich herab gibst in ein brot
Und lest dich nießen pose und gut.
Rich an uns nicht alt ubeltat.
Herr, durich dein reines, unschuldiges blut
Der sunden rechnung uns abstreich,
Die uns dein gnade hat hingezuckt.
Hanthabe das heilig romisch reich,
Das es icht werde untergetuckt.
Hilf, das es bei dem rechten bleib,
Du starker got, du gerechter richter.
Erhore das clagen der man und weib;
Des bite ich dich, ich sundiger tichter.
Der adel ist ein scharpfe gert,
Der uns umb unser ubel straft.
Ir herz hat eins diemanten hert.
Taws es, wartt, das ir nicht verslaft,

Überlieferung: D 58v-67v, I 319r-319v, 323r-325v, 320r-322v [Die Hs. ist verbunden], V 8vb-10vb, Z 1r-10r
Überschriften: Vom kriege zu Nurmberg *D*, Von Nurmberger rayß *I*, Beschreibung der Schlacht / bey Hembach A: 1450. / darin sich Nürnberg / über das Zurück / weichen Marggr. Albrecht / nicht genugsam zu / gloriren weiß *[am linken Rand] Z*

1 leleer *I*. **3** Gr. und st. *Z*. **4** auf] aus *Z*; teich] Reich *Z*. **5** erbarmung *V*; wolln reißeln *D*. **9** geyst *IVZ*; in ein] geleich eim *I*. **11** alt] all *Z*. **13** an vns *I*. **16** vnter wert gedruckt *I*, werd vntergedrückt *VZ*. **19** der *fehlt D*. **20** Das *IZ*; bit dich der s. t. *V*. **23** Sein *V*; dyamanten *IZ*.

Und weicht nicht von kotter drei;
Die werden euch das spil gewinnen,
Ses zinken wonen euch nicht pei.
Got blickt awß seiner barmung zinnen [59r]
Und lest das schiff der frumen sinken,
Das es einen smalen port gewinnt,
Und lest es doch nicht gar ertrinken.
Sein barmung ewiglich rint
Zu den, die in die sunde laßen pittern
Und allwegen wider das unrecht vechten.
Das urteile wirt von zwelf rittern
Gesprochen an dem letzten rechten.
Das merket, ir von Nuremberg:
Halt euch an das recht, so falt ir nicht.
Man vindt noch, das ein cleines zwerg
Einen großen riesen nidervicht,
Wiewol ewer stat ist als ein pferch,
Dorumb wol zwenundzwenzig wolf laufen;
Die zucken als der valk die lerch,
Wann sie die scheflein wollen raufen.
Die wolf all groß fursten sein,
Die sich mit schrift zu veinde haben gemacht.
Die schenken alle sawern hewnischen wein,
Und doch newer einer von den schafen clagt.
  Vier fursten von Hohenzoler, die marren;
Der funft von Beiern, der pleckt sein zen.
Wenn ir zwelf manet wert awßen harren,
So gewint ir wagen ein swache men.
Zwen fursten, die marren, die sein geweicht,
Von Eistet und von Bamberg; [59v]
Die kriegen als einer, der do flachs hinleicht

27 Seßzynck (Seßzinckt *Z*) dye w. *IZ*; wonet *V*. **28** erbarmung *V*. **29** last d. schyß *Z*. **30** prort *V*, pfort *Z*. **32** erparmung *IV*. **33** Zu den dy s. yn l. *IZ*. **38** euch aufrecht so *I*. **41** als] sam *IZ*. **42** Darin wollen zw. *Z*; lawßen *I*. **44** die *fehlt Z*; sch. haben dawßen *IZ*. **45** all] als *DV*; groß hoh f. *I*. **46** geschrift *V*. **48** den *fehlt IVZ*. **49** mairen *V*. **50** Der furst v. *I*. **51** aus werd *Z*. **53** marten *IV*; gebricht *Z*. **55** kriegten *V*; do *fehlt IVZ*; hinleucht *Z*.

Und lest im widergelten wergk.
Der acht furste awß Meichßen kam,
Den haben die alten wolf verhetzt;
Der wurket an der narren ram,
Bis in der tot hett angesetzt.
Der newnt, der kam awß Heßenlant;
Der vand die schaf und marrt sie an.
Er meint, er wolt sie haben geschant;
Er hat ir noch keins abgetan.
Drei fursten von Baden, ein alt, zwen junger,
Die wolten die schaf nicht awß laßen gen;
Sie meinten, sie solte bezwingen der hunger,
Das sie nicht lange mochten innen sten.
Der dreizehend herawß awß Osterreich kom;
Der trug den schafen neid und haß
Und was iren getrewen helfern gram.
Die warheit wil ich melden baß:
Der vierzehend furst solt sein ein hirt;
Der wolt die schaf newr selbs fressen.
Zu Meinz solt er sein ein wirt,
Zu Oschoffenburg ist er gesezzen.
Drei fursten von Brawnswigk, die marrten sere.
So oft als sie gein Nurmberg komen,
So erpot man in groß ere;
Zu großem dank sie das einnomen. [60r]
Drei fursten von Stettin waren so sawer,
Die sich zu veinden auch haben geschriben.
Der schafstal hat umb sich drei mawer,
Dorinnen die schaf vor in sind blieben.

57 meihes *I*, meissen *VZ*. **59** der[2]] den *Z*. **60** ym *I*. **61** newt kam *V*. **65** Bada *D*; zwen alt ein junger *DZ*, zwen alt vnd ein junger *V*. **68** lange jnn m. gesten (sein *Z*) *IZ*. **69** awß *fehlt IVZ*. **71** trewen *IVZ*; helffen *Z*. **73** ein *fehlt Z*. **74** newr *fehlt Z*; selber *IZ*. **75** Superbia hat in verirt *IZ*, Wem er damit hat gehoffirt *V*; Hoffart *über* Superbia *I*; solt er *nach gestr.* ist er *D*. **76** ostenburg *Z*. **77** Bamberg *Z*; die *fehlt IZ*. **78** Als oft als *I*, Als offt und *Z*; sie *fehlt I*. **79** pot *Z*; in *fehlt I*; gr. zuht vnd ere *IVZ*. **81** so sawer waren *D*. **82** zum veind a. heten *Z*; hetten *V*; schriben *I*. **83** umb] von *Z*; mawern *D*. **84** sein vor yn *IZ*; sein *V*.

Von Mechelburg und von Limpach,
Das sein die letzten fursten zwen;
Die furten gein den schafen alle lochereit clag,
Die gein got noch der werlt nicht mugen besten.
Die von Wirttenberg furen drei horner;
Der jung, der wolt die schaf umbstoßen.
Got seet auf sie seiner gnaden korner
Und schicket in die eidtgenoßen,
Die Sweizer mit den langen spießen,
Der komen gein Nurmberg bei tawsent.
Die wolf einsteils ir marren ließen,
Wann in allen sere vor in grawset.
Die schaf sein vor den wolfen genesen;
Des haben die von Nuremberg dank.
Sie kerten ab mit fewers besen
Acht meil umb sie breit und langk
Und haben ir veindt do heimen gesucht
Wol dreizehen monet und zwelf tag.
Got vergeb dem, der in dorumb flucht.
One zugab ich die warheit sag.
  Do vierzehenhundert und funfzig jar
Nach Cristi geburt das datum was,
Do macht got sein gnad offenbar, [60v]
Das taws es vor ses zink genas.
Bei einem weier hub sich an,
Dorinnen wolt man gefischet haben.
Das ward einem rathern kuntgetan,
Das man den weier hett abgegraben.
Einem rat er das zu wißen tet,
Ludweig Pfinzing heist sein nam.

85 Mechelnburg *Z*; von^{2} *fehlt I*. **87** furte *D*; den *fehlt Z*; alle *fehlt V*. **88** Dy nicht gen got noch gen (*fehlt V*) der welt m. b. *IVZ*. **89** wirttenburg *D*; dy fürn *I*. **90** der^{2} *fehlt Z*. **92.93** = 93.92 *D*. **95** Der w. *V*. **96** War zu ser von in *Z*; sere *fehlt I*. **98** Das *Z*. **100** meil weit vnd da pr. *I*; sich da br. *V*, sy do br. *Z*. **101** Sie h. *V*. **102** zwelf] ij *I*, drej *V*, zwen *Z*. **103** dem] *fehlt I*, den *Z*. **106** kryst *I*. **108** D. Taußens v. *Z*. **110** gefyschen *I*, gefícht *Z*. **111** was e. ruthern *Z*. **114** Der L. *IZ*; heist *fehlt Z*.

Getreulichen er des groß erbeit hett,
Bis man awß zu dem weier kom.
Do hett man zwen getrew dinstman,
Der Rewß von Blawen und Conz von Kaufen;
Die randten die veinde so ritterlich an
Und ließen ire pferde nach eren laufen.
Dem marggraven stachen sie ernider
Wol hundert und sechsundachtzig man;
Der waren einsteils sein beste glieder,
Und gewunnen in auch drew bonir an:
Von Hohenzoler swarz und weiß,
Ein gelber lewe awß Beierlandt.
Der von Gleichen furt das bonir mit ernst und fleiß,
Bis er ernider wardt gerant;
Die sicht man zu Unser Frawen sweben.
Die veindt, die sie ernider leiten,
Der kamen ahtzig von dem leben.
Die andern wolten ir nicht lenger peiten.
Des haben dank die zwen getrewen,
Wann gar clein was ir ru und rast.
Solt ich ir lob dorumb nicht vernewen, [61r]
So were ich wol ein rechter fantast.
Zu velde sie uns noch nie versmehten,
Redt anders iemant mit worten schravel.
Wir sahen sie getrewlich vor uns vechten,
Sie sitzen wol an der eren tavel.

Die von Nurmberg schickten auß ein tier,
Das was so grawsamlich gestalt,
Das ging awß in der wochen zwir.
Das tier hat vil irer veinde bezalt.
Das tier gab awß plei und pfeil,

115 daß *Z*. **116** Pis das man *I*. **117** trew *I*. **118** Balwen *Z*; vnd der von k. *IZ*. **121** Den *Z*; der nyder *IVZ*. **123** wer *Z*. **124** auch] an *I*; drew *fehlt Z*. **125** Den h. *Z*. **126** leob *V*. **128** der nyder *IVZ*. **129–132** *fehlt V*. **129** sicht] siecht *D*, sich *Z*; vns *I*. **130** v. sye da der nyder *I*; darnyder *Z*. **131.132** *fehlt D, ergänzt aus I*. **131** den *Z*. **132** Der ander wolter ir *Z*. **133** Das *Z*. **134** und] ir *Z*. **135** nit darum *Z*. **138** jemant anders *IVZ*. **139** trewlich *I*. **145** auß stein pl. *IZ*.

Das haben ritter und knecht eingenomen.
In tag und nacht reist es zwelf meil
Und ist allzeit ganz heimhin kumen.
Man hat oft scharpf auf es gewart
Mit rewtern und mit wagenpurgen.
Das tier stund so vest und hart,
Das es konde niemant niderwurgen.
Das tier, das hett einen russel voren
Mit tausent buchsen und armbrustschutzen.
Ein konig mocht wol furchten seinen zorn,
Das tier mit seinen messein sprutzen.
Zweitawsent spießer waren sein zwu seiten
Und auch sein pauch, das ist kein scherz.
Sein zagel waren sechshundert rewter,
Achthundert Sweizer waren sein herz.
Ein wagenpurg, so heist sein nam. [61v]
Das tier hat manigen nachgezogen.
Wenn marggraven Albrecht es ankam,
So hat er vor dem tier geflohen.
Das tier zog awß von dannen,
Vor Abenberg ließ es sich sehen.
Der marggrave kom mit tausent mannen
Und meint, er wolt das tier do smehen,
Und macht zwu spitzen gein im dar
Und warde ser in dem velde umbgauken.
Das tier ward sein snelle gewar.
Da streckt es seinen zagel und ward aufpauken.
Zu treffen es sich gein im schickt
Und zog so trutziglich auf in.
Welichen veindt das tier do recht anplickt,
Der wendet sich umb und flohe dahin.

147 rast *V.* **148** g. wider hinheim *V.* **149** Vnd h. *IZ.* **150** reuter *Z.* **151** tir das st. *I.* **152** es nymant nyder mocht gewürgen *I.* **153** das[2] *fehlt V.* **154** und *fehlt Z.* **157** speiser *Z.* **158** auch *fehlt I.* **159** reyten *IZ*, reitend *V.* **160** ward *V.* **161** wagepurg *D.* **162** manigem *DV.* **163-168** *fehlt Z.* **165** auß vier meil von *I.* **171** tyr das w. *I*; snelle] pald *IZ.* **172** Es (Das *VZ*) str. s. z. *IVZ*; und *fehlt I.* **173** sich *fehlt Z.* **175** do *fehlt V*; erplickt *I.* **176** wand *VZ*; umb] von *Z.*

Der marggraf laß sie wider zu haufen
Und mant sie an ires adels gepurt.
Das tier ward hinnach laufen
Zwu meile biß an eines wassers furt.
Do hetten sich die veinde gemert
Und meinten ie, das tier zu fellen.
Das tier sich aber voren dar kert.
Der Sweizer hawptman ruft seinen gesellen;
Die traten herfur und schutten ir spieß.
Do das der marggraf von in sah, [62r]
Sein spitzlewte er stille halten hieß.
Sein anslak aber im zuprach,
Das tier zog heimhin ungejagt.
Das tet dem marggrafen also zorn.
Mit trawern er das seinen rittern clagt,
Er hette vil lieber ein awg verlorn.
Das tier, das wolt nicht innen ligen;
Es zog awß fur ein stat, die heist Spalt.
Das bleibe dem marggraven nicht verswigen.
Der pott treib awß jungk und alt
Und alles, das er auf mocht prengen,
Das im zu fechten do mocht tugen,
Und warde dem tier da nachhengen
Und uberslug ganz sein vermugen.
Zu Spalt er zu der stat einrant;
Vierhundert pferde, die ranten im nach.
Das tier prach auf, heim es sich want.
Der marggrave wider awßher zoch
Und meint, er wolt das tier erschrecken,

Nach 177 sind 180.181 in D fälschlich eingefügt, wieder gestrichen und am richtigen Ort wiederholt. **179** thir daz w. *I*; hin noch hin l. *IZ*. **180** an *fehlt I*. **182** Dye m. *I*. **183** forn darreckt vnd k. *V*. **185** schütelten *V*; ir] sein *Z*. **187** haben heiß *Z*. **188** in *Z*. **189** hin heim *V*; ungegart *Z*. **190** den *Z*. **191** trewen *I*; das] es *V*. **193** das[2] *fehlt Z*. **194** Das *VZ*; die *fehlt IVZ*. **195** den *Z*; m. vnuerschwigen *V*. **196** pot vnd tr. *I*; pott] gebot *V*. **199** war *Z*; da *fehlt V*; da selbs *IZ*; nocht h. *Z*. **200** überphlug *Z*. **203** bracht *Z*. **204** wider *fehlt Z*. **205** Er m. *I*.

Das im sein manheit solt empfallen,
Und warde sein zen oft gein im plecken.
Sein herz was pitter dann ein gallen.
Das tier, das pfhutzet in do an
Mit großen buchßen auf den karren
Und schewchet in gar oft hindan,
Das er nicht lenger mocht geharren.
Hin vor dem tier er wegkrant. [62v]
Bis an ein wasser er do reit.
Das tier da hinden nach im prant
Zwu meil langk und einer halben preit.
Do wurden funf fursten madt auf iren pain;
Die hettens heimlich dohin bracht
Und meinten, sie wolten sich an es lain,
Wenn in das prennen sere versmacht,
Und slugen palde ein wagenpurg zusamen
Und stelten funf tawsent bawern dorein.
Sie meinten, sie hetten uns in einem hammen,
Und schrien: »hewt mussen sie unser eigen sein!«
Der marggraf mant sein ritterschaft
Und alle, die vom adel waren,
Und sprach zu in: »seit hewt manhaft!
Ich hoff, wir wollen uns nicht vertorn.
Der Sweizer last mir keinen leben,
Die mußen die ersten sein in den sack.
Dieselben werden die flucht nicht geben,
Des gelebt ich nie liebern tag.«
Hin zu der wagenpurg er reit
Und sagt den bawern, er hett uns besehen.
Groß hilf und trost er in zuseit
Und sprach: »sie werden schir zuher nehen,

206 solt] wurd *I*. **207** jn *D*. **211** scheuset *Z*. **213** von *Z*; tyer hinweghin r. *Z*; weg hin r. *IV*. **215** Da *D*; tier imer nach *V*; im] *fehlt I*, in *Z*. **216** langk *fehlt Z*. **217** maht *IZ*. **218** hetten *D*. **221** schlug *Z*. **223** ein *Z*. **224** schryrn *IV*. **225** man *Z*. **230** in den] in *I*, im *VZ*. **231** Dye s. dye wern *I*; die] der *V*. **232** g. wir nye kein l. t. *I*; ich mir lieber den t. *Z*; liebern] lebers *V*. **235** er zu jn sait *V*. **236** zuher] hertzu *V*.

So wollen wir sie her zu euch treiben.
Am ersten wert euch herawß mit stein.
Mein groste clag ist, das sie nicht pleiben,
Unser sein mer dann zwen an ir ein.« [63r]
Da teten unser hawbtlewte als die frumen,
Clein was ir feier und ir ru,
Und wurden wider voren zu uns kumen
Und sprachen: »ir herrn, nu rust euch zu.
Die veinde da voren auf uns halten,
Nu last uns newr beieinander bleiben.«
Da schrien wir alle: »des sol got walten!«
Und ließen das vihe vor hin treiben
Und zugen auf die veinde hindar
Und sie gein uns mit zweien spitzen.
Do wurden wir ir bei zeit gewar
Und sahen sie here gein uns glitzen.
Der Sweizer hawptman schrei uns an:
»Wer hie dem rechten zu wil legen,
Der sol tun als ein biderbman
Und sol sein fueß und hende hie regen.
Ich sihe und merke der veinde furnemen;
Das wollen wir mit der gots hilf prechen.
Am ersten wollen wir ir mit buchßen remen,
Darnach mit hawen und mit stechen.«
Unser oberst hawptlewt das beslußen,
Das wir die reisigen am ersten anlangten
Und eilten palde, ee das wir schußen.
Die veinde gar stolzlich gein uns prangten.
Do warde unter uns ein sollich krachen
Von manigem herten puchßenschuß, [63v]

237 sie *fehlt D*. **239** große *V*. **243** widerumb *Z*. **244** nu *fehlt V*. **245** da] die *DZ*. **246** Vnd lat vns peyeinander *I*; newr *fehlt V*. **247** schryr *I*, schriren *V*, schrei *Z*; das *I*; solt *VZ*. **248** vor (von *Z*) an hin *IVZ*. **249** die] den *Z*. **250** Nu *Z*. **253** schreyt *Z*. **254** den r. will zul. *Z*; wolle *DIV*. **256** hent vnd fuß *IZ*; hie] von im *Z*. **258** well *Z*. **259** Des e. *I*; well wir mit *Z*; mit den p. *I*. **260** mit[2] *fehlt V*. **262** erlangten *V*. **263** ee] er *Z*. **264** stolziglich *Z*; gein] hergegen *I*. **265** solichs *I*, solches *VZ*. **266** mangen *IZ*.

Das in und uns verging das lachen
Zu Heimpach an des wassers fluß.
Die sunne was nu hin zu rest.
Wie sere wir ie gein den veinden strebten,
Noch hielten sie sich also vest,
Bis das ir drei und zweinzig an den setteln klebten.
Der marggrave schrei: »wenn sie verschießen,
So wollen wir dann in sie rennen.
Die Sweizer mit den langen spießen,
Die wollen wir am ersten trennen.«
Da schrei ein ritter: »furste, edeler herr,
Last uns als jemerlich nicht morden!
Hort zu, sie schießen ie lenger ie mere,
Sie sein zu eitel teufeln worden.
Fur sie hilft weder creuz noch segen
Und auch kein harnasch von stahel und eisen.
Sie vorchten weder swert noch degen.
Taws es kan niemants abgeweisen,
So nemen die Sweizer niemant gefangen;
Dorumb last uns von hinnen wenden.
Der grimig zorn hat sie durchgangen.
Sie werden den adel hie morden und schenden.«
Da wichen sie das wasser hinab;
Hin durich das wasser sie alle ranten.
Da wolten wir nicht laßen ab.
Da sahe man manichen müden trabanten,
Die nachhin durich das wasser wuten [64r]
Und wider an zu schießen ving.
Von got getorst wir sovil nicht muten,
Als es uns gein in erging.

267 vergnüg *Z*. **268** Hempach *VZ*. **269** sunn dye w. *I*; nu] newr *DV*. **270** den *fehlt IVZ*. **272** Pis ir *IVZ*; den *fehlt VZ*. **276** wir den am *I*. **278** jem. hye n. *IZ*. **279** mere] sere *IZ*. **280** Die *Z*; eteln *I*, eyteln *Z*. **281** *fehlt Z*. **282** Und auch *fehlt V*; stahen *D*; und[2]] noch von *IV*. **283** Die *Z*. **284** niemant *V*. **287** vmbgangen *D*. **290** Do h. *Z*. **291** Vnd wir wolten n. *Z*. **292** Doch *Z*; müden] bunden *Z*. **293** hin *fehlt Z*. **295** torst (getrost *V*) wir als vil *IVZ*. **296** vns da *IZ*; gein] ging *Z*.

Der marggrave warde sie biten und flehen,
Das sie sich hinter ein kirchen smugen.
Da schickt wir in aber der pleien slehen,
Das sie sich uber die settel bugen.
Da triben wir sie aber dann mit geschutz
Das wasser auf und auf biß in ein aw.
Darzu waren uns die Sweizer nutz;
Die wartten alle auf stich und haw
Und hielten uns so vest den ruck
Und machten uns kun und herzenhaft.
Den veinden erzeigten wir solich ernstlich stuck,
Das funf mal weich die ritterschaft.
Do hub ein weiser ritter an:
»Furst, edeler herre, nu glaubet mir;
Ir wist wol, das ich euch eren und guts gan.
Die veinde gern vil vester kriegen dann wir,
Nu haben sie euch vor ein mal gestraft.
Last euch nach in so sere nicht dursten!
Und wie das ir noch ein mal verslaft,
So tugt ir nimmer zu keinem fursten.
Einem hasen ist nutzer und erlicher gewichen
Dann gestorben von den hunden.
Ir habt sie lang gesucht und in nachgeslichen; [64v]
Ich wolt, ir hett ir nie gefunden.«
Der marggrave schrei: »hilf, ritter sand Jorg!
Erst haben mein got und die heiligen vergeßen.«
Und rant hin zu der wagenpurg
Und sprach: »der teufel hat sie besessen.
Weicht allewege nacheinander hinawß,
So bringt ir die hewt davon.
Meinem kriegen ist der boden awß,

298 hinter ein k. sm. *nach gestr.* vber die setel bugen *D*. **299** in *fehlt Z*; pleyern *I*. **301** schücz *I*. **302** w. hinauf pis *IVZ*; in] an *Z*. **304** alle *fehlt I*. **310** edeler] oder *V*; nu *fehlt Z*. **312** feint dye gern v. *I*; begeren *V*; kriegen] zu fehten *IVZ*. **314** euch alß ser nach jn n. d. *Z*; jn nit als ser *V*; so] als *I*. **315** das *fehlt V*. **316** nymermer *I*; eim *Z*. **317** Ein *Z*; erlicher vnd nuzer (nützlicher *Z*) *IZ*. **320** hette *D*. **322** heiling *V*. **324** sye all b. *IZ*. **326** ir doch dye hawt *I*.

Wenn ich mich hewt nicht rechen kan.«
Do hub sich ein fliehen von in allen
Und also snelle von dannen geruckt,
Und were ir einem ein awg empfallen,
Er hette sich nicht darnach gepuckt.
Do warde unter in ein sollichs dringen
Und auch ein sollichs woffengeschrei,
Das maniger Maria clag wurd singen,
Man trett im arm und pein entzwei,
Und rant in uber hels und peuch,
Wann sie selbs aneinander tretten.
Auf sie hagelt ein sollich seuch,
Das ir uber hundert ir leben verzetten.
Da wichen sie in ein stat heist Rot.
Da hetten wir gern lenger gefochten.
Do warde es uns leider zu spat,
Das wir sie nimmer sehen mochten.
Auch maniger zu fußen nachhin trabt [65r]
On harnasch, an schilt und on pavesen.
Hetten wir newr ein stund tag gehabt,
Ir solten wenig sein genesen.
Der marggrave hin gein Swobach floch
Und hat got dank in sein herz geschriben,
Das wir gein in vast schußen zu hoch,
Sust weren sie nicht halb lebendig plieben.
Doch wurden sie von uns gerurt,
Das sechs priester die ganzen nacht
Mit gots leichnam wurden umbgefurt,
Das man den wundten die heiligkeit pracht.
Wol hundert und achtzehen nomen ir schaden,

328 gerechen *I*. **329** hug *Z*. **330** geruckt] zuruck *Z*. **331** einem] ein *Z*. **332** darnach nit *V*. **334** sollichs] gros *V*. **335** ward *IVZ*. **336** im] *fehlt I*, in *VZ*; pein vnd arm *I*. **337** in *fehlt V*; vber ir *IV*; hals *D*; pauch *DZ*. **338** sy do s. *Z*. **339** sy so h. *I*; solicher *IVZ*. **340** ir[1] *fehlt V*; uber] ob *IVZ*; ir[2]] daz *I*, *fehlt Z*. **343** Das *I*; leider vns *IZ*. **344** sie] sein *Z*. **345** Noch m. *IVZ*; nach jn *D*. **348** genosen *Z*. **351** wir vast sch. gen in zu h. *IZ*; fast gen jn *V*. **352** geblieben *Z*. **354** ganze *IZ*. **356** verwundten *V*. **357** ir *fehlt IZ*.

Die an den pleien slehen erworgten,
Die in irem plut da musten baden.
Vor in wir uns nie besorgten
Und haben doch oft unser begert,
Das wir ir newr ein mal erpiten.
Wir komen und hetten pleiene swert,
Die durich iren herten stahel sniten.
Das garn, das sie uns hetten gestelt,
Dorinnen sie uns meinten zu fahen,
Dorinnen haben sie sich selber gefelt.
Solt das dem adel nicht versmahen?
Die sach kan ich nicht anders geschatzen
Nach form, als es sich hat gemacht,
Als wenn die mewse obliegen den katzen. [65v]
Got hat sein hilf nie keinem versagt,
Dorumb schatz niemant sein veindt zu gering;
Das haben gelert die weisen heiden.
Der ber nicht mit dem igel ring.
Wer weiß, von weme sich got wil scheiden.
Da nu die sach ein ende nam,
Da triben wir zu haufen unser vihe.
Der Rewß und der von Kauf kom
Und sprachen: »wir bleiben heint nicht hie.«
Da waren vier genant und vier ratherrn,
Der Linhart Mendel und Linhart Stromer;
Die rieten, wir solten heimhin keren,
Das unter uns icht wurde ein jamer,
Das uns icht bei der nacht mißeling,
Wenn einer den andern nicht wol kent.
Jeronimus Kreß und herr Sebolt Pfinzing,

359 irn *Z*; da *fehlt Z*. **360** vns noch nye *I*. **361** oft *fehlt V*; vns *I*; gert *IVZ*. **363** pleyerne *I*, ein pleyen *Z*. **364** stahel] harnasch *Z*. **365** heten vns *I*. **366** meinten vns *I*. **367** selbs *V*, selbst *Z*. **369** schaczen *IZ*. **370** Noch *IZ*; es] sye *IZ*. **371** muß *I*, mauß *Z*. **372** kein *Z*. **373** nymantz *I*. **376** got sich *Z*. **378** treib *Z*. **379** kavfen *IZ*. **380** Die s. *V*. **381** und *fehlt I*. **382** stormer *Z*. **383** s. hin heimhin *IZ*. **384** vns auch *IZ*; wird *Z*. **385** mißelingen *D*. **386** bekennt *I*. **387** und *fehlt IZ*.

Das sein die vier genanten genent;
Hans Lemlein, Peter Mendel der jung,
Der Ludwig Pfinzing was auch mit;
Die machten wider ein ordenung.
Jobst Tetzel was das oberst glidt;
Die ordinirten uns wider zu haufen,
Das wir wider heim zugen mit ru.
Der Rewß von Blawen und der von Kaufen,
Die hutten getrewlichen hinden zu,
Das wir mit frewden hin heim komen [66r]
Von unsern veinden awß iren landen,
Das unser nicht mere schaden nomen
Dann zwen, der ein von unsern handen.
Des sei got lobe und dank gesendt,
Das er uns sein gnad hat verliehen,
Das taws es ses zink hat geschent.
Der wolf must vor den schafen fliehen
Und auch der schefer mit allen seinen ruden,
Wann got das recht nie hat gelaßen.
Weren die von Nurmberg eitel heiden und juden
Und von der cristenheit awßgestoßen
Und weren ketzer und meineydig swerer
Und stunden in des babst vermaledeiung
Und rawber und morder und landsverherer
Und hetten entert alle romisch kirchweihung
Und weren verurteilt am heimlichen gericht
Und eitel pfaffenkinder weren
Und verreter und boßwicht,
Noch solt man sie nicht so sere besweren;

388 seindt *V*, sind *Z*. **389** lemel *IVZ*. **393** odemirt von vns *Z*. **394** wir hin heimhin z. *IZ*. **395** vnd kontz von k. *V*. **396** trewlich *I*. **397** heimhin *I*, heinheim *Z*. **398** vns *I*. **400** ein vns h. *I*. **401** danck vnd lob *I*; gesagt *Z*. **402** hat sein gnad *I*. **403** zwinck *I*. **406** got der (der *fehlt Z*) hat d. r. n. g. *IZ*. **409** meineit *IZ*. **410** des *fehlt I*; pabstes *IVZ*. *Nach 410 ist in D versehentlich 413 eingefügt, wieder gestrichen und am richtigen Ort wiederholt*. **411** und[2] *fehlt I*; landswerer *D*, landsherer *V*. **413** an heimlichem *I*; am] in *VZ*; heimlichem *V*. **415** Vnd wern *I*; boßwicht] pennysch wiht *IZ*. **416** soll *Z*; m. sye als (all *Z*) ser n. b. *IZ*; so] als *V*.

Man solte sie bei dem rechten laßen pleiben,
Wann sie das recht fur meniglich pieten.
Were seinen nechsten hoher wil treiben,
Der wil wider got frevels sich nieten.
Dorumb hat in got hilf geraicht, [66v]
Das sie wol zwenundzweinzig fursten
In hertem zorn haben erweicht,
Das sie nach fride began hungern und dursten.

Die fursten auß Nurmberg ein rawphawse machten,
Darein sie im kriege spete und fru
Dreiundzweinzig hundert gefangen brachten
Und achtundzweinzig tawsent kü,
Und sollich narung ein ward gefurt,
Das man da nacht und tag antreib.
Solange als sich der krieg gepurt,
Ein pfunt fleischs bei funf hellern bleib;
Guts prots und guter gekochter speis,
Der kauft man ein mal do umb ein ei;
Daran waren die von Nurmberg weis.
Er were reich, arm, gelert oder lei,
So gab man im die speise zu kaufen
Aws der kuchen von der stat.
Er kom geriten oder gelaufen,
So aße er sich umb ein ei sat.
Das tet man der gemeinde zustaten,
Dorumb sie willig waren in den sachen.
Der sust nicht swimmen mocht noch waten,
Der reist auß mit singen und mit lachen.
Wann man ein anslag ubersumet,

417 Vnd soll s. b. den *Z*. **419** nesen *Z*; will hoher *IZ*. **420** wider] gen *I*; sich frevels *IVZ*; frevel *D*. **423** Jrn *Z*; herten *IZ*; der weycht *I*. **424** noch waren h. u. d. *Z*; began] ward *IV*. **425** auß] vmb *D*. **426** Dorynnen *D*. **427** hundert *fehlt DV*. **430** eintraibt *Z*. **431** Alls l. a. *I*, Als lang vnd *V*, Alß l. biß *Z*. **432** fleisch *IVZ*. **433** kochter *IZ*. **434** do *fehlt V*. **436** war *Z*; arm oder reich *V*; arm *fehlt Z*. **437** in *Z*. **439** gerieten *D*. **440** vmb ein ey sich *I*. **441** zum staden *Z*. **442** den *fehlt IVZ*. **443** mocht *fehlt I*. **444** singen] sich *Z*; mit[2] *fehlt IVZ*.

Bei nacht, bei tag, bei kalt, bei warm,
Und auf einer pauken vor aufbumet, [67r]
So flog herfur ein sollicher swarm:
Acht tausent man in einer stundt
Mit buchßen, armbrust, spieß und swert -
One hilf, die mit in waren im punt;
Noch wurde die stat nie das vierteil gelert.
Die fursten teten ein torlichs pot,
Man solte den von Nurmberg nichts zufuren.
Die weißheit hetten sie nicht von got,
Es warde ir lant und lewt anrüren.
Das gepot was den von Nurmberg eben:
Sie reisten awß und namen es umbsust,
Dorumb sie gelts genung hetten gegeben;
On gelt was es ir kurzweil und lust.
Dorumb hat es umb sie ein gestalt,
Wie sere man sich mit in hat gewetzt,
Das sie haben alle ire soldner bezalt
Und haben nie kein pfant versetzt
Und haben ir diener von in gericht,
Das sie alle wollen widerkumen,
Wenn man ir bedarf zu sollicher pflicht;
Dorumb sol man gern dienen den frumen.
Der sach wer noch vil zu ercleren,
Wievil sie sloß, merkt und stet gewunen.
Got wolle der fursten herz leren
Und schenk dorein seins frides brunnen,
[ ]
Das in der fride sueß werde als das honig [67v]
Und in der unfride sei ein gallen.

446 Bej tag bej nacht es wer kalt oder w. *V.* **447** pauken] banck *D*; vor *fehlt V*; auf prumet *IV.* **448** folg *Z.* **451** hilf der dye *I*; m. jm waren jm warn p. *Z.* **452** ward *IVZ*; das *fehlt Z.* **456** und] ir *IZ*, vnd jr *V.* **457** pot *IVZ*; von *fehlt Z.* **464** *fehlt D, ergänzt aus I.* **466** sie] die *Z.* **467** darff *IZ.* **470** schlos stet (stat *Z*) m. g. *VZ*; und *fehlt I.* **471** well *Z*; herczen *IVZ.* **472** darein schencken *V*; schenk] gieß *Z*; seins frides] den *D*, sein friedens *Z.* *Nach 472 ein Zusatzvers in D:* Das sie des frides furbas begern. **473** fryd smeck suß *I*; werde *fehlt IVZ.* **474** in] ja *Z.*

Nu bitten wir aller himel kunig,
Das er sein gnad mitteil den allen,
Die in dem krig sein tot belieben,
Das sie nicht in dem lebendigen buch
Werden abgetilgt und awßgeschriben;
Got cleide an sie seiner gnaden tuch.
Dorumb so biten wir got, den herren,
Das er uns leib und sele behut
Und mit seinem fride wolle zu uns keren.
Amen, spricht Snepperer Hans Rosenplut.

476 teyl mit *I*; den] vns *DV*. **477** seind *V*, sind *Z*. **478** sie mit in den *Z*. **479** abgeteilt *Z*. **480** gleit *Z*; sein *Z*. **481** so *fehlt Z*; herr *Z*. **483** sein fr. well *Z*. **484** schneppрer Hans Rosenblut *V*, schnepper h. rosenblut 1451 *Z*; sneper *I*.

20 Der Lobspruch auf Nürnberg

Do vierzehenhundert vierzig und siben [48r]
Mit datum ward in brive geschriben,
Do warde gemacht ein newes geticht,
Das von der stat zu Nurmberg spricht:
  O Nurmberg, du edeler fleck,
Deiner eren polz steckt in dem zweck;
Den hat dein weißheit darzu geschoßen.
Die warheit ist in dir entsproßen,
Dein ja wirt nicht gefunden nein.
Ein weiser rat, ein gehorsame gemein
Und ein wolgezogene priesterschaft,
Die ist gepunden mit sollichem haft,
Das ir keiner getar uber die snur hawen
Mit spil, mit unfur noch mit frawen.
  Doch eins dunkt mich ein gotlich werk:
Funf almusen vindt man in Nurmberg,
Der wenig in aller werlt mer ist,
Davon mancher armer durftig genist,
Der sust sich gar harte mocht began.
  Das erste sein zwelf alt hawsarm man,

Überlieferung: D 48r–55r, F 49r–58r, N 1r–9v, O 1r–9v, Q 125v–127v, T 64v–70v, V 6ra–8rb, W 1r–7r, X 145r–152v, a 1r–9v, b 2v–9v, c 5r–12v, d 1r–10r, e 1r–6r, f 10r–17r, g 1r–8v, h 2r–7v, i 183r–188v, j 74r–82v, k 1r–7v, Druck m, Druck n; berücksichtigt sind D, F, N, O, X
Überschriften: Ein spruch von Nurmberg *D*, Von Nüremberg *[Hand des 17. Jh. (BL.48v)] F*, Von der Statt Nürmberg, Ein / Altes Gedicht, jm prediger Closter / gefunden worden *X*

1 Do xiiij h. vnd xl *NO*. **2** in die pr. *X*. **3** war *N*. **4** zu *fehlt FOX*. **5** du vil e. *N*. **6** Dein *N*; in dem] an dem *FNO*, am *X*. **7** daran *FNOX*. **8** ensprochsen *N*. **10** rat vnd e. *F*. **11** Und *fehlt F*. **12** solcher *N*. **13** keiner vber die schnur (schur *F*) tar (darff *X*) h. *FNOX*. **15** Noch *FNOX*. **16** *Marginalie am linken Rand:* Fünff Allmussen / jn Nürmberg *X*; vindt man] sein *NO*; man] ich *FX*. **18** dürftiger *FNOX*. **19** gar hart sich *N*; sich *fehlt O*. **20** *Marginalie am linken Rand:* Dass erst Allmus / Dass zwölffprüeder / hauß gegen der / carthaussen vber *X*; zwelff *in O versehentlich wiederholt*; alt *fehlt FNO*.

Die an der craft sich nicht vermugen
Und zu der erbeit nimmer tugen;
Den pfligt man do ir narung zu geben
In Nurmberg, dieweile sie leben,
Reicht man in das mit milter hant.
Das almusen ist zu den zwelf brudern genant.
Das ander almusen zwei fundelhawse sein.
Do nimpt man waisen und fundeling ein,
Wenn sie die heimlichen tauschen hinlegen, [48v]
Die sich in hertigkeit erwegen
Und trewlose werden an irem blut.
Das macht große scham und swacher mut,
Das sie der bose geist uberwint.
Was man derselben fundeling vindt,
Die werden in das hawse genomen.
Als lange, biß sie zu iren tagen kumen,
Nert man sie da mit gutem voln.
Das dritte almusen ist weit erholn
Manigem sundersiechen man und frawen,
Die sich zu Nurmberg laßen schawen
Alle jare in der marterwochen.
Den pfligt man drei tag zu kochen
Sollich edel kostparlich male,
Und seße ein furste in seinem sale,
Im wurden die eßen nicht versmahen.
Auch mueßen sie alle do peicht empfahen
Und den heiligen leichnam in den tagen

21 sich a. d. kr. *N*; krafft haben ab genummen *X*. **22** Vnnd nimmer mitt der arbeitt fortt kummen *X*; arbeit auch n. *NO*. **23** pflegt *X*. **27** *Marginalie am linken Rand:* Dass ander All / muß sein 2 / findelhauss *X*; fündelheuser *FNO*. **28** findeling vnd w. *X*. **29** So *F*; die Dawneln hin tun l. *X*; heimlichen *fehlt NO*. **30** hertiglichen *N*; verwegen *X*. **32** vnd schwchen mit *N*; schwachen *X*. **34** Das *X*; man der f. *F*. **35** w. alle in *NX*. **36** Also l. biß daz sie *O*; tagen] jaren *F*. **37** da *fehlt O*. **38** *Marginalie am linken Rand:* Dass Dritte / Allmussen jst / dass sunder / siechen Allmuß / en *X*. **39** Von m. *FNOX*; machen *N*, manchen *O*; sundersiechem *DFNX*. **40** sich hie zu *F*, sye in *N*. **41** jar do jn *FNO*. **42** Da *X*; man do dr. *FNO*, man ihn da 3 *X*. **46** do alle *N*, aldo *OX*; alle *fehlt F*. **47** den heiligen] gotes *F*.

Und horen von got predigen und sagen,
Wie got hab geliden mit gedult
Und an seinem sterben nie gewan kein schult,
Das sie auch dester gedultiger sein
In irer armut und in irer pein.
Darnach so zelt man dann ir schar
Und tregt itzlichem besunder dar
Ein wullen tuch zu einem cleit,
Das got in seiner ewigkeit [49r]
Hat selbs daran ein wolgevallen.
Darnach gibt man urlaub in allen.
 Das vierd almusen niemant baß besint:
Wo man frum arm jungkfraw vindt,
Der eltern mit eren sein herekumen
Und an irer narung ab haben genumen,
Kumpt man und pitt fur die mit flee,
So stewert man sie auß zu der ee,
Das sie zu großern eren kumen.
Das tut man sust niemant dann den frumen.
 Das funft almusen ist das größt,
Davon manig hawsarmer mensch wirt getrost.
Alle suntag, ee man tagmeße hat,
Dreihundert und zwelf leib prot
Und sechshundert und vierundzweinzig pfunt fleisch
(Der almusen ich nindert keins mer freisch),
Das geit man hundert und sechsundfunfzig hawßarmen,
Der man sich billicher lest erbarmen

48 h. do von *NO*; got do pr. *FX*. **53** dann] der *N*. **54** itzlichem] jr ygklichem *F*, yclichem *NO*, jedilichem *X*. **55** Die *F*. **58** Dar nach so *NX*, Daz so *O*; man in vrl. in (*fehlt O*) allen *NO*. **59** *Marginalie am linken Rand:* Dass viertt All / mussen / Junckfraw auß / steurrn *X*; Darnach d. *F*; niemant *fehlt D*. **60** Von m. *N*; junckfrauen *FNO*. **61** elter *FO*; her sein k. *FNOX*. **62** haben ab *X*. **63** flee] vleise *N*. **64** So treitt oder st. *X*. **65** grossen *FNOX*. **66** den] eitel *FNOX*. **67** *Marginalie am linken Rand:* Daß fünfftt / Almussen jst / Dass Allmuß / auff S. Sewaldts / Kirchoff *X*; das ist gr. *N*; daß aller gr. *X*. **68** hauß armen *N*; mensch] *fehlt N*, man *O*; wirt *fehlt O*. **70** 300 laib vnd *X*. **71** Und *fehlt N*; vnd xxiij *O*; fleischs *F*. **72** nindert *fehlt N*; freisch] weis *FNX*. **73** gibt *FNOX*. **74** Die *FNOX*; billichen *DN*; erparbenn *N*, der barmen *O*.

Dann ander geiler, die sich nicht schemen,
Wann die uber jare kein almusen sust nemen.
  Die funf almusen hanthabt der rat,
Das ir keins nimmermere abgat,
Dieweile ein stein auf dem andern leit.
Dorumb in got solliche weißheit geit,
Das sie ir große gemein regiren,
Das sie mit in gleich concordiren.
  Die stat zu Nurmberg hat siben cleinot. [49v]
Dieweile sie mit got sein vereinet,
So mag in die cleinot niemant nemen.
Der groß chan bedorft sich der nicht schemen,
Hette er die cleinot in sollicher hanthab.
  Das erst sein drei mawern und ein grab,
Dorinnen funf wegen nebeneinander furen,
Und hundert und sibenundachtzig türn.
Die sein mit puchßen zugerust,
Das manigen buchßenmeister gelust,
Das er die veindt darawß solt entpfahen.
Manig hawpt wil vor wunder graen,
Das sie so lange und vil ubersehen.
Doch kan ir große weißheit spehen
Den großen nutz und auch den frumen,
Der allenthalben awß fried mag kumen.
Doch begert sie mancher zu tiligen
Und dem sein zene gein in ser iligen,
Und nerrt sie an und piß sie gern,
Vorcht er sich nicht vor truckenscheren.

75 Den andern g. *N*. **76** sust k. al. *F*; sust *fehlt X*. **78** Der ihn k. *X*; keins] seines *N*; mere *fehlt NO*. **79** den *X*. **81** große] so *N*; gem. also r. *F*. **82** Daz s. gel. mit in c. *NO*. **83** zu *fehlt F*. **84** sein mit g. *NX*; sein *fehlt O*. **85** mag] kan *FNOX*; genemen *F*. **86** chan] Caon *D*, Chan von Kathay *F*, karl *NOX*; dorft *NOX*; der[2]] ir *NOX*. **87** sollicher] seyner *X*. **88** *Marginalie am linken Rand:* Dass Erst / claynott 3 / Mauren vnnd / Ein Grab *X*; erst *fehlt N*; meür *F*. **89** füeren *X*. **90** vnd lxxxxij t. *N*; türen *DFO*. **91** mit p. sein *X*; p. so zug. *F*. **93** Dar *F*; solt daraus *FOX*. **94** Manygs *NO*; h. das will *F*; vor] von *DX*; wundern *X*. **95** alslang *FN*, also lange *O*. **99** Noch gert (bgertt *X*) sie m. helffen zu t. *FNOX*. **100** den *F*; in gar ser ylgern *N*. **101** nerrt] neidt *F*, mertt *N*, mart *O*, fertt *X*. **102** truckem *O*, drucknen *X*.

Das ander cleinet ist ein walt.
Kein winter warde nie so kalt,
Ein alts weib oder ein radspinnerin,
Sie holzt eins tags ein mol dorinn
Und tregt ein solliche purd darawß,
Das sie zwene tag hat prot in irem hawß.
Das dritte cleinot ist ein steinbruch,
Davon man achtundvierzig schuch [50r]
Hochpawet manig hubsche kemnat,
Die in der stat zu Nurmberg stat.
Und stunde sie heraußen auf einem perg,
Man sprech: »das ist eins fursten herberg.«
Das vierd cleinot ist ein hawse mit korn.
Ob iemant auf sie werfen wolt seinen zorn,
So haben sie ein solliche fursichtigkeit
Ein in das hawse geschut von getreid,
Das sie zwei ganze jar haben zu eßen,
Ee man die frucht mag awßgemeßen.
Damit man zustaten kumpt der gemein;
Dorumb sie recht wol sein uberein.
Das funft cleinet, das ist ein brunn.
Als weit als leuchten mag die sunn,
So vindt man hart deßgleichen von stein;
Das höre ich die weisen werkleut mein.
Wer drei die frumsten heiden wolle schawen,
Der vindt sie an dem prunnen gehawen,

103 *Marginalie am linken Rand:* Dass ander / Claynott jst / Ein waldt *X.* **104** winter der *FX*; was *F.* **105** ein[2] *fehlt N.* **106** Die *FNOX*; eins] des *NO.* **108** hat bort *N*, prat hat *FOX.* **109** *Marginalie am linken Rand:* Dass Dritte / Claynott jst / Ein Stainpruch *X*; cleinot *fehlt O.* **111** kempet *N*, kemmat *X.* **113** stunden *O*; hieaußen *D.* **114** spr. es wer *F*; eins] ein *D.* **115** *Marginalie am linken Rand:* Dass viertt / Claynott sein / Die Kornhewsser *X*; cl. sein hewsser *X*; cleinot *fehlt N.* **116** wolt werffen *FNOX*; werfen] weisen *D*; seinen] jren *F.* **118** in *fehlt N*; die hewsser *X.* **120** frücht *X.* **121** man *fehlt N.* **122** wollen *F.* **123** *Marginalie am linken Rand:* Dass fünfftt / Claynott jst der / Schönprun *X*; funff *N*; das[2] *fehlt FNOX.* **125** man d. nitt von *X*; des gleichen hart *FN*; hart *fehlt O.* **126** die] von *F*, von den *O*; gemein *F.* **127** *Marginalie am linken Rand:* Drey die frümbst / en hayden *X*; die] der *O*; wold *N*, will *X.* **128** vindt sie] fridt sey *N.*

Und auch die frümsten juden drei.
Sucht man, so vindt man auch dabei
Drei die allerfrumsten cristen:
Wer hoch zu got in himel wolle nisten,
Der leb als kunig Eckhart von Frankreich;
Herzog Gotfrid von Pelgir was im wol gleich;
Der groß keiser Karl, dem got das swert sant,
Das sein drei die frumsten cristen genant.
Die frumsten juden drei in der alten ee:
Kunig David und herzog Josue [50v]
Und Judas Machabeus der dritt,
Die haben sich vor der helle befridt.
Keiser Julius der heiden recht urteile vant,
Troianus seinem richter die haut abschant,
Hector von Troia der dritte frumst heiden ist,
Als man uns in der bibel puch list.
Das sein newn die allerfrumsten person;
Die siht man mitten an dem brunnen stan
Und auch die siben kurfursten dabei.
Daran sicht man, das es ware sei.
Das sechst cleinod ist ein pach,
Daruber kein hirß gespringen mag,
Davon die stat gesawbert wirt.
Was sich auf die ecker nicht gepurt
Und in die gerten auch nicht zimpt,
Dasselbe der pach alles hinnimpt.
Das wasser fleußet mitten durich die stat
Und treibt umb sibenundsechzig mulrat,

129 *Marginalie am linken Rand:* Drey die frümbst / en Juden *X*; die] der *NO*. **130** S. mans so v. mans *N*. **131** *Marginalie am linken Rand:* Drey die frümbst / en Christen *X*; Die die *F*; die] der *N*. **132** in] gein *D*, in dem *N*, jn den *O*; will *X*. **134** von pelgir] pelgen *N*; wol *fehlt F*. **136** die aller fr. *F*. **141** haydt *X*; vrteil recht *NO*. **142** Traianus *X*. **143** Troy *NO*; drit der fr. *NO*; frum *X*. **144** uns *fehlt F*; puch *fehlt X*. **145** *Marginalie am linken Rand:* 9 / Die allerfrümbste / person *X*; die] der *N*. **146** man alle m. *F*; mitten *fehlt NOX*; stan] sam *O*. **149** *Marginalie am linken Rand:* Dass 6. Claynott / jst Die pegnicz *X*; cl. daz ist *O*. **152** Vnd s. *O*; sich *fehlt FX*; ecker sich nit *FX*. **154** alles *fehlt N*; wegkhin *F*, hin beck *NO*. **156** *Marginalie am linken Rand:* 67 Mühlradt *X*; zweiundsibenczig *F*.

Die alle do erbeiten in der mawer.
Kein furst warde gein in nie so sawer,
Das er der reder eins mocht stellen.
Er mocht vil senfter einen bern fellen.
Das sibent cleinot ist ob in allen,
Dorinnen hat selbs ein wolgefallen
Der dominus dominancium.
Das ist das heilig war heiligtum,
Damit der ware gotssone wurd getott [51r]
Und mit seinem heiligen blut wurd gerött;
Der dreier negel einer, damit
Gotes son wurd angesmit;
Des waren creuzs ein merklich stuck,
Das got selbs awßtrug auf seinem ruck;
Das heilig ware eisen an dem spieß,
Das man got in sein seiten stieß,
Und awß der durnenkron funf dorner.
Wenn man aufplest die letzten vier horner,
So zeigen sie die engel allen den zu trost,
Die got mit seinem sterben hat erlost,
Und zeigen sie auch allen verdampten,
Die valsch hie sein gewesen in iren ampten.
Die stuck man uns zu Nurmberg zeiget,
Wenn got hats uns selbs zugeeiget
Und auch der allerdurichleuchtigiste keiser
Sigmundt, der was ein sollicher reiser,
Das er awszog das ganz romisch reich.

157 do] dar *N.* **158** wahr *X.* **159** Vnd der in der r. ein *N*; Vnd der der r. *O.* **160** mocht] würd *F*; senfter] lieber *NOX*; bern] pawrn *N.* **161** *Marginalie am linken Rand:* Dass siebent / Claynott jst / Daß heyltumb *X.* **162** selbs] gotselbs *F*; wol gewalen *N.* **163** domynaiun *N*, dominacium *O.* **164** war heilig *FO.* **165** wart *FNOX.* **166** heyligen (war heyligthumb) / Oder plutt gerörtt *X*; wurd *fehlt FNO*; gerotten *N.* **168** Da der wahr g. s. wardt *X*; Der war g. *FNO.* **170** selber *N*; seinen *N.* **171** war heilig *F*; spieß] sper *N.* **172** sties ser *N.* **174** auf *fehlt O*; vier *fehlt F.* **176** got hat m. *F*; hat] hett *DX*, *fehlt F.* **177** allen den v. *FNOX.* **178** hie *fehlt FX*; g. hie in *X*; gewest *NO.* **180** Wann got der hatz jnselbs *F*; got der hat *OX*; hat *D*; uns] ihn *X*; zugeneyget *D*, zugeaygnet *X.* **181** allerdurichtigiste *D.* **182** *Marginalie am linken Rand:* Kaysser Sig / mundt *X.*

Noch vand er Nurmberg nindert gleich
Mit hubscher weißheit und warheit.
Das daucht in ein sueße clingende seit,
Die oft vor im von in erhal.
Dorumb er in das heiligtum beval.
Und hat ein man groß lieb und gunst
Zu hubscher meisterlicher kunst
Und hat nach allen kunsten sein frag,
Sucht er im Beheimerlande zu Prag
Und auch in Osterreich zu Wien, [51v]
Sucht er nach dem zirkel und nach der lien
Und sucht in Bolan und in Prewßen
Und in großen Nogarten und in hohen Rewßen
Und zu Constantinopel in Kriechen,
Noch vindt er nicht warhaftiglichen,
Das er mit suchen habe ein feier.
Sucht er in Egiptenlant zu Alkeier
Und auch in hohen Indian
Und an dem hofe des priesters Johann,
Noch ist sein suchen nicht gewiß.
Sucht er in Frankreich zu Pariß
Und in der hochsten schule zu Athenis
Und sucht in phisica Orienis
Und sucht gramaticam Priscianis
Und sucht die weißheit Salomonis
Und sucht die loica Aristotiles
Und sucht geometriam des Euclides

184 vand] von *N*; nyrgent *O*. **185** vnd mit w. *FNOX*. **187** Die gar o. *X*; oft von jm e. *F*. **188** heylthumb *X*. **189** *Marginalie am linken Rand:* Allerley künst / jn Nürmberg *X*. **191** n. kunsten alle s. *D*. **192** Such *F*; jn *FOX*; Beheimerlande] Böemerwaldt *X*; prag] sprach *N*. **193** auch] sucht *X*; in] zu *F*. **194** Vnd s. nach *X*; Such *F*; der *fehlt N*; linen *F*. **195** such *F*; polen zu krackau *F*, polaw *N*, Bolln *X*. **196** Und *fehlt O*; in *fehlt FX*; naugarten *F*, nagarten *O*; und[2] *fehlt FX*; in[2] *fehlt N*. **200** Such *F*; lant *fehlt NO*; ala-keier *F*. **202** des *fehlt NO*; prister *FNX*. **204** Such *FN*. **205** hochosten *N*; zu *fehlt NOX*. **206** such *F*; visica *D*. **207** such *F*; prisciani *FX*. **208** such *F*; w. her salamonis *F*. **209** such *F*; loycam *FOX*, loyann *N*; aristotilis *N*, Aristoteles *X*. **210** sucht *fehlt FX*; geonletriam *N*; erclides *D*, euclidis *N*, enclides *O*.

Und sucht rethoricam des Tulius
Und practiciren Pitagorus
Und sucht Boecii musicam
Und Ptolomei astronomiam:
Die kunst vindt er in Nurmberg all
Und sollich hubsch erbeit von metall
Von manchen meisterlichen handen,
Als man sie mag vinden in tawsent landen
Und unter des ganzen himels deck.
Die ingwer- und die pfefferseck
Und alle specerei von edeler kraft [52r]
Und was man zelt von kaufmanßschaft,
Das hat alles zu Nurmberg ein niderlag.
Dorumb kein man nicht furbaß frag.
Siben sprach in aller cristenheit sein.
Do ziehen die von Nurmberg ein
Mit kaufmansschaft und mit gewerb
Und holen ir narung sawer und herb
Awß denselben siben sprachen allen.
Wem mocht ir reichtum ubel gefallen?
Ungaria, Sclavia und awß Turkei,
Das sein der rechten siben sprach drei.
Arabia, Grecia, Francia die sechst,
Dorinnen sein die von Nurmberg gest;
Saxania ist die sibent sprach.
Wer mocht in dann ubel reden nach,

211 sucht praticam thuly *N*; such *F*; Tullii *X*. **212** *fehlt N*; Vnd das pr.*FX*, Vnd sucht pr. *O*; Pittagori *X*. **213** such *F*; bohecy *D*, Boecy *FN*. **214** ptolomeus *DN*; phalomeus *F*, ptholmeus *O*; astronoyam *N*. **215** er] man *O*. **216** sollich] sucht *N*; erbeit] kunst *NO*; von siben m. *FNOX*. **218** man *fehlt N*; tawsent] Teutschen *X*. **219** des] den *N*. **220** die[2] *fehlt F*. **221** edeler] aller *F*. **222** *Marginalie am linken Rand:* Kauffmanss / hendel *X*; von] für *N*; kaufmanßschaff *D*. **223** zu] jn *F*; ein] sein *FNOX*. **225** *Marginalie am linken Rand:* Sieben sprach *X*; aller] der *N*. **226** zogen *D*. **227** mit[2] *fehlt NO*. **228** n. so saur *FNOX*; vnd so h. *NO*. **229** Auß dysen sprachen allein *N*; denselben] disen *FOX*; siben *fehlt O*. **230** mocht den ir *NO*; r. dann vbel *FX*; reichtum] rechten *N*. **231.232** = *232.231 D*. **231** schlauia *FNX*. **233** Arabica *DN*; francia] Spania *X*. **234** die] der *N*. **235** Sayonia *N*.

Wenn sie ir narung so besorgklich holen?
Hette einer groß gut geraubt und gestolen,
Man hieß in edel und hielt in wert,
Der nie mit eren hette gewunnen swert.
Vil meister vindt ich in Nurmberg,
Der sein ein teil auf rotsmidwerg,
Der gleich in aller werlt nicht lebt.
Was kreucht, lauft, swimbt oder swebt,
Mensch, engel, vogel, visch, wurm und tier
Und alle creatur in loblicher zier
Und alles, das awß der erden mag sprießen,
Deßgleichen konnen sie hawen und gießen,
Und keinerlei stuck ist in zu swer.
Ir kunst und erbeit wirt offenbar [52v]
In manigen landen verren und weit.
Seint das in got sollich weißheit geit,
So sein sie wol wert, das man sie nennt
Und fur groß kunstig meister erkennt,
Wann Nemrot sollich meister nie gewan,
Der den turn ließ pawen zu Babilon.
Noch ist ein meister in diesem geticht;
Derselb hat mangel an seinem gesicht,
Der heist meister Conrat Pawman.
Dem hat got sollich gnad getan,
Das er ein meister ob allen meistern ist.
Der tregt in seiner sinnen list
Die musica mit irem sueßen don.

237 So *X*; sorgklich *FNOX*. **238** gut] hab *FOX*; und] oder *N*. **239** hieß] het *N*; hielt] hett *FOX*, hieß *N*. **240** hett g. m. eren *F*; sein schwert *FOX*, sein swred *N*. **241** *Marginalie am linken Rand:* Handtwerckhs / leutt *X*; Vill hübscher m. *X*. **242** *fehlt D, ergänzt aus N*; Auff rottschmidt, goldtschmidt vnd stainmetzwerckh *X*; eines teils *F*. **244** kr. oder l. *FNOX*. **245** fogel oder visch *N*; vögel *X*; würm *FNOX*; und] oder *NO*. **246** leblicher *FNO*. **247** spreyssen *N*, endtspriessen *X*. **248** hawen und] aus messig *F*, auß mesing *NO*. **250** wirt] ist *N*. **252** Sint *D*, Seit *FX*. **253** sein] weren *F*, seindt *X*. **254** kunsten *N*, künstlich *X*. **255** *Marginalie am linken Rand:* Nemrodt *X*; W. mein rat der m. *N*; nemrot] nyemant *D*. **256** ließ *in O versehentlich wiederholt*. **258** Der *N*. **259** *Marginalie am linken Rand:* Cunradt paw / man *X*; Cunrat *FNOX*. **262** Wan er dregd *NO*; seinen *FNOX*. **263** *Marginalie am linken Rand:* Musica *X*; musicam *FO*; yren *N*.

Solt man durch kunst einen meister krön,
Er trug wol auf von golde ein kron.
Mit contratenor, mit faberdon,
Mit primi toni tenorirt er,
Auß e-la-mi so sincopirt er
Mit resonanzen in acutis.
Ein trawrig herz wirt freies mutes,
Wenn er awß octaf discantirt,
Quint und ut zusammen resonirt
Und mit proporzen in gravibus.
Respons, antiffen, introitus,
Hymni, sequenzen und responsoria,
Das tregt er alles in seiner memoria.
Ad placitum oder gesatzt
Und was fur musica wirt geschatzt [53r]
In chores cantum, das kan er awßen.
Rundel, muteten kan er fluckmawßen.
Sein hawbt ist ein sollich gradual
In gemeßen cantum mit sollicher zal,
Das es got selbs hat genotirt darein.
Wo mocht dann ein weiser meister gesein?
  Dorumb ich Nurmberg preise und lob,
Wann sie leit allen steten ob
Mit hubschen kunstreichen mannen.
Wer getreulich vicht unter iren fannen,
Dem wirt so reilich und wol gelont.
Dorumb ich Nurmberg gleichen nie vant,
Auf einem durren sande gelegen.

264 *fehlt FNO*. **265** *fehlt F*. **266** contertenor vnd f. *F*; tenor vnd m. *N*. **267** primo Tono *X*; tonus *DNO*; tenorit *N*. **268** Suß *D*; alami *F*. **269** Resonanten *X*; acutus *F*. **270** Er *D*; wirdt frisch vnd mutig *X*. **271** discondirt *X*. **272** Vnd quint vnd *FNOX*; resumirt *NOX*. **273** proporciones *N*. **274** ant. vnd jntr. *FNO*. **275** Jmpuus *D*, Ympni *FN*, Impui *O*; sequens *X*. **277** Jnplacitum *FOX*, Ym plicitum *N*. **278** muscam *N*, musicam *OX*. **279** Cantum choralem den kan *F*; tantum *X*. **280** Randel *F*. **282** gemessem *NX*. **283** D. got hat s. g. d. *N*. **284** mocht] mach *N*; weiser] pesser *FNOX*; sein *N*. **286** ligt *X*. **287** Mit kunstenr. h. *O*, Kunstenr. h. *N*. **288** treulich *FX*; jrem *O*. **289** rechtlich *N*. **290** ich *fehlt D*; gleichen *fehlt N*. **291** einen *O*.

Noch vindt man dorinnen auf karren und wegen
Auf truckem landt ein solchen markt mit wein,
Der alle wochen am freitag kumpt hinein.
Und sucht ein man in hundert kunigreichen,
Noch vindt er des weinmarks nindert gleichen.
  Funf heilig stet vind ich in der werlt,
Die werden alle gar selten gemelt.
Jherusalem ist die erste.
Die ist geheiligt allerserste
Mit Cristi plut, das er do awßspent
Und auch seinen leichnam, das heilig sacrament.
  Die ander stat heißet Rom,
Da maniges heiligen babst leichenam
Und siben zwelfboten ligen begraben. [53v]
Dorumb man die stat fur heilig tut haben.
  Die dritte heist Trier, do wurden erslagen
Zehen tawsent ritter, als die schrift tut sagen.
Der leichnam alda begraben liegen,
Das haben die lerer nicht verswigen.
  Die vierd heist Colln an dem Rein.
Solt die nicht billich heilig sein
Von den reinen, keuschen eilftausent jungkfrawen,
Die da ermordt wurden und zuhawen,
Der wenig mit sunden ie was vermeiligt.
Ir keusches plut die stat hat geheiligt.

292 drin *X*; kerrn *X*; und] auf *F*, vnd auf *N*, *fehlt O*. **293** *Marginalie am linken Rand:* Weinmarckh *X*; landt] sand *N*. **294** kumt auf den freitag *FNOX*. **295** such *F*; hundert] 10 *X*. **296** nirgent *F*. **297** *Marginalie am linken Rand:* Fünff heylige / Stätt jn der / weldt *X*. **298** alle] gar vnd *FNO*, wenig vnd *X*. **299** *Marginalie am linken Rand:* Jherusalem *X*; Jher. die ist *FX*. **300** ist] warde *FNO*, wirdt *X*. **301** do *fehlt NO*. **302** auch *fehlt F*; seinen heilich nam heilig s. *N*. **303** *Marginalie am linken Rand:* Rom *X*; stat die h. *NOX*. **304** Darjnn *F*; heyling *X*; pabsts *FOX*. **306** man *fehlt O*; heilig man t. *O*. **307** *Marginalie am linken Rand:* Trier *X*; dritt stat h. *FN*. **308.309** = *309.308 F*. **308** geschrift *F*, schirst *N*. **309** Die all do *F*; alle do *NO*. **310** Da *N*, Deß *X*. **311** *Marginalie am linken Rand:* Cölln *X*; Der *O*; vird stat h. *F*. **313** den *fehlt NOX*. **315** ie] nie *FNOX*; vermaligt *D*, gemeiligt *F*.

Nu setze ich Nurmberg fur die funften,
Dorinnen von priesterlichen zunften
So großer heiliger gotsdinst geschicht
Mit meße, mit tagzeit, mit wachslicht
Von nunnen, munichen und leienpriestern,
Die ordenlichen ganz halten ir register
Mit singen, mit lesen, mit vasten und gepet.
Wenn ir einer uber das potlein trett,
So must er fort und: 'vack ade';
Dafur hulf weder bete noch flee.
Auch vindt man dorinnen manich schriftweisen man,
Der auf der canzeln awßrufen kan
Das gotlich, himelisch heilig gotswort,
Wie sundt sei ein sollicher merklicher mort
Dem sunder, der in sunden erstocket.
Mancher sunder von in wirt gelocket, [54r]
Das sie zu gotsdinst werden gereizt.
Dorumb die stat billich heilig heist.
Er ist nicht weise, der Nurmberg flucht.
Ich hab alle teutsche landt durichsucht,
Noch vinde ich nindert in keiner stat,
Das Nurmberg hofstat hat.
Da sind siben closter gereformirt,
Dorinnen man tag und nacht hofirt
Engelischen lobsank dem kunig der eren.

317 *Marginalie am linken Rand:* Nürmberg *X*; So *X*. **318** zunften] zuchten *F*. **320** messen *N*; tagtzeit vnd m. *FNOX*. **321** munchen nunnen *F*; und *fehlt N*; prister *FNOX*. **323** singen] sunden *N*; und gepet] mit peten *F*, vnd peten *N*, vnd mit bete *O*, mitt pett *X*. **324** pötlein thet treten *F*. **325** vack ade] fackende *F*, va konde *N*. **326** hulffen *O*, hülfftt *X*; werder *N*; pit *FX*. **327** Ach find mangen schr. *N*; dynnen *O*, drin *X*. **328** c. wol ausr. *FX*. **329** himlichs wort *N*; heilig *fehlt F*. **330** merklicher] mörtlich *F*, mortlicher *NOX*; mort] wort *N*. **331** der *fehlt D*. **332** wirt wider g. *FOX*, wirt werder gebogt *N*. **333** sie] er *X*; werden] wirdt *X*; gereist *FX*. **335** Der *FX*; flucktt *X*. **336** Wann ich a. *F*; han *N*; landt] stett *X*. **337** nindert] *fehlt F*, indert *N*; keiner] keiser *N*. **338** Alß in N. die solche h. h. *X*; Nuremberger *O*. **339** *Marginalie am linken Rand:* Sieben gerefor / miertte Closter / jn Nürmberg *X*; Das sein *FX*, Der ein *N*, Da sein *O*. **340** nacht vnnd tag *X*. **341** lobgesanck *FX*.

Des helfen in die weisen ratherren,
Das sie an narung werden gesett.
Dorumb: wer Nurmberg ubel redt,
Der ist mein gauch und heist nicht weise.
Nachrede ist gar ein versalzene speise.
  Noch vind ich ein dingk in Nurmberg,
Das ist das allerweißlichst wergk,
Das ich in keiner stat nie vant:
Gesetz und ordenung wirt oft zutrant,
Wo man mer hirten hat dann ein.
Kunig David tott mit dreien stein
Den grosten wolf, der im sein hert
Gemordet wolt haben mit dem swert.
In Nurmberg ist newr ein hirt,
Der nie mit dem vihe hat gestolzirt
Und also getreulich zugehutt hat
Der großen hert, der ganzen stat,
Das sie kein unziffer nie mocht vergiften, [54v]
Das oft geschicht auf hohen stiften
Und auch wo einfeltig zunft sein.
Do sehet der teufel seinen samen ein,
Das mordt und jamer oft wirt awßgebrütt.
Bei vil hirten wirt oft ubel gehutt.
  Der hirte ist der weise, fursichtig rat,
Der nacht und tag, fru und spat
Getreulich hut aller gelerten und leien.
Wo einer sich mit dem andern wil zweien,
So hutt der hirte so weißlich zu,
Das sie noch bleiben bei sollicher ru,

343 geseitt *N*. **344** Dor w. *N*. **345** mein] ein *X*. **350** und *fehlt F*. **352** david der tottet *NOX*. **353** grossen *NOX*; im] *fehlt N*, jn *O*. **356** nye nit hat mit d. v. g. *N*, nye hat mit d. v. g. *OX*. **357** trewlich *X*. **358** Es wer fru oder spat *N*; großen] ganczen *O*; ganzen] grossen *O*. **359** vntziffern *D*; nie *fehlt NOX*. **360** h. gestiften *F*, hofstiffen *N*. **362** tewfel oft s. *NO*; samen oft ein *FX*. **363** oft *fehlt FNOX*; aus wirt *FX*; geburt *N*. **364** oft] dick *FO*. **365** *Marginalie am linken Rand:* Ein Erbarr / Ratt *X*. **366** tag vnd nacht *NO*. **367** aller *fehlt F*. **368** sich ayner mitt *X*; mit d. a. sich *F*; mit *in O versehentlich wiederholt*; zwien *N*. **370** Das die sein noch *F*; noch sein peliben mit *NO*, noch sein plieben bey *X*.

Das sie keins hirten mer begern.
Die sache kan ich nicht baß erclern,
Dann wo vil arn sitzen auf dem zawn,
Da haben die huner nimmer frolichen laun.
Einer, der ein dink wil loben wol,
Dasselbe er vor erkennen sol.
Nu lob ich Nurmberg nicht nach gedunken.
Ir ere hat noch nie gehunken.
Wie ubel man in ie hat nachgesprochen,
Noch haben sie ir sigel noch nie zuprochen
Und nie an keinem ir gleit zudrumpt.
Wie oft der kaufman fur sie kumpt
Und clagt, er hab verlorn das sein,
Noch schenken sie kein hewnisch wein
Und suchen frid und geben nach, [55r]
Wie dick in manicher pewt ein schach,
Den sie nie geirt haben in seinem velde.
In frides garten wechst gluck und selde.
Wo unfride ist, da hagelts und schawert.
Ein iglich creatur, die trawert,
Wenn es in unfride sucht sein speise.
Dorumb heiß ich die von Nurmberg weise,
Das in der friede so recht wol smeckt.
Der esel gein dem mulner nimmer aufleckt,
Er slahe in dann, das es in müt.
So hat geticht der Rosenplut.

372 erkenen *N*. **373** den *OX*; zeun *N*. **374** Die haben n. guetten fridlichen l. *X*; n. guten fridlichen *NO*; fridlichen *F*; laun] rawm *N*. **375** eine *D*. **376** vor] wol *F*. **378** Jr Ehr die h. *X*. **380** sigel] jnsidel *F*; noch *fehlt NOX*. **381** Noch an *NO*, Vnnd auch n. an *X*; keinen jrm *N*; kein *D*; geleit nye z. *O*. **382** der] ein *N*. **384** sye im k. *NO*. **385** gaben *O*. **386** dick] offtt *X*; sach *N*. **387** seinen fled *N*. **388** selde] geldt *X*. **389** schawert *nach gestr.* sneyet *D*. **390** iedelich *X*; die] des *N*, daz *OX*. **391** unfride] fride *D*. **394** nyner nit *N*, nymmer nicht *OX*. **395** in das den es *N*. **396** g. hanns rosenplüt *F*, g. Snepper Hans rosen pluet *N*, g. schnepprer hans Rosenplut *O*, g. der hanß Rosenplutt *X*.

21 Der Lobspruch auf Bamberg

Hort ein schon neües gedicht, [1v]
Das von einer erlichen stat spricht,
Die sich also hat gehalten,
Als dann sagen di weisen alten
Und thun von ir ein sölchs sagen,
Das si gar selten hab umgeschlagen.
Wann Rom stund gar in großem glück,
Dieweil si nie verkerten die alten stück.
Aber do si im rechten suchten neü fündt,
Do wurd in ir unglück verkündt.
Pariß ist auch eüch wol erkant.
Die wurd durch hochfart zertrant,
Das si stund in großer unru;
Das bracht ir die hochfart zu.
Constantinopel stund in hochen eren,
Dieweil si waren einerlei herren.
Alspald si sich wurden parteien,
Do wurd ir glück verseihen.
　Aber ein stat hat got lang behüt,
Die do noch stet in seiner güt;
Got müß ir lenger hüten und warten.
Si leit in eitlen fruchtbaren garten,
Das ich ires geleichen noch nie fant:
Die stat ist Bambergk genant.
Irer eren prunn nimmer verseiet.
Di stat hat vil großer freihet,
Der ich eüch keine hie erzel,
Dann het ich ein haubt als Doniel
Und künd gereden auß zehen munden,
Noch künd ich ir fr*e*ihet nit verkunden.

Überlieferung: Druck o
Überschrift: Ein löblicher spruch von der erentreich / en Stat Bambergk. Vnd von yrer großen / freyheit Die der heilig kayser Heinrich be / stetigt hat Vn̄d auch von den kleineten die / darynn sein Und auch vil heiliger leichnam. (1r)

Die stat hat funf edle cleinet, [2r]
Dieweil si mit got sein vereinet,
Wann si haben si von got, dem herren.
So behalten si die kleinet auch mit eren.
Das erst cleinet, das si nun hat,
Dasselb get umb und umb di stat,
Das sein vil fruchtbarer garten.
Der künnen si gar wol außwarten
Mit aller arbeit, das garten zustet,
Das in ein solcher nutz darauß get,
Damit si stet und dörfer laben.
Wie möchten si ein pesser cleinet gehaben,
Das einem solchen cleinet werd geleich?
Das ander ist ein wasser schiffreich.
Das tregt in zu holz, koren und wein
Und alles, des si notürftig sein.
Das wasser fleust mitten durch die stat
Und treibt umb fierundfunfzigk mülrat,
Die alle arbeiten mit stampfen und malen.
Kein furst möcht inss nit bezalen,
Und wer der reder eins wolt fürschützen,
Der müst die siben kürfürsten darzu nützen.
Das dritt cleinet ist das heilig heiltum.
Der stück ist gar ein große sum,
Die man da uber siben jare zeiget.
Wer si do sicht und seine knie peiget
Und rew umb sein sund hat gehabt,
Der hat sein sel also gelabt,
So er sich mit peicht hat gereinigt,
Das er mit got ist ganz vereinigt.
Das fiert cleinet ist unaussprechenlich. [2v]
Darauß fliessen vil lautere pechlich,
Darauß vil mange sel wirt gezwagen.
Dasselbig alle hellisch fürsten clagen,
Wann in dadurch vil sel entgen,
Die oft in grosen, schweren sünden sten.
Ditz cleinet ist der heilig ablos.
Der ist so gar unmessig gros,

Das in kan niemant übersummen,
Der von pebsten dar ist kummen,
Die in haben bestetigt und bewert.
Wer den aplas zu lösen begert,
Der peicht mit reü und halt sein puß.
Von dem sich alles ungelück wenden muß.
Dann nach Rom nie kein stat ward gestift,
Die so vil bewerts aplas antrifft.
   Das fünft cleinet sein xiiij heilig begraben,
Der ailft von Römeren ist erhaben.
In der stat si alle begraben ligen,
Dass schad wer, das si pliben verswigen.
Der erst sant Johanns, ein merterer,
Der heilig sant Briccius, ein peichtiger,
Sant Gai und Dulcissimus,
Der heilig Pi*us* und Th*e*od*o*rus,
Carissimus und sant *H*ermet,
Die haben got inigklich angepet.
Ein heiliger münch heist Isaac,
Der fürt in seiner kutten sack
Ein heilige regel in seinem orden,
Darümb er ein hoher heilig ist worden.
Herculian und auch sant Ott, [3r]
Die kempften wider alle hellisch rott.
Die haben die siben totsündt gemitten,
Damit si das reich der himel erstritten.
Remach und auch sant Künigund,
Die hat auch kein todsund nie verbunt.
Sant Küngund was ein fraw und mait.
Ir keüscheit man noch nie verschnait,
Und si was doch in elichem stant,
Darin si kein man nie erkant.
Darümb ging si auf xij glüigen scharen,
Damit must si ir ere bewaren.
Keiser Heinrich ist der fierzehet.
Der hat di gnad gots umb got erlehet,

84 pij; thoderus. **85** germet.

Das er den stift wol mag behüten.
Wievil thirannen nach im wüten
Und die in geren unter in brechten,
Darnach si stellen und fechten;
Wie oft si schiessen, noch felen si der enten.
Wenn si das war götlich recht erkenten,
So würden si der dinge müsig gen.
Der stif*t* muß piß an den jüngsten tag sten.
  Ein pfalzgraf, kürfürst beim Rein,
Der sol ein öberster erztruchses sein,
Des heiligen römischen reichs ein glit.
Ein herzog von Sachssen nim ich auch mit,
Der ist ein öberster erzmarschalk erwelt.
Ein markgraf von Brande*n*burg ist auch gezelt,
Der ist deß reichs ein erzkammerer.
Nun sag ich dir kein rockenmer.
Des vierden amptmans ich eüch gedenk, [3v]
Der ist deß römischen reichs ein schenk,
Ein künig in Pehamerlant gesessen.
Den vieren sein die ampt zugemessen
Von kaiser Karl, der heilig, der groß.
Ich miss mit der warheit moß.
Die ampt sollen in nit verschmahen.
Dieselben lehen si enpfahen
Zu Bamberg von einem pischof.
De*m* sollen si darümb reiten zu hof.
Das hat sant kaiser Heinrich gestift,
Keinen fürsten meer der ampt eins antrifft.
  Ein pischof von Bamberg hat solch freiheit:
Wenn er zu pischof wirt geweihet,
So hat im kein fürst meer zu gepiten.
Umb die freiheit darf er niemant miten,
Und was er lehen hat hinzuleihen
Den edelen ritteren, grafen und freihen,
Die lehen darf er von niemant enpfohen,
Von pebsten noch von allen hohen.

130 Den.

Das hat kaiser Heinrich bestet.
Wer an dem stift zu krieg ret,
Der sund als schwerlich wider got,
Als het er zuprochen die zehen gepot.
Die stat hat drei hirten, die ir hüten,
Die müssen zörnen und müssen güten.
Wöllen si auch pei dem rechten pleiben,
Noch will man si oft ferner treiben.
Die alten recht, die sind nicht sünd
Und sind noch pesser dann neü fünd,
Damit man lant und leüt beswere, [4r]
Das doch die alten nie haben begere.
Der erst hirt ist ein demütiger rat,
Der achtzehen zünft zu hüten hat.
Darunter si wol zu hüten haben
Vil ungestümer wilder knaben,
Die nit all recht gezempt wöllen sein.
Das kumpt von spil, frawen und von wein.
Ich vind in meiner sinnen titel:
Der ander hirt ist das wirdig capitel,
Die haben zu hüten einer grossen hert.
Die weren mit dem geistlichen schwert,
Das ist der heilig geistlich pan.
Der trifft die armen sündigen sel an.
Auch müssen si den heiligen gotzdinst haben,
Damit man die lieben sel muß laben
Mit heiligen messen und siben tagzeiten,
Damit man tag und nacht muß streiten
Wider alle hellisch selrauber.
Das haben bestetigt xij cristenliche glauber,
Die heiligen poten, auß got gegraben.
Das muß der hirt als hanthaben.
Der dritt hirt ist der gottesknecht,
Der hat noch wol gehütt recht.
Das ist der pischof auf dem stift,
Den auch vil hütens antrifft
In allen seinem land und unter den leüten,
Darauß er alle unkraut müß reüten

Von mörderen, rauberen und verreteren
Und auch sünst mangen ubeltheteren,
Wucherer, ebrecher und meineitswerer. [4v]
Das ist der hirt da als ein werer.
Von pristeren, münchen und von nunnen,
Wo die ein grobs werk hetten gespunnen,
Darauß gar selten wirt guter zwiren,
Das muß der hirt alles reformiren.

Herr, in deiner höchsten ierachei,
So stee disen dreien hirten pei
Und gib in hilf und deinen peistant,
Das si von dir nit werden gewant.
Herr, gib in weißheit in iren reten,
Das si das pöß auß dem guten jeten.
Herr, gib in demut in irem gewalt,
Das itlicher sein sele behalt,
Und gib in lankleben in diser zeit,
Damit wirt leib und sel gefreit.
Gib in auch gedult in irem leiden,
Das si die siben totsündt vermeiden.
Herr, gib in reü in irer missetat,
Wann die sundt ire sel gemailigt hat.
Herr, gib in, das du selber pist,
Damit man ewigclich genist
Deinen heiligen leichnam an irem endt,
Das heilig sacrament auß pristers hent.
So ir leben auß sei an der zal,
So belait si auß disem jamertal
Zu dir in dein ewige behüt.
So hat gedicht Hans Rosenplüt.

Nach dem Text: Gedruckt zu Bamberg hinter der / pfarr sant Mertein Volendt am pfingstabent.

22 Das Lied von den Türken

I Man sagt, die Turken sind awßgeflogen. [182v]
Herr der adler, wartt, das ir nicht werdt betrogen,
Sie konnen vedern zeisen.
Es haben sich zu im geselt
Die zeislein und die meisen.

II Die Turken sind in Krichen worden fluck.
Her adler, got geb euch heil und gluck,
Last wachßen ewer flugel!
Das pfert, das lest sein lecken sein,
Begreift man es bei dem zugel.

III Die Turken haben gesammet einen hawfen
Und wollen großer vogel zwen beraufen.
Herr adler, seit weise!
Der koch ist wol strafens wert,
Verselzet er die speise.

IV Wenn sie dieselben vogel bloß beraufen,
Die plattengeier und die ungetauften,
So wurden sie euch dann ropfen.
Das bier empfeht kein bittern nicht,
Biß es begreift den hopfen.

V Herr der adler, last euch die ewlen leren:
Wann das die Turken ir zegel reren,
So sult ir sie aufclawben.
Der valk, der ringet auf der hant,
Siht er, das man in wil hawben.

Überlieferung: D 182v–186r, L 57v–60r
Überschriften: Von den Turcken *D*

1 Turken] jecken *L*. **2** der *fehlt L*. **6** D. jecken s. am reinstarm *L*. **10** Wegrewf *L*. **11** Turken] jecken *L*. **18** S. werd es dan beropffen *L*. **19** pier das e. k. piter *L*. **20** B. man jm geit d. *L*. **21** der *fehlt L*. **22** Turken] jecken *L*; reren] verben *L*. **25** man wil hawen *L*.

VI Der slegel sol mit recht den stockvisch plewen, [183r]
Das vihe den krumen stab nimmer wil schewen.
Nu helft den hirten huten,
Herr adler, das er dem vih
Geweren muge sein wuten.

VII Herr adler, ir sult so lang nicht sweigen.
Ir harzet vor den bogen, wolt ir geigen.
Es hilft nicht, das man fluchet.
Das kint, das furcht der gerten nicht,
Biß sie sein ars versuchet.

VIII Die pfaffen pinten mit den guldein reifen.
Das hilfet nicht, wie eben sie einkneifen.
Ir knotten sich auftrifeln.
Das öl, das stilt mit senftigkeit
Die sewern awß den zwifeln.

IX Herr adler, das peispil ir vernempt,
Das niemant mer sich regelprechens schempt.
Das hat die werlt vergiftet.
Die loica machet, das das kupfer
Nach goldes adel stiftet.

X Seint das der frewnt verraten muß den vetern,
Seit sicht man das krawt piß auf den dorsen pletern.
Her adler, das went!
Thut ir das nicht, ir wert darumb
Am jungsten tag gepfent.

XI Nu hort, was die Turken hat aufgeweckt,
Das sie vil junger haben awßgeheckt:
Die großen plattengeier.
Herr adler, die spotten ewer
Und auch die canzelschreier.

27 st. wil nimmer sch. *L.* **31** so] aß *L.* **32** Jr horet wol d. *L.* **34** das[2] *fehlt L.* **36** dem *L.* **37** nicht] nimmer *L.* **40** dem *L*; zwifel *D.* **42** regels prechs *L.* **43** Des h. *L.* **44** Der pfenning m. *L.* **46–50** *fehlt D.* **51** d. jecken haben a. *L.* **55** die] der *L*; c. schreiber *L.*

XII Die Turken haben in das furgenomen, [183v]
Und solten sie nimmer hin heim kumen
Und nimmer sanft geslafen:
Sie wollen den beschoren kitel
Umb sein hoffart strafen.

XIII Zwei snebelte holzer haben nimmer schawer,
Des hat vor in gluck ein gute mawer.
Herr adeler, gluck hinrinnet
Als lang, biß das snebelt holz
Den frid und schawer gewinnet.

XIV Seint das der geier die meisen wolt beschatzen,
Seint vorcht die mawse nimmer die katzen.
Herr adler, nicht slafet!
Die loica machet, das das plei
Das golt und silber strafet,

XV Sind das die gelben vogel wurden singen,
Die manchen so sußlich dunken clingen,
Der durich sie wirt geadelt.
Der hunt, der peist des mans nicht,
So er den zagel wedelt.

XVI Seint das Luna Saturnus smeh zuwechelt,
Und sein doch peide awß einem flachs gehechelt,
Venus der sunnen spottet;
Mercurius, Mars und Jupiter
Dasselbig cantum rottet.

XVII Seint man der jungkfrawen veinde warde [ ] hegen, [184r]
Da zugen die Turken zu nest und wurden sich regen.

56 Turken] jecken *L*; ym *L*. **57** solt es n. heimhin *L*. **59** wolten *L*. **61:62** schawre : maure *L*. **62** h. geluck vor jm e. dicke m. *L*. **64** das das s. *L*. **65** D. schawer vnd frid *L*. **67** mawß sich nimmer vor der k. *L*. **69** machet] nicht *L*. **70** strafet] troffet *L*. **71** Seit *L*. **72** so] also *L*. **73** Dar d. s. wurden geedelt *L*. **74** nicht] nimer *L*. **75** Wen er *L*. **76–80** *fehlt L*. **81** warde heyen (wirt heigen *L*) vnd hegen *DL*. **82** Turken] jecken *L*.

Herr adler, exponiret,
Wie das der pfennig kein veisten hat
Und doch die zungen smiret.

XVIII Herr adler, seint ir darnach nicht stellet,
Das ir den aufgerichten stein umbfellet,
Seint habt ir gluckes mangel.
Die pin, die honiget mit dem munde
Und giftet mit dem angel.

XIX Da eins und vier, drei und eins man setzet,
Da wurde der adler von der ewlen geletzet
Und treib in auf ein ecke.
Die slege machen, das der esel
Tregt gar swere secke.

XX Seint das der valk geflogen hat den reigel,
Do zoge gluckes wirt ein seinen zeigel.
Da die meisen nimmer tochten
Zu andern vogeln, seint hat der pawer
Dem ritter gleich gevochten.

XXI Seint sich der strawß die zeißlein ließ jagen,
Seint wolt kein eisen dewen sein magen.
Nu rat, wie ich das meine:
Der slifstein geit den waffen sneiden
Und hat doch selber keine.

XXII Herr adler, ich swer bei meiner ere: [184v]
Ir bedorft wol guter witz und weiser lere.
Herr adler, secht euch umbe!
Und pricht dem schimpf der boden awß,
So wirt ein groß getumme.

91 Das e. *D*; vier vnd dr. *L*; man] nün *D*. **92** wart *L*. **93** trib jm *L*. **94** schleg dy m. *L*. **95** gar *fehlt L*. **96.97** *fehlt L*. **100** gevochten] geflogen *L*. **101.102** *fehlt L*. **107** Jr dorst w. *L*; Jch *D*; . **108–143** *fehlt L*.

XXIII Herr adler, wolt ir das loch verstoßen,
So sult ir euch [ ] an die gabeln laßen.
Wolt ir die gabeln vertreiben:
Der gleisner trostet sich vier fueß,
Der sporloß fuß muß bleiben.

XXIV Herr adler, wenn ewer kron wirt furen
Einen pesen, ein swert, so wirt euch gluck anruren,
Und hinden daran ein hobel.
Furt ir die drei, so uberadelt
Ewer hasenpalk den zobel.

XXV Der pfennig, der tregt nu den munzer veil,
Des hangt das recht an einem pestein seil.
Troianus unrecht hasset;
Des hat in ein zirkel in der helle
In den ewigen frid gefasset.

XXVI Drei dingk, die wollen wider got sich vieren,
Sophisticus kunt ir specificiren
Und radicem darawß suchen.
An hadern vindt man weißheit vil
Zu stupfeln in allen puchen.

XXVII Wer nicht weiß, das fewer in wasser erlischet, [185r]
De*s* spottet nicht, ob er auf bawmen drischet.
Wer diese ding awßleget,
Das ist naturlich, das der greif
Den kefer ubermeget.

XXVIII Die manheit von den rittern ist geflogen,
Die zucht, die hat sich von frawen gezogen,
Keuscheit von jungkfrawen flewhet,
Die warheit ist worden krump,
Die gerechtigkeit sich pewget.

112 euch nicht an *D.* **132** Der *D.* **135** vber megelt *D.* **139** krumpt *D.*

XXIX Die demut ser von den gelerten weichet,
Die messigkeit von den geistlichen sleichet,
Gedult weicht von den armen.
Herr adler, plicket in die sunnen,
Last euch die flucht erbarmen!

XXX Den fried, den sicht man von den fursten weichen,
Gnugsamkeit [ ] wont nimmer bei den reichen,
Wann niemant kan vol werden.
Die schawfeln settigen alle menschen
Und geben doch nichts dann erden.

XXXI Die gotlich lieb ist als der sne zuergangen,
Fur got lobet man die weißen spangen,
Der glawb hat sich zudrumet,
Der En*t*crist hat nicht rechten sin,
Das er nicht ietzundt kumet.

XXXII Des hochsten kunigs ere man nimmer suchet. [185v]
Des ward Nabuchodon*o*zor verfluchet,
Das er in hoffart *gischet*.
Der halm geit des ko*r*ns nicht,
Biß in der flegel drischet.

XXXIII Die trew, die wonet nimmer bei den hochsten,
Der reichtum wil die armut nimmer trosten,
Niemant heilt die wunden,
Got slahe dann mit seinem slegel darein
Und erzeig sein macht hie unden.

XXXIV Seint man die poßheit cleiden ward mit golde,
Seint gab der tewfel gift der werlt zu solde.

146 den[3]] dem *L.* **147** Gn. sicht w. *D*; dem *L.* **148** vol kan *L.* **149** stettigen *L.* **152** *fehlt L.* **154** encrist *D*, entenkrist *L.* **156–160** *fehlt L.* **157** nabuchodonzor *D.* **158** gischet] schiffet *D.* **159** kons *D.* **161** die[2] *fehlt L*; dem *L.* **162** reichtung *L*; armut] armen *L.* **164** seinem] dein *L.* **165** zeig *L*; macht *fehlt L.* **166** cleiden] leiden *L.*

Gluck sich nimmer meret,
Biß man gecleidte [ ] boßheit smeht
Und nacket frumkeit eret.

XXXV Herr der adler, wolt ir die starn morden,
Und doch nie getreten haben awß irem orden?
Des hat sie got behutet
Vor euch und allen andern vogeln,
Wie sere ir nach in wutet.

XXXVI Herr der adler, wie hat euch das golt geweichet,
Das ir weiß und gel so ser habt gepleichet.
Die gabeln an den hochsten,
Der durfen sich die starn und
Die meisen nimmer trosten.

XXXVII Herr adler, got geit euch ewer amet. [186r]
Der star, der ist der vogel, der sich samet
Und flewgt mit großem hawfen.
Der valk, der redt euch nicht mit trewen,
Das ir sie sult beraufen.

XXXVIII Herr adler, wert ir zuprechen die gabeln,
Wenn ir dann in todes garn wert zabeln,
So wirt es euch dann rewen.
Der hellisch veindt haspelts ab
Und windt es auf ein clewen.

XXXIX Herr adler, ewern tittel ir krenkt,
Wenn ir euch nach der starn tode gedenkt.
Ewer gerade ere wirt hinken.

169 gecleyt die b. *D*. **171** H. adler jr wolt dy schar m. *L*. **172** V. haben nie gedreten auß *L*. **173** sie] sich *L*. **174** vnd vor a. *L*. **175** ser noch jn jn w. *L*. **176** der *fehlt L*; euch got gew. *L*. **177** jr habt gel vnd weis so ser g. *L*. **178** g. jn dem h. *L*. **179** Do dorften *L*. **184** mit *fehlt L*. **186** adler vnd w. *L*. **187** garn] gabeln *L*. **188** *fehlt L*. **189** v. der h. ab *L*; haspelt *D*. **190** clewen] knewlein *L*. **191** ewer titulum jr krenck *L*. **192** euch] hie *L*.

Darius der kunig must dorumb
In menschenplut ertrinken.

XL Wann eins und vier, funf und newn man setzet,
So wirt der sensen ir scharten awßgewetzet.
Das spricht Hans Rosenplut.
Herr adler, bestellet eben,
Das man wol zuhut!

194 Cirius *L.* **196** vier vnd f. vnd vier m. *L.* **197** senson dy sch. *L.* **198** Rosenpluet *L.* **200** zw hwt / Hans Rosenplwt den man / Andres nenet hans schneper *L*; zu hute *D*.

23 Auf Herzog Ludwig von Bayern

Eins tags spacirt ich in einer fruen, [122r]
Ee das die sunne wurde furher gluen,
Die durich die morgenrot aufgleißet,
Wenn durich die himel pla herweißet
Des tages aufgangk mit seinem glenstern.
Der tag, der offent mir sein venster,
Das ich ein hochs gepirg erplickt.
Ein zwischen die perg ich mich da schickt,
Da mir manig hoher felß gab schatten,
Das mir zu kulung kam zustaten.
   Da sleich ich furbaß in den pergen.
Die allerwunderschonsten twergen
Erplickt ich da vor einem hol,
Das es tet meinem herzen so wol.
Ich meint, ich sehe von himel ein engel.
In mir slug an der frewden swengel,
Das alles mein trawern awß mir weich.
Dar zu der schonen ich nahent sleich.
Sie fragt mich palde, von wann ich kom,
Wann sie gar fremde und wunder nam,
Was ich in dieser wiltnuße tett,
Und sprach: »wenn ich dein willen hett,
Das du mir sagest, von wann du komst,
Und das du dich vor mir nicht schemst;
Desselben mich gar wol von dir gelangt.«
Die schon so slechtlich gein mir brangt,
Das ich ermant und wart sie entscheiden [122v]
Und sprach: »wolt euch mein wort nicht leiden,
Ir schone, ich bin kein ungehewer
Und bin ein fremder abentewrer
Zu fursten, zu herren, zu kunigen und zu keisern
Und bin irer wappen ein nachreiser,
Nach ad*el*s ere zu plasaniren

Überlieferung: *D 122r–126r;* *Überschrift:* Von Hertzog Ludwig von Beyren
33 adels] adams.

Und auch ir varb zu difidiren
Und such an iren hofen mein narung.«
  Sie sprach: »geselle, nu hab kein sparung
Und sag mir, ob ein furst noch leb,
Und der nach dreien dingen streb:
Das erst, das er nach ritterschaft
Sein selbs leib ube nach seiner manskraft;
Das ander, das er nach adels ere
Stelle, hetz und jag mit weiser lere;
Das dritt, das er mit schilt und spere
Turnir und stech mit großer gere
Umb frawen willen. weist du der einen,
So solt du in mit trewen meinen
Und plaßanir seines schildes varbung.«
Ich sprach zu ir: »ich hab kein darbung.
Ich hab durichsucht drew In*d*ian,
Der hochmechtig priester Johan
Und auch der groß ka*n* von Kathei
Und das kunigreich von Barbarei
Und das keiserthum von Trebisund; [123r]
Bei den allen ich keinen vinden kund,
Als ir mir ein habt vorgemelt.
Nu vorscht ich furbas in die werlt
Und sucht in eitel kunigreich hin:
In Granaten und in Pelmerin,
Zu Allageier bei dem kunig Soldan,
In Hispania und in Arigan
Und in Applas und in Cecilia.
Zu westen sucht ich uberal
In Frankreich und in Engellandt,
Noch wurd mir kein sollicher bekant
Und hab nie keinen bei in erforscht,
Davon ich frolich reden torst.
  Da sucht ich furbas in teutsche landt,
Dorinnen ich einen fursten vandt,
Des gleichen ich kawm lebendig weiß

51 kam. **53:54** trebisunda : kunda.

Auf aller weiten erden kreiß
Von orient biß zum nidergang.
Den fursten hab ich gesuchet lang,
Biß ich in doch gefunden hab.«
Die twergin sprach: »nu laße nicht ab
Und sag mir, wer ist der von gepurt,
Und wat nicht awß der warheit furt.
Das ist mir ein sueße clingende seit,
Wo man der fursten ere awßpreit.«
Ich sprach: »fraw, aller eren plum, [123v]
Er ist des hochsten furstenthum
Von Beiern ein herzog hochgeborn
Und drischt wol awß der eren korn:
Herzog Ludwig heist sein nam.
Kein persefangk so weit nie kam,
Das er des fursten g⟨leic⟩hen funde.
Mit warheit ich da⟨s⟩ von im kunde,
Wann er ist mildt u⟨nd⟩ tugentleich,
Das er Hector von Troia ist gleich
Mit manheit und mit heldes *m*ut.
Was man durich eren willen tut,
Das hort er williglich und gern.
Sein wappen wil ich euch nu erclern:
Sein schilt empfing nie mackel noch mail;
Der stet gehalbirt in zwei teil,
Halb weiß, halb pla, schon gerawtirt
Und in einundzweinzig teil gedifidirt.
Auch sicht man auf seinem helm sitzen,
So leblich als man mocht malen und snitzen,
Zwischen zweien flugeln einen gelben leon
Mit roter zungen, sam er wolle geon.
Den furt der edel furst so here
Mit rechter adelicher ere
So gar mit hochen eren rum
Zu Beiernlandt, dem herzogthum.
Der furst von Beiern empfing nie untat.

89 mut] hut.

Wo man das rechte gebotten hat,
So ist er allwegen bei dem rechten blieben
Und hat keinen man nie hocher getriben,
Es sei furst, graf, herre, frei, ritter oder knecht. [124r]
Kaufman oder bawern, den warde er gerecht;
Wie mocht ich dann seinen titulum nidern!
Seiner eren polz wil ich recht vidern:
Sein ja, das warde nie nein gefunden;
Wes er sich mit worten hette verpunden,
Die knotten wurden nie aufgelost;
Seiner eren tumpfel würdt nimmer lere awßgeost.
Des hab immer dank das hochgeborn blut,
Herzog Ludwig von ⟨La⟩ndshut.
Der hat einen sollichen krig gefurt,
Den kein man nie im herzen spurt.
Der ist zu velde gelegen newnzig tag;
Noch hat man nie gehort die clag,
Das er keinem bawern sein hawse noch schewern
Nie ab hieß sengen noch fewern,
Und was man pawern gefangen bracht,
Kein andere schatzung er da erdacht,
Dann das er sie da eßen ließ
Und sie alle wider heimhin hieß,
Ir ecker pawen, ir wiesen meen;
Kein ander leit ließ er in geschehen.
Damit er und auch alle sein rete
Gewunnen haben das gemein gepete.
  Zwen heilig stifte hetten verlorn
Vil gerechtigkeit genaw abgeschorn,
Das hat der furst in wider helfen suchen;
Als geschriben stet in iren alten puchen,
Das musten sie lang an laßen sten, [124v]
Bamberg und Wirzpurg, hocher stift zwen,
Das hat in der furste wider helfen vinden;
Des haben ere seines kinds kinden.«
  Immer wesender und ewiger bleiber
Und aller ubel ein hintreiber
Und hergeber aller seligkeit,

Dank, lob und ere sei dir geseit,
Das du das groß u⟨bel⟩ hast hingeflost;
Des sei dein nam g⟨e⟩hocht und gegrost.
Den alle engel dort ewiglich loben,
Gib lone allen den, die nach haben geschoben
Und diesen krieg haben gemacht slecht,
Er sei furst, graf, ritter oder knecht,
Und dem hochwurdigen bischof und cardinal
Von Awgspurg, der wol get an der zal,
Und die ersamen weisen von Nurmberg,
Die haben geerbeit ein gottlichs wergk.
Ir fridmachen mer seligkeit antrifft,
Dann hetten sie newn closter gestift.
Und der hochgeborn marggraf Albrecht,
Der ließ den krieg auch machen slecht.
Der hat die frumen sich laßen weisen,
Den muße got mit seinen gnaden speisen
Und gebe im dort die ewigen ru
Und sließ im furbaß sein herz zu,
Das aller sein zorn dorinn erlesch
Und furbaß keinen zorn seinen veinden awßdresch.
Dann got, der weiß, were do recht oder unrecht hat; [125r]
Demselben kein herz versloßen stat.
Were unrecht hat und lest sich weisen,
Derselbe ist vil hocher zu preißen
Dann alle sein gerecht widerteile.
Die sele empfecht kein großer heile,
Dann were seinen bosen eigen willen pricht;
Derselbe leit ob dort an dem jungsten gericht.
Und der hochgeborn herzog Wilhelm von Sachßen,
Dem adel und ere i⟨st⟩ zugewachßen,
Der hat die sach wei⟨s⟩elich besunnen
Und hat auch an dem rocken gespunnen
Und getreulich geerbeit zu fride mit raten,
Das der groß zorn mitten voneinander warde geschroten
Und auch das mordisch wetter warde gestillet.
Herre, mit deinem sterben i*n* das vergilt,

180 jm.

Wenn sie an irer letzten rechenung liegen,
Da alles bose und gut bleibt unverswigen.
Und auch der hochwirdig bischove von Franken
Von Wirzpurg, demselben alle arme lewt danken,
Das er bei got dort ewiglich bleib.
Der ist da gewesen mit sein selbs leib
Und hat den fride auch bracht zuwegen.
Got spreng auf in seiner gnaden regen
Und helf im zu seinen letzten zeiten
Wider alle hellische fursten streiten.
Wann were fride macht hie in dieser zeit,
Dorumb im got dort den ewigen lon geit.
Die richtigung geschahe am mantag [125v]
Dort vor sand Johanns tag
Im sechzigisten jare nach vierzehenhundert;
Da hab ich das getícht new awßgesundert.
Mein got, mein herre, mein williger sterber,
Halt auf die hellischen valken und sperber,
Die allen selen nachsweimen und schißen.
Teil mit dein unschuldigs plutvergießen
Und laße die armen zu gnaden kumen,
Die in der reise haben schaden genumen
One rewe, one peicht und one alle puß.
Laß auf sie regen deiner gnaden guß,
Herr, durich dein sterben, das du tetst,
Des du noch nie verschuldet hetst.
Herre, gib gewalt und gut gericht
Den fursten hie in meinem geticht.
Gib in ein concluß in allen iren dingen,
Das ein ieder te deum laudamus werde singen.
Herre, gib in sterk als dem Sampson,
Gib in gehorsam als dem Abraham,
Gib in andacht als Jeromias,
Gib in langkleben als Esechias,
Gib in manheit als dem Gedeon,
Gib in reichtum als dem Salomon,
Gib in zucht als dem keiser Otten.
Herr, schicke in warnung als dem Lotten,

Der vor dem großen zorn empflohe
In der Sodomitten niderlage.
Gib in den glauben als Azanaias, [126r]
Herr, gib in ein ee als Zacharias,
Gib in ein alter als dem Noe,
Gib in weißheit als dem Daniel,
Das iglicher sein landt und lewt regir
Als herzog Gottfridt von Pelgir.
Gib in ein gedechtnuß als kunig Eckhart,
Das sie nicht vallen in solliche hoffart,
Als geschahe Nabuchodonozor.
Gib in abpieten als der Estor,
Gib in obliegen als der Judit,
Gib in rew als dem kunig Davit,
Gib in angesigen als der Susannen,
Das sie bestenen vor den zwelf mannen,
Davor man spricht das letzt urteil.
Mach sie von allen iren sunden heil
Und behut sie dort vor ewigen sochen.
Ob sie dein gepot ie haben gebrochen,
So laße dein blut, das du vergost,
Dich weichen, das du *sie* varen last.
Laße sie deines unschuldigen sterbens genießen
Und aller mertrer blutvergießen
Und gib dich in an irem ende
Zu speise awß des priesters hende,
Damit man ewiglichen dort genist;
Des pit ich dich, herr Jhesu Crist,
Durich alle dein vetterlich gut.
So hat geticht Snepperer Hans Rosenplut.

230 Estor *nach gestr.* Hector.

24 Der Bauernkalender

I Der lieb herr sand Mathias, [132r]
Der sleüst uns auf die tur
Und lest uns den sumer herein
Und sucht den pflug herfur.
So sicht man dann, das aller vogel
Trawern gar zuergat.
Die hennen werden jatzen ser,
Das macht die habersat.

II Der lieb herr sand Jorge
Bringt uns den meien,
Und das die frawen mit den mannen
In die gerten reien
Und gen mit in spaciren dann
Drei tag nach ostern hinawß
Und tanzen nach der katzen gesangk,
Die singt in vor rew awß.

III Die lieb fraw sand Walpurg,
Die bringt uns newe mer,
Die fullet uns das weinhawß wider
Und macht die kirchen ler
Und slewst uns auf das alte slupfloch
An heimlicher stat
Und bringt uns dann den wurfel wider
Und auch das kartenplat.

Überlieferung: D 132r–135r, F 413v–416v [V. 1–123]
Überschriften: Ein vaßnachtlyet der Collender / Zu Nurmberg genant *D*, Das lidlein von den heiligen / Der pauren Colender *F*

Die Verse sind in D nicht abgesetzt, sondern fortlaufend geschrieben, doch ist das Reimende jeweils durch einen Schrägstrich markiert. **1** matheis *F.* **3** herein] ein *F.* **4** sucht vns d. *F.* **10** Der bringt *F.* **17** fraw] heilig *F.* **22** An mancher h. *F.* **23** dann *fehlt F.*

IV Der lieb herr sand Veite, [132v]
Der macht uns tanzen und springen.
So wir die pfeifen und die lawten
Vor uns horen clingen,
So tritt hoffart wider in iren dienst
Mit manichem hubschen cleit.
Ein jungkfraw, die muß urlawb haben,
Die heist diemutigkeit.

V Der liebe herr sand Johannes
Macht uns die kerßen rot.
So hebt sich unser naschmarkt an,
Die sunne am hochsten gat.
Manig walfart wirt dann awßgericht
Und hinder got bezalt
Mit sweren secken und vollen flaschen
An manigen brunnen kalt.

VI Der lieb herr sand Jacob,
Der fullet uns die schewern,
Doch wollen uns die wucherer
Das korn ie vertewern.
Sie kaufen es umb die pawern ein
Und schuten die kasten vol
Und geben es nicht herwider awß,
Man bezal in es dann gar wol.

VII Der lieb herr sand Oswalt, [133r]
Der pringt uns zeitig gens.
So such wir dann ein cleit herfur
Mit zotten und gefrenß.
Das legt dann jungkherr Conradt an
Und springt hin an den tanz
Und gumpet hinden und voren auf,
Biß er verdient ein kranz.

27 Wenn die pf. *F.* **29** Do *F.* **31** die *fehlt F*; muß dann vrl. *F.* **32** die demutikeit *F.* **34** Der macht die *F.* **35** So geet dann vnnser *F.* **39** secken und vollen *fehlt F.* **40** Zu manchem *F.* **43** Noch *F.* **47** awß] ab *F.* **48** bezal] gellt *F.* **51** So sucht man d. *F.* **52** vnd mit gefr. *F.* **53** dann *fehlt F.* **54** springt] dritt *F.*

VIII Der lieb herr sand Bartholmes,
Der pringt uns opfel und biern;
Die smecken in der kachel wol
Und sterken uns das hirn.
Darnach mußen die pawern awß
Und hoch auf die bawme steigen;
Die päwerin machen hutzeln darawß,
Das sein ir vastenveigen.

IX Der lieb herr sand Gilge,
Der pringt uns newes bier.
So kumpt denn jungkfraw pfladergewt
Mit irer glaten smir
Und macht uns geng das unter loch
Und auch des magen tur:
Wenn wir ein furtzlein wollen tun,
So vert es gar herfur.

X Der lieb herr sand Matheus, [133v]
Der pringt uns zeitig trewbel.
So legen wir dann die schawphüt hin
Und suchen die rawhen hewbel
Und suchen auch den sumer
Bei dem ofen auf der pank.
Bei dem wein ist uns die weil gar kurz
Und in der kirchen langk.

XI Der lieb herr sand Michel,
Der pringt uns newen wein;
Dabei da wolt ich diesen winter
Gern frolich sein.
So hat man in so sawer gemacht,
Vor jaren smeckt er wol,

61 Die paurn mußen nach jn aus *F.* **62** Vnd auf die paum hoch st. *F.* **63** päwerin] paurn *F.* **71** ein scheislein laßen wöllen *F.* **74** vns weiche trauben *F.* **76** hewbel] hauben *F.* **77** auch] dann *F.* **79** Zum wein *F.* **83** Dapei so w. wir in dem w. *F.*

Ee das in versalzet gar
Das ungelt und der zol.

XII Der lieb herr sand Gallus,
Der pringt uns kraut und ruben.
So scherren denn die alten weib
Und veisten die jungen puben.
Die pawern haben ein guten glauben
An ein rubenpiß:
So oft ir einer peist darein,
Als dick lest er ein schiß.

XIII Der lieb herr sand Mertein, [134r]
Der fullet uns die vaß,
Das wir alle diesen winter
Trinken desterpaß.
So kaufen in die wirt ein
Und geben in nicht herfur,
Es lige in dann ein großer reif
Des morgens fur der tur.

XIV So legt er an seinen rawhen rock
Und tritt herawß fur sein hawß
Und spricht zu seinem knechte dann:
»Nu recke die stangen hinawß
Und stich uns an ein sawres vaß
Und schrei es awß umb siben.
Der wein ist heint erfroren ser
Und ist kawm halber plieben.«

XV Der lieb herre sand Niclas,
Der heilig himelfurst,
Der totet uns die veisten swein.

87 in hett versalczen *F.* **88** vnd auch d. *F.* **93** ein *fehlt F.* **95** Als dick als er p. *F.* **96** dick] oft *F.* **99** Vnd das wir in dem w. *F.* **100** All wol tr. *F.* **106** herawß] aus *F.* **107** dann] da *F.* **108** hinawß] aus *F.* **110** es] mirs *F.* **111** heint gar ser erf. *F.* **112** kawm] nit *F.*

Dorinnen so vind wir wurst
Und auch die großen braten swer,
Die kumen von der cleien
Und auch von manichem pawernei,
Das legen sie in die reihen.

XVI Der lieb herr sand Thomas, [134v]
Der pringt uns snee und eiß.
So laufen wir dann in das weinhawß palde
Und gen gein kirchen leiß.
So hebt sich dann ein großer streit
Mit schramen und mit schroten.
Ernider liegen weck und wurst,
Darzu die veisten praten.

XVII Die lieb heilig weihennacht,
Die pringt uns große weck.
So ledt dann Heinz den Conzen heim
Und fullen ire wampenseck
Und suchen einen winkelwirt,
Der slecht auf sein gezelt.
Darunter singen sie laudes-metten
Und spilen umb das opfergelt.

XVIII Die lieben heiligen drei kunig,
Die machen die dienstmeid geil.
Sie gumpen hinten und voren auf
Und piten sich selber veil.
Ir fleisch, das woll verderben gar,
Es sei sere awß der frist.
Man solle sie henken an einen nagel,
Der selber gewachßen ist.

XIX Die lieb heilig vaßnnacht, [135r]
Die macht uns vil der narren.

116 so] da *F.* **118** Vnd das kummt von den cl. *F.* **123** wir zu dem w. *F.*
124–152 *fehlt F [Blattausriß am Ende der Hs.].*

So wirt dann Heinz und Conz und Metz
Beieinander beharren.
So gibt der Heinz der Metzen ein smutz,
Das ist in beiden eben.
Damit erwirbet sie ein wurst
In iren rawhen kreben.

25 Lerche und Nachtigall

I Die lerch und auch die nachtigal, [135r]
Die treiben groß geschrei.
Das peste gesangk, das ich da weiß,
Das heist gacack ein ei,
Und das die hennen singen in der schewern
Und in dem hawß.
So steigt die pewerin zu dem nest
Und nimpt die eier auß.

II Man lobet uns den chorgesank,
Der ist hubsch und clug.
Dafur lob ich den pawern singen
Hinten an dem pflug.
Der singt zwo hin und far frolich daran,
Die zeit, die get daher,
Der habern ist gar dahin,
Der kornkast ist ler.

III Man lobet uns der seiten clang, [135v]
Die also sueßlich clingen.
Dafur lob ich das schafgeschrei,
Wenn sie die lemmer pringen.
Geleben wir umb die herbstzeit hin
Ein weile vor dem lese,
So geben sie uns die wollen weiß
Und die veisten keß.

IV Gackack ein ei und schafgeschrei:
Dem gesang, dem sullen wir neigen.
So macht man awß den schafdermen
Die seiten auf die geigen
Und sneit awß iren hewten

Überlieferung: D 135r–135v; ohne Überschrift. Die Verse sind nicht abgesetzt, sondern fortlaufend geschrieben, doch ist das Reimende jeweils durch einen Schrägstrich markiert.

Uns die nestelzehe.
Der schefer pfeifet vor,
So singen sie darein plee.

V Der dieses liedlein hat geticht,
Das uns die warheit geit,
Der trinkt vil lieber wein dann wasser,
Und hetts der pabst geweiht.
Hans Snepperer ist er genant,
Ein halber biderbman.
Der in einen großen swatzer heist,
Der tut kein sunde daran.

Anhang

I. Kommentar

1 Der König im Bad

Die Überlieferung dieser Verserzählung ist insgesamt relativ einhellig. Nur D und B haben den vollständigen Text. D und Druck w zeigen enge stemmatische Verbindungen, wobei der Druck wie eine freie Bearbeitung einer gemeinsamen Vorlage wirkt. F und R gehen recht eigenwillig mit dem Text um, L hat einen großen Teil der Erzählung ausgelassen und den Text der Vorlage oft fehlerhaft abgeschrieben.

Das Gedicht stellt eine kürzende Bearbeitung der Pseudo-Strickerschen Erzählung vom hoffärtigen und gedemütigten Herrscher dar; eine bestimmte Vorlage ist jedoch nicht auszumachen (vgl. H.-J.Müller, Überlieferungs- und Wirkungsgeschichte der Pseudo-Strickerschen Erzählung 'Der König im Bade'. Untersuchungen und Texte. Berlin 1983).

27ff. Lk 1,52.
40 *bettpuch* 'Gebetbuch'.
69 *gelte* 'Gefäß, Kübel'.
70 *remen* 'zielen'.
80 *schefflein* 'Kübel, Bottich'.
91 *verheien* 'schänden, entehren'.
122 *letzen* 'verletzen'.
123 *weger* 'besser, vorteilhafter'.
130 *priester*: hier Gen. Sg.; in D fehlt bei diesem Wort öfter das Genetiv-s.
137 *drum* 'Ende, Endstück'.
142 Vorstellung vom Mund als Pforte für die im Tode entweichende Seele (vgl. Hdwb.d.dt.Aberglaubens VI,624; Dt.Wb. XII,2680f.).

2a Die Kaiserin zu Rom A

In der Überlieferung zeigen sich allenthalben Tendenzen zur Textvariation: F ist eine kluge, überlegte Bearbeitung und hängt mit P, einer noch freieren Bearbeitung der gleichen Vorlage, stemmatisch eng zusammen. R geht oft ganz eigene Wege, während L den Text durch exorbitante Abschreib- und Verständnisfehler entstellt. Die Drucke schließen sich teilweise an R, im weiteren an F-P an, stellen aber eine eigene Überarbeitung dar. Der Wagnersche Druck (q) übernimmt wörtlich den Text von Reyser (p) und bringt noch einige Lesefehler mit hinein, so z.B. *Schepper* statt Schnepper in der Signaturzeile.

Rosenplüts Version des Crescentia-Stoffs stellt eine der im Spätmittelalter häufigen Kurzfassungen der romanhaften Legende dar. Die Beliebtheit der Erzählung läßt sich an der ungewöhnlichen Breite der Überlieferung und an der Wirkung bis in den niederdeutschen Bereich hinein ablesen (vgl.Fassung B).

14ff. bezieht sich auf die in Rom entstandene und im Mittelalter weit verbreitete Sage, die Tiburtinische Sibylle habe Kaiser Augustus (Octavian) die Geburt Christi geweissagt, indem sie ihm Maria mit dem Kind am Himmel zeigte (vgl. E.Sackur, Sibyllinische Texte und Forschungen. Halle 1898).

17 *gibel* 'Gipfel, Höhepunkt'.

29 *angeltugent* 'Kardinaltugend'.

30 *verritzen* 'ritzen, verletzen'.

40 *reiser* = *reister* 'Verwalter, Repräsentant, Lenker'.

50 *gesweie* = *geswige* 'Schwägerin'.

58 *verkiesen* 'aufgeben, vergessen'.

67 *angel* = *ange* 'eng, dicht anschließend'; hier: 'zudringlich'.

75 Gemeint ist die Engelsburg.

81 *zielen* 'jem. (an einen Ort) bestellen'.

85 *zil* 'Termin'.

99 *aufwegen* 'sich in Bewegung setzen'.

109 *velletin* Nf. zu mhd. *valentin* 'Teufelin, teuflisches Weib', Bildung evtl. unter Einfluß der obd. Umbildung des Vornamens *Valentin* zu *Veltin*.

116 *geregen* 'sich über jem. erheben, emporragen'.

131 *zutrennen* 'zerreißen'.
137 *druckent* 'trocknet'.
171 *abplaten* 'pflücken'.
187ff. Mit der *stat* ist das himmlische Jerusalem gemeint, vgl. Offb 21,10ff.
192ff. Grundlage des oft in Mariendichtungen verwendeten Edelsteinkataloges ist Offb 21,19ff.
192 *carbunkel* ist die ursprüngliche Form von 'Karfunkel' (lat. *carbunculus*).
194 *adamas* 'Diamant'.
197 *topasius* 'Topas'; *apestan* = *abeston* 'Asbeststein'.
198 *crisolitus* 'Chrysolith'.
199 *calcedonius* 'Achat'.
200 *jacinctus* 'Hyazinth'.
201 *augstain* 'Bernstein'.
202 *jochant* 'Jachant'.
203 *margarithe* 'Perle'.
206 *beschawern* zu *schauer* 'Hagel(schlag)'.
213 *retten* = *reden* 'sieben'.
218 *durichschaften* = *durichschaffen* 'durchdringen, durchführen'.
269ff. Stücke zu Dan 1,7ff.
272 *ubermegenen* 'an Stärke übertreffen'.
274ff. Jud 13,1ff.
278f. Jos 10,12f.
279 *heben* 'anhalten, aufhalten'.
280 Dan 6,17ff.
290 *clauber* 'Kralle, Klaue'; der Plural *claubern* hat die Nebenbedeutung 'Hände in feindlichem Sinne'.
299 *kocke* 'Kogge'.
311 *kram* 'ausgespanntes Zeltdach, Ware'; gemeint ist, daß die Kaiserin inmitten der Schiffsladung Platz nimmt.
316 *meinigen* zu *meinunge* 'Sinn, freundliche Gesinnung, Liebe'.
320 *plagen* 'heimsuchen, strafen, züchtigen'.
335 *meren* 'unterrichten'.
341 *vermissen* 'für nichtig erachten'.
346 *erwegen* mit Gen. 'sich zu etwas entschließen'.
355 *verziehen* 'hinhalten, aufschieben'.
360 Vgl. 'Die Beichte' V.21.
388 *zawen* 'sich beeilen, sich bereit machen'.
394 *vorspulen* 'jemandem lang und breit etwas vorreden'.
407 *hof* 'Hoffest'.

418 *schocken* 'in schwingender Bewegung sein, schaukeln, tanzen'.
434 Von besonderem Interesse ist hier die Lesart von R; vgl. dazu F.Ohly, Diamant und Bocksblut. Berlin 1976.
444 *abschelen* 'verstoßen, verwerfen'.
449 *sprengen* 'streuen, sprengen, verströmen', d.h. der Mund des Buhlers verströmt Honigfluß.

2b Die Kaiserin zu Rom B

Der Druck von Simon Koch ist in der Rosenplüt-Überlieferung einzigartig: Er ist ein ungewöhnliches Zeugnis für die Verbreitung der Spruchdichtung Rosenplüts über den obd. Raum hinaus und stellt eine weitgehend gelungene Umsetzung in nd. Sprach- und Denkformen dar. Vorlage war der Wagnersche Druck (Fassung A, Druck q), von dem Koch auch die falsche Signatur und die Zusatzverse am Schluß übernommen hat.

Der Text zeigt ein schriftsprachliches Mnd. mit ostfäl. Einfärbung und ist damit ein gutes Beispiel für die Magdeburger Druckersprache, die ostfäl. Varianten wesentlich gemäßigter verwendet als die Kanzleisprachen dieses Raumes. Kennzeichnend für den Text und seine Genese sind darüber hinaus hd. Restformen, auf die im folgenden hingewiesen wird. Die Ausnahmestellung des Texts erfordert besondere Editionsprinzipien; sie sind in der Einleitung zu diesem Band erläutert.

Für das Verständnis des Texts sei auf die Sacherläuterungen im Kommentar zur Fassung A verwiesen, die hier nicht noch einmal wiederholt werden. Hilfreich kann auch der Blick auf den hd. Text sein.

4 Der Vers erfordert einen Eingriff, da *gesach* infolge der Ersetzung des mhd. *awg* durch mnd. *vp erden* sinnlos geworden ist; möglich wäre auch die Konjektur: *dat / Men vp erden...*
15 Cäsar.
24 Konstruktion apo koinu.
27 *wolleist*: hd. Restform (mnd. *vulleist*).
40 *durschede* zu *derschen / dorschen* 'dreschen'.
74 *verlôst*: hd. Restform (mnd. *verlûst*).

75 *verkoust*: hd. Restform (mnd. *verkûst*).

92 *mit rad* aus mißverstandenem mhd. *vom rat*.

95 *darnach*: hd. Restform (mnd. *darna*).

99 *vordrêt* 'Schaden'.

108 *vmme er* 'um sie' (mnd. *umme* mit Dativ).

109 *verkolen* 'abkühlen'.

119 *plege* 'Gewohnheit, Sitte'.

126 *gemacht*: hd. Restform (mnd. *gemaket*).

129 *wolt*: hd. Restform (mnd. *wolde*) bzw.reimbedingt.

145 *ewiges*: hd. Restform (mnd. *ewich* bzw. *ewiget* im Akk. Sg.).

152 *kůnde* = *kunne* 'Geschlecht, Art'.

159 *selczames*: hd. Restform (mnd. *selsem*).

165 *vorkalt* 'bekümmert' (zu *vorkellen*).

175 *geborte*: hd. Restform (mnd. *geborde*).

176 *gantz*: hd. Restform (mnd. *gans*), so auch V.235, 381, 384, 397, 479, 498; *adenlick*: Dissimilationsform zu *adellik* (vgl. mhd. *adenlich*, deshalb evtl. hd. Restform).

186 *vmme se*: hd. Restform (mnd. *umme* mit Dativ).

187 *hie*: hd. Restform (mnd. *hir*).

190 *affwarden* hier: 'ernten'.

191 *tostaden* mit gs. 'gestatten, zulassen'.

200 *sußet*: hd. Restform (mnd. *sotet*) oder umgedeutet zu *suset* 'saust, rauscht'.

204 *ßegen* 'sät' (2. Pl.).

232 'durch euer Sieb gesiebt'.

237 *vol quader thycht* 'ganz voll von Bosheit'.

247 *loue* (recte *lôve*) 'Gelöbnis, Versprechen, Versicherung', eine nicht sonderlich geschickte Umsetzung von mhd. *loff* 'lief'.

291 *thuger* 'Zeuge'.

301 *Ananyaß* = Hananja, einer der drei Männer im Feuerofen (Dan 3,23ff.; 1. Makk 2,59; Stücke zu Dan 3,27ff. u.ö.).

309 *artzedye*: hd. Restform (mnd. *arsedie*).

311 *enygen* für *einen* 'einigen'.

337 *meininge*: hd. Restform (mnd. *mêninge*) 'Meinung, Absicht'.

355 *se nemant bekandt* 'niemand erkannte sie' (vgl. V.135).

409 'ließ sich ihr Gerät (Arznei) reichen' = Umdeutung der Vorlage.

418 *czanckt*: hd. Restform (mnd. nicht vorhanden).

443 *důrsschede*: vgl. V.40.

445 *sehet*: hd. Restform (mnd. *seiet*).

457 *mysse* 'Messe' oder 'Missetat' für unverstandenes mhd. *meß* 'Maß'.

460 *ßerth*: hd. Restform mit Affrikatentilgung (mnd. *têrt*).
490 *enwůth* zu *waden* 'waten'.
496 *thelen* 'gebären'.

3 Der kluge Narr

In der insgesamt recht einheitlichen Überlieferung stehen D und der Druck s am engsten zusammen, während E durch viele Schreiberunsicherheiten die größten Abweichungen aufweist. Die Lesarten des Drucks müssen hier unter Vorbehalt mitgeteilt werden, da der Einblattdruck z. Zt. in der Wiener Albertina wegen der abgerissenen Namenszeile nicht auffindbar ist. Die Lesarten sind deshalb nach dem kritischen Abdruck H. Lambels (Archiv f.d. Gesch. deutscher Sprache und Dichtung, ed. J. M. Wagner 1, 1874, S.212–221) wiedergegeben, der sich bei den überprüfbaren Varianten anderer Textzeugen als äußerst zuverlässig erwiesen hat.

4 *palmtag* 'Palmsonntag'.
19 *abrechen* 'abrechnen, Rechenschaft ablegen, verantworten'.
20 *sich abbrechen* 'sich beherrschen, enthalten'.
26 *sachen* 'entstehen, seinen Ursprung nehmen'.
42 *anplarren* 'anfahren, beschimpfen, schelten'.
56 *loica* 'Logik, Klugheit, Schlauheit'.
79 *verreren* 'vergießen'.
92 *versmahen* 'mißfallen'.
93 *unterkumen* 'verhindern'.
98 *den worten, das* 'in der Absicht, daß'; *unterwegen bleiben* 'unterbleiben'.
103 *sich abbrechen* vgl. V.20.
132 *hecker* 'Weinbauer'.
134 *bescheren* 'zuteilen'.
151 *der stangen begeren* 'sich für besiegt/überwunden erklären, aufgeben'.
155 *der katzen die schellen anpinden* 'eine gefährliche/unangenehme Tat vollbringen'.
175 *ansnawen* 'anschnauzen, ausschelten'.
176 *ornkrawen* 'schmeicheln, wohlgefällig daherreden'.
182 *zelen* 'anrechnen, berücksichtigen'.
186 *tawphaws* 'Irrenhaus, Tollhaus'.

188 *uberhupfen* 'überspringen, übergehen'.
193 *pfutsch* 'Brunnen, Lache, Pfütze'.

4 Die Turteltaube

Die Leiths. D weist einige Fehler, Mißverständnisse und Verschreibungen auf, die textkritische Eingriffe notwendig machen. Dabei kann vor allem auf F, eine überlegte Bearbeitung, zurückgegriffen werden. L hat den schlechtesten Text mit groben Abschreibfehlern sowie Zeilenauslassungen und Textentstellungen ohne Rücksicht auf den Reim. Der Schreiber scheint Mühe mit der Vorlage gehabt zu haben.

J. Demme (1906) faßte diesen Marienpreis wegen der Zwischenüberschrift vor V.123 als zwei Gedichte auf und druckte sie dementsprechend ab. Es handelt sich jedoch um ein als Einheit konzipiertes, nach gängigem Muster verfertigtes Marienlob, dessen Vorrede auf den mit V.123 beginnenden Hauptteil hinführt und ohne ihn ein Fragment darstellen würde, wie auch die zusammenhängende Überlieferung in F und L deutlich macht.

Die beiden Marienpreisgedichte Nr.4 und 5 geben dem Autor Gelegenheit zu ausufernder Rhetorik, was das heutige Verständnis des Texts erschwert; die Worterklärungen sind deshalb bei diesem und dem nächsten Text etwas ausführlicher gehalten. Außerdem bringt dieser Redestil in einigen Passagen erhebliche Interpunktionsprobleme mit sich; der Leser sollte die hier gegebene Interpunktion als Vorschlag und Lesehilfe werten.

Grundlegend für das Verständnis der Metaphern und Epitheta in den Marienpreisgedichten, so u.a. auch für die Bezeichnung Marias als 'Turteltaube', ist A. Salzer, Die Sinnbilder und Beiworte Mariens in der dt. Literatur und lat. Hymnenpoesie des Mittelalters. Linz 1886–1894. Nachdr. Darmstadt 1967.

6 *veln* 'das Fehlen, Verfehlen'; Sinn: 'daß ich mit meinem Lob Deine Herrlichkeit nicht verfehle'; evtl. ist *ich* zu streichen: 'daß es kein Verfehlen Deiner Herrlichkeit gibt'.

7 *lebs* 'Lippe'.

11 *fan* 'Fahne, Banner, Abzeichen des erfolgreichen Schützen'.

14 *morter* 'Mörtel'.

16 *velben* 'fahl machen, entfärben'.

18 *stadel* 'Scheune, Herberge'.

21 *tumpfel* 'Lache, Pfütze, Tümpel'.

24 *der stangen begeren* 'sich für besiegt erklären, aufgeben'.

26 *zustupfen* 'verbergen, verdecken'.

27 *locklein wollen* 'Wollflocke'.

28 *erfollen* 'erfüllen, vollenden'.

30 *ergawmen* 'bemerken'.

31 *durchechten* 'verfolgen, erforschen'.

38 *erhellen* 'tönen, schallen'.

39 *tumpfel* s. V.21.

39 *stufe* 'Stück Erz oder Metall'.

40 *kuffe* 'Trog'.

48 *zustobern* 'zu Staub machen, zunichte machen'.

50 Die Konjektur *Gomor* ist sicher nicht ganz unbedenklich, doch paßt Gomorra ausgezeichnet in den Kontext, und die Verlesung von *Gom-* zu *Seni-* ist im Rahmen der fränkischen Bastarda durchaus naheliegend.

56 *flohen* = *vloehen* 'flüchten, in Sicherheit bringen, durch Flucht entfernen'; Sinn: 'weit entfernt davon, ein Phlegmatiker zu sein'.

58 *geitig* 'gierig'.

67 *flinß* 'Feuerstein, Flintstein'; *adamas* 'Diamant'.

72 *pfadeln* 'waten'.

74 *tum* 'Dom'.

75 *turnen* 'türmen'.

83 *mit* 'Mitte'.

90 *loden* 'grobes Tuch'.

95 *plumen* 'blümen'; *gupfeln* aus Reimgründen von *gupfen* 'häufen, anhäufen' oder von *gipfeln* 'vollkommen machen'.

96 *eheren* 'Ähren lesen'; *stupfeln* 'Ähren oder Trauben nachlesen'.

97 *jan* 'Reihe geschnittenen Getreides'.

103 *uberpittern* 'das Bittere überdecken'.

110 *nachzaffen* 'pflegen'.

111 *stamponeier* 'nichtsnutziger Liedermacher'.

123 *veiol* 'Veilchen'.

124 *peihel* 'Beil'.

126 *verkergen* 'karg (geizig) bahandeln, armselig machen'.

131 *zadel* 'Gebrechen'.

134 *pfab* 'Pfau'.

135 *schon* 'Schönheit'.

146 *sod* 'Brühe, Höllenpfuhl'.

148 *zech* 'Gesellschaft, Genossenschaft'.

149 *comnawn* 'Gemeinde'.

153 *custer* 'Aufseher, Küster'.

156 *garnen* 'abkaufen'.

157 *pache* 'Schinken, Gesäß, Hinterseite'; hier: 'Körper'.

162 *versmahen* 'mißfallen'.

163 *erfewmen* = *erveimen* 'einfangen'.

164 *swewmen* = *sweimen* 'sich schwingen, schweben'.

170 *kroe* 'Krähe'.

172 *verheben* 'über etwas hinwegheben, entheben'.

178 *reiter* 'Sieb'.

182 *mail* 'Mal, Befleckung'; *plecken* aus Reimgründen von *placke* 'Fleck, Flicken'.

190 *sehe* 'See'.

191 *begreifen* 'antreffen, ergreifen'; *hinzucken* 'wegreißen'.

194 *zwahel* 'Waschbecken, Becken'.

198 *slicken* 'verschlingen, schlucken'.

204 *uberpittern* 'an Bitterkeit übertreffen'.

207 *untugig* 'Nichtsnutz, Übeltäter'.

209 *swankel* aus Reimgründen von *swenkel* 'Schwengel'.

211 *schappeln* 'bekränzen'.

212 *cappel* hier: 'Hirnschale'.

223 *ungamper* 'ernsthaft, ohne Scherz'.

224 *slamper* 'Fresser'.

226 *stewen* = *stöwen* 'Einhalt gebieten'.

236 *grißwarter* 'Aufseher, Schiedsrichter'.

240 *Azanias*: Kontamination aus Asarja und Hananja, zwei der drei Männer im Feuerofen (vgl. Dan 3,23ff.; 1. Makk 2,59; Stücke zu Dan 3,27ff. u.ö.).

242 *gewder* 'Prahler'.

244 *smocher* von *smogen* 'umschließend drücken, zusammenziehen'; gemeint ist also: 'Bedrücker, Würger', oder von *smach*: 'Lästerer, Spötter'.

249 *begreifen*: vgl. V.191.

257 Joh 8,3ff.

259 Lk 18,13.

5 Unser Frauen Schöne

Die Hs. C weist - neben geringem Versverlust - eine Reihe von Plusversen auf, die in den Leittext mit aufgenommen sind. Die starke Abweichung dieser Hs. von der DL-Tradition beginnt genau an der Stelle, an der die lateinische Passage einsetzt. Vermutlich ist der Schreiber von C, der frühesten Rosenplüths., dem Lateinischen ausgewichen (vgl. 'Das Lob der fruchtbaren Frau') und hat dafür eine kürzere deutsche Partie eingesetzt, denn die lateinischen Verse in D und L werden kaum ein späterer Zusatz sein. L hat den schlechtesten Text mit vielen Abschreibfehlern und Zeilenauslassungen. Der Schreiber hat wohl Mühe mit der Vorlage gehabt; er schreibt ohne Rücksicht auf den Reim falsch ab, so z. B. V.51f. und V.60.

J. Demme (1906) bezeichnete diesen Marienpreis Rosenplüts fälschlich als »Von unserer Frauen Schön I« und stiftete damit einige Verwirrung in der Forschung (bis hin zu Niewöhners Rosenplüt-Artikel im VL), da diese Bezeichnung sich in der Rosenplüt-Literatur für den evtl. von Rosenplüt bearbeiteten Frauenkranz des Harders eingebürgert hatte, während das Marienlob Rosenplüts als »Unser Frauen Schöne II« bezeichnet wurde (vgl. T. Brandis, Der Harder. Texte und Studien I. Berlin 1964).

Zu grundsätzlichen Fragen des Textverständnisses vgl. den Kommentar zu Nr.4.

8 *mutern* 'säugen, stillen'; hier: 'saugen'- oder *gnad* im Plural als Subjekt.

26 *erze*: gemeint ist Erz 'Ursprung', nicht Arzt wie in CL; vgl. V. 34.

27 *clar* 'Klarheit'; *schon* 'Schönheit'.

35 *schobern* 'aufhäufen'.

40 *swegel* 'eine Art Flöte'.

41 *ut* Notenwert, Solmisationssilbe.

45 *flucken* 'flügge machen'; *fidern* 'mit Federn versehen, befiedern'; *swarm* 'Bienenschwarm'; Sinn: 'Beflügele mir meine dichterischen Bemühungen'.

46 *arm* 'Ärmel'.

50 *aufdriveln* 'aufdrehen, entflechten, durch Umdrehen auflösen'.
63 *riffeln* 'abkämmen'.
70 *flohen* = *vloehen* 'flüchten, in Sicherheit bringen, durch Flucht entfernen'; Sinn: 'weit entfernt davon, ein Phlegmatiker zu sein'.
71 *durichsteppen* 'besticken'.
72 Die Trinität.
77 *ram* 'Schmutz'; *berußen* 'verunreinigen, beflecken'.
79 *sneller* 'Gatter, Schranke'.
80 *vettich* 'Fittich'.
82 *eher* 'Ähre'.
84 *peinlich*: Diminutiv von *pein* 'Bein'.
88 *schon* vgl. V.27; *uberzarten* 'noch sorgsamer behandeln, pflegen'.
91 *rick* 'Stange, Gatter'.
96 Hohel 2,1.
99 *schine* 'leuchten würden'.
102 *nerbel* 'Narbe'.
109f. *schon* vgl. V.27
110 *kol* 'Kohle, Kohlenhaufen'; *entweichen* 'nachgeben, nachstehen'.
111 *carbunkel* ist die ursprüngliche Form von 'Karfunkel' (lat. *carbunculus*).
112 *flader* 'geädertes Holz von Ahorn, Eiche, Esche'.
118 *tostlein* 'Dolde'.
124 *engenzen* 'aufreißen'.
126 *durichveinen* 'durch und durch fein, schön machen'.
141 *praden* 'Duft'.
143 *glanter* 'glänzend, schimmernd'.
150 *wimmern* 'zusammenwachsen'.
156 *glenstern* 'glänzen, scheinen'.
160 *pernlein* = *perlein* 'Perle'; *carbunkel*: vgl. V.111.
162 *prehen* 'Glanz'.
163 *gutzen* Intensivform zu 'gucken, schauen'.
164 *smutzen* 'schmunzeln, lächeln'.
166 *funftawsent jar*: Die im Mittelalter vorherrschende Weltalterlehre, die sich auf Hieronymus beruft, aber schon auf Origenes zurückgeht, setzt die Geburt Christi auf das Jahr 5199 (nach anderer Zählung 5500) nach der Erschaffung der Welt an (vgl. R. Schmidt, Aetates mundi. Die Weltalter als Gliederungsprinzip der Geschichte; in: ZKiG 67, 1955/56, S.288–317; H. Grotefend, Zeitrechnung d. dt. Mittelalters und der Neuzeit. Bd.1.

Hannover 1891. Nachdr. Aalen 1970, s.v. Weltären); *vertrucken* 'verbergen, verheimlichen'.

173 *zedeln* 'zu einem Gewebe aufziehen'.

174 *wedeln* 'auffächern, ausspannen'.

175 *swemen* = *sweimen* 'schweben'.

178 *uberveinen* 'noch feiner, schöner machen'.

179 *personiren* 'gestalten'.

184 *plunzen* = *blinzen* 'blinzeln'.

188 *durchkernen* 'innerlich durchdringen, erfüllen'.

191 *verdrumern* = *verdrumen* 'in Stücke brechen, zertrümmern'.

192ff. Anspielung auf die legendäre Episode mit dem wasserschöpfenden Kind, das sich als Engel offenbart und erklärt, es sei für ihn leichter, das Meer mit einer Muschel in ein Sandloch zu gießen, als für Augustin, das Trinitäts-Mysterium zu erklären. Zu den Ursprüngen vgl. H.-I. Marrou, Saint Augustin et la légende de l'ange; in: Bulletin de la société nationale des Antiquaires de France 1954/55, S.131–135.

197 *innern* 'erinnern, in Kenntnis setzen'.

204 *nehst* 'Nest' oder 'die Nächste'.

205 *temporiren* 'ins rechte Verhältnis setzen'.

206 *kiselsteinlich* 'Kieselsteinlein'.

207 *sachen* 'seinen Ursprung nęhmen'.

213 *zoche* 'Lunte'.

219 *ubererbern* 'an Ansehen, Ehrbarkeit übertreffen'.

223 *inseln* statt *insel* aus Reimgründen.

227 *teckel* = *decke* 'Schutz, Bedeckung'.

237 *strubeln* = *strudeln* 'aufwallen'.

248 *verjahen* 'bekennen, erklären'.

251 *anseilen* 'fesseln'.

262 Reines Feingold hat 24 Karat.

263 *zimenten* 'läutern, reinigen'.

269 *erstockt* von *erstecken* 'stecken bleiben'.

276 *leister* 'Erfüller einer Verpflichtung'; Sinn: 'Versöhnerin dessen, der am jüngsten Tag nach dem Gesetz urteilt'.

281 Zum Blutopfer des Pelikans (Christi) vgl. die Darstellung im 'Physiologus'.

284 Abram lieferte dem Priesterkönig Melchisedek den Zehnten ab (1. Mose 14,18ff.).

286 Susanna, die Frau Jojakims in Babylon, wurde zu Unrecht beschuldigt (Stücke zu Dan 1,7ff.).

287 Abigail, eine der Frauen Davids (1. Sam 25).

290 Vgl. V.166.
291 Der Stab des Aaron, der zu grünen begann (4. Mose 17,23).
292 2. Mose 14,1ff.; vgl. Salzer S.498.
296 Judith, die Holofernes das Haupt abschlug (Jud 13,1ff.).
297 Esther, die bei König Ahasveros für die Juden bat (Est 8,1ff.).
304 *gelfen* 'schreien'.

6 Die Welt

In allen Textabweichungen repräsentiert die späte Dessauer Hs. U (um 1525) nicht eine andere Überlieferungstradition, sondern eine Neufassung des Textes von D, die in einigen Fällen flüssiger als die Vorlage geraten ist. Wegen des redaktionellen Geschicks dieses Bearbeiters, das sich in allen Texten dieser Hs. zeigt, erübrigt sich die Annahme einer weiteren Vorlage zur Erklärung der abweichenden Lesarten. Zudem ist die Überlieferung sehr einheitlich und der Textbestand in beiden Hss. gleich.

Die geistliche Rede reiht sich in die lange Tradition der christlich-asketischen Contemptus mundi-Literatur ein. Die gegenüber den anderen Texten leicht abweichende Orthographie erklärt sich daraus, daß das Gedicht von dem 2. Schreiber der Hs. D aufgezeichnet wurde, der auch auf Überschriften verzichtet.

9 *purgatz* 'Abführmittel'.
13 *mein = meinen.*
14 *hinzucken* 'wegreißen'.
16 *zal* 'Rede, Verteidigungsrede'.
17 *zehern* 'weinen'.
18 *außschern* 'ausscheiden, verwerfen'.
19 *falscher slak* 'falsche Prägung'.
20f. Vgl. das Frô Welt-Gedicht von Walther von der Vogelweide.
41 *kovent* 'Kloster'.
45 Konstruktion apo koinu.
49 *dein = deinen.*
50 *ketzeln = ketzen* 'schleifen, quälen'.
56 *aufentlewnen* 'auftauen'.
58 'Solches Wetter hat dir seine Menschwerdung gemacht, geschenkt' (Weihnachten als Frühling); *wittern* 'Wetter sein, machen'.

60 *hüle* 'Pfuhl, Sumpflache'.
61 *letze* 'Vorlesung, Lektion'.
66 *schintfessel* 'räuberischer Kriegsknecht'.
67 *sochen* 'Siechtum'.
78 *kutrolf* 'Flasche, die 'kudert', d. h. beim Gießen ein gluckerndes Geräusch verursacht, Flasche mit engem Hals'.
84 *scharsach* = *scharsahs* 'Schermesser'.
90 *benefertis* 'willkommen'.
91 *tittel* 'Name, Autorität'.
102 *hellkuchen* 'Höllenkuchen'.
102 *hantsalbe* 'Schmiergeld'.
119 *gefrenß* 'Franse, Schmuck'.
119 *zegel* 'Band'.
120 *leimtegel* 'Leimtopf'.
128 *abs* = *ob es*.
130 *ruckencleie* 'Roggenkleie'.
133 *zendel* 'taftähnliches Gewebe'.
134 *wirken*: Adj. zu *werk* 'Werg'; *pendel* 'Faden'.
135 *zeisen* 'auskämmen, reinigen' (bes. von Wolle gesagt).
139 Anspielung auf die Geschichte von Aristoteles, der sich dadurch lächerlich machte, daß er Phyllis auf seinem Rücken reiten ließ; zu den Hintergründen des Motivs vgl. VL s.v. 'Aristoteles und Phyllis' und J. Storost, Zur Aristoteles-Sage im Mittelalter. Geistesgeschichtliche, folkloristische und literarische Grundlagen zu ihrer Erforschung, in: Monumentum Bambergense. Fs. Benedikt Kraft. München 1955, S.298–348.
141 *gabeln* durch Reimzwang aus *gabe* 'Bestechung'.
143 *gelter* 'Schuldner, Gläubiger'.
144 *zelter* 'Zelter, Paßgänger'.
147 *abswing* 'Abfall beim Flachsschwingen'.
148 *abdingen* 'verhandeln'.
160ff. Rosenplüt folgt der traditionellen Zuordnung der sieben Metalle zu den entsprechenden Planeten (vgl. E. O.v. Lippmann, Entstehung und Ausbreitung der Alchemie. Tl.1. Berlin 1919. Nachdr. Hildesheim, N. Y. 1978, S.210–215.375f.).
160 *zach* 'Docht, Lunte'.
166 *wand* 'wohnt'.
190 *massenei* 'Gefolge, Hofstaat'.
206 *wegen* 'wägen, festsetzen'.
207 *wegmeister* 'Wäger, Meister an der Stadtwaage'; St. Michael, der Schutzengel des Gottesvolkes (Dan 10,21) und Anführer der Engelheere gegen den Satan (Offb 12,7), hält nach volks-

tümlicher Legende beim Jüngsten Gericht die Waage, auf der die Seelen gewogen werden.

213 *geheißen* 'verheißen, versprechen'.

7 Die Beichte

Die Überlieferung ist recht einhellig. Obwohl F stemmatisch näher bei D als bei M steht, zeigt die Hs. auffallende Abweichungen vom Textbestand in DM, verursacht durch fehlende Zeilen, Abschreibfehler und freie Zusätze. Im ganzen aber hat der Schreiber von F die Vorlage mit Bedacht überarbeitet.

Der Reimpaarspruch eröffnet eine Reihe didaktischer Reden, bei denen zwischen geistlicher und weltlicher Intention oft nicht genau zu scheiden ist. Die Beichtanweisung erläutert das Bußsakrament und steht in enger Verbindung mit der populären Erbauungsliteratur der Zeit. Vor allem die im Spätmittelalter beliebten Beichtspiegel bzw. Beichtbüchlein (vgl. Ch. Zimmermann, Die deutsche Beichte vom 9. Jh. bis zur Reformation. Weida 1934), volksläufige Formen katechetischer Literatur, werden dieser Versifizierung als Vorbild gedient haben.

Rosenplüt hat die gleiche Thematik in einer Reihe von Priameln (»Beicht-Zyklus«: Kiepe (1984), S.103–113) in prägnanter, kürzerer Form behandelt (abgedruckt bei Euling (1905), S.513–520). Der enge Zusammenhang reicht bis zu wörtlichen Entsprechungen, doch sind die Schwerpunkte, nicht zuletzt gattungsbedingt, verschoben.

8 *unterfachen* 'verhindern'.

9 *unterwegen* 'unterlassen'; Sinn: 'so daß ich davon verschont bliebe'.

12 *auflewnen* 'auftauen'.

13 *remen* mit Genetiv 'trachten nach'.

14 *verschemen* 'in Scham versinken, sich schämen'.

15 *wol gehort* 'wohl beleumundet'.

25 *anplarren* 'ausschimpfen, anfahren, schelten'.

26 *podenscharren* 'Bodensatz'.

41ff. Die Sünden wider die sechs leiblichen Barmherzigkeiten (auf der Grundlage von Mt 25,34ff.).

46 *awßswanken* 'ausleeren'.
51 *zupfen* 'in Versuchung führen, verführen'.
53ff. Die sieben Todsünden: Hoffart, Geiz, Unkeuschheit, Neid, Zorn, Gefräßigkeit und Trägheit.
57 *geit* 'Habgier, Geiz'.
59 *fraß* 'Gefräßigkeit'.
65ff. Die Sünden wider die sieben Sakramente.
72 *nachclaffen* 'nachreden, verlästern, schmähen'.
84ff. Die Sünden wider die zehn Gebote.
89 *panfeiertag* 'gebotener Feiertag'.
99 *gemüt = gemutet*.
103 4.Mose 13,24.
104ff. Kaleb und Josua in ihrem Bericht an die Israeliten über die Erkundung des Landes, in dem Milch und Honig fließen (4. Mose 14,6ff).
108 Das apostolische Glaubensbekenntnis wurde auf die 12 Apostel aufgeteilt.
114f. Die Bedeutung der Zahlen (vgl. H. Meyer-R. Suntrup, Lexikon der mittelalterl. Zahlenbedeutungen. München 1987): 96 = 12 Apostel mal 8 Seligpreisungen; 4 Gran ('Korn, kleinstes Gewicht') sind 1 Karat; so sind 96 Gran = 24 Karat, und dies ist unabhängig von der Gewichtsbezeichnung die Bezeichnung für reines Gold.
115 *strich* 'Münzprobe'.
118 *benachten* 'beherbergen'.
135 *abrichten* 'leisten'.
157 *verreren* 'vergießen'.
160 *anseilen* 'fesseln'.
163 *weger* 'besser'.
168 *anzannen* 'schelten, tadeln'.
170ff. Eine leicht veränderte Version der sechs leiblichen Barmherzigkeiten (Mt 25,34ff).

8 Die Woche

Die Hss. B und D weisen eine etwa gleiche Zahl geringfügiger Fehler auf, doch hat die Leiths. D wohl insgesamt den besten Text. F weicht durch Wortersatz und Wortauslassungen am stärksten ab. Der Schreiber dieser Hs. ist recht frei mit dem Text umgegangen.

Der geistlich-didaktische Reimpaarspruch bringt ein nicht näher zu bestimmendes kirchliches Hebdomadarion in Verse. Die Darstellung der für jeden der sieben Tage vorgeschriebenen Andachtsübungen richtet sich dabei ganz nach der Wochen- bzw. Andachtseinteilung der Kirche (vgl. dazu G. Schreiber, Die Wochentage im Erlebnis der Ostkirche und des christlichen Abendlandes. Köln und Opladen 1959 und J. Bolte, Die Wochentage in der Poesie; in: Herrigs Archiv 98, 1897, S.81-96.281-300 und 99, 1897, S.9-24).

Rosenplüt hat das Wochenandachtsschema, das diesem Gedicht zugrundeliegt, auch in einer Kurzfassung als 14zeiliges Priamel verwendet, das demnach jedem Wochentag zwei Verse einräumt (abgedruckt bei Euling (1905), S.526). Wörtliche Übereinstimmungen bestehen auch mit einem anderen Priamel, das Motive der Freitagsandacht behandelt (Euling S.524). Diese engen Beziehungen könnten ein Hinweis darauf sein, daß Priamel zumindest auch als Kurzformen von größeren Reden zu verstehen sind.

5 Die zwölf Apostel und die vier Kirchenlehrer Ambrosius, Augustinus, Gregor d. Gr., Hieronymus.

10 *saffung* 'das Saften, Fließen'.

15 *cimenten* 'reinigen'.

24 *zulenden* 'ans Ziel kommen'.

26 *abfeimen* 'läutern'.

36 *saffen* 'Saft'.

40 *meiligen* 'beflecken, beschmutzen'.

46 *zwelf hewser*: Die Tierkreiszeichen.

54 *schanz* 'Vorteil'.

56 *orenkrawer* 'Schmeichler'.

58 *vermeiligen* (wie 40) 'beflecken'.

61 *Abels garb*: Abels Rauchopfer von den Erstgeburten seiner Herde, das zu seiner Ermordung durch Kain führte (1. Mose 4,4).

66 *pitter* 'Bitterkeit'.

68 *leger* 'geringer, niedriger'.

69 *trisel* 'Schatz, Schatzkammer'.

76 *versten* 'verfallen' (von Pfändern).

82 *slemen* 'abwenden'.

94 *unverperlich* 'unerträglich'.
95 Ab *vingerclemmens* Konstruktionsbruch: Der Genetiv von 89f. wird wieder aufgenommen.
96 *einslemen* 'hinunterstoßen, erniedrigen'.
101 *verzetten* 'verlieren'.
108 *plutverreren* 'Blutvergießen'.
109 *besem* 'Rute'; *smitzen* 'schlagen'.
116 *abseigen* 'abtropfen'.
117 *seigen* 'saugen'.
130 Die verbreitete Vorstellung, daß die Löcher am Kreuz zu weit auseinander gebohrt waren und der Leib Christi gedehnt werden mußte (vgl. K. Ruh, Der Passionstraktat des Heinrich von St. Gallen. Diss. Zürich 1940, S. 63f.).
142 *glenn* 'Lanze'.
143 Der Soldat am Kreuz, der die Seite Jesu öffnete (Joh 19,34); ihm wurde erst später der Name Longinus beigelegt; *rennen* 'turnieren, kämpfen'.
146 *lußen* 'zuhören'.
162 *hermitzen* '(Mehl) heranschöpfen'.
163 *metze* 'kleines Maß für Schüttgut'.
167 *cawsilica* (mlat. *causilica* bzw. *causidica*) 'Fürsprecherin'.
177 *pfabenzagel* 'Pfauenschwanz'.
184 *flugkmawß* 'Auskämmen der Flockwolle, Läuterung, Wandlung'.
192 *mutern* 'säugen'.
210 *schubel* 'Büschel von Heu, mit dem eine Öffnung verstopft wird, Pflaster'.
218 *bruft* (BF: *prufft*): wohl von *prufen* 'prüfen, erkennen' und nicht von *berufen* 'anklagen, tadeln'.
219 *gutet* 'Guttat'.
238 *snit* 'Gewinn'.

9 Der Priester und die Frau

Die Überlieferung teilt sich früh in zwei Zweige, wobei die drei Sammelhss. DFL einer Tradition angehören. Bei diesem Text liegt einer der wenigen Fälle vor, bei dem die Vorlage einer Hs. identifizierbar und eine direkte Abhängigkeit zweier bekannter Textzeugen nachweisbar ist: R ist direkt aus C geflossen, einer Hs., die offensichtlich unabhängig von D, F und L entstanden ist und eine sehr gute Textqualität aufweist, jedoch die Vorrede weggelassen hat. Die Leiths. D hat einen recht guten Text bis auf einige gravierende Fehler, die emendiert sind. L bietet von allen Textzeugen den schlechtesten Text mit vielen Zeilenauslassungen, Textentstellungen und Abschreibfehlern ohne Rücksicht auf den Reim. F zeigt, wie so oft, eine durchdachte Bearbeitung mit Wort- und Zeilenauslassungen, Wortersatz, einigen Zusatzversen und in geringerem Maße Worterweiterung und Wortumstellung.

In den Spaziergangseinleitungen von Nr.9 und 10 (wie auch in Nr.15 und 16) erweist sich Rosenplüt als Meister des florierten oder geblümten Stils, d.h. er schmückt seine Rede mit dekorativen Elementen und schwer übersetzbaren Diminutivbildungen vornehmlich aus der Blumen- und Vogelwelt, die den Sinn oft verdunkeln und die Syntax schwer durchschaubar machen. Er steht damit in einer langen Tradition der Blümer, die bis ins 13. Jh. zu Heinrich von Meißen (Frauenlob) zurückreicht.

8 *entzucken* 'entreißen, wegnehmen'.

9 *ginnlein*: Dim. von *gin* 'Maul'; *ginnen* 'das Maul aufsperren'; Sinn etwa: 'Ihr Blütenkelch öffnete sich mir'.

10 Im folgenden verwendet Rosenplüt die Farben in ihrer Siebenzahl (sieben als *Numerus perfectus*): Weiß V.10, Blau V.13, Rot V.15, Grau V.24, Grün V.29, Schwarz V.34 und Gelb V.51; traditionell ist die Zuordnung dieser Farben zu den 7 Planeten und Metallen (vgl. E. O.v. Lippmann, Entstehung und Ausbreitung der Alchemie. Tl.1. Berlin 1919. Nachdr. Hildesheim, N. Y. 1978, S.210ff.), ungewöhnlich hingegen ist die Assoziation mit den sieben hier genannten Edelsteinen; *uberzinnen* 'mit Zinn überziehen'.

11 *uberweisen* 'an Weiße übertreffen'.

12 *gamahü* 'erhaben geschnittener Stein, Kamee'; *perlich* 'offenbar'.

13 *uberploben* 'blau überstrahlen, an Bläue übertreffen'.

16 *entgenzen* 'entfalten'; Sinn: 'da sich ihre Knospen entfalteten'.

22 *dostlich*: Diminutiv von *doste* 'Dolde'; *aufkinnen* 'keimen, sich spalten, öffnen'.

23 *nuchter* 'nüchtern, hungrig'; *kraben* 'krabbeln'.

24 *ubergrawen* 'grau überstrahlen'.

25 *serpentin* 'Serpentinstein, Schlangenstein'; *lores sedel* 'Lorbeersitz'.

26 *wedel* 'Laubbüschel, Fächer'.
28 *strolich*: Dim. von 'Stroh'.
30 *kolblein* 'Blumenpistill'; *wunen* 'in Wonne sein, sich freuen'.
33 *werzen* 'mit Warzen, Knospen versehen'.
37 *benasen* zu *naschen*.
38 'wovon sie Nektargefäße machten'.
39 *weidnen* 'jagen'.
42 *pfetlein*: Dim. von 'Pfad' (?).
44 *erschudeln* 'in schwingende Bewegung setzen, schütteln'.
45 *hersußen* 'süß, angenehm werden'
46 *des hungers pußen* 'den Hunger stillen'.
49 *klelein*: Dim. von *clae* 'Klaue'; *stupfeln* 'stopfen'.
53 *crisolidus*: Name eines Edelsteins, 'Chrysolith'.
63 *roßtauschen* 'den Platz tauschen'.
66 *verduschen* 'verbergen'.
68 *kuttern* 'gurren'.
74 *rubellen* von *rubeblin*, einer Art Saiteninstrument.
82 *begraben* 'erforschen'; evtl. auch von *grappen* 'greifen, begreifen, verstehen'.
83 *zukaffen* 'neugierig schauen'.
99 *canceleier* 'Kanzleibeamter',
106 *schabab* 'abgewiesen'.
107 *ram* 'Schmutz'; *kolik* = *quelic* 'gequält, geplagt'.
110 *dost* 'Dolde'.
113 *imß* 'Frühstück'.
114f. 'vor dem Fallen schützendes Gesims, Geländer'.
122 *maukler* aus Reimzwang von *meuchler* 'heimtückischer Betrüger'; hier Dat. Pl., also 'Meuchlern'.
130 *gefirdigen* aus Reimgründen hier statt *firren* 'entfernen'.
137 *durkel geschopfet* 'durchlässig gestoßen, gemacht'.
139 *melik* aus Reimzwang von *melch* 'Milch gebend'.
150 *unspenig* 'unstreitig'.
157 *keller* 'Kellermeister, Einkunftsverwalter', hier: 'Verwalter der Schöpfung'.
158 *irrer weller* 'in die Irre gehender Wallfahrer, Wanderer auf Abwegen'.
160 *zemen* 'verlocken, reizen, unterwerfen'.
164 *lewken* 'leugnen, verneinen, widerrufen'.
168 *gehetz* 'feindselige Gesinnung, Nachstellung'.
174 *reisung* 'Erbauung, Belehrung'.
181 *vermeiligen* 'beflecken'.

188 *hoßwamme* 'mit Beinkleidern bedeckter Bauch' (»behoster Wanst«) oder 'Hosenwams' = 'Hose & Wams' (untergeordnete Kleidungsstücke).

189 *zobelrucken*: Der Rücken des Zobels gilt als wertvollster Teil des Zobelpelzes, der - als Futter oder Besatz verwendet - dem Fürstenstand vorbehalten ist (vgl. L. C. Eisenbart, Kleiderordnungen d. dt. Städte. Göttingen 1962, S. 134); Sinn V.188f.: 'Ich halte mich für niedrig- und euch für hochgestellt'.

199 Die Zeit der Schwangerschaft.

205 *verscheiden* ' verschwinden, vergehen, sterben'.

206 *verschreien* 'verschreien, überschreien'.

210 *reren* 'fallenlassen, vergießen'.

10a Das Lob der fruchtbaren Frau

In der Überlieferung zeigen sich die gleichen Verhältnisse wie bei Nr.9 'Der Priester und die Frau': Die drei Rosenplütsammlungen DFL bilden eine Überlieferungsgemeinschaft gegenüber der frühen Hs. C, die unabhängig von D, F und L aus dem Archetypus stammt. Die Leiths. D hat bis auf wenige Stellen den besten Text, L den schlechtesten mit Zeilenauslassungen, Textentstellungen und Abschreibfehlern. F zeigt wieder eigenständige Bearbeitungstendenzen. In C fehlt ein großer Teil der Vorrede, dafür aber ist eine alternative zweite Vorrede angeschlossen (vgl. Nr.10b). Bei dieser Hs. fällt auf, daß Zeilenausfall gerade dort auftritt, wo die gelehrte Aufzählung fremdartiger Namen beginnt (V.39ff.). Es hat den Eindruck, daß der Schreiber diese ihm unbekannten Namen absichtlich meidet, wie er auch anderweit lateinischen Passagen ausweicht (vgl. Nr.5 'Unser Frauen Schöne').

Zur Spaziergangseinleitung vgl. Nr.9. Der Frauenpreis, der nach der Vorrede V.87 wie eine Minnerede beginnt und gelegentlich Formen des Marienlobs annimmt, hat seine überraschende Pointe in V.159f., wo sich die vermeintliche Minnerede als Lobpreis einer verheirateten Schwangeren entpuppt. Diese Wendung gibt dem Gedicht wenn nicht parodistische, so doch gattungsauflösende Züge.

Von V.44 an verwendet Rosenplüt musikalische Fachtermini, die zumindest kurz erläutert werden müssen, da sie sonst völlig unverständlich bleiben. Grundlage ist das auf Guido von Arezzo zurückgehende und vom 12. bis 17. Jh. herrschende Hexachord-System, eine Methode, sich im Tonraum mit Hilfe relativer Tonhöhen zu orientieren (vgl. MGG s.v. 'Hexachord'). Dieses Tonsystem besteht aus Sechstonreihen, deren Tonabstände in der Weise festliegen, daß sich jeweils zwischen zwei Ganztönen unten und zwei Ganztönen oben ein Halbton in der Mitte befindet. Zur besseren Einprägsamkeit werden die Hexachordstufen mit Tonsilben (Solmisationssilben) bezeichnet: ut-re-mi-fa-sol-la, wobei zwischen mi und fa stets der Halbton liegt. Die Solmisationssilben bezeichnen nicht feste Tonstufen wie die Tonbuchstaben, sondern relative Tonstufen.

Aufgebaut werden die Hexachorde 1) auf c: *hexachordum naturale*, 2) auf g: *hexachordum durum* mit der 'harten' Tonstufe h und 3) auf f: *hexachordum molle* mit der 'weichen' Tonstufe b. Insgesamt werden innerhalb der Skala Γ bis ee (heute: G bis e") jeweils von c, f und g aus sieben sich überlappende Hexachorde gebildet derart, daß jeder Ton wenigstens einem und höchstens drei Hexachorden angehört (vgl. graphische Darstellungen in den einschlägigen Lexika, etwa MGG Bd.6 s.v. 'Hexachord', dort auch weiterführende Literatur). Die Stellung jedes Tons in den Hexachorden, zu denen er gehört, wird ausgedrückt, indem man den Tonbuchstaben a-b/h-c-d-e-f-g die entsprechenden Solmisationssilben hinzusetzt. So bedeutet etwa e-la-mi, daß der Ton (hier: e') sowohl la im Hexachord über G als auch mi im Hexachord über c ist. Da außer den obersten und untersten Tönen der Skala jeder Ton mehreren ineinandergreifenden Hexachorden angehört, ist ein Umsteigen auf ein passendes Hexachord (Mutation) möglich, wenn der Tonumfang einer Melodie über das ursprüngliche Hexachord hinausgeht.

Rosenplüt beherrscht nicht nur das Hexachord-System - nirgendwo macht er bei der Angabe von Tonstufen Fehler - , sondern zeigt sich insgesamt als ein in Fragen der Musik versierter Kenner der Materie. Diese Kenntnisse verdankt er dem blinden Komponisten Konrad Paumann, Organist an St. Sebald in Nürnberg, einem der herausragenden Musiktheoretiker der Zeit, dessen Könnerschaft Rosenplüt im Lobspruch auf Nürnberg (Nr.20, V.257ff.) angemessen würdigt. Musikalische Fachausdrücke verwendet er außerdem noch im Reimpaarspruch 'Die drei Ehefrauen' (Nr.16, V.9ff.).

4 *prossen* 'hervorbrechen, ausschlagen'.

13 *flindeln* 'flimmern'.

14 *gezindelt* 'kammförmig gezackt'.

16 *gutzen*: Intensivform zu 'gucken, schauen'.

21 *puschlich* 'Büschlein'.

26 *fledern* 'flattern'.

27 *weidnen* 'weiden'; hier: 'saugen'; *tostlein*: Diminutiv von *dost* 'Dolde'.

33 *schopflein*: Diminutiv von *schopf*; hier: 'Blütenstand'.

40 *die großen weisheit...*: Nachgestellte Akkusativapposition zu Zeugnis; *salmen* = *salman* 'Schutzherr, Vormund' oder Gott als himmlischer Salomon..

45 *gama-ut*: Tonstufe im Hexachordsystem; *soll* 'Sol' (Solmisationssilbe).

48 *glesten* 'glänzen, scheinen'.

51 *semiton* 'Halbton'; *re* 'Re' (Solmisationssilbe).

53 *wirbel* 'Ton' oder 'Triller' (?).

55 *valseth* 'Kopfstimme, Fistelstimme'.

56 *rundel* 'Rondell, einstimmiges Lied'; *mutete* 'Motette, mehrstimmiger Gesang'.

57 *pruchlein* 'Bruchteil (von Noten), geteilte Noten' (?).

59 *donet* = *doneten*; *canducten* = *conductus* 'einfache Form der Mehrstimmigkeit'.

60 *verzucken* '(nach oben) entrücken'; Sinn: 'fallende und steigende Intervalle'.

61 *hol noten* 'Noten mit nicht gefüllten Köpfen' (»weiße Mensuralnotation«) = lange Noten; *slagnoten*: vermutl. kürzere Noten der Mensuralnotation, mit denen eine Schlag- oder Zählzeit vorgegeben wird: 'Brevis'; *furts* = *furten sie*.

63 *discantiren* 'Oberstimme, Sopran singen'.

67 *b-fa* und *b-mi*: Tonstufen im Hexachordsystem.

69 *golander* 'Kalanderlerche, Ringlerche'; *b-mollis* 'hexachordum molle': auf f aufgebautes Hexachord mit b als Halbton in der Mitte.

70 *solis* 'Sol' (Solmisationssilbe).

71 *comunen* 'vereinigen'.

72 *tenoriren* 'Oberstimme im mehrstimmigen Satz singen' (oft als cantus firmus); *purdaunen* 'Unterstimme (Bourdon) im mehrstimmigen Satz singen'.
74 *ad placitum* 'ad libitum, frei improvisierte Kadenz'.
77 *wedel* 'Federbüschel'; *obswunglein* 'Überschwang'.
83 *gelsen* 'gellen, schreien'.
109 *durichstrewen* 'bestreuen, beschütten, bedecken'.
120 *unverzeit* 'unverzagt'.
123 *glesten* 'glänzen, scheinen'.
125 *uberschreiten* 'umfassen, einbegreifen, umschließen'.
130 *umbschrenken* 'mit Schranken umziehen, umfassen'.
135 *carbunkel* ist die ursprüngliche Form von 'Karfunkel' (lat. *carbunculus*).
140 *Virgilius*: Vgl. dazu K. L. Roth, Über den Zauberer Virgilius; in: Germania 4, 1859, S.257–298.
141 *Morelph*: Gemeint ist der listige Morolf (Markolf), der Bruder König Salomos; deren Redewettstreit wurde im Mittelalter mehrfach literarisch behandelt.
143 Anspielung auf die Alexandersage, nach der er sich in einer Glasglocke auf den Grund des Meeres hinabließ (Pseudo-Kallisthenes II, Kap.38; vgl. auch die Darstellung dieser Episode im Annolied, Abschn. 14f.).
145 *Lorengel*: Literarische Schwanrittergestalt des 15. Jhs. in der Nachfolge Lohengrins.
163 'Das sind die gesegneten Seelen'.
187 *sachen* 'schaffen, bewirken'.
190 *verschrenken* 'einschließen, versperren'.
198ff. Die Harmonie der Sphärenmusik.
200 *spere* 'Sphäre'.
221 *plog = plage* 'von Gott gesandtes Unglück, Heimsuchung'.
223 Noah, seine Frau, seine drei Söhne Sem, Ham und Jafet sowie deren Frauen (1. Mose 7,13).
225 Die Frauen der drei Söhne Noahs.
232 *gim* 'pures Feingold'.

10b Das Lob der fruchtbaren Frau, 2. Vorrede

Dieser Text ist insofern einzigartig in der Rosenplüt-Überlieferung, als er ausdrücklich als Alternative zu einem primären Text bezeichnet wird und gegen diesen ausgetauscht werden kann. Er trägt zweifellos Rosenplütsche Züge und läßt sich wegen des Scharnierverses problemlos in den Haupttext einfügen. Es existieren damit zwei Texte nebeneinander, die gleichberechtigte Autorfassungen darstellen - ein Hinweis darauf, daß solche Gedichtteile bereits vom Autor wie Versatzstücke behandelt und je nach Publikum und Vortragssituation eingesetzt werden konnten.

2 *gond* = *begund*; *außreien* 'im Freien den Reigen tanzen'.
16 *purdaum* = *purdaun* 'Unterstimme ('Burdon') in einem mehrstimmigen Satz'.
20 *quadrant* 'Viertel'; *semiton* 'Halbton'.
29 *würbel* 'Ton' oder 'Triller' (?).
30 *kirbel* 'Kirchweihe, Fest'.
33 *solfen* (von frz. solfège?) 'Solmisation' = Singen nach Tonsilben.
46 *erküken* 'neu beleben, erquicken'.
47 *gund* = *begund*.
56 *voit* 'König'.

11 Die sechs Ärzte

Die Überlieferung ist - bis auf U - sehr einheitlich. Die stemmatischen Beziehungen zwischen allen Textzeugen sind eng. U zeigt eine freie Bearbeitung eines Textes, der nahe bei F steht. Dabei erweist sich der Schreiber von U als geschickter Redaktor. J hat den Text durch Eliminieren der Schlußzeile anonymisiert.

Der didaktische Reimpaarspruch geht aus von diätetischen Regeln, die sich auf Leviticus gründen, und nimmt nach medizinischen Ratschlägen eine Wendung ins Geistliche, wobei es viele Entsprechungen zu geistlichen Gedichten Rosenplüts gibt, die hier nicht im einzelnen aufgeführt werden können.

Dem Verständnis des Spruchs bereiten die Ausführungen über den dritten Leibarzt, den Bader (V.61ff.), wohl die meisten Schwierigkeiten. Es geht hier um die auf Hippokrates und Galen zurückgehende Lehre von den vier Temperamenten (Komplexionen) und ihre Stellung im viergeteilten Kosmos (vgl. dazu K. Schönfeldt, Die Temperamentenlehre in deutschsprachigen Hss. des 15.Jhs. Phil. Diss. Heidelberg

1962; H. Flashar, Melancholie und Melancholiker in den medizinischen Theorien der Antike. Berlin 1966; R. Klibansky - E. Panofsky - F. Saxl, Saturn und Melancholie. Studien zur Geschichte der Naturphilosophie und Medizin, der Religion und der Kunst. Frankfurt/Main 1990). Das Gliederungsschema ist im Mittelalter nicht immer gleich. Rosenplüt geht von folgender Zuordnung der Temperamente zu den Elementen, Windrichtungen und Jahreszeiten aus: 1) Choleriker - Feuer - Osten - Frühjahr, 2) Sanguiniker - Luft - Süden - Sommer, 3) Phlegmatiker - Wasser - Westen - Herbst, 4) Melancholiker - Erde - Norden - Winter. Eine Verbindung mit der Viersäftelehre fehlt, doch stellt Rosenplüt den Zusammenhang mit den Mondphasen her.

14 *sochen* 'siechen, kränkeln'.

18ff. 3. Mose 11.

25 *hunerarn* 'Hühnergeier, Hühneraar', zool. 'Falco milvus'.

31 Noahs Söhne waren Sem, Ham und Jafet (1. Mose 5,32).

32 *pun* 'Bühne, Schiffsdeck'.

34 1. Mose 9,3ff.

37 'Wenn die Weine gären und umschlagen'.

39 *fetzen* hier: 'bewegen, schütteln'; *gemecht* 'Beimischung' oder 'Kraft'.

43 *konig* 'verdorben, zu Essig vergoren'; *seiger* 'matt, schal (besonders von verdorbenem Wein)'.

44 *zeiger* 'Aushängeschild eines Wirtshauses'.

45 Bei der Lesart von M handelt es sich nicht um schottischen Wein, sondern um das Adj. *schot* 'verunreinigt'.

46 *abprechen* 'rauben'.

47 *podigram* 'Fußgicht, Podagra'.

50 *schopfen* 'stopfen'.

51 *reisender stein* 'Blasenstein'.

52 *rornpein* 'markhaltige Röhrenknochen'.

60 *stellen nach* 'streben, trachten nach'.

63 *fegen* 'reinigen'.

64ff. Zur Lehre von den vier Temperamenten s.o.

64 Das Sternbild des Widders ist das erste Frühjahrssternbild (21.3. bis 20.4.).

65 *lassen* 'zur Ader lassen'.

68 Konstruktion apo koinu; *bekennen* 'kennen, erkennen'.

70ff. Für die Interpunktion und Absatzgliederung dieser Stelle gibt es mehrere Möglichkeiten: Wird V.70 zum nachfolgenden Absatz gezogen, ist zwar der syntaktische Zusammenhang hergestellt, doch wird die symmetrische Anordnung der vier zu den einzelnen Temperamenten gehörenden Gewährsleute am Ende des jeweiligen Absatzes gestört. Der hier gemachte Vorschlag wahrt diese mit Sicherheit beabsichtigte Ordnung und nimmt dafür die Konjekturen in V.70 und V.71 in Kauf.

70 *Ipocreis*: Hippokrates (ca.460-370 v. Chr.), griechischer Arzt und Begründer der klassischen Medizin.

75 Das Sternbild der Jungfrau ist das letzte des Sommers (23.8. bis 22.9.).

76 Avicenna (980-1037), arabischer Arzt und Philosoph, eine der medizinischen Autoritäten des Mittelalters.

78 Der erste Tag nach Neumond.

80 *new* 'Neumond'.

81 *gern* 'gären'; *wierz* 'Würze, süße Feuchtigkeit'.

82 *swach* 'Schwäche'; *smirz* 'Schmerz'.

87 Mit dem Sternbild des Wassermanns (21.1. bis 20.2.) fällt Rosenplüt aus dem sonst strikt eingehaltenen Zuordnungsschema; hier müßte ein Sternbild des Herbsts (Waage, Skorpion oder Schütze) erscheinen. Das Versehen ist vermutlich durch die Nennung des Wassers in V.77 verursacht oder durch einen Hörfehler: *sagittario* - *aquario*.

88 Origenes (ca.185-245), griechischer Gelehrter und Begründer der christlichen Gnostik und Theologie; *awßspennen* = *ausspehen* 'beobachten'.

93 Das Sternbild der Fische (21.2. bis 20.3.) ist das letzte des Winters.

94 *wittern* 'Wetter sein/werden, zum Gewitter machen'; *swem* 'Wolkenbruch, Regenguß'.

96 Plinius d. Ä. (ca.23-79), römischer Schriftsteller, schrieb die *Naturalis historia*.

102 Die zehn Gebote.

103 Die zwölf Artikel des Apostolischen Glaubensbekenntnisses.

106 *geheb* 'fest'; *zucleiben* 'verschließen'.

107 *reisen* 'sich erheben, steigen, sich (nach oben) bewegen'.

120 *besteten* 'bekräftigen'.

123ff. Vgl. Nr.7 'Die Beichte'.

123 *peichtiger* 'Beichtvater'.

135 *aufmutzen* 'schmücken, putzen'.

137 *ubercleren* 'mit Glanz bedecken, verklären'.
140 *rotund* 'Rundbau, Himmelsrund'.
141 Die Trinität.
144 *anclebung* 'Das, was einem anhaftet, Last'.
155 *gepreg* 'Prägung'.
157 'Und gebt ihm keinen anderen Namen'.
161ff. Vgl. die Entsprechungen in der Freitagsandacht von Nr.8 'Die Woche'.
162 *reichen* 'reich machen'.
166 *glitzen* 'glänzen (von Waffen und Metallgegenständen), bedrohen'.
171 *entgenzen* 'zerbrechen, zerreißen, zerstören'.
172 *awßsprenzen* 'bunt schmücken, putzen'.
177 *apfelpawm*: Das Kreuz in Analogie zum Paradiesbaum.
178 *honigsawm* 'Honigseim, Honig'.
180 *darnach* 'darauf', d.h. auf die Erlösung; *funftawsent jare*: Nach mittelalterlicher Aetates-Lehre wurde Christus 5199 (oder 5500) Jahre nach der Erschaffung der Welt geboren (vgl. dazu die Anmerkung zu Nr.5 'Unser Frauen Schöne', V.166).
184 *malen* 'färbend herauslaufen' oder 'mahlen' (?).
186 *tauben* 'betäuben, vernichten'.
189 Vgl. V.180.
192 *erst* 'nun erst'.
193 *lawssen* 'lauern, auf der Lauer liegen'.
194 *fluckmawßen* 'Flockwolle auskämmen'; hier: 'reinigen, läutern'.
203 *am rechten* 'bei Gericht, im Prozeß'.
205 Die vier 'rufenden' oder 'himmelschreienden' Sünden, schwerste Störungen der sozialen Beziehungen, sind: 1) Mord (1. Mose 4,10), 2) Sodomie (1. Mose 18,20), 3) Unterdrückung der Armen und 4) Ausbeutung der Arbeitenden (Jak 5,4).

12 Der Müßiggänger

Die Leiths. D und der Druck u weisen ganz unterschiedliche, z. T. gravierende Fehler auf. Der Leittext ist aus dem Druck emendiert, der eine unabhängig von D entstandene Textbearbeitung darstellt.

Die Bedeutung dieses Spruchs liegt darin, daß er Arbeit nicht nur als gesellschaftlich nützliche Tätigkeit versteht, sondern zum ersten Mal in der deutschen Literatur der Handarbeit des Bauern und Handwerkers eine religiöse Legitimierung und biblische Begründung gibt. Dies kommt vor allem in den Ausführungen über die Wirkungen des vierten Teils des Schweißtropfens des Arbeiters (V.69ff.) zum Ausdruck. Unter Müßiggängern sind hier wohl die Mitglieder der städtischen Oberschicht zu verstehen, die von ihren Renten lebten. Zur Interpretation des Spruchs vgl. D. Wuttke, Methodisch-Kritisches zu Forschungen über Peter Vischer d. Ä. und seine Söhne; in: AKG 49, 1967, S.208–261 und Reichel (1985), S.180–186.

2 *newst* von *nießen* 'genießen'; *rerawp* 'Beraubung, Ausplünderung (eines Ermordeten)'.

6 *ereren* 'ackern, pflügen', im weiteren Sinne: 'Broterwerb treiben'.

27ff. Zunächst werden sechs der sieben Todsünden aufgeführt, in V.31 der Zweifel als Folge der siebten, der Trägheit.

27 *fraß* 'Gefräßigkeit'.

31 *einschallen* 'einreden'.

38 *ziment* 'Substanz, die zur Scheidung und Läuterung der Metalle dient'; *peiß* 'Scheideflüssigkeit'.

40 *schon* 'Schönheit'.

48 Zu Hippokrates, Origenes und Plinius vgl. Nr.11 'Die sechs Ärzte', V.70ff.

74 *werntlich* 'weltlich'.

78 *wallen* 'Wallfahrt'.

84 *zacker* von *zackern* 'ackern, auf dem Acker arbeiten'.

86 *ingereusch* 'Eingeweide'.

98 *schoren* 'mit der Schaufel arbeiten'.

111 *reraupe*: vgl. V.2.

116 *angstmort* 'angstvolles, schreckliches Sterben' (*angst* als graduierendes Adj.).

123 *metze* 'Maß für Schüttgut'.

124 *letze* 'Lektion, Lehre'.

139 *Adonei*: Anrede Gottes im Alten Testament (hebr. = 'mein Herr').

143 *außgespent* zu *spenden*.

146 *smacheit* 'Schmähung'.

147 *nequam* 'Nichtsnutz, Taugenichts'.

151 *wampensack* = *wampe* 'Bauch, Wanst'.

159 *plutverrern* 'Blutvergießen'.
160 *an den spern = am sper* 'durch den Speerstich des Longinus'.
161 *cell* 'Tierkreiszeichen'.
164 *pelzer* 'Baumgärtner'.
166 *cloben* 'Haufen, Häufung, Ansammlung'; Sinn des Verses: 'Stehen die Sternzeichen in dieser Anordnung...'; die Reihenfolge der Tierkreiszeichen ist völlig korrekt.
181 *perhaft* 'fruchtbar'.
182 *zeichlach*: Diminutiv von *zeichen*.
191 *schelfe* 'Schale, Hülse'.

13 Die meisterliche Predigt

Die Hss. P und S sowie der Druck r sind nahezu textidentisch. P und S sind vom gleichen Schreiber angefertigt; er hat den Text vermutlich gleichzeitig nach der gleichen Vorlage zweimal abgeschrieben und ist dabei jeweils nur einmal ein wenig vom vorgegebenen Text abgewichen. Selbst die Blattaufteilung ist die gleiche. Die Abweichungen dieser Überlieferungsgruppe von der Leiths. D sind insgesamt geringfügig, so daß von einer recht einheitlichen Überlieferung gesprochen werden kann.

Der Text stellt insofern eine Ausnahme dar, als er in keinem Textzeugen mit Namenszeile überliefert ist. Er zeigt jedoch in allen Belangen: Sprache, Stil, Reim- und Verstechnik eindeutig Rosenplüts Hand, so daß an seiner Verfasserschaft keine Zweifel bestehen. Die Ursache für das Fehlen der Autorsignatur könnte darin liegen, daß der Spruch in der vorliegenden Form durch die Heischeformel am Schluß abgeschlossen wirkt, die üblichen beiden Schlußverse deshalb als angehängt, störend und unorganisch empfunden und eliminiert worden sind. Die Autorschaft Rosenplüts ist - ausnahmsweise auch ohne Signatur - unzweifelhaft.

Diese didaktische Rede eröffnet eine Reihe von Stände- und Lasterrügen, mit denen Rosenplüt in der spätmittelalterlichen Tradition der ständischen Moraldidaxe steht. Die Rügen und Klagen zeichnen sich besonders durch die stadtbürgerliche Perspektive aus (vgl. Reichel (1985), S.174ff.): Sie sind ganz auf ein städtisches Publikum abgestellt und geben einen aufschlußreichen Einblick in das Stadtleben des Spätmittelalters sowie in Verhaltensweisen, die in Nürnberg als besonders sozialschädlich angesehen wurden.

6 *pabst*: In D fehlt bei diesem Wort stets das Genetiv-s; *panden* aus Reimgründen statt *pannen* = 'Bann'.

8 Zu diesen Kleidermoden, die den oberen Ständen vorbehalten waren, vgl. L. C. Eisenbart, Kleiderordnungen der deutschen Städte zwischen 1350 und 1700. Göttingen 1962.

16 *awßwarten* 'wahrnehmen, sorgen für, pflegen'.

22 *ruffian* 'Lump, Lotterbube; Kuppler, Hurenwirt' (ital. *ruffiano*).

29 *zewht*: Numeruswechsel; *pache* 'Schinken, Gesäß, Hinterseite'.

30 *es wirt sich machen* ... 'wie es werden wird...'

39 *erst* 'nun erst'; Sinn: 'Nun aber, da wir auf Mildtätigkeit angewiesen sind ...'

42 *gedeien* '(irgendwohin) gelangen'.

44 *urhab* 'Anfang, Ursprung, Ursache'.

49 *unfur* 'Unfug'.

50 *schrege* 'kleines Holzgestell'.

51 *zuclieben* 'spalten, zerstören'.

53 *denten* aus Reimgründen statt *denen* 'dehnen, ziehen'; gemeint ist 'aufziehen' im Sinne von 'jemanden ärgern'.

54 *prente* 'hölzernes Gefäß, Kübel, Bottich'.

63 *merdum* 'Menschenkot'.

79 *esel* 'Penis'.

81 *se hin* 'nimm hin'.

82 *rechenpfennig* 'wertlose Zählmünze zu Rechenzwecken'.

91 *zielen* 'jemanden bestellen, zu sich laden'; Sinn etwa: 'So vereinbaren sie miteinander ein Rendezvous in einem solchen Haus'.

93 *lotsch* 'unbeholfener Mensch, Tölpel, Simpel'; *luntsche* 'liederliche Frau, Schlampe'.

107 *glonkern* 'baumeln'.

112 *ein blech anslahen* 'jemandem etwas anhängen, jemanden ins Gespött bringen'.

125 *slucht* = *sluch* 'Fresser, Schwelger'.

133 *verzadelen* 'vor Mangel umkommen, verschmachten, verzweifeln'.

142 *fleischgaden* 'weibliche Scham, Vulva'.

151 *heißen* '(Wasser) erhitzen'.

159 *zapfnun*: volkstümlicher Scheltname für Begine, 'sittenlose Betschwester'.

14a Die fünfzehn Klagen A

D und F haben als einzige Hss. alle Klagen aufgenommen; sie haben einen etwa gleich guten Text, im Vergleich jeweils mit einigen Wortumstellungen, Wortersatz und Wortauslassungen. Y bietet den schlechtesten Text, viele Zeilenauslassungen, Wort- und Zeilenersatz. Dieser Hs. fehlt die Dichterklage. K hat die letzten drei Klagen weggelassen und den solchermaßen verkürzten und anonymisierten Spruch durch eine entsprechende Schlußzeile (V.186) abgeschlossen. Die engste stemmatische Beziehung zeigen F und K.

Die Reihenfolge der Laienklage und der Klage des Hintersassen in D ist im Leittext auf der Grundlage aller anderen Textzeugen verändert, vor allem im Hinblick auf den synoptischen Druck der Redaktion B.

Bemerkenswert ist die Dichterklage am Ende dieses Spruchs, die einige wichtige Aussagen zum Selbstverständnis des Autors, zur Einschätzung seines Publikums und zur Bewertung der eigenen Dichtung enthält.

28 *verrett* von *verraten* 'vernachlässigen, versäumen' oder von *verreden* 'ablehnen, zurückweisen'.
34 *fretzen* 'abweiden'.
43 *mutlein* 'Lustbarkeit, Vergnügen'.
44 *unter dem hutlein spilen* 'im Trüben fischen'.
48 *newe funde* 'neue Bräuche'.
76 *scharsach* = *scharsahs* 'Schermesser'.
94 *anzannen* 'schelten, schimpfen'.
95 *panfeiertag* 'gebotener Feiertag'.
99 *mistper* 'Vorrichtung zum Misttragen, Mistbahre'.
111 *gult zwispeln* 'Zins, Schuld verdoppeln'.
121 'Drei Dinge schlagen gegen ihn aus'.
123 'Begünstigung, Freundschaft (Vetternwirtschaft) und Bestechung...'; *zuschutzen* = *zuschutten* 'eindämmen, verschließen'.
124 *nutzen* mit Akk. d. Pers.: 'Nutzen von jemandem haben'.
126 *ein hutlein daruber sturzen* 'betrügen, verschleiern'.

128 *verquenten* 'verbergen, vertuschen'.
129 *einwaten* 'eindringen'.
130 *loica* 'Logik'; *abplaten* 'zerpflücken'.
133 *gume* 'Gaumen, Kehle'.
136 *lidlon* 'Arbeits-, Dienstbotenlohn'.
139 *zech* 'zäh, unnachgiebig'.
149 Die letzte der vier 'himmelschreienden' Sünden, nämlich die Ausbeutung der Arbeitenden (Jak 5,4).
152 *awßreuten = ausreutern* 'ausroden'.
153 *tetz* 'Steuerabgabe, Zehnt'.
160 *vasten* 'Fastenzeit'.
188 *zannen* 'streiten'.
195 *finden* 'untersuchen, erforschen'.
197 *widerker* 'Umkehr, Entschädigung'; die Stelle bietet mehrere Übersetzungsmöglichkeiten: 1) '...wo die Bettler umkehren', also im Armenviertel, wo es nichts zu holen gibt, oder in den besseren Wohnquartieren, aus denen die Bettler vertrieben werden; 2) '...wo die Bettler entschädigt werden, ihre Almosen bekommen', meistens vor den Kirchen. Die Stelle bleibt etwas unklar. *An der bettler widerker* ist keine in Nürnberg bekannte topographische Angabe, auch gab es dort keine geschlossene Ansiedlung von Bettlern (Brieflicher Hinweis von Rudolf Endres).
198 Ist ein Hehler gemeint? (Brieflicher Vorschlag von Franz Irsigler).
200 *zilen* 'jemanden bestellen, zu sich laden, es auf jemanden absehen'.
219ff. Vgl. wörtliche Entsprechungen in Nr.22 'Das Lied von den Türken', V.146ff.
222 *stuck* 'Ding, Umstand'; *versmahen* 'mißfallen'.
232 Der Vers kann als Beleg dafür angesehen werden, daß Rosenplüt als Sprecher seiner eigenen Dichtungen auftrat.
234 *tribel* 'Treibel, treibende Kraft'.
239 *feiern* 'ruhen'.

14b Die fünfzehn Klagen B

Dieser anonyme Augsburger Druck von 1520 zeigt einen Grad der Textabweichung von der Textfassung A, der einen Paralleldruck notwendig macht. Obwohl die stemmatischen Beziehungen zu F und K relativ eng sind und es sich vermutlich um eine freie Bearbeitung der gleichen Vorlage handelt, hat der Druck in manchen Passagen eine völlig andere Version als die Hss. Die wichtigsten Veränderungen sind der Austausch der Heroldsklage gegen eine Judenklage, die durchaus auf den Autor zurückgehen könnte, und die Anonymisierung des Spruchs durch Veränderung des Gedichtschlusses und Eliminierung der Schlußzeilen.

Sach- und Worterklärungen der Redaktion A werden hier nicht noch einmal wiederholt.

19 *kante* 'Kanne'.
20 *teichen* 'schleichen'.
40 *das in angang der rit* 'daß ihn das Fieber ergreife' oder 'daß ihn der Teufel reite'.
43 *hinleichen* 'verleihen, weggeben'.
47f. Sinn etwa: 'Erstens habe er es nicht getan, und außerdem kümmert es ihn nicht, was er vertut'; *abgen* 'abhanden kommen, verschleudern, vertun'.
54 *schaube* 'Oberkleid, weiter Mantel'.
200 *fabel* 'unwahre Erzählung, Märchen'; *kallen* 'daherschwätzen'.

15 Die drei Ehefrauen

Es spricht nichts dagegen, in D die Vorlage für die späte Dessauer Hs. U (ca.1525) zu sehen, denn der Schreiber von U erweist sich bei allen Texten als geschickter Redaktor, der sich stets seine eigene Version schafft und dabei seine Vorlagen glättet und gut überarbeitet, wenn auch zuweilen Mißverständnisse vorkommen (hier z. B. V.55). Fehler in D (hier V.128 und 144) können bei dieser Bearbeitung durch Konjektur unter Zuhilfenahme von F beseitigt worden sein und sind deshalb nicht als Trennfehler zu werten. Die in D nachträglich mit Verweiszeichen vom zweiten Schreiber in das Stück eingeschobene Vorrede hat U integriert. Sie stammt mit großer Sicherheit von Rosenplüt (vgl. die Vorrede zu Nr.10a 'Das Lob der fruchtbaren Frau'). Wegen der Kürze des Textstücks von F (nur V.123-170) lassen sich zu dieser Hs. keine eindeutigen stemmatischen Aussagen machen. D und F zeigen aber keine gravierenden Textunterschiede, so daß alle drei Textzeugen eine Stimme darstellen.

Zur musikalischen Fachterminologie in der Vorrede vgl. Nr.10a. Der Spruch nimmt die Eheklage der 'Fünfzehn Klagen' (Nr.14) auf und weitet sie zu der im Spätmittelalter beliebten Trias: Trinker, Spieler, Buhler aus (vgl. etwa entsprechende Reimpaarsprüche des Hans Folz).

2 *wallen* 'wallfahrten'.
9 *discantiren* 'Oberstimme, Sopran singen'.
11f. *gama-ut*, *a-re*, *d-sol-re*: Tonstufen im Hexachordsystem; *fa*, *la*: Solmisationssilben; Rosenplüt durchschreitet hier (fast) alle Tonstufen des untersten Hexachords: von Γ-ut über A-re, (B-mi), C-fa-ut, D-sol-re zu E-la-mi.
14 *contratenor*: Unter- oder Mittelstimme zu *Cantus* und *Tenor* (hohe Männerstimmen).
16 *discantiren*: vgl. V.9.
17 *faberdon* = *fa-bourdon* 'Fauxbourdon', tiefe Gegenstimme zum sog. 'Bourdon' oder ganz allgemein die Unterstimme; *graves*: tiefe Stimmlage im Tetrachord, dem außerdem noch *finales*, *superiores*und *excellentes* angehören.
23 *primus tonus* 'Ganztonschritt'; der Ausdruck kann auch die erste Kirchentonart bedeuten.
30 *erwellen* 'aufwogen, aufwallen'.
41 *kandel* 'Kanne' (aus Zinn und darum ein Wertgegenstand).
42 *drußel* 'Gurgel, Schlund, Kehle'.
44 *plecken* 'sichtbar werden, sich entblößen'.
46 Bedeutung der Redewendung: 'Hunger haben'.
51 *laffen* 'schlürfen'.
54 *kosen* 'sprechen'.
55 'mit trockenen Fellen heimkommen': Als Sprichwort sonst nicht bekannt.
59 *ploch* 'Holzklotz'.
60 *fistloch* 'Furzloch'.
67 *rochzen* 'röcheln, grunzen'.
70 Zu ergänzen ist: 'Ist das so, wie...'; *tutte* 'Mutterbrust'; *zucken* 'fortreißen, wegnehmen'.
77 *zechen* 'schaffen, zustande bringen'.
91 *torheit* 'töricht, närrisch, verrückt'.
92 *clings or* 'Ohrfeige'.
93 *see hin* 'nimm hin'; *feige* 'Ohrfeige'.
99 und 105 *antreiben* 'andauernd treiben, fortsetzen'.
114 *egerte* 'Brachland'.

122 *schir* 'Geschirr, Werkzeug'.
141 *der endten feln* 'sein Ziel verfehlen'.
145 *letze* 'Vorlesung, Lektion'.
147 *nachsliefen* 'nachschleichen'.
150 *zannen* 'knurren, heulen'.
156ff. Ps 34,19 und 51,19.
157 *verzeihen* 'einem etwas abschlagen'.
161 *teidingen* = *tagedingen* 'verhandeln, unterhandeln'.
162 *leidingen* = *leidigen* 'betrüben, kränken' oder von *leiden* 'zuwider, verhaßt sein'.
164 *aufmutzen* 'sich herausputzen'; hier: 'sich aufwerfen, aufbegehren, aufmucken'.

16 Der Einsiedel

Obwohl die fünf Überlieferungsträger einige Divergenzen im Textbestand aufweisen, beschränken sich die Textunterschiede jeweils auf einzelne Zeilen und betreffen nicht größere Passagen. D allein hat den vollständigen Text, der - bis auf einige emendierte Fehler - recht gut ist. Die Textzeugen bilden nicht scharf getrennte Überlieferungszweige, sondern unterscheiden sich durch den Grad der Selbständigkeit in der Bearbeitung einer Vorlage, die nahe bei D stehen dürfte. Am weitesten geht hier B mit häufigem Wort- und Zeilenersatz, gefolgt von F. Beide Hss. können als durchdachte Überarbeitungen einer gemeinsamen Textvorlage angesehen werden. L zeigt dagegen wieder horrende Abschreib- und Verständnisfehler (z. B. V.51, 142, 170 u.ö.), und auch die Wolfenbüttler Hs. R, die aufgrund von Blattverlust erst in der Hälfte des Texts einsetzt, weist gravierende Fehler auf.

Die Autorschaft Rosenplüts für diesen Text ist nicht unumstritten, doch ergibt eine genaue Prüfung und ein Vergleich mit der übrigen Spruchdichtung, daß dieser Reimpaarspruch in Gehalt, Aufbau und Intention, in Wortwahl, Verstechnik und Reimbehandlung eindeutig Rosenplüts Handschrift trägt bis hin zu wörtlichen Übereinstimmungen mit anderen Texten. Ich korrigiere deshalb auch mein früher eher skeptisches Urteil (1985, S.92), das sich vor allem auf die korrupte Namenszeile stützte, und zähle den Spruch zu den Texten, die Rosenplüt zuzuweisen sind (so auch Michels (1896), S.132-140 und v. Schüching (1952), S.478).

Problematisch bleibt allerdings die Schlußzeile, die nicht nur für Rosenplüts Sprüche ungewöhnlich ist, sondern bei der auch die Hss. in der Verfasserangabe außerordentlich stark divergieren und Unsicherheiten zeigen. Die Ursache könnte darin liegen, daß der Spruch seinen ursprünglichen, logischen Schluß mit einer Signaturzeile in V.432 hatte. Hier würde die Zeile: *So hat geticht Hans Rosenplüt*, mit der der Autor die meisten seiner Gedichte signiert, gut hineinpassen. Es fällt zudem auf, daß das anschließende Gebet V.433ff. merkwürdig flach und zusammengestoppelt wirkt gegenüber der vorangehenden apokalyptischen Vision, daß es den Eindruck eines Anhängsels macht und daß die Hss. gerade von V.433 an stark auseinandergehen bis hin zur Schlußzeile, wo die Schreiber auf Namen zurückgreifen, die sich eingebürgert hatten, oder - wie L - ihre Ratlosigkeit durch eine Rasur dokumentieren. Die jetzige Schlußzeile ist nicht nur deshalb verdächtig, weil der Name entgegen sonstigem Brauch in der Mitte steht, sondern auch deshalb, weil sie inhaltlich falsch ist: Es handelt sich nicht um eine Wappenrede, sondern um eine Ständerüge. Ich halte deshalb das Gebet ab V.433 für ein nachträgliches Anhängsel an einen Spruch, der V.432 mit einer korrekten Signaturzeile endete.

Auf eine Spaziergangseinleitung im geblümten Stil (vgl. dazu Nr.9) folgen außerordentlich scharfe Klagen über gesellschaftliche Mißstände in der Reihenfolge Adel (und Ritterschaft), Klerus und Bürger, die in den Antworten und Rügen des Einsiedlers mit einer *laudatio temporis acti* verbunden sind. Parallelen ergeben sich - neben anderen - vor allem mit der Zeitklage im 'Lied von den Türken' (Nr.22).

6 *diren* 'sich begeben, sich aufhalten'.
7 *pfeten* 'bahnen'.
15 *reide* 'gedreht, gekräuselt'.
16 *glockeln* 'wie eine Glocke hängend schwingen'.
20 *honigsam* 'Honigseim'.
30 *veiol* 'Veilchen'.

31 *veilen* 'hingeben'.
35 *seh* 'das Aussehen'.
37 *palle* 'Ball, kugelförmige Blüte (des Klees)'.
40 *geuchen* 'jagen'.
42 *semiton* 'Halbton'.
47 *pur* aus Reimgründen statt *bor* 'Höhe'.
49 *clinge* 'Talschlucht'.
51 *begreifen* 'umfassen'.
52 *swegeln* 'pfeifen, blasen'.
53 *golander* 'Kalanderlerche, Ringlerche'.
58 *hetzen* 'antreiben'.
68 *kuttern* 'gurren'.
76 *brunnenqual* 'Quelle'.
78 *nach* 'nah'.
79 *rigel* 'kleine Anhöhe, steiler Bergabhang'.
113 *treffen* '(mit Tadel) treffen, tadeln'.
114 *effen* 'zum Narren halten, täuschen, betrügen'.
127 *bewern* 'bezahlen'.
129 *leichen* 'durch Betrug abgewinnen'.
134 *ubermengen* 'übermannen'.
136 *neisen* 'bedrängen, plagen'.
140 *spiln* 'treiben'.
142 *wadel* 'Fächer, Büschel'.
143 *pafese* 'eine Art großen Schildes'.
152 *wenn* = mhd. *wan* 'warum nicht'.
155 *reiser* = *reister* 'Verwalter, Herrscher'.
156ff. Gaius Octavianus, gen. Augustus; seine Regierungszeit als römischer Kaiser (27 v. bis 14 n. Chr.) war in den späteren Jahren eine Zeit allgemeinen Friedens.
166 *wenn*: vgl. V.152.
168 'Der aus manchem Kampf heil hervorgegangen ist'.
172 Jos 10,12ff.
179 *verritzen* 'verletzen'.
180 St. Mauritius, Offizier aus Ägypten, weigerte sich, an der Christenverfolgung teilzunehmen, und wurde mit seinem Heer im Engadin erschlagen.
183 St. Georg, Drachentöter und Schutzpatron der Ritter.
194 *besen* 'Rute, Geißel'.
202 *gebhart* aus Reimgründen statt *geberd* 'Benehmen, Wesen, Art des Auftretens' oder frnhd. Sprichwort (?).
210 *plasseniren* 'ein Wappen ausmalend schmücken'.

230 *zeln* 'aufzählen, nennen, zusammenrufen'.
237 *Romanig* = *Romanie* 'Romanei, Byzanz'.
238 *Appels* 'Neapel'; *Polonig* 'Polen'.
252 *guft* 'Prahlerei, Geschrei, Übermut'.
263 *pusch* 'Busch, Gesträuch', bildlich als Ort dunkler Machenschaften; *passen* 'paschen, verbotenes Würfelspiel treiben'.
275 *verpeten* 'entrichten, verwenden'.
276 *vertreten* 'zertreten, vernichten'.
283 *prawß* 'Lärm, Tumult, Zank, Streit'.
289 *infel* 'Bischofshut'.
293 *albe* 'weißes Chorhemd der Geistlichen'.
300 *platte* 'geschorene Glatze der Geistlichen, Geistlicher'.
314 *erzeln* 'zuzählen, geben'.
316 Gemeint ist wohl der Kirchenvater Papst Gregor I. (ca.540-604); es könnte sich auch um eine Anspielung auf die weit verbreitete Gregoriuslegende handeln.
317ff. Hieronymus (ca.347-420), Kirchenvater, schrieb und bearbeitete die *Vulgata*. Vier Jahre (375-378) lebte er als Einsiedler in der Wüste; 32 Jahre ist eine legendenhafte Zahl.
318 *wal* aus Reimgründen statt *walte* 'aufwallte, wogte'.
359 *besezzen* 'erfüllen'; moniert werden hier Verstöße gegen die Kleiderordnung.
372 *poßen* 'stoßen, ein dem Kegeln ähnliches Spiel treiben'.
373 *furkaufen* 'Wucher treiben, Vorwegkauf zum Zwecke wucherhaften Wiederverkaufs betreiben, spekulieren'.
375 *furkeufel* = *furkeufer* 'Spekulant, Wucherer'.
377 *fle* 'demütiges Bitten, Flehen'.
398 Aus der Bergpredigt (Mt 5,3).
404ff. Die folgenden apokalyptischen Bilder sind nicht einzeln auf Aussagen der Offenbarung zu beziehen, sondern stellen Kontaminationen dar, so etwa hier aus Offb 8,6ff. und 9,14ff.
408 Die zwölf Stämme Israels (Mt 19,28).
413 *urstent* 'Auferstehung'.
417 Offb 4,3.
427 *zwelfbotte* Apostel.
440 Nominativus pendens.
446ff. 2. Sam 12,13.
450ff. Joh 18,16ff.
455ff. Joh 8,3ff.
469 *set* 'Sättigung, Sattheit, Fülle'.

17 Der Spruch von Böhmen

Die beiden Hss. stehen nicht sehr weit auseinander. Einige Fehler und Mißverständnisse in D sind aus F korrigiert, doch sind die Zusatzverse in F (nach V.66, 155 und 156) nicht aufgenommen, da es sich, wie bei vielen anderen Texten der Hs. F, wohl auch hier um eine geschickte Bearbeitung handelt (vgl. etwa V.155ff.).

Die beiden Hussitensprüche Nr.17 und 18 setzen zu ihrem Verständnis die Kenntnis des Verlaufs der Hussitenkriege voraus (vgl. F.v. Bezold, König Sigmund und die Reichskriege gegen die Husiten. Bd.1-3. München 1872-77): Die Verbrennung des tschechischen Reformators Jan Hus auf dem Konstanzer Konzil 1415 löste Aufstände in Böhmen aus. In den Forderungen der Hussiten verbanden sich kirchliche, nationaltschechische und sozialrevolutionäre Bestrebungen. Die Ablehnung der sog. Vier Prager Artikel, in denen die Grundforderungen der Hussiten formuliert waren, durch Kaiser Sigismund 1420 führte zu den Hussitenkriegen. Mehrere Kreuzzüge wurden gegen die böhmischen Ketzer unternommen, doch waren die schlecht organisierten Reichsheere stets dem hussitischen Volksheer mit seiner neuen militärischen Taktik der vorrückenden Wagenburgen unterlegen.

Ab 1426 gingen die Hussiten ihrerseits zur Offensive über, zogen verwüstend und plündernd durch die Nachbarländer und verbreiteten allenthalben Angst und Schrecken. Am 4. Mai 1427 wurde daraufhin auf einem Reichstag in Frankfurt in Anwesenheit des vom Papst entsandten Kardinals Heinrich von Winchester ein vierter Kreuzzug gegen die Hussiten unter Führung des Markgrafen Friedrich von Brandenburg beschlossen. Anfang Juli zogen die Aufgebote des Reichs in drei getrennten Armeen unter Friedrich von Brandenburg, Friedrich von Sachsen und Erzbischof Otto von Trier nach Böhmen hinein, vereinigten sich bei Pilsen und belagerten vom 23. Juli an die Stadt Mies, die aber nicht genommen werden konnte.

Am 2. August rückten die Böhmen unter Prokop auf Mies heran. Allein auf diese Nachricht hin floh das Reichsheer zurück in Richtung auf Tachau. Dort wurden die Truppen durch den inzwischen mit Verstärkung herbeigeeilten Kardinal aufgehalten und beschworen, umzukehren und standzuhalten. Er selbst ergriff das päpstliche Banner und stellte sich an die Spitze des Heeres. Doch als das hussitische Heer sich Tachau näherte, flohen die Reichstruppen in wilder Flucht, teils in die Wälder, teils in die Stadt Tachau. Diese wurde am 11. August von den Hussiten erobert, die darin ein großes Blutbad anrichteten.

Während die historischen Quellen von panischer Angst, Flucht und völliger Auflösung des gesamten Heeres sprechen, sobald auch nur die Gesänge der Hussiten von weitem zu hören waren, gibt Rosenplüt allein den Fürsten, ihrer Uneinigkeit und Feigheit die Schuld an dem Desaster. Nach seiner Darstellung will das Heer kämpfen, wird aber von den fliehenden Fürsten schmählich verraten - Musterbeispiel eines tendenziösen Ereignisberichts.

Dieser Ereignisbericht, der wohl bald nach der verheerenden Niederlage im August 1427 verfaßt wurde, ist die erste datierbare Dichtung Rosenplüts, der in diesem Jahr das Meisterrecht in Nürnberg erwarb. An manchen unbeholfenen Wendungen und unvermittelten Fügungen in der Darstellung ist zu erkennen, daß es sich um ein Frühwerk handelt. Die floskelhafte Wendung *Da sahe ich*...(V.48, 52 und 191) ist kein Beweis für eine Teilnahme des Autors an diesem Feldzug. Vermutlich beruhen seine Schilderungen auf Augenzeugenberichten von Mitgliedern des Nürnberger Kontingents.

6 *zutrant* aus Reimzwang von *zutragen* 'sich benehmen, betragen'.

8 *reisen* 'einen Kriegszug unternehmen, ins Feld ziehen'; *die Mise*: die Stadt Mies.

16 *besinnen* 'etwas ausdenken, etwas überlegen'.

18 Karren- oder Wagenbüchsen sind auf Lafetten montierte schwere Geschütze.

20 *schawer* 'Schutz, Schirm, Bedeckung'.

28 Heinrich von Plauen, Burggraf zu Meißen, aus der älteren Linie des Hauses Plauen.

34 *gezwahen* 'einem übel mitspielen, ihn tüchtig vornehmen'.

38 *versmahen* 'mißfallen, übel aufnehmen'.

44 *flog* = *floh*.

48 *fußgengel* 'Fußsoldat, Infanterist'.

50 *laub* 'Erlaubnis'.

58 Kardinal Heinrich von Winchester.

80 *genibel* 'Nebel, Gewölk'.

84 *geheißen* 'versprechen'.

92 *pavese* 'großer Schild, mit einer langen eisernen Spitze versehen, mit welcher er in der Erde feststehen und so zur Dekkung des Schützen dienen konnte'.

103 *reisen*: vgl. V.8.

104 *grauen* 'von Schrecken, Grausen angewandelt werden'; *eisen* = *egesen* 'Schrecken empfinden'.

105 *umhin* 'herum, wieder zurück'.

107 *erst* 'jetzt erst'.

125 *erhellen* 'erschallen'.

135 Friedrich II. (der Sanftmütige) von Sachsen. *Der jung von Sachßen* (V.158) war in der Tat sehr jung: Bei diesem Feldzug war er knapp 15 Jahre alt und übernahm ein halbes Jahr später das Kurfürstentum nach dem Tod seines Vaters Friedrich I. (des Streitbaren).

140 *abetretten* 'vom Pferd steigen'.

168 und 178 Herzog Johann von Bayern, Pfalzgraf zu Neumarkt.

174 *Neithart*: hier allgemein 'ein Neider'; in Frage kommen nur Erzbischof Otto von Trier und Herzog Heinrich von Bayern-Landshut (vgl. Bezold 2,117 Anm.2).

179 *verheien* 'schänden, entehren, jemanden in seiner Ehre angreifen'.

196ff. 'Ich meine: Wer (Wenn man nur) so viele Waschweiber nach Böhmen geschickt hätte, wie man Männer hineingeschickt hat, die hätten ...'.

196 *badmeit* 'Aufwärterin im (Dampf)bad, Dirne'.

199 *besinnen*: vgl. V.16.

222 *massanei* 'Dienerschaft, Gefolge, Hofstaat'.

18 Die Flucht vor den Hussiten

Die Heidelberger Hs. H gehört einem anderen Überlieferungszweig als D und F an. Zwar handelt es sich nicht um eine eigene Textredaktion, doch weichen Zahlen- und Ortsangaben auffällig ab, und es findet sich eine Reihe von Umstellungen und Erweiterungen, ohne daß sicher auszumachen wäre, welche Fassung näher am »Original« ist. F hat den glattesten Text, doch ist dies auf eine kluge, selbständige Bearbeitung der Vorlage durch einen Schreiber zurückzuführen, der Änderungen stets überlegt vornimmt (vgl. etwa V.78 und 106). F weist im übrigen Bindefehler mit D, aber auch Bindelesarten mit H auf, so daß hier mit Kontamination gerechnet werden muß.

Zu den historischen Ereignissen (vgl. F.v. Bezold, König Sigmund und die Reichskriege gegen die Husiten. Bd.1-3. München 1872-77, hier Bd.3, S.140ff.): Nach der Flucht des Reichsheers vor Mies und Tachau (vgl. Nr.17) nahmen die Raubzüge der Hussiten in den Nachbarländern - von Österreich über Franken und Sachsen bis Brandenburg - wieder zu. Nach ergebnislosen Friedensverhandlungen in Eger beschloß ein Reichstag in Nürnberg im Februar 1431 einen erneuten, den fünften Kreuzzug gegen die böhmischen Ketzer. Treibende Kraft war diesmal Kardinal Julius Cesarini, die oberste Führung wurde wiederum Markgraf Friedrich von Brandenburg übertragen, dem allerdings viel mehr an einer friedlichen Schlichtung gelegen war.

Am 1. August überschritt das Reichsheer den Böhmerwald und rückte gegen Tachau vor. Kardinal Cesarini wollte die Stadt im Handstreich nehmen, die Anführer erklärten aber ihre Truppen für zu sehr ermüdet. Am nächsten Tag befand sich die Stadt im Verteidigungszustand, so daß an einen Überraschungsangriff nicht mehr zu denken war. Obwohl die Stadt nicht beschossen wurde, blieb das Heer eine Woche lang nutzlos zwischen Tachau und Weseritz liegen, verwüstete allerdings das umliegende Land und brannte die Ortschaften nieder. Durch diesen Aufenthalt bekam das hussitische Heer Gelegenheit, sich zu sammeln. Ein überraschender Vorstoß ins Landesinnere, wie er wohl ursprünglich geplant war, war nun nicht mehr möglich. Am 8. August brach das Kreuzheer auf, behielt aber nicht die Marschrichtung auf Pilsen bei, sondern schwenkte in südlicher Richtung auf die Stadt Taus - vermutlich deshalb, weil man sich nicht allzuweit landeinwärts wagte. Die drei getrennt marschierenden Armeen wurden von Friedrich von Brandenburg, Friedrich von Sachsen und den bayerischen Herzögen geführt. Sie verwüsteten das Land, das sie durchzogen, und brachten die Einwohner um. Zwar wurde Taus angegriffen und ein Teil der Vorstadt in Brand gesetzt, doch wurde die Stadt nicht erobert, und das Heer blieb wieder in Erwartung eines hussitischen Angriffs zwischen Taus und Schloß Riesenberg liegen.

Am 14. August marschierten die Hussiten in drei Kolonnen mit ihren Wagenburgen auf Taus zu. Auf diese Nachricht hin formierte sich das Reichsheer in Schlachtordnung, allerdings mehr zu Verteidigung und Rückzug als zum Angriff. Der Befehl Friedrichs von Sachsen, die Proviant- und Gepäckwagen unter Bedeckung zurück zur Grenze zu bringen, und ein taktisches Zurückweichen Friedrichs von Brandenburg lösten Unruhe im Heer aus, und als dann die Schlachtgesänge der Hussiten von weitem zu hören waren, wurden die Truppen wie 1427 von panischer Angst erfaßt. Das Reichsheer löste sich noch vor jeder Feindberührung vollständig auf und jagte in wilder Flucht davon. Die Reiter warfen ihre schwere Rüstung von sich, Wagen und Geschütze wurden verlassen, das Fußvolk stürzte in die umliegenden Wälder, wo es von den nachsetzenden Hussiten aufgespürt und niedergemacht wurde. Selbst der Kardinal entkam nur mit knapper Not verkleidet und wurde im Reich zum Gegenstand des Spotts und wilder Drohungen.

Die Schuld an der Katastrophe wurde häufig dem Markgrafen von Brandenburg gegeben, der zu verhandlungsbereit gewesen sei und die Reichssache nicht entschlossen genug vertreten habe. Auch Rosenplüt gibt, wie im 'Spruch von Böhmen', allein den Fürsten die Schuld. »In Wahrheit hatten sich Führer und Untergebene gegenseitig nichts vorzuwerfen, denn die militärische Unfähigkeit der ersteren hatte sich wieder ebenso offenkundig gezeigt, als die furchtbare Zuchtlosigkeit der Truppen« (Bezold 3,156). Nach dem Debakel von Taus setzte sich die Erkenntnis durch, daß die Hussiten nicht mit Waffengewalt zu schlagen waren. Die anschließenden Verhandlungen führten 1433 zum Friedensschluß (Prager

Kompaktaten) zwischen König Sigismund und den gemäßigten Kalixtinern, die 1434 zusammen mit einem Reichsheer die radikalen Taboriten vernichtend schlugen. Damit endeten die Reichskriege gegen die Hussiten.

Wiederum berechtigt nichts dazu, aus der Art des Ereignisberichts auf eine Teilnahme Rosenplüts an diesem Feldzug zu schließen, zumal die Ortsangaben ungenau oder falsch sind. Die Reden der Fürsten sind ohnehin Ausfluß dichterischer Phantasie. Sie geben eine allgemeine Stimmung wieder, charakterisieren die Haltung der Hauptpersonen aber in erstaunlicher Übereinstimmung mit den historischen Quellen (vgl. Bezold 3,145ff.).

5 *erzeugen* 'ausrüsten'.

26 *zeug* 'Waffen, Munition'; *schirm* 'Schutz, Schild'.

28 'und schlug als erster eine andere Richtung ein, stellte sich dem Vorhaben in den Weg' (wie später der Markgraf: V.45ff.); *schnur* 'Richtung'.

29 *vergahen* 'sich übereilen'.

45 Markgraf Friedrich von Brandenburg, als Kurfürst Friedrich I.

53ff. Sinn: 'Wir sollten unsere Waffen anwenden, bevor sie uns von anderen stumpf gemacht werden'.

53 *priol* 'Prior eines Klosters, Klosteroberer nächst Abt'.

54 *peiol* = *beihel* 'Beil'.

58 *anerben* 'durch Erbschaft an einen gelangen', hier: 'erwerben, erlangen'.

60 Kurfürst Friedrich II. (der Sanftmütige) von Sachsen, Markgraf von Meißen.

72 *hinnen* 'von hier fort, anderswo'.

76 *ungehechelts wergk spinnen* 'ungekämmtes Fasermaterial spinnen' (hier im übertragenen Sinne: 'unausgegorene Pläne schmieden').

78 *lae* 'Lohe, wallende Glut'.

84 *Hoßthawß*: Kontamination aus Hostau und Taus; vermutlich ist, wie V.123, Taus gemeint, wo das Reichsheer die entscheidende Niederlage erlitt (vgl. Bezold 3,148).

91 *entwer* = *in twer* 'in die Quere, hin und her'.

92 Weder *rein puchsen* noch *rennpuchsen* (Lesart F) sind den Militärhistorikern bekannt. Daß es sich um drei *rein* = Reihen *puchsen* = Handbüchsen handelt, die im Zeughaus in »Reihen auf Schrägen aufliegend gelagert waren« (so die briefliche Ver-

mutung von Hofrat Erich Gabriel vom Heeresgeschichtl. Museum Wien) und an die Belagerer ausgegeben wurden, halte ich für wenig wahrscheinlich, da sie an die Stadtmauer »geschoben« werden (V.93). Mit 'reinen Büchsen' könnten neue, nicht verschlissene Geschütze gemeint sein. Schließlich: Da die Vorsilbe *renn-* nicht nur 'Turnier-', sondern auch 'Reiter-' bedeutet (*rennvenlein* = Reiterabteilung), könnte die Lesart F richtig sein und 'auf Lafette montierte und von Pferden gezogene Geschütze' meinen, was allerdings sonst nicht belegt ist.

95 *aufstoßen* 'abschließen, vereinbaren'.

104 *leichen* 'betrügen'.

112 *reisig* 'Reiter'.

115 *eintrenken* 'eintrichtern'.

119 *zwilauf* 'Zwietracht'.

124 Riesenberg war ein auf einem Berg gelegenes Schloß nahe Taus.

127 *lag* 'Hinterhalt'.

136 *babst*: Das Genetiv-s fehlt bei diesem Wort in D.

138 Heinrich von Plauen, Burggraf zu Meißen, aus der älteren Linie des Hauses Plauen. Er befehligte die Leibwache des Kardinals.

139 *in einen sack urteilen* 'zum Ertränken in einem Sack verurteilen, säcken' (vgl. Hans v. Hentig, Die Strafe. Bd. I. Berlin [...] 1954, S.296ff.). Die Delinquenten wurden in einen Sack eingebunden und von einer Brücke oder einem Boot ins Wasser gestürzt. So lautete etwa eine Speyerer Urteilsformel von 1487: »Judicata est ad Renum zu sacke« (v. Hentig S.300, Anm. 3).

143 *Der jung von Meissen* (Friedrich von Sachsen) war zu dieser Zeit knapp 19 Jahre alt.

147 *glenn* 'Lanze'.

149 Johann von Brandenburg, Sohn des Markgrafen.

157 Herzog Albrecht von Bayern-München.

158 'daß von meinem Geschlecht...'.

167 Bischof Johann II. von Würzburg.

174 Erzbischof Dietrich II. von Köln.

176 *kome*: Optativ.

179 Vermutlich die im Anschluß erwähnten Fürsten Markgraf Friedrich von Brandenburg und Herzog Johann von Bayern, denen nach dem Feldzug Feigheit und Unentschlossenheit vorgeworfen wurden.

187 Markgraf Friedrich von Brandenburg.
191 Herzog Johann von Bayern, Pfalzgraf zu Neumarkt.
208 Die Ritterschaften mit St. Jörgenschild waren ursprünglich Ritterbünde zur Sicherung überkommener Freiheiten gegenüber den Landesherren. In Franken hatte sich die Ritterschaft 1427 mit dem Markgrafen von Brandenburg und den Bischöfen von Bamberg und Würzburg zu einem St. Jörgenbund mit dem Ziel der Bekämpfung der Hussiten zusammengeschlossen.
209 'Der sprach zu ihnen in der Weise, als ob man eine Aufstellung zum Kampf machen wollte'.
211 *brif*: das Verzeichnis der Mitglieder des Ritterbundes.
214 *gever* 'Hinterlist'.
218 Wilhelm von Rechberg (Hohenrechberg).
219 Einer der Herren zu Seinsheim und Schwarzenberg. Der Name *Erkinger* ist nicht nachweisbar.
222 *ubersumen* 'berechnen, überschlagen, zählen'.
223 *genewsten*: Superlativ zu *genaw*; *uberslahen* 'zählen, überschlagen'.
231 *umb kein* 'umsonst'.
236 *leinen* 'lehnen, stützen, kämpfen'.
282 *verseien* = *verseihen* 'versiegen, versickern'.
288 *versmahen* 'mißfallen'.
290 *weichen* 'erweichen'; *varen lassen* 'tilgen, ungestraft lassen'.

19 Der Markgrafenkrieg

Für die Darstellung der Überlieferungssituation und der stemmatischen Verhältnisse ist bei diesem Text die Kenntnis früherer Abdrucke notwendig, so daß die wichtigsten Druckorte hier genannt seien: 1) J. P. Reinhard in: Beiträge zur Historie Frankenlands. Bayreuth 1760. Tl.1, S.225-242; 2) A. G. Meißner in: Für Aeltere Litteratur und Neuere Lectüre 3, 1785, Heft 7, S.27-57; 3) G. W. K. Lochner, Von Nürmberger Rayß. Erzählendes Gedicht des Hans Rosenplüt genannt Schnepperer. Nürnberg 1849; 4) Liliencron (1865), S.428-437.

Die Hss. I, V und Z bilden eine Überlieferungsgemeinschaft gegen D. Die Hs. I, nach der der Spruch bisher meistens abgedruckt worden ist, entspricht nach Textbestand und -qualität etwa der hiesigen Leiths. D. Keine der beiden Textzeugen ist fehlerfrei. Z hat den schlechtesten Text, Mißverständnisse durch Abschreibfehler und einigen Wortersatz; zudem verwendet der Schreiber oft die Orthographie des 18. Jhs. V ist zwar auch eine späte Abschrift vom Ende des 17. Jhs., doch hat der Schreiber nicht modernisiert, und die verschollene Vorlage ist eine interessante Hs., die zwischen I und Z steht. Lochners Diskussionen über die »Leipziger Hs.« (S.15ff.) sind obsolet. Es handelt sich dabei um Meißners eigenmächtig veränderten und ergänzten Abdruck von D (s.o.). Auch Liliencrons Angaben, die auf Lochner beruhen, sind irreführend.

Ein besonderes Problem stellt der Textabdruck Reinhards nach einer Hs. des »Herrn Archivrath Stieber zu Anspach« (S.226) dar. Die von Reinhard abgedruckte Version des Spruchs zeigt einige unwesentliche Abweichungen von Z. Aufgrund der engen stemmatischen Verwandtschaft, aber nicht Abhängigkeit (u.a. wegen des Fehlens von V.163-168 und 281, die der Reinhardsche Druck hat), ist zu vermuten, daß Reinhard und der Schreiber von Z die gleiche Hs. benutzt und unterschiedliche Abschreibfehler gemacht haben. Diese Hs. muß als verschollen gelten, da auch V (u.a. wegen des Fehlens von V.129-132, die der Reinhardsche Druck hat) nicht Stiebers Hs. sein kann. Ich habe Reinhards Abdruck auch als sekundäre Quelle nicht aufgenommen, da der Text einige Modernisierungstendenzen zeigt und nur geringfügig von der schlechten Hs. Z abweicht.

Grundlage jeder historischen Darstellung ist ein minutiöser Bericht über Nürnbergs Vorbereitungen zur Verteidigung der Stadt und über den Verlauf des Markgrafenkrieges, den ein Mitglied des Nürnberger Rats, Erhard Schürstab, verfaßt hat, abgedr. in: Die Chroniken d. dt. Städte v. 14. bis ins 16. Jh. Bd.2. Nürnberg Bd.2. Leipzig 1864. Nachdr. Göttingen 1961 (zit: Städtechr.). Als neueste Darstellung liegt vor: R. Kölbel, Der erste Markgrafenkrieg 1449-1453; in: MVGN 65 (1978), S.91-123. Für die Sacherklärungen im Zeilenkommentar greife ich außerdem dankbar auf die detaillierten Vorarbeiten von Lochner und Liliencron zurück.

Zu den Kriegsereignissen, soweit Rosenplüts Spruch sie berührt: Im Machtkampf zwischen Fürsten und Reichsstädten, der sich in den vierziger Jahren des 15. Jahrhunderts zuspitzte, ging es in erster Linie darum, ob die Städte die bis dahin errungene Selbständigkeit würden bewahren können oder ob sie den entstehenden Territorien der Landesherren einverleibt würden. In Franken mußte Nürnberg wegen seiner herausragenden politischen und wirtschaftlichen Bedeutung in Konflikt geraten mit dem in Ansbach residierenden Markgrafen Albrecht Achilles, Kurfürst von Brandenburg, der alles daran setzte, ein Herzogtum Franken als geschlossenen Flächenstaat für die Hohenzollern zu schaffen. Beiden Seiten war bewußt, daß es um eine grundsätzliche Entscheidung ging, und so scheiterten alle Schiedsverhandlungen und Vermittlungsversuche. Da der Krieg unvermeidlich schien, sorgten beide Parteien vor: Nürnberg trat 1446 einem Bündnis von 31 schwäbischen, fränkischen und bayerischen Städten bei. Diesem Städtebündnis stand ein Bund des Adels in Franken, Schwaben und am Rhein sowie mehrerer Fürsten unter Führung des Markgrafen Albrecht Achilles gegenüber. Nürnberg baute seine Wehranlagen aus und traf Vorkehrungen zur Versorgung der Bevölkerung bei einer Sperrung der Straßenverbindungen.

Der Anlaß zum Ausbruch des Krieges - eine ungelöste Rechtsfrage - war von untergeordneter Bedeutung. Am 29. Juni 1449 kündigte der Markgraf Nürnberg die Fehde an, und diesem Schritt schlossen sich in den darauffolgenden Tagen die Bündnispartner an. Die Absagebriefe - insgesamt 7000 - trafen stoßweise in der Stadt ein, und die Liste der Herren, die Nürnberg den Krieg erklärten, wenn auch nicht alle im Feld erschienen, liest sich wie ein Register des gesamten deutschen Adels (Städtechr. S.143ff.). Nur Kurfürst Friedrich von Sachsen und einige bayerische Herzöge und Pfalzgrafen fehlten wegen interner Streitigkeiten. Am 2. Juli schickte Nürnberg dem Markgrafen seinen Absagebrief und begann am 3. Juli den offenen Krieg. Die verbündeten Städte folgten, doch gaben sie der bedrohten Stadt nur geringen militärischen Beistand.

Der Krieg wurde nicht in offenen Feldschlachten geführt, sondern bestand - neben kleineren Scharmützeln - aus unaufhörlichen Raub- und Brandzügen im Gebiet des jeweiligen Gegners: Ein ganzes Jahr lang wurden die Dörfer und Wälder niedergebrannt, die Felder verwüstet, die Weiher abgelassen, die Mühlen und Brücken zerstört, die Weinstöcke ausgegraben, die Bauern gefangen und das Vieh als Verpflegungsnachschub fortgeführt. Dabei rückten die Nürnberger meistens mit einer Wagenburg aus, bei der sich Reiter und Geschütze befanden, gefolgt vom städtischen Aufgebot des Fußvolks. Geführt wurden diese »Reisen« von Nürnbergs oberstem Hauptmann (dem Oberbefehlshaber der unter Waffen stehenden Bürgerschaft), dem Ratsmitglied Jobst Tetzel. Ihm zur Seite stand Heinrich Reuß zu Plauen, den die Stadt in ihre Dienste genommen hatte, und Kunz von Kaufungen, der sich als Hauptmann der Armbrustschützen verpflichtet hatte.

Eines der für Nürnberg erfolgreichen Gefechte war das Treffen beim Pillenreuther Weiher am 11. März 1450: Der Markgraf war mit einer größeren Mannschaft ausgezogen, um die zu Nürnberg gehörenden großen Fischweiher des Klosters Pillenreuth am Südrand des Lorenzer Reichswaldes abzufischen. Als man in der Stadt davon erfuhr, beschloß man einen großen Angriff mit Reitern, Wagenburg und Fußvolk, brachte den Markgräflichen eine empfindliche Niederlage bei, machte viele Gefangene und erbeutete drei Banner, darunter das Hauptpanier des Markgrafen, die dann in der Frauenkirche aufgehängt wurden.

Eintausend Schweizer Söldner erhöhten die militärische Schlagkraft Nürnbergs. Sie zogen am 26. April 1450 in die Stadt ein und wurden bereits am 28. April bei einem Raubzug nach Abenberg eingesetzt, bei dem sie unter den Augen des Markgrafen, der offensichtlich nicht anzugreifen wagte, Dörfer niederbrannten und das Vieh als Beute mitnahmen. Am 19. Juni zog die Wagenburg in die Gegend von Spalt, wo die Nürnberger am 20. einige Dörfer plünderten und niederbrannten. Spalt selbst wurde vom Markgrafen verteidigt. Bei Hembach (heute Rednitzhembach, zwischen Spalt und Nürnberg gelegen) wollte er den Heimziehenden mit seiner Wagenburg den Rückweg verlegen, doch mußte er unter recht starkem Verlust dem Nürnberger Geschützfeuer weichen. Diese setzten über einen Bach nach, doch hinderte die einbrechende Nacht eine weitere Verfolgung.

Nach diesem letzten größeren Gefecht des Krieges wurden die Bemühungen um eine friedliche Schlichtung verstärkt fortgesetzt, zumal das flache Land verwüstet war, der Handel daniederlag und beide Seiten empfindlich unter den Zerstörungen litten. Am 22. Juni 1450 kam es in Bamberg zu einer »Richtung«, einem Waffenstillstand, aber erst knapp drei Jahre später, am 27. April 1453, wurde nach vielen neuen Verhandlungen und der Vermittlung Herzog Ludwigs von Bayern ein Friedens- und Sühnevertrag in Lauf geschlossen.

Rosenplüts Ereignisbericht beschränkt sich auf die für Nürnberg erfolgreichen Gefechte des Jahres 1450. Er geht kurz auf das Treffen am Pillenreuther Weiher (V.109–140) und den Zug nach Abenberg (V.165–192) ein, legt aber das Hauptgewicht auf die Schilderung des siegreichen Gefechts bei Hembach (V.193–400). Es kann kaum ein Zweifel daran bestehen, daß es sich um einen Augenzeugenbericht in poetischer Form handelt, zumal Rosenplüt in diesen Jahren mehrfach unter seinem zweiten Namen Schnepperer als Büchsenmeister (Geschützfachmann) in den städtischen Urkunden erwähnt wird und in dieser Funktion an der »Reise« teilgenommen haben dürfte.

1 *immer leber* 'ewig lebender'.

7 *kiseln* 'hageln'.

16 *untertucken* 'beugen, herunterdrücken'.

24ff. Die Ausdrücke für die Augenzahl im Würfel- oder Kartenspiel stammen teilweise aus dem Französischen und werden hier zur Bezeichnung der verschiedenen Stände verwendet. Es handelt sich dabei jeweils um Wurfkombinationen mit zwei Würfeln (vgl. W. Tauber, Das Würfelspiel im Mittelalter und in der frühen Neuzeit. Frankfurt a. M.[...] 1987, S.84): *taws es* 'Zwei und Eins' = das gemeine Volk; *kotter drei* 'Vier und Drei' = der Mittelstand (die Bürger?); *ses zink* 'Sechs und Fünf' = Fürsten und Herren.

24 *verslafen* 'versäumen'.

33 *pittern* 'bitter sein, bitter werden'; Sinn: 'die sich die Sünde bitter werden lassen, die Schmerz über ihre Sünde empfinden'.

35 Gemeint sind die zwölf Apostel: Mt 19,28.

43 *zucken* 'reißen, rauben'.

46 *schrift*: gemeint sind die Absagebriefe.

47 *hewnisch* 'hunnisch, ungarisch'; gemeint ist damit Wein einer bestimmten (minderwertigen) Traubensorte.

48 *von den* 'über die'; nur Markgraf Albrecht hatte Klagen gegen Nürnberg vorzubringen.

49 Die vier Fürsten von Hohenzollern waren Albrecht Achilles und seine Brüder Johann genannt Alchymista, Friedrich II. und Friedrich III.; *marren* 'murren, knurren'.

50 Der bayerische Fürst war Herzog Otto, Pfalzgraf zu Mosbach und Neumarkt.

52 *men* 'Fuhre, Gespann, Zugvieh'; Sinn: 'Ihr Wagen wird kaum von der Stelle kommen'.

53 *weichen* 'weich werden/machen, erweichen'.

54 Der Bischof von Eichstätt war Johann III. von Eich, der Bamberger Bischof Anton von Rotenhan.

55 *hinleichen* 'weggeben'.

56 *widergelten* 'zurückzahlen'.

57 Herzog Wilhelm von Sachsen, Markgraf von Meißen, jüngerer Bruder des Kurfürsten Friedrich II. des Sanftmütigen, der mit diesem verfeindet war und sich deshalb nicht auf dessen Seite stellte.

58 Mit den alten Wölfen sind wohl die Hohenzollern-Fürsten gemeint.

59 *ram* 'Webrahmen, Stickrahmen'.

60 *ansetzen* 'angreifen, ereilen'.

61 Landgraf Ludwig von Hessen.

64 *abtun* 'töten'.

65 Der alte war Markgraf Jakob von Baden, Markgraf Albrechts Schwiegervater, die zwei jungen seine Söhne Bernhard und Karl.

69 Herzog Albrecht von Österreich, Bruder Kaiser Friedrichs III.

71 Die getreuen Helfer sind die Schweizer, denen das Haus Habsburg verständlicherweise gram war.

73 Der Erzbischof von Mainz, Dietrich Schenk von Erbach.

77 Die drei Braunschweiger Fürsten waren die mit dem Brandenburger Markgrafen verschwägerten Herzöge von Braunschweig-Lüneburg aus der Wolfenbüttler Linie Wilhelm von Kalenberg, sein Bruder Heinrich von Wolfenbüttel und sein Sohn Friedrich der Jüngere.

81 Die Stettiner Fürsten waren die drei pommerschen Herzöge Wratislaw IX. und Barnim VIII. von Pommern-Wolgast sowie der vertriebene skandinavische Unionskönig Erich, der aus der gleichen Linie stammte.

85 Herzog Heinrich der Ältere von Mecklenburg-Stargard, Fürst zu Wenden, und Herzog Johann von Limbach, Graf zu Eisenburg in Ungarn.

89 Graf Ulrich von Württemberg wird hier nicht unter den Fürsten aufgeführt, da erst sein Neffe Eberhard 1495 zum Herzog erhoben wurde. *drei horner*: die drei Hirschstangen im württembergischen Wappen.

99ff. Hier wird die Art des Kriegführens, nämlich das Niederbrennen und Verwüsten des Umlandes, angedeutet.

102 Diese falschen Zahlenangaben beruhen vermutlich auf einem Schreibversehen: Der Krieg begann am 3. Juli 1449, die offizielle Verkündigung der Bamberger Richtung erfolgte am 6. Juli 1450 = 12 Monate und 3 Tage (vgl. Lesart V, auch IZ). Es soll vermutlich heißen: *zwelf monet und drei tag.*

108 *taws es*: vgl. V.24.

109 Das Treffen am Pillenreuther Weiher am 11. März 1450.

114 Ludwig Pfinzing gehörte zu den Ehrbaren und war zu dieser Zeit Mitglied des inneren Rats.

118 Heinrich Reuß zu Plauen, aus der jüngeren, mit Kurfürst Friedrich verbündeten und in Greiz residierenden Linie, hatte sich der Stadt als Feldhauptmann verpflichtet. Kunz von Kaufungen war im Juni 1449 als Hauptmann der Armbrustschützen für drei Jahre in den Sold der Stadt getreten. Er wurde später bekannt durch den am 7./8. Juli 1455 im Schloß Altenburg an den beiden Söhnen des Kurfürsten Friedrich von Sachsen verübten Prinzenraub, als dessen Folge er am 14. Juli in Freiberg enthauptet wurde.

122 Die Zahlen stimmen mit den urkundlichen Erwähnungen (Städtechr. S.204ff.) überein: etwa 100 Gefangene und 80 erschlagene Gegner (vgl. V.131).

123 Unter den Gefangenen waren acht Adlige. Einer von ihnen, Eustachius Schenk von Geiern, der Hauptmann des Markgrafen in Roth war, starb in der Gefangenschaft (Städtechr. S.205f.).

125 Das große markgräfliche Banner, das vom Grafen von Gleichen getragen wurde, sowie das Rennfähnlein des Markgrafen.

126 Das Banner des Herzogs Otto von Bayern.

127 Der thüringische Graf Sigmund von Gleichen war als Anhänger Wilhelms von Sachsen während des ganzen Feldzugs im Heer des Markgrafen.

129 Die erbeuteten Paniere wurden in der Frauenkirche aufgehängt; *sweben* 'hängen, wehen'.

131 Die genaue Zahl der Toten konnten die Nürnberger nicht feststellen, da diese in der Nacht fortgeschafft wurden. Jobst Tetzel schätzte sie auf etwa 80 (Städtechr. S.492).

138 *schravel* 'mit spitzen Worten, bissig'.

141 Die Wagenburg.

165 Der Ausfall nach Abenberg am 28. April 1450.

170 *umbgauken* 'hin- und herziehen, taumeln, stolpernd gehen'.

172 *aufpauken* 'auf die Pauke hauen, die Heerpauke ertönen lassen'.

188 *anslak* 'Vorhaben, Kriegslist'.

199 *nachhengen* 'nachsetzen'.

200 *uberslahen* 'abschätzen, ungefähr berechnen, überdenken'.

209 *pfhutzen* = *pfuchzen* 'fauchen'.

217 In den Kriegsberichten ist nur von der Anwesenheit des Markgrafen die Rede.

219 *lainen* 'lehnen, stützen, den Kampf aufnehmen'.

220 *versmahen* 'mißfallen'.

223 *hammen* 'Fangnetz'.

236 *zuher* 'herzu'.

252 *glitzen* 'glänzen, prangen, bedrohlich auftreten'.

255 *biderbman* 'aufrechter, tapferer Mann'.

259 *remen* mit Gen. d. Pers. 'zielen auf, trachten nach, ins Auge fassen'.

264 *prangen* 'prangen, prahlen, stolz einherziehen'.

273 *verschießen* 'das Ziel verfehlen'.

284 *taws es*: vgl. V.24; *niemants* 'niemand'; *abgeweisen* 'zurückweisen'.

292 *trabant* 'Fußsoldat'.

293 *wuten* zu *waten* (st. V.]) 'waten, durchdringen'.

295 *muten* 'haben wollen, begehren, verlangen'.

299 *pleien slehen* 'bleierne Schlehen', scherzhaft für 'Büchsenkugeln'.

313 Anspielung auf die Niederlage bei Pillenreuth.

334 *woffengeschrei* 'Jammer-, Wehegeschrei'.

335 Mariä Klage bezieht sich wohl auf den Schluß des Hymnus *Stabat mater dolorosa*, wo es heißt: *Quando corpus morietur, fac et animae donetur paradisi gloria*.

340 *verzetten* 'verlieren'.

346 *pavese* 'eine Art großen Schildes, mit einer langen eisernen Spitze versehen, mit welcher er in der Erde feststehen und so zur Deckung des Schützen dienen konnte'.

358 *erworgen* 'ersticken'.

368 *versmahen* 'mißfallen, zur Schande gereichen'.

370 *form* 'Art und Weise'.

375 Anspielung auf ein sonst nicht bekanntes Sprichwort oder eine Fabel.

381 Genannte waren Mitglieder des größeren Rats ohne direkten Einfluß auf die Ratspolitik, Ratsherren waren Mitglieder des inneren Rats und damit Glieder der oligarchischen Führungsschicht Nürnbergs. Von jeder Gruppe werden nacheinander vier Mitglieder genannt. Zur Ratsverfassung vgl. P. Sander, Die reichsstädtische Haushaltung Nürnbergs [...] Leipzig 1902.

393 *ordiniren* 'in Schlachtordnung aufstellen'.

400 'als zwei, darunter ein Nürnberger'.

413 Das Femgericht.

420 *sich frevels nieten* 'sich der Vermessenheit (Gott gegenüber) schuldig machen'.

428 Die Zahlenangaben scheinen, zumindest hinsichtlich des Viehs, zu stimmen (vgl. Kölbel S.117).

431 *gepurn = gebürn* 'geschehen, sich ereignen'.

432 Der Rat schützte die Bevölkerung vor privaten Spekulationen, indem er sich ein Zehntel des Beuteviehs sicherte und ab Ostern 1450 die gesamte Beute aufkaufte, schlachten ließ und den Verkaufspreis für ein Pfund Fleisch auf fünf Heller festsetzte (Städtechr. S.308).

436 Auch die Chroniken betonen immer wieder, daß die Versorgung der Bevölkerung während des ganzen Krieges gesichert war und die Preise stabil blieben, was einerseits auf die rechtzeitige Einlagerung von Vorräten, andererseits auf die ausgedehnten Beutezüge zurückzuführen ist.

443f. 'Wer sich sonst kaum über Wasser halten konnte, der verdiente sich jetzt leicht seinen Lebensunterhalt durch Kriegsdienst'.

444 *reisen* 'einen Kriegszug unternehmen, ins Feld ziehen'.

445 Nürnberg hatte bis ins Detail gehende Vorkehrungen für den Kriegsfall, die Erfassung der Wehrpflichtigen, die Alarmierung der Bevölkerung etc. getroffen. Sie sind festgehalten in den »Kriegsordnungen« (Städtechr. S.241-347); *anslag ubersumen* 'Ausfall planen'.

447 *aufbumen* 'auf die Pauke hauen, mit einer Pauke das Zeichen geben'.

461 'Darum ist es mit ihnen folgendermaßen bestellt'.

463 Die *vertigung*, d.h. Entlohnung und Entlassung der Söldner fand 14 Tage nach den letzten Kriegshandlungen statt. Die Schweizer wurden von der Stadt auch neu eingekleidet (Städtechr. S.340).

465ff. Die Ritter, die sich zum Kriegsdienst für die Stadt verdingt hatten, wurden so gut entlohnt, daß sie versprachen, *ob es fürbaß mer zu krieg kem, so man eins bedorft, so wolten sie wol acht aufbringen, die der stat gar gern zu dinst riten* (Städtechr. S.340).

20 Der Lobspruch auf Nürnberg

Die ungewöhnlich reiche Überlieferung (22 Textzeugen) zwingt zu einer eingeschränkten Aufnahme der Überlieferungsträger im Apparat, um ihn noch lesbar zu halten. Zur Entlastung des Apparats bleiben alle diejenigen Überlieferungsträger unberücksichtigt, die eine spätere Bearbeitung des Spruchs darstellen oder reine Abschriften sind und deshalb auch eher in eine Darstellung der Rezeptionsgeschichte dieses Städtelobs gehören.

Zunächst entfällt die Berliner Hs. W als bloße Abschrift von D und die Augsburger Hs. Q als Bearbeitung von F. Q bietet ohnehin einen sehr entstellten Text mit einer Unmenge von Abschreibfehlern und zusammenhanglosen, oft schon zu einer Prosafassung tendierenden Passagen. Die Frühdrucke von Ayrer und Hoffmann (m und n) sind das Ergebnis einer Bearbeitung des Texts durch einen Redaktor Serteswalt, der sich in den Schlußzeilen nennt. Ganze Partien sind ausgelassen, so der Abschnitt über Konrad Paumann, andere Passagen verändert oder umgestellt. Hoffmann hat den Ayrerschen Druck mit zusätzlichen Fehlern abgedruckt. Auch die Weimarer Chronik T bietet einen aktualisierten Text mit Auslassung des Abschnitts über den inzwischen verstorbenen Konrad Paumann, und die Wiener Einzelhs. d stellt eine Kompilation des späten 16. Jahrhunderts aus den Hss. F und O oder deren Derivaten mit einigen Textauslassungen dar.

Weitere zwölf Hss. des 16. bis 18. Jahrhunderts schließen sich zu einer gesondert zu behandelnden Gruppe zusammen: V, X, a-c sowie e-k gehen auf eine gemeinsame Quelle zurück, eine inzwischen verschollene Hs., die 1580 im Nürnberger Dominikanerkloster aufgefunden wurde. In den ersten Abschriften wird denn auch in der Überschrift vermerkt, das Gedicht sei »im Predigerkloster gefunden worden«. Dann aber setzt sich offensichtlich der Fehlschluß durch, der Verfasser müsse auch Mitglied des Ordens gewesen sein, und so wird er in weiteren Abschriften »Prediger Ordens Hans Rosenplüt« oder »Bruder Rosenplüt« genannt und avanciert schließlich zum »Prior zu Nürnberg im Predigerkloster«. Ungeachtet aller in dieser Gruppe auftretenden Varianten stellen diese Hss. *eine* Stimme dar, wobei zusätzlich j eine Abschrift von b und g eine Abschrift von a ist. Der Text dieser Überlieferungsgruppe steht relativ nahe bei D und zeigt nicht so tiefgreifende Bearbeitungstendenzen wie in den vorher aufgeführten Fällen. Ich halte es deshalb für gerechtfertigt, zumindest einen Repräsentanten dieser späten Gruppe, die immerhin mehr als die Hälfte der Überlieferung dieses Spruchs ausmacht, im Apparat zu Wort kommen zu lassen, und zwar den Wiener Cod. 12569 (Sigle X), der vermutlich die erste erhaltene Aufzeichnung nach der Auffindung des Gedichts darstellt. Im übrigen gehören die Textzeugen dieser Gruppe ausnahmslos zwei besonderen Überlieferungstypen an: Es sind entweder Einzelhss. mit Repräsentationscharakter oder integrale Bestandteile von Nürnberger Chroniken, während der Spruch im 15. Jahrhundert auch in literarischen Sammelhss. erscheint.

Von den verbleibenden Hss. D, F, N und O hat die Leiths. D den relativ besten Text. F zeigt, wie stets, eine überlegte, glättende und zu Texteingriffen neigende Arbeitsweise. Die früheste Hs. N weist eine große Zahl von Fehlern und Metathesen auf, die in ihrer Art an eine Rechtschreibschwäche des Schreibers glauben lassen. Stemmatisch steht X näher bei D als bei den enger zusammengehörenden Hss. F, N und O, doch sind die Abweichungen insgesamt nicht erheblich.

Mit diesem Lobspruch führt Rosenplüt eine neue Gattung in die deutsche Literatur ein: das Städtelob als Beschreibung der Vorzüge und Eigenarten einer Stadt. Diese Art der enkomiastischen Rede, die bei Rosenplüt zusätzlich einen gegen den Adel gerichteten politischen Charakter hat, trägt der gewachsenen Bedeutung der Städte Rechnung, stellt sich gleichberechtigt neben Fürstenlob und Ehrenrede und hat im städtischen Bereich als Vorbild gewirkt, wie etwa die Lobsprüche von Kunz Has und Hans Sachs zeigen. Literatur zum Städtelob bei Reichel (1985), S.200ff.

3 'ein Gedicht neuer Art'.

6 *zweck* 'Nagel in der Mitte der Zielscheibe, Zielpunkt'.

7 *darzu* 'dorthin'.

14 *unfur* 'üble Aufführung, Unart'.

19 *sich began* 'sich ernähren, das Leben führen'.

20ff. Das Mendelsche Zwölfbrüderhaus, gestiftet 1388 von Konrad Mendel, war eine Altersversorgungsanstalt für zwölf alte Handwerker, die sich mit eigener Arbeit und von eigenem Vermögen nicht mehr ernähren konnten und dort gemeinsam ihren Lebensabend verbrachten.

20 *hawsarm* 'unverschuldet in Armut geraten'.

24 Konstruktion apo koinu.

27ff. Die beiden Findelhäuser auf der Lorenzer und Sebalder Stadtseite gehen auf private Stiftungen zurück (belegt seit 1359), unterstanden aber der Aufsicht des Rats.

29 *tausch* 'Dirne'.

30 *hertigkeit* 'Härte'; *sich erwegen* 'sich zu etwas entschließen, erdreisten'.

38ff. Das Sundersiechen- (Aussätzigen-) Almosen wurde 1394 gestiftet.

38 *erhellen* 'erschallen, bekannt machen'.

45 *versmahen* 'mißfallen'.

59ff. Das Jungfern-Almosen wurde 1427 von Hilpolt Kreß gestiftet.

59 *besinnen* 'sich ausdenken'.

67ff. Das sog. 'Reiche Almosen' geht auf eine Stiftung Burkhard Seilers aus dem Jahre 1388 zurück.

68 *hawsarm*: vgl. V.20.

72 *freischen* 'vernehmen, erfahren, kennen lernen'.

75 *geiler* 'Bettler'.

82 *concordiren* 'übereinstimmen'.
83 *cleinot* 'Ding von höchstem Wert, besonderer Vorzug'.
86 *chan* 'Chan, asiatischer Herrscher'; gemeint ist der Großchan, der als der reichste und mächtigste Herrscher galt.
95 *ubersehen* 'Nachsicht haben, stillhalten'.
96 *spehen* 'beurteilend betrachten'.
99 *tiligen* 'austilgen, vertilgen'.
100 *iligen* aus Reimzwang statt *ilgern* 'stumpf werden'.
101 *nerren* 'knurren'.
102 *truckenscheren* 'heimzahlen, strafen'.
103ff. Jedem Bürger der Stadt war es gestattet, sich zu eigenem Gebrauch Holz aus dem Reichswald nördlich und südöstlich der Stadt zu holen.
108 Hinweis auf die Praxis, das frei geschlagene Holz zu verkaufen und dafür andere Waren zu erstehen?
109ff. Der Steinbruch lag bei Mögeldorf im Osten Nürnbergs.
115 Am Ende des 15. Jahrhunderts wurden weitere Kornhäuser erbaut; vgl. die Korrektur in der späteren Hs. X.
123ff. Der Schöne Brunnen auf dem Hauptmarkt, errichtet zwischen 1385 und 1396. Rosenplüt beschreibt im folgenden nur das erste Geschoß der Brunnenpyramide mit den neun 'Guten Helden' (je drei heidnische, jüdische und christliche) und den sieben Kurfürsten.
133 König Eckhart von Frankreich ist eine sonst wenig bekannte Sagengestalt und nicht mit dem 'getreuen Eckart' zu verwechseln. Die hier angesprochene Figur stellt nach herrschender Ansicht nicht König Eckhart, sondern König Artus dar (vgl. G. P. Fehring-A. Ress, Die Stadt Nürnberg. 2. Aufl. München 1977, S.262). Allerdings wird die Figur auch mit Chlodwig identifiziert (vgl. Th. Hampe-E. Lutze, Nürnberg. Leipzig 1934, S.70–73).
134 Gottfried von Bouillon.
138 Josua, Nachfolger Mose und jüdischer Heerführer.
139 Judas Makkabäus, jüdischer Heerführer im Befreiungskampf gegen den syrischen König Antiochos IV. Epiphanes.
141 Cäsar.
142 An dieser Stelle steht nicht Trajan, sondern Alexander. Hier liegt noch eine weitere Verwechslung vor: Nach Herodot war es der persische König Kambyses, der den bestechlichen Richter Sisamnes töten, diesem die Haut abziehen und mit ihr einen Richterstuhl bespannen ließ sowie den Sohn des Sisamnes zu dessen Nachfolger ernannte; *abschinden* 'abziehen'.

149 Die Pegnitz.
159 *stellen* 'zum Stillstand bringen'.
164ff. Die Heiltümer (Reliquien), die jährlich in der Osterzeit gewiesen wurden, gehörten zu den Reichskleinodien, die Kaiser Sigismund 1424 nach Nürnberg hatte überführen lassen.
174 Offb 8 und 9.
182 *reiser* 'Krieger'.
183 *awsziehen* 'durchziehen'.
195 Polen.
196 *Nogarten*: Nowgorod; *Rewßen*: Rußland.
200 *Alkeier*: Kairo (arab. *Al Kahira*).
202 Der Priesterkönig Johannes, Sohn von Feirefiz und Repanse de Schoye, brachte der Sage nach das Christentum nach Indien.
206 Origenes (ca.185–245), griechischer Gelehrter und Kirchenschriftsteller, Begründer des ersten theologisch-philosophischen Systems.
207 Priscianus (6. Jh. n. Chr.) verfaßte ein 18bändiges Lehrbuch der lateinischen Grammatik (*Institutio grammatica*), das im Mittelalter häufig benutzt wurde.
209 *loica* 'Logik'.
211 *Tulius*: Marcus Tullius Cicero (106–43 v. Chr.) galt dem Mittelalter als Lehrmeister der Rhetorik.
213 Boethius (ca.480–524) ist eher als Philosoph bekannt (*De consolatione philosophiae*).
220 *ingwer- und pfeffersack*: hier ist die Ware gemeint; das Wort ist noch nicht als verächtlicher Scheltname für 'Händler, Kaufmann' gebraucht.
222 *kaufmanßschaft* 'Kaufmannsgut, Ware'.
238ff. Polemik gegen den Adel.
242 *rotsmid* 'Messinggießer'. Nürnberg war berühmt für den künstlerischen Messingguß. Nach Ausweis der Quellen übte Rosenplüt selbst das Rotschmiedhandwerk aus, das zu den angesehensten Metallhandwerken gehörte.
255 Nimrod (Vulgata: *Nemrod*) gilt als Städteerbauer und großer Jäger (1. Mose 10,8ff.; Micha 5,5).
257ff. Der blind geborene Konrad Paumann (ca.1415–1473), Organist an St. Sebald in Nürnberg und ab 1451 am Münchner Hof tätig, war der bedeutendste deutsche Musiker seiner Zeit. Er begründete mit Fundamentbüchern die deutsche Orgelkunst, schuf Kompositions- und Spielanweisungen, verband die Liedmit der Tastenkunst und gilt als Erfinder der deutschen Lau-

tentabulatur. Von ihm hat Rosenplüt wohl die musiktheoretischen Fachbegriffe gelernt.

266ff. Zur musikalischen Fachterminologie vgl. den Kommentar zu Nr. 10a 'Das Lob der fruchtbaren Frau'.

266 *contratenor*: Unter- oder Mittelstimme zu *Cantus* und *Tenor* (hohe Männerstimmen); *faberdon* = *fa-bourdon* 'Fauxbourdon', tiefe Gegenstimme zum sog. 'Bourdon' oder ganz allgemein die Unterstimme.

267 *primus tonus* 'Ganztonschritt'.

268 *e-la-mi*: Tonstufe im Hexachordsystem.

269 *acutae*: mittlere Stimmlage im dreigeteilten Tonsystem (*graves*, *acutae* und *superacutae*).

271 *discantiren* 'Oberstimme, Sopran singen oder spielen'.

272 *resoniren* 'zum Widerhall bringen'.

273 *graves*: vgl. V.269.

274f. Responsorium (Wechsel von Chor und Solo) und Antiphon (Gegenstimme) sind Bestandteile der in der Liturgie verwendeten Psalmodie; Introitus, Hymnus und Sequenz sind Teile der Messe.

275 Die merkwürdige Lesung von *hymni* in D (*impuus*) ergibt sich aus folgender Reihe: *hymnus* > *ympnus* > *impnus* und schließlich Verlesung von n zu u.

277 *ad placitum* 'ad libitum, frei improvisiert'; *gesatzt* 'notiert'.

279 *awßen* 'auswendig'.

280 *rundel* 'Rondell, einstimmiges Lied'; *mutete* 'Motette, mehrstimmiger Gesang'; *fluckmawßen* 'reinigen, läutern' (vom Auskämmen (Mausern) der Flockwolle); gemeint ist die Korrektur fehlerhafter Kompositionen.

281 *gradual* 'fortlaufender Gesang'.

304 *babst*: Das Genetiv-s fehlt bei diesem Wort in D.

305 *zwelfbote* 'Apostel'.

315 *vermeiligen* 'beflecken'.

325 *vack ade* = *fac ade* 'mach, daß Du wegkommst, nimm Deinen Abschied'.

330 *merklich* 'bedeutend, wichtig, groß'.

339 Nürnberg hatte zu dieser Zeit acht Klöster: St. Egidien (Benediktiner), Prediger (Dominikaner), Barfüßer (Franziskaner), Frauenbrüder (Karmeliten), Augustiner und Kartäuser sowie die beiden Frauenklöster St. Katharina (Dominikaner) und St. Klara (Franziskaner). Der Rat kümmerte sich um das innere Leben der Klöster und erzwang seit dem Ende des 14. Jahrhunderts Reformen, die eine striktere Einhaltung der Ordens-

regeln zum Ziel hatten. Wenn Rosenplüt nur sieben Klöster erwähnt, zählt er vermutlich das Kartäuserkloster nicht mit, wo eine solche Reform zu dieser Zeit noch nicht durchgesetzt war.

350 *zutrennen* 'auflösen, zerstören, vernichten'.

352 Nach dem biblischen Bericht hat David im Kampf gegen Goliath fünf Steine in seiner Tasche und tötet diesen mit dem ersten (1. Sam 17,40.49ff.).

360 *hoher stift* 'Hochstift, geistliches Fürstentum, auch Bischofsresidenz'.

361 Polemik gegen die Zunftstädte. Nach dem Handwerkeraufstand von 1348/49 waren in Nürnberg unter einer oligarchischen Ratsverfassung Zünfte verboten.

380 Siegel zerbrechen = Vertrag verletzen.

381 *zudrumen* 'brechen'.

384 *hewnisch* 'hunnisch, ungarisch', hier: 'sauer'; gemeint ist damit Wein einer bestimmten (schlechten) Traubensorte, die zu Beginn des 15. Jh. vielfach verboten wurde.

394 *lecken* 'mit den Füßen ausschlagen'.

395 *müen* 'quälen'.

21 Der Lobspruch auf Bamberg

Die Verbreitung dieses Städtelobs scheint auf Bamberg beschränkt geblieben zu sein; zumindest hat der Spruch keinen Eingang in eine der Nürnberger Sammelhss. gefunden. Einziger Hinweis auf eine Datierung ist die in V.183ff. erwähnte Aufgabe des Bischofs, die Orden zu reformieren. Dabei kann es sich um einen allgemeinen Hinweis handeln, doch wurde der 1459 gewählte Bischof Georg von Schaumberg im Jahr seiner Wahl von Papst Pius II. (Enea Silvio Piccolomini) ermahnt, die Zucht in den Klöstern der Stadt und des Bistums zu bessern (vgl. O. Hartig, Hans Rosenplüts Lobspruch auf die Stadt Bamberg [...], in: 86. Bericht d. hist. Vereins f. d. Pflege d. Gesch. d. ehem. Fürstbistums Bamberg 1938, S.5-24, hier S.16). So könnte der neugewählte Bischof jenen Autor, der innerhalb seiner Diözese bereits durch ein Städtelob bekannt geworden war, mit der Abfassung eines Bamberger Lobspruchs beauftragt haben, in dem die geistlichen Belange und die Heiltümer der Stadt besonders hervorgehoben werden sollten.

Die Orthographie des Drucks von 1491 weicht in einigen Belangen, vor allem in der ausgiebigen Verwendung der Umlautzeichen, von dem gewohnten Bild ab.

9 *neu fündt* 'neue Mode, neuer Brauch'.

12 *zertrennen* 'auflösen, zerstören, vernichten'.

18 und 25 *verseihen* 'versiegen, vertrocknen, versickern'.

28 Daniel als beredsamer Prophet (und Traumdeuter).

31 *cleinet* = *cleinot* 'Ding von höchstem Wert'.

38 *außwarten* 'warten, pflegen'.

51 *fürschützen* 'zum Stehen bringen, durch Aufstauung Wasser entziehen'.

55 Die Heiltümer des Bamberger Doms wurden alle sieben Jahre zur Osterzeit den Gläubigen gewiesen.

69 *übersummen* 'ermessen'.

76 *bewert* 'erprobt, bewiesen'; *aplas* ist hier Neutrum.

77ff. Zu den Bamberger Heiligen und Domheiligtümern vgl. die Aufstellungen im Bericht des hist. Vereins Bamberg 38, 1875, S.89–151 und 103, 1967, S.7–264.

78 Der elfte Heilige in Rosenplüts Aufzählung ist Bischof Otto von Bamberg, der von Rom zum Heiligen erhoben wurde.

83 *Gai*: Bischof Gaius.

85 *Hermet*: Hermes, römischer Märtyrer.

91 Bischof Otto von Bamberg (gest. 1139).

95 Bischof Remaclus; Kunigunde: Frau Kaiser Heinrich II., neben ihm beigesetzt im Bamberger Dom.

96 *verbinden* 'fesseln'.

98 *verschnaiden* 'schwächen, beflecken'.

103 Heinrich II., deutscher Kaiser (1002–1024) und Gründer des Bamberger Bistums.

104 *erlehen* 'als Lehen erteilt bekommen'; gemeint ist die Gründung des Bistums.

106ff. Anspielung auf Drohungen der päpstlichen Bestätigungsbulle vom 21.1.1013 (?).

109 *der enten felen* 'sein Ziel verfehlen'.

113ff. Die vier Erzämter des Bistums Bamberg (Erbämter des Hochstifts).

120 *rockenmer* 'Lügengeschichte'.

127 *verschmahen* 'mißfallen'.

133ff. Hinweis auf die exemte Stellung des Bistums.

150 *neu fünd*: Vgl. V.9.

152 *begere* = *begert*
159 *in meiner sinnen titel* 'in meinen Sinnen' (Genetivus explicativus).
160 *capitel* 'Domkapitel'.
200 *mailigen* 'beflecken, beschmutzen'.

22 Das Lied von den Türken

Der Text der Leiths. D ist nicht fehlerfrei, aber im ganzen relativ gut. Ein Grund für das Fehlen der 10. Strophe (V.46–50) ist nicht ersichtlich. L hat einen in vielfacher Hinsicht mangelhaften, verstümmelten Text. Es fehlen viele Strophen, zwischendurch auch einzelne Verse. Auf Metrum und Reim wird nicht geachtet. Die Hs. gibt manchmal einen sinnlosen Text wieder, der durch Abschreib- und Verständnisfehler korrupt ist.

Einer der auffälligen Unterschiede zwischen den beiden Hss. besteht in der Eigenart von L, statt Türken stets *jecken* = *arme jecken* 'Armagnaken' zu schreiben. Da L sich immer wieder als unselbständiger Schreiber erweist, dem keine eigenständige Redaktion eines Textes zuzutrauen ist, liegt die Vermutung nahe, daß das Lied ursprünglich die Armagnakeneinfälle, die bis in die vierziger Jahre des 15. Jahrhunderts andauerten, zum Anlaß für einen Aufruf an den Kaiser nahm, dann aber nach der Eroberung Konstantinopels 1453 und der Bedrohung der südöstlichen Nachbarländer zum Türkenlied umgedichtet wurde.

Das Lied gehört zu den bedeutungsschwersten und beziehungsreichsten Dichtungen Rosenplüts. Es arbeitet mit zeitgeschichtlichen Anspielungen, die nicht immer eindeutig sind, und mit einer Bildlichkeit, die einer Entschlüsselung bedarf.

Zur historischen Situation 1458/59: Nach dem Fall Konstantinopels hatte Sultan Mohammed II. die griechische Welt unterworfen, setzte zu einem neuen Vorstoß gegen Westen an und bedrohte Ungarn, das seit 1458 von König Matthias Corvinus regiert wurde. König Matthias befand sich seit seiner Thronbesteigung im Kriegszustand mit Kaiser Friedrich III., der Anspruch auf die ungarische Königskrone erhob. Papst Pius II. (Enea Silvio Piccolomini) hatte den Kampf gegen die Türken zur Hauptaufgabe der Christenheit erklärt und 1459 zu einem Fürstenkongreß nach Mantua geladen, wobei er sich nicht scheute, auch mit einem Ketzer, dem Hussiten Georg von Podiebrad, zu paktieren, der seit 1458 König in Böhmen war. Mit dem Hussitenkönig stand auch der Kaiser in freundschaftlicher Verbindung. Von der Türkengefahr, die das Abendland bedrohte, zeigten sich die Fürsten völlig unbeeindruckt und lagen vielfach im Krieg miteinander. Kaiser Friedrich III. verharrte in Untätigkeit, war in territoriale Streitigkeiten um seine habsburgischen Erblande verwickelt und blieb dennoch die - letztlich illusionäre - Hoffnung der Reichsstädte, die sich von einer starken Zentralgewalt die Eindämmung der partikularistischen Machtpolitik der Fürsten erhofften, durch welche die Städte in harte Bedrängnis geraten waren.

Zum erhofften Bündnis zwischen Kaiser und Städten treten für Rosenplüt die Bauern als dritte Kraft hinzu, die zwar noch keine politische Macht besaßen, sich aber im Vorfeld des Bauernkriegs bereits mit Aufständen gegen die Ausbeutung und Unterdrückung durch Fürsten und Adel zur Wehr gesetzt hatten. In diesem Rahmen wird das Lied gesehen werden müssen. Auf welche Ereignisse und Personen Rosenplüt jeweils anspielt, wird im Einzelfall nicht immer deutlich auszumachen sein; in den Anmerkungen werden dazu nur einige, für das Verständnis notwendige Hinweise gegeben.

Zur Vogelmetaphorik: Hier kann ich mich im wesentlichen R. v. Liliencron (Histor. Volkslieder, Bd. I, S.506) mit geringen Ergänzungen anschließen. Die Vogelbilder sind folgendermaßen zu deuten: Adler = Kaiser; Falken = Fürsten; Geier = Adel; Stare = Reichsstädte; Zeislein = Bürger; Meisen = Bauern; Eule = Podiebrad (und die Hussiten); Reiher = Hussiten; Plattengeier = Ungarn; Strauß, der sich von den Zeislein jagen ließ = von den Bürgern geschlagene Adlige im Städtekrieg von 1449.

Die Datierung geht aus der letzten Strophe hervor, die das Jahr 1459 und eine positive Wendung als unmittelbar bevorstehend darstellt. Die Pointe des Liedes besteht darin, daß es zwar auf die Türken zu zielen scheint und in der ersten Hälfte des Liedes stets auf sie verweist, sie aber lediglich als (z. B. gegen die Armagnaken) austauschbares Argument benutzt, den Kaiser von der Notwendigkeit eines Bündnisses aller antipartikularen Kräfte: der Zentralgewalt, der Reichsstädte und der Bauern zu überzeugen - ein letztlich restauratives Programm, das an den realen politischen Verhältnissen vorbeigeht.

3 *zeisen* 'zausen, zupfen'.

4 *sich zu im gesellen* 'sich miteinander verbinden'.

9 *lecken* 'ausschlagen'.

12 und 16 *beraufen* 'ausplündern'; zum Verständnis vgl. V.16f.

16f. Die beiden Vögel sind die Ungarn und die Böhmen (Hussiten). Ketzer können als ungetauft bezeichnet werden, da sie nicht der rechtgläubigen Kirche angehören.

18 *ropfen* 'rupfen, zausen'.

20 *begreifen* 'treffen auf, aufnehmen'.

21ff. Sinn etwa: 'Lernt von der Eule (Podiebrad), Notsituationen für die eigenen Zwecke auszunutzen'.

22 *zegel reren* 'Schwanzfedern in der Mauser fallen lassen'.

24 *ringen* 'sich winden'.

25 *hawben* 'die Kopfhülle beim Abrichten zur Beize aufsetzen'.

27 *krumer stab* 'Bischofsstab'.

28 Mit den Hirten sind die Bischöfe gemeint.

30 *geweren* 'wehren'.

36ff. Sinn etwa: 'Die Machtmittel (goldene Reifen = Stricke, Bande) der Kirche haben keine bindende Wirkung mehr, ihre Gebote lösen sich auf'.

37 *einkneifen* 'mit Zureden und Scheltworten antreiben'.

38 *auftrifeln* 'aufdrehen, durch Umdrehen auflösen'.

44 *loica* 'Logik, Schlauheit, betrügerische Spitzfindigkeit'.

45 *stiften nach* 'fingieren, erlügen, sich ausgeben als'.

46 u.ö. *seint* = *seit* 'seit, seitdem, da'.

47 *dorsen* 'Strunk'.

52 *awßhecken* 'gewinnen'.

53ff. Die Jünger der Türken (die ausgeheckte Schlangenbrut), die des Kaisers spotten, sind die Ungarn und die Böhmen, so daß die *canzelschreier* wohl als die Hussiten zu verstehen sind.

59 *beschoren kitel* 'verballhornende Bezeichnung für Kleriker (Papst?)'.

61 *zwei snebelte holzer* 'das Kreuz, die Kirche'; *schawer* 'Schutz, Schirm'.

69 *loica*: vgl. V.44.

71 *sind* = *seit*: vgl. V.46; *gelbe vogel* 'Goldmünzen', allgemein: 'Geld'.

76ff. Unter den aufgeführten sieben Planeten ist der Kaiser die Sonne; die übrigen stehen für die sich befehdenden und den Kaiser mißachtenden Reichsfürsten, ohne daß eine genaue Zuordnung zu einzelnen Personen und Ereignissen möglich wäre.

76 *smeh zuwecheln* 'mit Schmähungen überziehen' (*zuwecheln* 'zuwedeln, zuwerfen').

80 *rotten* '(Harfe) spielen'.

81 Die Hussiten waren Gegner des Marienkults.

84 *veiste* 'Fett'.

86 *stellen* 'trachten, streben'.

87 Mit dem aufgerichteten Stein, nach dem im Spiel geworfen wird, ist vermutlich Podiebrad gemeint.

90 *angel* 'Stachel'.

91ff. Anspielung auf die Niederlage des Reichsheeres bei Taus 1431 (vgl. Nr.18 'Die Flucht vor den Hussiten').

92 *letzen* 'verletzen, schlagen'.

96 *geflogen* = *geflohen*; *reigel* 'Reiher'.

97 *zeigel* 'Aushängeschild eines Wirtshauses'.

101 '... von den Zeislein'.

102 *dewen* 'verdauen'.

109 *schimpf* 'Scherz, Spiel', hier: 'schändliches Treiben'.

110 *getumme* = *getummele* 'Lärm, Tumult, Getöse'.

111 *verstoßen* 'verstopfen'; die Zeile knüpft an die vorhergehende Strophe an.

112 *die gabeln* 'das Kreuz, die Kirche'; *laßen* 'sich verlassen auf'.

113ff. 'Wollt Ihr ohne die Kirche auskommen (dann denkt daran): Der Ketzer verläßt sich auf sein Pferd (= seinen Glauben); wer kein Pferd (= kirchliche Unterstützung) hat, bleibt (auf der Strecke), kommt um'.

114 *gleisner* 'Ketzer, Irrlehrer, Sektierer'; *trosten* 'sich verlassen auf'.

115 *bleiben* 'fallen, umkommen'.

117 *pesen* 'Rute'.

120 Der Hasenbalg als mindere Pelzsorte steht für Bürger und Bauern, der Zobelpelz für die Fürsten.

122 *pestein*: Adj. zu *past*, 'aus Bast'.

123ff. Nach der Legende (Kaiserchronik) erwies sich Trajan als gerechter Richter, indem er einer Witwe gegen den Mörder ihres Sohnes zu ihrem Recht verhalf. Durch die Fürbitte des hl. Gregorius wurde er deshalb, obwohl er Heide war, von der Höllenstrafe befreit, hier: wurde er in der Hölle in einen umfriedeten, von Qualen freien Kreis gesetzt.

126ff. Die drei sind wohl die Türken, die Ketzer und die verderbte Christenwelt; *sich vieren*: zugleich 'vier aus drei machen, sich überheben' und 'ein Quadrat bilden', aus dem ein Weiser (*Sophisticus*) die ihnen gemeinsame Wurzel allen Übels ziehen kann.

129 *hadern* 'Lumpen, aus denen Papier gemacht wird, Papier'.

130 *stupfeln* 'zusammenstoppeln'.

133f. 'Wer diese Dinge richtig versteht, für den ist es selbstverständlich, daß...'.

135 *ubermegen* 'an Stärke übertreffen'.

149 Die Schaufeln der Totengräber.

151 *zuergangen*: eine im Nürnbergischen belegte Kontamination der Präfixformen zu- und zer- (vgl. Gramm. d. Frnhd. I, 2, 20, S.97).

152 *weiße spangen* 'silberner Schmuck'.

153 *zudrumen* 'in Stücke brechen'.

154 *Entcrist* 'Antichrist'.

158 *gischen* 'schäumen, aufbrausen'; die Konjektur ist ein Vorschlag Liliencrons.

172 'die doch nie ...'.

176f. Der Kaiser ist (durch Podiebrad) käuflich geworden, dadurch haben Silber und Gold ihren ursprünglichen Wert verloren.

176 *weichen* 'erweichen'.

177 *weiß und gel* 'Silber und Gold'.

178ff. 'Die Städte und die Bürger können sich auf das Kreuz, das über allen steht (die Kirche), nicht mehr verlassen'.

178 *gabeln*: vgl. V.112.

185 *beraufen*: vgl. V.12.

186 Der Kaiser zerstört die Kirche, indem er gemeinsame Sache mit den Ketzern macht; *gabeln*: vgl. V.112.

187 *garn* 'Stellgarn bei der Treibjagd'; *zabeln* 'zappeln'.

189 *abhaspeln* 'abwickeln'.

190 *clewe* 'Knäuel'.

191 *tittel* 'Name, Autorität'.

192 *sich gedenken nach* 'sinnen auf, trachten nach'.
194f. Darius III., persischer König, wurde 330 v. Chr. auf der Flucht vor Alexander verraten und ermordet. Kenntnisse über Darius stammen vermutlich aus dem Alexanderroman.
194 *dorumb*: wegen seiner Verfolgungsmaßnahmen.
199 *bestellen* 'zusehen'.
200 *zuhuten* 'aufpassen'.

23 Auf Herzog Ludwig von Bayern

Es ist sicherlich kein Zufall, daß dieser Spruch nur von einem einzigen Textzeugen überliefert wird. Ein Fürstenlob dieser Art wird in Nürnberg nicht gerade populär gewesen sein. Der Spruch verdankt seine Entstehung der vorläufigen Beendigung eines auch für Nürnberg bedrohlichen territorialen Konflikts, der die Innenpolitik des Reichs in den fünfziger Jahren beherrschte. Zwei Fürstenparteien standen sich in dieser Auseinandersetzung gegenüber: auf der einen Seite Markgraf Albrecht Achilles von Brandenburg, dessen territoriales Expansionsstreben vor allem in Franken die Unterstützung des Kaisers fand, auf der anderen die »Bayernpartei«, deren Führer der pfälzische Kurfürst Friedrich I. (»der Siegreiche«) war und der vor allem das bayerische Haus mit Herzog Ludwig von Bayern-Landshut (1450-1479) angehörte. Die Parteien waren sich zwar einig im Kampf gegen die Städte, doch gerieten sie 1458 beim versuchten Zugriff Ludwigs auf die Stadt Donauwörth aneinander, und nach einigen Schiedsverhandlungen eskalierte der Konflikt im April 1460 zur bewaffneten Auseinandersetzung. Von allen Seiten wurden die beiden Parteien daraufhin zu einer friedlichen Lösung gedrängt, und so kam schließlich am 23. Juni nach einer Vermittlung Nürnbergs und des Augsburger Kardinals Peter von Schaumberg eine »Richtung«, d.h. eine Beilegung des Konflikts durch einen friedlichen Vergleich, in Roth bei Nürnberg zustande. Der eigentliche Friedensschluß erfolgte am 24. Juni (vgl. W. Ulsamer, Die »Rother Richtung« 1460; in: 900 Jahre Roth [...]. Roth 1960, S.103-154).

Die allgemeine Erleichterung darüber, daß ein verheerender Territorialkrieg verhindert worden war, hat in Rosenplüts

Spruch seinen deutlichen Niederschlag gefunden. Im Vordergrund steht der Lobpreis Ludwigs, dem Nürnberg verpflichtet war, da er am Ende des Markgrafenkrieges 1453 (vgl. Nr.19) vermittelnd für Nürnberg eingetreten war und sich mit der Stadt einig wußte in der Abwehr der Expansionsgelüste des Markgrafen. Doch bleibt der Spruch nicht bei einer Ehrenrede auf Herzog Ludwig stehen, sondern bezieht in das Gebet ab V.141 alle diejenigen mit ein, die am Friedensschluß beteiligt waren, darunter auch den Erzfeind Nürnbergs Markgraf Albrecht, und schließt mit einem Aufruf zum Frieden und einem Fürbittegebet für die Fürsten (V.207ff.). Dieser Fürstenpreis ist nicht als Ausdruck eines grundsätzlichen Wandels der politischen Anschauungen Rosenplüts oder gar als eine Hinwendung zur Fürstenpartei (so Liliencron S.515) zu verstehen. Vielmehr ist die Friedensbereitschaft zum neuen Beurteilungskriterium für die Verhaltensweise aller Beteiligten geworden, und die Sorge um die Erhaltung des Friedens ist der Schlüssel für das Verständnis des Spruchs.

Dieses letzte datierbare Werk Rosenplüts, das wohl unmittelbar nach der »Rother Richtung« verfaßt wurde, zeigt deutlich Merkmale eines Alterswerks: Der Spaziergangseinleitung fehlt die Würze des geblümten Stils, mehr als sonst dominiert die aneinanderreihende Aufzählung, und im Schlußteil sind ganze Passagen aus früheren Werken übernommen. In der Einleitung findet sich V.30ff. jene oft zitierte Stelle, in der sich das lyrische Ich in einem fiktiven Gespräch als fahrender Wappenzeichner vorstellt, was als Selbstbekenntnis mißverstanden worden ist und zu mancherlei Mißdeutungen um Person und Beruf Rosenplüts geführt hat.

3 *morgenrot* 'Morgenröte'.

5 *glenster* 'Glanz'.

25 *gelangen* 'verlangen'.

26 *slechtlich* 'in aufrichtiger Weise, einfach'; *brangen* 'auf etwas pochen, bedrängen'.

27 *ermannen* 'Mut fassen'; *entscheiden* 'bescheiden, Bescheid geben'.

30ff. Die Stelle ist oft biographisch mißverstanden worden.

32 *nachreiser* 'Nachzeichner'.

33 und 47 *plasaniren* 'ein Wappen ausmalend schmücken, es auslegen'.

34 *difidiren* 'unterscheiden, trennen'.

42 *stellen* 'trachten nach'.

49 Seit dem frühen Mittelalter gibt es die Vorstellung von drei Indien, die immer wieder anders lokalisiert wurden (vgl. H. Gregor, Das Indienbild des Abendlandes. Wien 1964).

50 Der sagenhafte Priesterkönig Johannes, der das Christentum nach Indien brachte.

51 *kan* 'Chan, asiatischer Herrschertitel'; *Kathei*: Name für das nördliche China.

52 *Barbarei* 'Barbareskenstaaten, Berberland, Maghreb'.

53 *Trebisund*: Trapezunt am Schwarzen Meer, seit 1204 Kaiserreich, gegründet von Alexios I. Megas Komnenos.

58 Granada; *Pelmerin*: Palermo (?); Palmyra ist zu dieser Zeit zu unbedeutend und zu unbekannt.

59 *Allageier* = *Alkeier*: Kairo, arab. *Al Kahira* (vgl. Nr.20, V.200); *kunig Soldan*: der Sultan.

60 Spanien und Aragon.

61 *Applas*: Neapel; *Cecilia*: Sizilien.

84 *persefangk* = *persefant* 'Unterherold' (frz. *poursuivant*).

93 *mail* 'Fleck, Schande'.

96 *difidiren*: vgl. V.34.

100 *geon* aus Reimzwang statt *genen, ginen* 'das Maul aufsperren, gähnen'.

110 *titulum* 'Name, Autorität'.

121 Am 30. März 1460 erklärte Herzog Ludwig dem Markgrafen den Krieg. Von dem Tag an wären es bis zum 27. Juni 90 Tage.

134 *abschern* 'abschneiden'.

138 Die Bischöfe Johann III. von Würzburg und Georg von Bamberg hatten sich früh der Partei Ludwigs gegen den Markgrafen angeschlossen.

145 *hinflosen* 'wegspülen, fortschwemmen, abwaschen'.

149 '...die diesen Krieg geschlichtet haben'.

151f. Der Augsburger Kardinal Peter von Schaumberg hatte besonders eindringlich zum Frieden gemahnt.

152 '...der auch zu der Schar gehört'.

169 *widerteil* 'Gegner, Gegenpartei'.

173 Herzog Wilhelm von Sachsen war Parteigänger des Markgrafen.

186 Bischof Johann III. von Würzburg hatte die Truppen aus Würzburg und Bamberg persönlich angeführt.

193ff. 23. Juni 1460.

193 *richtigung* 'Beilegung, Vergleich'.

199 *nachsweimen* 'sich schwingen, schweben, schweifen'.

202 *reise* 'Heereszug, Kriegszug'.

206 *noch* 'dennoch'.

214 *Esechias*: Hiskia, dem das Leben von Gott um 15 Jahre verlängert wurde (2. Kön 20,6).

215 Mit Gottes Hilfe siegte Gideon über die Midianiter (Richter 7).

217 Der in der Literatur erscheinende Kaiser Otto (mit dem Barte) ist eine Mischung aus Otto dem Großen und seinem Sohn Otto II.

218 *Lotten*: Gemeint ist Lot, der beim Untergang von Sodom und Gomorra errettet wurde (1. Mose 19).

221 *Azanaias*: Kontamination aus Asarja und Hananja, zwei der drei Männer im Feuerofen (Dan 3,23ff.; 1. Makk 2,59; Stücke zu Dan 3,27ff.).

226 Gottfried von Bouillon.

227 König Eckhart von Frankreich, eine Sagengestalt, nicht identisch mit dem 'getreuen Eckart'.

230 *abpieten* = *abbitten* 'durch Bitten abwenden'; Esther errettete die Juden durch Fürbitte bei König Ahasveros (Est 8,1ff.).

231 Judith und Holofernes (Jud 13,1ff).

232 Die Bußpsalmen Davids.

233 Susanna, die zu Unrecht verleumdet wurde (Stücke zu Dan 1,7ff.)

234 Mt 19,28.

237 *sochen* 'das Siechen'.

239 bis 242 Wörtliche Aufnahme einer Passage aus der 'Flucht vor den Hussiten' (Nr.18, V.289-292).

240 *weichen* 'erweichen'; *varen lassen* 'tilgen, ungestraft lassen'.

24 Der Bauernkalender

Die beiden Hss. haben einen fast identischen Text. Vermutlich haben sie die gleiche Vorlage benutzt, wobei F erfahrungsgemäß freier mit dem Text umgeht als D.

Die beiden volkstümlichen Lieder Nr.24 und 25 gehören eng zusammen: Scherzhafte Art und Strophenform

(Hildebrandston) sind identisch, das eine Lied schließt in D an das andere ohne Überschrift und ohne besondere Kennzeichnung an und fehlt in F sicherlich nur deshalb, weil die letzten Blätter der Hs. ausgerissen sind. Kunz Has hat in seiner Nachdichtung konsequent beide als ein zusammengehöriges Lied aufgefaßt (abgedruckt bei F. M. Böhme, Altdt. Liederbuch. Leipzig 1877, S.562). So besteht auch trotz der fehlenden Verfassersignatur in diesem Fall kein Zweifel an der Autorschaft Rosenplüts (vgl. Michels (1896), S.155f.; Niewöhner (1943), Sp.1097f.).

Der humorvolle Heiligenkalender, der vor allem im bäuerlichen Milieu angesiedelt ist, hat mit seiner Mischung aus schwankhaften und sozialkritischen Elementen seine Entsprechungen in den Fastnachtspielen Rosenplüts.

1 Matthias (24. Februar).

6 *zuergan*: ungewöhnliche, aber durchaus belegte Kontamination der Präfixformen zu- und zer- im Nürnbergischen (vgl. Gramm. d. Frnhd. I, 2, 20, S.97).

7 *jatzen* 'gackern'.

9 Georg (23. April).

12 *reien* 'den Reigen tanzen'.

16 *vor rew awßsingen* 'jammervoll, kläglich singen'.

17 Walburga (1. Mai).

25 Vitus / Veit (15. Juni).

33 Johannes der Täufer (24. Juni).

41 Jakobus (25. Juli).

49 Oswald (O. von Northumbrien, 5. August).

55 *gumpen* 'hüpfen, springen'.

57 Bartholomäus (24. August).

61 *darnach* 'zu ihnen'.

63 *hutzel* 'getrocknete Birne'.

64 *vastenveigen* 'als Fastenspeise dienende Feigen, die bei den weniger Wohlhabenden durch gewöhnliches Trockenobst ersetzt wurden'.

65 Ägidius / Gilg (1. September).

67 *pfladergewt* 'Diarrhöe, Durchfall'.

69 *geng* 'gangbar, beweglich, gängig'.

73 Matthäus (21. September).

74 *zeitig* 'rechtzeitig'.

75 *schawphut* 'Strohhut'.
76 *rawhes hewbel* 'Pelzmütze'.
81 Michael (29. September).
89 Gallus (16. Oktober).
91 *scherren* 'schaben, kratzen, scharren'.
92 *veisten* 'mästen', trans. und intrans.
97 Martin (11. November).
108 *stange*: 'Stange vor einem Keller mit einem daranhängenden Faßreif als Zeichen, daß hier Wein ausgeschenkt wird'.
111 Mit *wein* ist hier nicht der Wein in den Fässern, sondern an den Weinstöcken gemeint. Der Hinweis auf den am Rebstock erfrorenen Wein dient dem Wirt dazu, nach dem ersten Frost selbst sauren Wein loszuschlagen mit dem Argument, der nächste werde knapp (und deshalb teuer).
113 Nikolaus (6. Dezember).
119 *pawernei* 'Kothaufen'.
121 Thomas (21. Dezember).
126 *schramen* 'verletzen, aufschrammen'; *schroten* 'hauen, schneiden'; 'mit Hauen und Stechen'.
135 *laudes-metten* = *laus-mettene* 'Teil der Mettine, wobei 'Laus (Deo)' gesungen wird'.
139 *gumpen*: vgl. V.55.
149 *smutz* 'Kuß'.
152 *rawhe krebe*: Metapher für weibliches Genitale (*krebe* 'Korb').

25 Lerche und Nachtigall

Für dieses Lied gilt das zu Nr.24 Gesagte in entsprechender Weise. Die sozialkritische Tendenz (bäuerliche vs. höfisch-adlige Lebensform) ist verdeckter, doch ist der komisch-volkstümliche Ton der gleiche. Die scherzhafte Erklärung des Namens Schnepperer in der Schlußstrophe hat nicht nur in der Rosenplüt-Forschung zu einigen Mißverständnissen geführt, sondern hat bereits bei Zeitgenossen Verwirrung gestiftet, die gerne Rosenplüt Gedichte zuschrieben, wenn sie auch nur von ferne mit einem als »Schwätzer« bezeichneten Autor zu tun hatten.

30 *nestelzehe* 'Sandale'.
38 *biderbman* 'unbescholtener Mann'.

39f. Rosenplüt macht hier seinem Publikum keinen Vorwurf daraus, wenn es seinen zweiten Namen als »Schwätzer« mißversteht. Der Nachsatz ist aber nur sinnvoll, wenn der Name für ihn selbst etwas anderes bedeutet, vermutlich: »beredsamer Poet«.

II. Namenregister

Das Register erfaßt die im Text vorkommenden sowie die im Zeilenkommentar erläuterten geographischen und Personennamen. Indirekt genannte oder lediglich unter ihrem Titel aufgeführte Personen (*der jung von Sachsen, der bischof von Bamberg*) sind nicht berücksichtigt, wohl aber die jeweils genannten Herkunftsländer bzw. -orte. Lemmatisiert wird in neuhochdeutscher Schreibweise und nach heute üblichen Bezeichnungen. Weicht diese Namenform erheblich von der im Text gebrauchten Form ab, wird diese in einer dem Lemma angeschlossenen Klammer aufgeführt. Zusätzlich wird von der frühneuhochdeutschen auf die neuhochdeutsche Namenform verwiesen. Die halbfette Zahl vor dem Komma bezeichnet die Textnummer, die Zahl nach dem Komma die Zeile. Der Buchstabe K verweist auf den Kommentar.

III. Wortregister

Das Register erfaßt diejenigen Wörter, die im Kommentar lexikalisch erläutert sind mit Ausnahme des niederdeutschen Textes (Nr. 2b). Die Wörter sind nicht normalisiert, sondern erscheinen in der Orthographie des Textes. Durch Reimzwang stark entstellte Wortformen werden dem geläufigen Lemma in Klammern beigefügt. Außerdem wird von diesen Reimwörtern des Textes auf die in den Wörterbüchern lemmatisierte Form verwiesen. Die halbfette Zahl vor dem Komma bezeichnet die Nummer des Textes im Kommentar, die Zahl nach dem Komma die Zeile.

A

D (siehe auch T)

E

F (siehe auch V)

G

www.ingramcontent.com/pod-product-compliance
Lightning Source LLC
Chambersburg PA
CBHW030342120726
47901CB00007B/1877
9783484202054